"十一五"国家重点图书出版规划项目
教育部人文社会科学重点研究基地重大项目

黄河文明的历史变迁
丛书主编/李玉洁

黄河流域史前聚落与城址研究

张新斌/主　编
李　龙　王建华/副主编

科学出版社
北　京

图书在版编目(CIP)数据

黄河流域史前聚落与城址研究 / 张新斌主编. —北京：科学出版社，2010

（黄河文明的历史变迁/李玉洁主编）

ISBN 978-7-03-026130-4

Ⅰ. 黄… Ⅱ. 张… Ⅲ. 黄河流域－史前时期－研究 Ⅳ. K871.104

中国版本图书馆 CIP 数据核字（2009）第 218128 号

丛书策划：胡升华 侯俊琳

责任编辑：宋 旭 陈 超 陈珊珊 / 责任校对：赵桂芬

责任印制：徐晓晨 / 封面设计：张 放 无极书装

科学出版社出版

北京东黄城根北街 16 号

邮政编码：100717

http://www.sciencep.com

北京凌奇印刷有限责任公司印刷

科学出版社发行 各地新华书店经销

*

2010 年 3 月第 一 版 开本：B5（720×1000）

2020 年 9 月第三次印刷 印张：19 1/2

字数：352 000

定价：108.00元

（如有印装质量问题，我社负责调换）

“黄河文明的历史变迁丛书”
编委会

总　序　一

坐落于黄河之滨的古都开封的河南大学，是闻名遐迩的百年名校。教育部近年在河南大学设立了人文社会科学重点研究基地——黄河文明与可持续发展研究中心，中心人才济济，覆盖了众多相关学科，已经取得了令人瞩目的良好成绩。该中心李玉洁教授组织编写的“黄河文明的历史变迁丛书”，即将在科学出版社出版，不难预料其将在学术界产生显著的影响。

黄河文明是辉煌绵远的中华文明的核心组成部分。对黄河文明的考察研究，当然对阐述中华文明的优秀传统有着重大的意义。大家知道，以分区域的方法来探讨我国的历史和文明，是改革开放以来学术界突出的发展趋势之一。回顾这些年历史学研究的明显变化，是强调“多元一体”的观点，揭示中国自古是多民族、多地区的国家，灿烂的中华文明乃多民族、多地区的人民共同缔造。同时，考古学研究也反复证明中华文明是多源、多线的，构成了文化区系的理论。这样就开拓了学者的视野，推动了学科的进步，特别是对中原以外地区的研究，形成了前所未有的繁荣局面。

然而，提倡加强中原以外地区历史文明的研究，绝不应走向另一个极端，即抹杀中原地区在文明史上的重要性。黄河文明的历史意义是不可忽略的。回忆十几年前，我和浙江的徐吉军先生曾与多位学者专家合作，出版了一部《长江文化史》，幸而得到了大家的欢迎。随后我们考虑到中原地区的重要，又安排编写了《黄河文化史》。在后面这部书的序言里，我专门说到，中华文明固然是多源头、多区域的，但也必须承认，在不同时期，不同地区会起特殊的历史作用。具体地讲，在文明发展的若干关键时段，特定的地区会成为中心或者枢纽。例如，中华文明奠基的夏、商、周三代，以及以后的许多王朝的中心都在黄河中下游地区。对于这样的时期，将黄河文明置于特别重要的地位，确实是应该的。何况在三代以后，这一地区的影响仍然持续，需要探索的问题依旧很多。

关于黄河文明，我认为应该考虑这样三个问题：

第一，黄河文明在中国历史上占有怎样的地位？

第二，黄河文明为什么能够在历史上占有这样的地位？

第三，占有历史上特殊地位的黄河文明有哪些特点？

正因为黄河文明在文明发展史上有其独特的作用，教育部才在河南大学专设这方面的研究中心，并且由李玉洁教授主编完成这套“黄河文明的历史变迁丛书”。这套丛书共分九个子课题进行研究，从若干角度研讨了黄河文明的特点及形成这些特点的因素，从各个方面阐释黄河文明的历史地位和重要性。大家都知道“八方风雨会中州”这句话，中原地区之所以在历史上有特殊的重要性，关键的原因正在于其地理位置在当时的“天下”中央，居八方辐辏之地，在经济和文化的交流上占了优势。这套丛书主要从三个方面进行研究：

（1）丛书首先对黄河流域文明的要素：金属、文字、城邑以及凌驾于社会之上的公共权力的形成进行研究。

《黄河流域的青铜文明》一书，对中国古代青铜器的出现、铸造工艺、繁荣与影响进行研究，并把眼光集中于夏商周时期，那时青铜器的演变序列业已大体清楚，该书对有关的青铜文明问题作了深入的论述。

作为文明最重要标志的文字，《殷商甲骨文研究》就中国现已发现的最早的文字载体——甲骨文作了全面的论述，其中不乏新见解。

《黄河流域史前聚落与城址研究》对黄河上、中、下游的聚落与城址进行探讨，研究了聚落与城址形成的地理地貌和发展轨迹。

《中国古史传说的英雄时代》论述古史传说的神话性质及某些传说中的历史真实，把历史传说与考古材料相结合，对黄河流域古史传说中的英雄时代及其凌驾于社会之上的公共权力的形成进行系统的论述和研究，有诸多新意。

（2）丛书还对黄河文明的特质进行研究，即探讨黄河文明与其他地区文化的差异之处。历史上的中国，经济以农业为基本，文化以儒学为主流，而黄河文明即与二者有密切关联。

《黄河流域的农耕文明》对黄河流域农耕文明的起源、发展进行研讨，并且对黄河流域出现的农书、农神、农商思想与古代社会的关系进行研究，重点阐述植根于农业经济的黄河文化的特色。

儒学在中国长期的封建社会中是主导的思想理论。《儒学与中国政治》一书，论述儒学的起源、发展，研究了儒学与中国政治的密切关系。

（3）秦汉以后，黄河文化不断地吸收各地区的文化，得到了飞跃的发展。丛书在对黄河流域的文明起源问题探讨之后，对黄河流域的历史变迁进行研究。

《秦汉魏晋南北朝黄河文化与草原文化的交融》研究了秦汉魏晋南北朝时期黄河文化与胡文化的交流与融合。

《唐宋时期黄河流域的外来文明》研究了唐宋时期黄河文化与外来文明的融合。

《黄河文化与西风东渐》研究了明清时期黄河文化对西方文化进行全方位的吸收过程，黄河文化被注入了新的活力。

丛书对黄河文化与国内外文化的融合问题进行研究。这些书虽非出自一人之手，却将有关问题比较系统地串联起来，勾勒出相当明晰的轮廓，其中不乏新鲜的观点和见解。

读了这几本书，自能对黄河文明的历史地位获得进一步的认识。由这样的视角去观察黄河文明与文化，前人还很少做过。

黄河文明是非常博大的研究领域，“黄河文明的历史变迁丛书”已经开了一个好头，丛书都很值得一读。希望继续编写下去，我们且拭目以待。

李学勤

2009 年 1 月 20 日

总 序 二

黄河文明的历史地位

关于文明的起源，学术界曾出现了“满天星斗”说、“文明多元”论等，这些都是非常正确的。我们国家地域辽阔，中华文明是各地区、各民族的人民经过几千年辛勤的劳动共同创造的。然而根据学术界所认可的文明起源的要素和标准来看，华夏文明最早是在黄河流域出现、形成的。在文明形成的初期，黄河中下游地区处于“天下之中”的地位，这也是不可否认的事实。

国内外许多学者都提出了关于文明起源的见解。英国剑桥大学的考古人类学教授丹尼尔在《最初的文明：关于文明起源的考古学研究》中提出，文明的产生有三项要素：文字、城市、复杂的礼仪中心。日本学者贝冢茂树在1977年出版的《中国古代史学的发展》一书补记中提出，青铜器、文字、宫殿基址是文明产生的三要素。中国考古学家夏鼐先生在《中国文明的起源》一书中提出，青铜器、文字、城堡是文明产生的三个标志和要素，并且得到了学术界大多数学者的认可。

恩格斯在1884年出版的《家庭、私有制和国家的起源》一书中提出，文明和国家的形成主要有两项要素：①凌驾于社会之上的公共权力的建立；②按地区划分它的国民。恩格斯说“文明时代的基础是一个阶级对另一个阶级的剥削”①，他用阶级斗争的学说去解释文明的产生。这些理论奠定了马克思主义关于文明起源的政治学的理论基础，是判定文明产生的标准。

一、华夏文明最早在黄河流域形成

黄河是大自然献给中华民族的厚礼，是我们伟大民族的母亲河。黄河发

① 马克思，恩格斯．1972. 马克思恩格斯选集（四）．北京：人民出版社．167，166，173

源于巴颜喀拉山脉北麓，从青海高原奔腾而下，流经五千多公里，在黄河的中下游地区形成宽广美丽而富饶的冲积大平原，为黄河文明的诞生提供了优越的地理环境。

黄河中下游地区四季分明，是最适合古人类生存和生活的地区。大约一万七千多年以前，黄河流域就有人类生存了。华夏民族的祖先在这里勇敢顽强地劳动和开拓，创造了辉煌的文明和文化。传说中的“三皇五帝”、夏商周三代及我国历史上的诸多王朝皆建都在黄河流域。是时，这里是人文荟萃之地，号称“天下之中”，又称为“中原”、“中州”，乃至我们伟大的祖国被称为“中国”也与此有关。黄河是中华民族的摇篮。

文明的要素——金属、文字和城堡，最早在黄河流域出现和形成。黄河中下游地区形成了我国最早的文明的中心。

仰韶文化时期，黄河流域就出现了青铜器物。仰韶文化姜寨遗址出土有铜片，还发现有黄铜管，其时代约在公元前4700年左右。

铜器，在黄河流域龙山文化的遗址中多有发现，如郑州牛寨遗址发现了熔铜炉壁附有铅锡青铜块①，淮阳平粮台三期H15发现了铜渣②，登封王城岗四期H617内出土青铜器残片③，临汝煤山遗址出土铜坩埚、熔铜炉残壁及铜液痕迹④，鹿邑栾台遗址二期早期发现青铜器等。⑤ 这些资料表明当时黄河中游青铜器冶炼和使用比较普遍，已经进入早期铜器时代。在黄河中游的龙山文化遗址中已出现了国家和文明的重要标志。山西临汾陶寺墓葬中发现了一只铜铃（或铜铎），虽出自晚期墓葬，但这是一件工艺复杂的复范型大型铜器，表明在此之前，青铜冶炼铸造技术应该已经有一个很长的过程了。陶寺遗址大型墓中出土了特磬，并且有5座大墓中出土了用鳄鱼皮蒙面的鼍鼓，鼓身为挖空树干，通高1米许，上下口径43～57厘米，外表彩绘花纹。这种乐器首先发现在黄河流域龙山时代的文化中，可能最初为陶唐氏所发明。

目前，新石器时代考古所发现的青铜器只在黄河流域出现，其他地区或者只有很少的几个铜片，或者只是在淤泥中出现的一点铜锈痕迹，而且仅是一处孤证，或者根本没有出现过与青铜器有关的器具和器物。黄河流域以外地区的青铜文明远远落后于中原地区。

---

① 王震中．1998．中国文明起源的比较研究．西安：陕西人民出版社

② 河南省文物研究所，周口地区文化局文物科．1983．河南淮阳平粮台龙山文化城址试掘简报．文物，(3)：36

③ 安金槐，李京华．1983．登封王城岗遗址的发掘．文物，(3)：3

④ 中国社会科学研究院考古研究所河南二队．1982．河南临汝煤山发掘报告．考古学报，(4)：446～453

⑤ 河南省文物研究所．1994．河南考古四十年．郑州：河南人民出版社

关于文字的起源应追溯到新石器时代器物上的刻画符号。河南舞阳的贾湖遗址出土的龟甲和石柄上就已经出现刻画符号。龟甲上刻有“”、“”、“”、“”、“”、“”、“”、“”、“”、“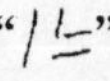”等。①

1963 年出版的《西安半坡》中公布了半坡遗址出土的大批陶器上有刻画符号。有的符号较简单，有的稍复杂。在仰韶文化类型遗址的陶器中多有这种符号，目前在渭水流域的西安、临潼、郃阳、铜川、宝鸡和甘肃秦安都有发现。②

大汶口文化类型的莒县陵阳河遗址出土的大口尊上发现了陶尊文字 17 个。其时代在公元前 4000 年左右。有关资料介绍：“自 60 年代以来，陵阳河发现刻文陶尊均出于河滩一组墓地(富有者墓地)，共 10 件。采集品 6 件，完整器 5 件。刻文分别为‘’、‘’、‘’、‘’、‘’、‘’、‘’。另一件为 1979 年发掘采集的陶尊残片，刻文为‘’……M25 的一件刻文为‘’。陵阳河发现的陶尊刻文，共计 12 个个体。如将刻文归类统计，得图像一，图像文字凡七。”③ 我国许多学者，如唐兰先生、王树明先生等对这些文字均有考释，认为这是现行文字的远祖，陵阳河的陶尊文字与殷墟甲骨文字有渊源关系。

与原始文字有渊源关系的远古符号也在黄河流域大量出现，河南舞阳的贾湖，山东大汶口，陕西西安、临潼、郃阳、铜川、宝鸡和甘肃秦安等遗址出土的大批陶器上的刻画符号，与中国古文字具有一脉相承的渊源关系。殷商时期，大批的甲骨文在殷墟（今河南安阳市）出土，在世界古文字研究方面具有重要的意义。

黄河流域在仰韶文化晚期已发现古城堡。郑州西山古城址是仰韶文化的遗存，距今 5300～4800 年。④ 黄河中游龙山文化时期的城堡更为普遍，如河南淮阳平粮台古城址、登封王城岗古城址、郾城郝家台、安阳后岗、淅川下寺等。

河南淮阳平粮台城址距今 4500 年左右。城址呈正方形，长宽均为 185 米，城周长 740 米，建筑面积约 5 万平方米。城墙采用小版筑堆筑法营造，可见圆形夯窝。城有南北两城门。南门有用土坯垒砌的两个门卫房，中间是

① 王蕴智．2003．远古符号综类摹萃．中原文物，（6）：11
② 李学勤．1997．走出疑古时代．沈阳：辽宁大学出版社
③ 王树明．1986．山东省史前文化论文集·谈陵阳河与大朱村出土的陶尊文字．济南：齐鲁书社．249
④ 河南省文物研究所．1994．河南考古四十年．郑州：河南人民出版社

路土，路土下有铺设好的排水管道，城内有建筑在夯土台上的用土坯垒砌的排房。高台上的第 4 号房基的房址，东西残宽 15 米多，南北进深 5.7 米，室内北边有一宽约 0.92 米的走廊，南边再用隔墙分为四间。可以推测，在夯土高台上居住的人绝非一般平民。①

登封王城岗古城址位于河南省登封市告成镇西部，距今约 4400 年，这是两个并列的古城。大城的复原面积约 34.8 万平方米，是迄今为止在河南发现的规模最大的龙山文化晚期城址。② 王城岗古城址的城内有殉人、殉兽的奠基坑 13 个。这些奠基坑多者用 7 具人骨奠基，少者 1 具，共有 28 具人骨架。王城岗龙山文化三期发现一薄胎磨光的平底杯，杯的底外部有烧前刻画的一个文字，形似“共”字。王城岗龙山文化四期，发现一青铜容器的残片，编号为 WT196H617：14，残宽 6.5 厘米，残高 5.7 厘米，厚 0.2 厘米，很像铜鬶的腹与袋状足的部分残片。经北京科技大学冶金室检验是锡铜青铜铸件。③

安阳后岗遗址发现一段宽 2～4 米，长 70 余米的龙山文化时期的城墙。该遗址约 5 万平方米。遗址分布着直径约 3～5 米的圆形白灰面房基和木板地面房基，这些房基的下面有用小孩作牺牲的奠基，埋 1 个幼童的 8 座，埋 2 个幼童的 4 座，埋 3 个幼童的 2 座，埋 4 个幼童的 1 座，仅在发掘的 600 平方米内，埋幼童 26 个。这个遗址的年代在公元前 2700 年～前 2200 年。河南辉县孟庄龙山文化古城址，面积约 16 万平方米，有护城河等，具有军事性质。

黄河下游龙山文化类型的遗址亦发现许多古城址。山东章丘龙山镇的城子崖城址，总面积 17.55 万平方米。1984 年在寿光县边线王村发现一古城址。城址分大小两处，小城在大城之内，居中偏南。大城面积约 5.7 万平方米，四边城墙之中部各有一门道，门宽约 10 米。城内面积 1 万平方米左右。大城址距今 3800 年左右，小城距今 3900 年左右。④ 1991 年邹平丁公村发现一古城址，面积 11 万平方米。城址年代在距今约 4600～4000 年。⑤ 另外淄博的田旺村亦发现一个面积 20 余万平方米的龙山文化古城址。⑥

---

① 河南省文物研究所，周口地区文化局文物科. 1983. 河南淮阳平粮龙山文化城址试掘简报. 文物，(3)：37

② 北京大学考古文博学院，河南文物研究所. 2006. 河南登封王城岗遗址 2002、2004 年发掘简报. 考古，(9)：4

③ 河南省文物研究所，中国历史博物馆考古部. 1992. 登封王城岗与阳城. 北京：文物出版社. 38

④ 杜在忠. 1988-7-15. 边线王龙山文化城堡的发现及其意义. 中国文物报

⑤ 邹平. 1992-1-12. 丁公村发现龙山文化城址. 中国文物报

⑥ 齐天. 1992-3-18. 田旺龙山文化城址面世. 大众日报

从以上黄河流域发现的龙山文化时期的古城址来看，城址中或有城门和门卫房，或有护城河，是具有军事性质的城堡。城内（如平粮台城址中）高台上的高大建筑物表明城内居民存在阶级和阶层的差别。登封王城岗城址和安阳后岗城址中用幼童作奠基的殉人，表明激烈的社会冲突已经形成，高居于平民之上的公共权力已经形成。龙山文化时期长江流域的古城堡虽然显示了贫富分化的现象，但远不如黄河流域表现得那样尖锐和激烈，似乎还处在军事民主制时期。[①] 在黄河流域，早期国家已经形成了。

二、黄河流域出现的凌驾于社会之上的公共权力

黄河流域是最适合人类生存的地方，自古以来就流传着许多鸿蒙初辟时期的神话，如盘古、女娲等都是神话中的开天辟地或抟土造人的英雄。这些神话传说表现出华夏民族对世界的最初认识和美好的想象。远古时期，黄河流域活跃着许多部族，并各有自己的领袖。这些部族领袖往往被神化成半人半神的英雄。我国古代史籍中有许多关于远古时代英雄的传说，其中有三皇时期的传说，如燧人氏、伏羲氏、神农氏、葛天氏、柏皇氏等；还有五帝时期的传说，如黄帝、炎帝、太皞、少皞、蚩尤、颛顼、帝喾、帝尧、帝舜等。他们皆是黄河流域的部族领袖。这些传说构成中华民族形成发展的完整序列，记载了中华民族光辉的成长历程。

五帝时期，在黄河流域已经出现了早期国家的雏形。这些部族首领皆拥有号令征伐、收取贡赋、征发劳役的权力，而且这个时期，地域关系已经形成，有了非常明确的政治选举制度。这些部族首领已经拥有了马克思主义理论所认为的凌驾于社会之上的公共权力。这些现象说明黄河流域的部族自五帝时期就具备了早期国家的特征。

1. 号令征伐的权力

号令征伐是公共权力形成的典型表现形式。《史记·五帝本纪》云："轩辕之时，神农氏世衰。……于是轩辕乃习用干戈，以征不享，诸侯咸来宾从。""天下有不顺者，黄帝从而征之，平者去之，披山通道，未尝宁居。"这里很明显，黄帝轩辕氏对不顺从者，"征之"、"去之"，使"诸侯咸来宾从"。号令征伐，使诸侯"宾从"，就是一种凌驾于社会之上的公共权力。正因为拥有这种公共权力，黄帝才能与炎帝战于阪泉之野，与蚩尤战于涿鹿之野，最后消灭了敌对势力，使自己的权力得以巩固。

黄帝与炎帝、黄帝与蚩尤、颛顼氏与少皞氏都曾有过激烈的部落冲突。

① 张绪球．1994．屈家岭文化古城的发现和初步研究．考古，(7)：634

帝尧时期，曾进行过征伐三苗的战争。《国语·楚语下》曰："其后三苗复九黎之德，尧复育重、黎之后，不忘旧者，使复典之。"韦昭注："其后，高辛氏之季年。三苗，九黎之后。高辛氏衰，三苗为乱，行其凶德，如九黎之为也。尧兴而诛之。"

《史记·五帝本纪》记载，帝尧时期，天降大雨，黄河泛滥。尧于是召四岳（四个部族酋长）商议治水事宜。四岳推荐鲧，但鲧治水九年而无功。《史记·夏本纪》记载："舜登用，摄行天子之政，巡狩。行视鲧之治水无状，乃殛鲧于羽山以死。天下皆以舜之诛为是。于是舜举鲧子禹，而使续鲧之业。"舜可以殛鲧以死，并有权令鲧的儿子禹接替治水。舜还任用"八元"、"八恺"，"使主后土，以揆百事……乃流四凶族，迁于四裔"①。《尚书·虞书·舜典》云：帝舜"流共工于幽州，放驩兜于崇山，窜三苗于三危"。舜作为一个部族领袖可以流放或杀掉一个下级部族的首领，表明公共权力的形成。黄帝、颛顼、高辛、尧、舜等皆有号令征伐的权力。依靠这种权力，他们才能在战争中打败敌方，从而攫取更高的权力。

2. 收取贡赋

《史记·夏本纪》记载："自虞、夏时，贡赋备矣。"又云："众土交正，致慎财赋，咸则三壤成赋。"由此可知，虞舜时期已经开始向百姓征收贡赋，并有了完备的贡赋制度。收取贡赋是公共权力形成的典型特征。黄帝、颛顼、高辛、尧、舜已经具有国君（或国王）的权力了。

3. 征发劳役

《史记·五帝本纪》记载，帝舜杀了鲧之后，又任用鲧的儿子禹治水。大禹治水时，"唯禹之功为大，披九山，通九泽，决九河，定九州，各以其职来贡，不失厥宜"。尧、舜、鲧、禹等人的治水，当然需要征发很多人去服劳役。征发劳役亦是公共权力形成的特征。

4. 地域关系的形成

黄帝时期，曾东征西伐，打败了炎帝、蚩尤，颛顼氏与太皞氏、少皞氏等都发生过激烈的战争和冲突。被打败的部族则皆迁徙他处，其部族支裔四散，迁至偏远地区。如少皞氏在失败之后，其主要力量迁徙汾水流域，仍有一部分还在东夷地区，那些留下的居民则只能服从于胜利者的管辖。毫无疑问，黄帝、颛顼、尧、舜时期，其国民已按地区划分。地域关系已经形成。《史记·五帝本纪》载：黄帝"置左右大监，监于万国"。这里所说的"万国"，当是黄帝治下的各个地区的小邦国。

---

① 司马迁. 1982. 史记·五帝本纪. 北京：中华书局

5. 禅让制度与世袭制度

尧、舜、禹等部族领袖在权力的承继方面实行禅让制度，部族首领是通过禅让选举而产生的。《论语·尧曰》载，尧曰："咨！尔舜，天之历数在尔躬，允执其中，四海困穷，天禄永终。"舜在传位给禹的时候也说了同样的话。《论语·颜渊》云："舜有天下，选于众，举皋陶。""汤有天下，选于众，举伊尹。"《尚书·尧典序》曰："昔在帝尧，聪明文思，光宅天下，将逊于位，让于虞舜，作尧典。"但是禅让制度曾遭到战国学者的质疑，不相信古代实行过禅让制度。《孟子·万章》记载，"万章曰：'尧以天下为舜，有诸?'孟子曰：'否，天子不能以天下与人。'"《韩非子·说疑》云："舜逼尧，禹逼舜，汤放桀，武王伐纣，此四王者，人臣弑其君者也。"

我们且不说尧舜禹时期的帝位是"让"，还是"逼"，但五帝之前，包括五帝时期的部族首领肯定曾经实行过禅让制度，这是不容置疑的。尧舜禹时期的禅让现象是中国远古时代禅让制度的继承和继续。禅让制度确实是中国早期国家的一个重要特征。夏代开始了传子制的世袭制度，很多人认为传子制才是国家形成的标志，并在此基础上认为夏代才形成了国家。

如果说传子制是国家形成的特征标志，那么希腊的国家首脑从来就没有传子制，其首席执政官和其他执政官皆是由选举而产生的。而谁又能说古代希腊不是国家呢?!

马克思主义的国家学说认为，国家产生的标志是凌驾于社会之上的公共权力的建立和地域关系的出现。传子制不是国家产生的标志。

我国古史传说中的黄帝、太皞、少皞、颛顼、帝喾、尧、舜等，具有号令征伐、收取贡赋、征发劳役等凌驾于社会之上的权力。他们拥有的辖地上，不仅有本部族成员，而且已经按地区划分其国民。他们是活动在黄河流域的国家领袖，即国王。是时，黄河流域最早出现了青铜文化、文字，较早出现了城堡。古史传说中，华夏民族的领袖也多活动在黄河流域，华夏文明最早在黄河流域形成。

三、黄河文明的特质

黄河文明的主要特征之一就是农耕文明。黄河文明是以农业为经济基础而发展起来的。"农业是整个古代世界的决定性的生产部门。"① 研究黄河流域农耕文明的形成及特征，对深入了解文明进程、文化兴衰以及这个文明体系中人民的精神世界都有重要的意义。

① 马克思，恩格斯．1972．马克思恩格斯选集．北京：人民出版社．145

黄河流域发现了大量的古文化遗址，如磁山、裴李岗文化、仰韶文化、大汶口文化、龙山文化、马家窑文化、齐家文化等。农业是这些远古文化的主要内涵。自新石器时期开始，华夏民族已经成为农业定居的民族。黄河流域是世界上最早也是最重要的农业发源地之一。

在长期艰苦的劳动中，黄河流域的人民发明了农业，在野草中培育了五谷等各类农作物；发明了农业生产工具，并使之不断地改进，将其从木、石质改进为金属工具；创造了历法，制定了二十四节气，认识了天象与农业的关系；发明了丝绸，中国是世界闻名的丝绸之国；华夏民族有自己的农神崇拜。在黄河流域这块热土上，华夏民族辛勤勇敢地劳动，用他们的智慧和汗水，建造了自己的家园。

由于凌驾于社会之上的公共权力的出现和形成，封建国家制定了各种农业政策和赋税制度。黄河流域产生的农业思想，特别是中国封建王朝推行重农抑商的政策和思想，对中国古代社会有重要的影响。商业被限制，客观上也束缚了农业的发展。重农抑商的政策和思想，其目的在于巩固加强其专制统治，实际上则阻碍了中国社会的发展和进步，是中国封建社会长期停滞不前的重要原因之一。

儒学是中国文化的主流，也是黄河文明的重要特质。儒学是封建专制国家赖以统治的理论基础，与中国政治有着非常密切的关系。

儒家学说的核心是礼和仁的思想。儒家所说的礼，是一种标志尊卑贵贱等级的制度。《礼记·坊记》曰："子云，夫礼者，所以章疑别微，以为民坊者也。故贵贱有等，衣服有别，朝廷有位，则民有所让。子云，天无二日，土无二王，家无二主，尊无二上，示民有君臣之别也。"

所谓仁，就是以仁德之心对待人民。儒家主张仁政，反对苛政。儒家学说要求帝王和国家的大小官员勤政爱民、奉公守法，要求人们严格约束自己的行为，做人做事要有廉耻之心，维护做官的清德，不欺暗室，有强烈的忧患意识，认为这样的人才能治理好国家。儒学从政治上讲，确实是为帝王统治服务的学说。然而，儒学能够在中国延续两千余年而不衰，除了封建帝王的推崇和提倡之外，能够被广大群众所接受也是重要的原因。

儒家提倡的道德观，如忠、孝、仁、义、廉、耻、宽、恕等，是我国人民两千年来恪守的道德伦理基础。儒学的伦理道德、重义轻利、敬老爱幼、乐于进取、强烈的忧患意识和参与意识，铸就了中华民族的共同心态和理想人格，也激励着中国的志士仁人去建功立业、英勇奋斗，使中华民族具有强大的凝聚力。

儒家学说提倡的"礼"保证了封建国家的等级制，维护了皇帝和各级贵族的利益；而“仁”又能使平民百姓们认可接受。这样封建国家的秩序就得以稳定。儒家学说是适用于中国封建社会的政治学说，对中国封建社会的政治发展起着积极的作用。

四、黄河文明的历史变迁

夏、商、周三代之后，早期国家逐渐成熟，进入了发展时期。春秋战国以后，中国的专制制度逐渐形成，随着秦汉王朝的统一，黄河文明进入了大发展时期。

秦汉魏晋南北朝是黄河文化发展的重要时期，也是黄河文化与胡文化交流、融合的重要时期。本课题通过秦汉魏晋南北朝时期不同时段少数民族与黄河流域的社会交往，论述了秦汉时期少数民族文化与黄河文化的融合过程。张骞通西域之后，一条以洛阳、长安为起点，直达安息、大秦的交通线形成，这就是历史上有名的丝绸之路。西域的葡萄、西瓜、乐器、胡马，传入黄河流域；黄河流域的铁器、丝绸、医药、造纸、印刷术、农业技术传入西域，大大丰富了黄河文化和世界文化的宝库。根据《汉书·西域传》的记载，新疆地区的罽宾国“地平温和：有目宿、杂草；奇木：檀、槐、梓、竹、漆；种五谷、蒲陶诸果；粪治园田，地下湿，生稻；冬食生菜。其民巧，雕文刻镂，治宫室，织罽，刺文绣，好治食。有金、银、铜、锡，以为器。市列以金银为钱，文为骑马，幕为人面。出封牛、水牛、象、大狗、沐猴、孔爵、珠玑、珊瑚、虎魄、璧、流离”。大秦国即罗马古国。《后汉书·大秦传》记载，大秦国物产丰富，“多金银奇宝：夜光璧、明月珠、骇鸡犀、珊瑚、琥珀、琉璃、琅玕、九色玉石、朱丹、青碧。刺金缕绣织成金缕罽、杂色绫，作黄金涂、火浣布。又有水羊毳，野蚕茧所作细布。合诸香煎其汁，谓之苏合。以金银为钱：银钱十，当金钱一；与安息、天竺交市，海中获利十倍。其人质直，市无二价。谷食常贱，国用富饶”。黄河流域的许多地方开始响起了来自草原地区的“胡声”。

魏晋时期，特别是十六国时期，匈奴、鲜卑、羯、氐、羌等少数民族进入黄河流域，使黄河文化在这一特殊形式下复苏，对黄河文化的繁荣有重要的影响；而到北朝时期，鲜卑族入主黄河流域，给黄河文化注入了新鲜的血液。少数民族地区的所谓“胡桌”、“胡椅”、“胡床”、“胡服”，传入黄河流域，大大丰富了黄河流域人民的生活。这些最终揭示出黄河文化是在这一特殊历史时期融合少数民族文化而形成的多层次文明。

唐宋时代是黄河文化发展和成熟的重要时期。是时，突厥、铁勒等游牧民族，朝鲜半岛移民，西域以及西亚、中亚胡人等外来移民相继进入黄河流域。外来文明在黄河文化的演进历程中非常重要。唐宋时期，黄河文化与外来文明有强烈的互动作用，不仅使黄河流域出现了多种宗教信仰，如景教、摩尼教、祆教、犹太教传入中国，佛教也出现了不同的宗派，如唯识宗、密宗等，更重要的是黄河流域的科学技术得到进一步的发展，如天文学、医学、药物、植物、动物、香料、玻璃器、玛瑙、玉器、纺织品、货币、音乐、舞蹈、雕塑、绘画、建筑艺术等外来文明促进了黄河流域社会生活诸方面的发展，同时对黄河流域的饮食、服饰、体育、社会风俗、农业生产、交通运输、城市繁荣、经济作物的种植等都产生巨大的影响。唐宋时期黄河流域的政治、经济、文化与外来文明的交流往来，对黄河流域社会文化的发展产生了极大的影响。

明清时期，西方传教士在黄河流域的宗教和科学传播活动，为古老的黄河文化注入了西方近代科学文化的内容。明清时期，西方的宗教、天文学、数学、地理学、机械学、建筑学、物理学、医学、文学艺术、矿业技术、邮电、铁路交通、军事科学、教育思想、教育体制、社会风尚、近代农业科技等相继传入中国，美洲的农作物，如番薯、玉米、烟草等在黄河流域迅速传播、种植和推广，大大丰富了黄河流域农作物的种类，改变了黄河流域人民的饮食结构。更重要的是西方的民主思想也传入中国。鸦片战争之后，黄河文化开始了对西方文化的全方位吸收与融合，创建了新式学校、新式军队，产生和发展了一些近代工商业。新式的交通、通信工具等有了初步的发展，西方政治文化也得到一定程度的传播和实践，西式社会风尚开始在黄河流域出现并流行。

如今，古老的黄河文明与黄河文化在自身的基础上，通过对外来文明的合理吸收，不断地发展和变化，发生了强烈的历史变迁，出现了近代化的特质和内涵，黄河文化正在走向全面繁荣和昌盛。

李玉洁

2009年10月26日

目　　录

引　　言

黄河是世界最著名的河流之一，干流总长5464公里，流经青海、四川、甘肃、宁夏、内蒙古、山西、陕西、河南、山东等9个省（自治区），流域总面积达79.5万平方公里。它是世界范围内与人类文明关系密切的重要河流之一，在中国的大江大河中，依长度排列第二。

黄河是中国古代文化的摇篮，在史前时期对人类文化与文明进程有较大的影响。史前聚落的发展，不但具有较为浓烈的黄河、黄土色彩，其演变轨迹亦较多表现出黄河的影响。

近年来，研究黄河文明的成果不断问世，尤以《黄河史》[①] 为代表的“黄河文化丛书”、《黄河文化史》（三卷本）[②]、《黄河传》[③] 等为代表，但对黄河地理研究的权威性志书，仍是以《黄河志·黄河流域综述》[④] 为代表，也是本书归纳黄河流域地理特征的权威依据。

第一节　黄河流域的地理特征

一、地质地貌

1. 黄河流域的地势、地貌

黄河流域西高东低，自西向东形成三级阶梯。

（1）第一级阶梯

第一级阶梯为黄河源头所在的青藏高原，平均海拔在4000米以上，素有“世界屋脊”之称。在青藏高原的东北部，耸立着北西—南东走向的祁连

① 鲁枢元，陈先德．2001．黄河史．郑州：河南人民出版社

② 李学勤，徐吉军．2003．黄河文化史（上、中、下册）．南昌：江西教育出版社

③ 陈梧桐，陈名杰，2001．黄河传．保定：河北大学出版社

④ 吴敬尧．1998．黄河志·黄河流域综述．郑州：河南人民出版社

山、阿尼玛卿山与巴颜喀拉山等山脉，其中阿尼玛卿山主峰玛卿岗日山海拔达6282米，为黄河流域的最高点。在黄河源头的约古宗列盆地，河谷宽阔，湖泊众多，形成了较为独特的高原景观，黄河弯曲在这些大山之间，向远方流去。

（2）第二级阶梯

第二级阶梯以太行山为东界，海拔为1000～2000米，整体地貌形态差异性较大，分属鄂尔多斯高原、河套平原、黄土高原和汾渭河平原等地貌单元。北部的阴山与西部的贺兰山、狼山犹如一道屏障，阻挡阿拉善高原上的腾格里、乌兰布和、巴丹吉林等沙漠向流域腹地侵袭，南部的秦岭山脉，成为中国自然地理上亚热带和暖温带的南北分界线，也是黄河与长江的分水岭，成为黄土高原飞沙不能南扬的挡隔墙。该区域内，最大的地貌景观为黄土高原，总面积达64万平方公里，黄土厚度为数十米至二三百米，为世界上最大的黄土分布区。黄土高原的地貌主体为塬、梁、峁、沟等。塬为边缘陡峻的桌状平坦地形，梁为长条状垄岗，峁为圆形小丘。黄土土质疏松，垂直节理发育，植被稀疏，在长期的暴雨径流的水力侵蚀和重力侵蚀作用之下，水土流失严重，生态环境脆弱，形成了沟壑纵横的独特的黄土地貌景观。此外还有太原盆地、晋南盆地以及陕西关中盆地所组成的汾渭盆地，河南的崤山、熊耳山、外方山和伏牛山所构成的豫西山地，以及嵩山山系，它们与太行山共同构成了第二级阶梯的东部屏障。

（3）第三级阶梯

第三级阶梯由太行山以东至滨海，主要由黄河下游冲积平原与鲁中丘陵组成。黄河下游冲积平原主要包括豫东、鲁西、鲁北、冀南、冀中北、皖北和苏北等地区，面积约23万平方公里，平原地势依大堤微向海洋倾斜。鲁中丘陵则由泰山、鲁山、沂山组成，海拔为400～1000米。主峰泰山，海拔达1524米，古称“岱宗”，为五岳之首。

2. 黄河流域的地质演变

（1）地质构造

黄河流域横跨昆仑地槽、秦岭地槽、祁连地槽和华北地台4个大的构造区域，地跨西域陆块与华北陆块。西域陆块包括祁连山、东秦岭、昆仑－西秦岭及巴颜喀拉等断块或褶皱带。这些断块为北西或北北西向，呈带状展布。岩层挤压变形强烈，褶皱紧密，断裂构造异常发育。华北陆块，自吕梁运动奠定基础，经晚元古至古生代的沉积加厚及固结硬化，自中生代以后，受太平洋板块俯冲及燕山运动的影响，而产生褶皱和断裂，形成一系列趋近北东向的断块盆地、隆起、断陷盆地和陆缘盆地，如阿拉善与鄂尔多斯断块盆地，阴山、吕梁山、太岳山和秦岭等隆起，银川平原、河套平原和汾渭平原等断陷盆地以及华北陆缘盆地等。

（2）地质演变

与地球40亿年的历史相比，黄河形成演变的历史仅百万余年。在距今30亿年的早太古代，由海底喷发凝结而成的陆核包括了嵩山，以及燕山向东延展的冀东陆核；在距今约20亿年的早元古代，因“五台运动”与“吕梁运动”的作用，形成了中国最早的华北地台；在距今约4亿年的古生代奥陶纪，被水覆盖的华北地台露出水面，形成其后湿润的华夏古陆。到距今2.5亿年的二叠纪，在今黄河上、中游地区即鄂尔多斯陆块，形成了大大小小数量较多的内陆湖盆，为黄河河道的贯通奠定了地学基础。到了中生代，由板块运动而基本形成了西高东低的地貌格局。尤其是在距今5500万~2700万年，由于喜马拉雅运动而使两大板块在碰撞中逐步隆起，形成青藏高原。在太行山以东的平原区则形成了浅海区。进入第三纪，尤其是第四纪，黄河河道逐渐形成与贯通，其演变的历史可分为两个阶段。一是黄河孕育期，当在第三纪至第四纪早更新世。因喜马拉雅运动的作用，青藏高原抬升，其周边形成断陷盆地系列，并形成了内陆湖泊水系，如青藏高原的河源湖盆、贵德湖盆、湟水湖盆、共和湖盆、循化湖盆、青海湖盆等。在鄂尔多斯高原有银川湖盆、河套湖盆、汾渭湖盆及山陕间的侵蚀盆地。二是黄河形成期，在距今115万~10万年，即中更新世。因地壳构造运动的结果，以及因高差而引起的上游水流对下游的强烈侵蚀，陇西盆地与化隆盆地的相关古湖消失，卫宁盆地经青铜峡与银川平原贯通，三门峡古湖水系也得到进一步整合，此后共和古湖消失，化隆盆地的黄河干流正式形成。至此除共和盆地以西与沁阳盆地以东仍为独立湖盆水系外，黄河中上游的河道已基本贯通。

二、气候水文

1. 黄河流域的流域划分

黄河干流河道，依地质与水文变化，可分为上游、中游、下游三个地区，其中包括11个河段与6个大河湾。

（1）黄河上游河道

上游河道自黄河源头至内蒙古托可托县的河口镇。河流干道长3471.6公里，流域面积42.8万平方公里，共包括4个河段与4个大河湾。其中，第一河段为河源至玛多河段，河长269.7公里，主要为高原，有约古宗列盆地，以星宿海为代表的水泊，以扎陵湖与鄂陵湖为代表的中国最大的高原淡水湖以及黄河第一峡——茫尕峡等。第二河段自玛多至龙羊峡，全长1417.5公里。主要为高原峡谷景观，有位于青甘川交界处，呈180度弯曲的黄河第一大湾——唐克湾；有受共和湖及周边山地影响而呈180度弯曲的黄河第二大湾——唐乃亥湾。黄河上游的两大支流，白河在若尔盖县的唐克镇附近汇入黄河，黑河在甘肃玛曲县汇入黄河。第三河段自青羊峡至下河沿，全长793.9公里。该河段为高山峡谷，水面落差大，水力资源丰富，已建成的水利枢纽工程有龙羊峡、刘家峡、盐锅峡、八盘峡、李家峡、大峡等，为黄河干流水电的代表性地区。兰州湾为黄河的第三大湾。它由龙羊峡开始到兰州形成4个由东向北的、呈90度转弯的小湾。全长673公里的洮河，在甘肃永靖汇入黄河。全长374公里的湟河，也在永靖汇入黄河。第四河段由下河沿至河口镇，全长990.5公里。该河段为宽浅的平原型冲积河流，黄河向北折而进入河套地区，并由托克托南下，形成环抱鄂尔多斯台地的最大的河套河湾，为黄河第四大湾。该河段为黄河流域水利条件最优越的地区，宁夏的青铜峡灌区、内蒙古的三盛公灌区为荒漠中的两大绿洲。

（2）黄河中游河道

中游河道自河口镇至郑州桃花峪，干道长1206.4公里，流域面积34.4万平方公里，共包括3个河段，1个大河湾。其中，第五河段自河口镇至陕西韩城境内的禹门口，全长725.1公里。该河段自北向南，穿越黄土高原，形成壮观的晋峡峡谷，为典型的峡谷型河道。这一河段支流水系特别发育，形成以大黑河、窟野河、无定河等56条较大支流汇集黄河的壮观景象，也是黄河泥沙的主要来源区。峡谷南端的禹门口，又称龙门，因为河道突然变窄，落差明显，而形成了黄河干流河道唯一的瀑布。第六河段自禹门口至三门峡，全长240.4公里，该河段潼关以上为宽浅的游荡性河道。黄河最大的支流渭河以及汾河在此汇入黄河。南下的黄河在潼关受阻后，折90度向东直趋三门峡，形成以潼关湾为代表的黄河第五大湾。这里还有黄河干流兴建的第一个大型水利工程三门峡水库。也有黄河最后一个峡谷晋豫峡谷，并在峡谷末端兴建了被誉为“世纪工程”的黄河小浪底水利工程。第七河段自三门峡至郑州桃花峪，全长240.9公里。伊洛河、沁河等河流也在此汇入黄河。

（3）黄河下游河道

下游河道自桃花峪至入海口，干道长785.6公里，流域面积22 726平方公里，共包括4个河段，1个大河湾。第八河段自桃花峪至濮阳高村，全长206.5公里。这一河段的河道宽浅，为典型的游荡性河道，因河道泥沙淤积，形成地上悬河，为淮河与海河水系的分水岭。其中，兰考湾为黄河第六大湾，它在兰考东坝头因决口而形成呈45度弯曲的东流折而东北流的黄河。第九河段自高村至山东境内的艾山，全长193.6公里。为游荡性的河道向弯曲性河道之间的过渡性河段，除京杭大运河相接而过外，还有下游河段仅有的支流大汶河，在陈山口入黄河。第十河段自艾山至利津，全长281.9公里，这里属于弯曲性河道。险工与控导工程等人文景观为这里的重要看点。第十一河段自利津至入海口，全长103.6公里，属黄河河口段。在这里，黄河大量泥沙输送到河口地区，形成新的陆地，为弱潮多沙、摆动频繁的陆相河口。

2. 黄河流域的气候变化

黄河流域处于中纬度地带，受大气环流和季风影响，气候变化有以下特点。一是光照充足，太阳辐射较强。全年日照时数一般达2000～3300小时，全年日照百分率多在50%～75%，仅次于柴达木盆地，居全国第二。二是季节差别大，温差悬殊，如上游的河源段，“全年皆冬”；久治至兰州段，“长冬无夏”，“春秋相连”；上游与中游的兰州至龙门段，“冬长夏短”；其他地段，则“冬冷夏热，四季分明”。年均气温－4℃的低值区位于上游地区，极端最低气温为－53℃，地点在河源区的黄河沿站；年均气温12～14℃的高值区位于下游地区，极端最高气温为44.2℃，地点在河南洛阳的伊川站。三是降水集中，分布不均，年际变化大。全流域大部分地区的降水量为200～650毫米，秦岭北麓降水量可达700～1000毫米，而宁夏、内蒙古的部分地区，降水量不足150毫米。总体特点为冬干春旱，夏秋多雨，每年6～9月的降水量占全年的70%左右，尤以“七上八下”雨量最多。四是湿度小，蒸发大。尤其是在上游地区，有的相对湿度小于50%，年蒸发量达2500毫米。五是冰雹多，沙暴与扬沙较多。上游地区，尤其是玛曲以上地区为国内冰雹集中区，每年多达15～25天。沙暴与扬沙天气，集中在宁夏、内蒙古与陕西北部地区，年均大风日数均超过30天；而在汾河上游与小浪底以下沿黄河地区，各有一个沙尘暴与扬沙天气超过20天的区域。六是无霜期短。黄河流域的初霜日由北向南，自西向东逐步展开，终霜日则正好相反。下游平原区全年无霜日仅有200天左右，上游的久治以上地区，平均不足20天，其余地区则介于二者之间。

3. 黄河流域的洪水

黄河洪水可分为暴雨洪水与冰凌洪水两种类型。暴雨洪水发生在七八月者称之为“伏汛”，发生在九十月者称之为“秋汛”，因二者时间相近，又合称为“伏秋大汛”。冰凌洪水，下游河段多发生在二月，内蒙古河段则发生在三月，一般称之为“凌汛”，因此时桃花盛开，又称之为“桃汛”。

（1）上游地区的暴雨洪水

上游地区的暴雨洪水主要是降雨洪水，但在兰州以上地区，海拔高，在夏天虽多有强连阴雨天气出现，但因面积大、历时久、强度不大等特点，不易形成暴雨。不过在兰州以下地区，尤其是洮河、湟水等支流汇入后，洪水量明显增加，而干流进入半干旱地区，尤其是宽浅河道，明显削减了洪水总量。

（2）中游地区的暴雨洪水

中游地区的暴雨洪水为黄河伏秋大汛的主要来源区。中游河道的长度虽然仅占全河总长的22.1%，但流域面积却占全河流域面积的45.7%，这里不仅是全河的主要暴雨区，也是中下游洪水的主要来源区。由于夏秋之时高空切变线配合低涡或台风形成历时短、强度大、雨区面积极为集中的特大暴雨与大暴雨，从而形成暴雨洪水。这种暴雨洪水的特点为洪峰高、历时短、含沙量大，时间也以“七上八下”最为集中。由于中游所处的黄土高原土质疏松、地形破碎、植被覆盖率低，在大强度暴雨的冲击下，产生强烈的土壤侵蚀，致使中游地区的洪水挟带大量的泥沙，黄河年均输沙量为16亿吨，它的89%来自于中游地区，其中90%的泥沙来自于汛期，又主要集中于汛期的若干次高含沙量的洪水。

（3）下游地区的大洪水与特大洪水

下游为黄河洪水的主要泛滥区，也就是说中游的洪水到下游形成了大洪水与特大洪水。这些洪水可分为三种类型：一是以河口镇至龙门区间、龙门至三门峡区间来水为主所形成的“上大型”洪水，多由西南东北向切变线带低涡暴雨所形成，其特点为洪峰高、洪量大、含沙量也大，对黄河下游的威胁也较为严重，尤以1843年和1933年洪水为代表。二是以三门峡至花园口区间来水为主所形成的“下大型”洪水，多由南北向切变线加上低涡或台风间接影响而产生的暴雨所形成，其特点是洪水涨势猛、洪峰高、含沙量小、预见期短，对黄河下游防洪威胁很大，尤以1761年、1958年、1982年三个年份的洪水为代表。三是由龙门至三门峡、三门峡至花园口区间共同形成的“上下较大型”洪水，系由东西向切变线带低涡暴雨所形成，其特点为洪峰较低、历时较长、含沙量较小，尤以1957年与1964年的洪水为代表。黄河下游地区的洪水，因季节不同而有所差异，伏汛洪水的洪峰为尖瘦型，洪峰高、历时短、含沙量大；秋汛洪水的洪峰为低胖型，多由强连阴雨的暴雨所形成，具有洪峰低、历时长、含沙量大的特点。

（4）黄河凌汛

黄河凌汛与黄河流域冬季受西北风影响，气候干燥寒冷而导致部分河段结冰封河有关。每年春季，黄河开河主要发生在宁夏石嘴山至内蒙古河口镇，郑州花园口至入海口这两大河段，形成冰凌洪水。由于这两大河段比降平缓，流速较小，河流的流向都是由低纬度流向高纬度，纬度差较大，气温上暖下寒，结冰封河为溯源而上，解冰开河则是自上而下。当上游解冻开河时，下游往往还处于封河状态。上游下泄的冰水在急弯、卡口等狭窄河段，由于排泄不畅，极易结成冰坝、冰塞，堵塞河道，导致上游水位急剧增高，威胁堤坝安全，甚至决口。

4. 黄河流域的泥沙

黄河为世界著名的多泥沙河流，平均每年的输沙量为 16 亿吨，每立方米平均含沙量为 37.8 公斤，其年输沙量之多，含沙量之高，居世界大江大河之首。

黄河水中的泥沙含量，在各个区段有着明显的差异。上游河段，年均输沙量 1.42 亿吨，仅占全河输沙量的 8.7%，每立方米含沙量仅为 6 公斤，可见这里并不是黄河泥沙的主要来源区。中游河段，以黄土高原为典型地貌，每遇暴雨造成严重的水土流失，大量泥沙通过支流汇入黄河。黄河泥沙，主要集中在河口镇至延水关之间两岸的支流，无定河的支流红柳河、芦河、大理河，以及清涧河、延水、北洛河和泾河支流马莲河等，渭河上游北岸支流葫芦河下游和散渡河等三大地区。这些支流中，多年来的来沙量超过 1 亿吨者共有 4 条，其中泾河年均来沙量高达 2.62 亿吨，占全河来沙量的 16.1%；无定河年均来沙量为 2.12 亿吨，占全河来沙量的 13%；渭河年均来沙量 1.86 亿吨，占全河来沙量的 11.4%；窟野河年均来沙量 1.36 亿吨，占 8.4%。以沿黄河省份计算，陕西来沙量，约占全河来沙量的 41.7%；甘肃则占 25.4%；山西占 17.3%。“水沙异源”，也是黄河泥沙的显著特点。如黄河上游地区来水量占全河总量的 54%，来沙量仅占全河总沙量的 8.7%；中游河口镇至龙门段，来水量仅占全河总量的 14%，来沙量则占全河总沙量的 55%；龙门至潼关段，来水量占全河总量的 22%，来沙量则占全河总沙量的 34%；三门峡以下河段，来水量占全河总量的 10%，来沙量则仅占全河总沙量 2%。因此，黄河的来水量主要集中在上游地区，来沙量则重点集中于中游地区。

黄河各个区段的泥沙输送也是不一样的。上游河段一般为冲积性河道，河床正处于缓慢上升阶段。中游的黄土丘陵沟壑区，支系坡陡流急，多为输送泥沙的渠道，相关泥沙随水流经干沟与支沟流入黄河支流，亦因流短坡陡，未发现明显的淤积。而在该段干流中，多年平均趋于冲淤平衡，正常情况下为输送泥沙的“渠道”。龙门至潼关段，河道宽浅散乱，为堆积性、游荡性河道，有一定的滞洪落淤作用，一般表现为汛期淤积，非汛期冲刷，多年平均呈淤积状态，尤以“揭河底”冲刷为本河段的显著特点。而在晋豫峡谷，则为“输沙渠道”。自孟津以下，黄河进入平原地区，河道宽阔，比降平缓，水流散乱，泥沙大量淤积，形成典型的强烈堆积型河段。据统计，在进入下游的16亿吨泥沙中，约四分之一淤积在利津以上河道，四分之一输往深海，二分之一淤积在利津以下的河口三角洲及滨海地区。整体而言，下游河道泥沙淤积的集中性特别明显，一是集中发生在多沙年，二是集中发生在汛期，三是集中发生在几场高含沙量的洪水中。与此同时，在黄河泥沙中，尤以来自黄河中游河口镇至无定河黄河右岸支流，无定河中下游以及广义的反于山河源区最具代表性。这两个地区所含泥沙大于0.025毫米的普通泥沙，在下游河道的淤积量要大得多，其输沙模数为每平方公里6000～8000吨/年。因此，减少粗泥沙的输入量对于减轻下游河道淤积尤显重要。

第二节　聚落考古与黄河流域的考古发现

一、聚落考古的一般认知与界定

1. 聚落与聚落考古的基本认知

聚落是一个地理学概念，聚落地理是人文地理学的重要组成部分。《汉书·沟洫志》载：“稍筑室宅，遂成聚落”，说明“聚落”不仅是一个科学的概念，也是一个在我国有着深厚历史渊源的概念。在这里聚落的核心要素为“室宅”，反映了聚落的本质特点。根据相关学科的定义与理解，聚落是人类集聚与居住的地方，或者说聚落是人们集聚与居住的一种形态、一个阶段。聚落并不是随着人类诞生而诞生的；尽管作为群居的人类，自诞生起便有与之相适应的居住方式或居住形态，但这种居住方式过于简单，更多的是对自然的利用而不是改造与创新，这种居住形态充其量也仅仅是聚落的萌芽。在“聚落”这一词中，“聚”主要讲的是人们在一块聚集、聚居，这样一种形态；“落”则体现一种方式，如“部落”、“村落”甚至“城落”。一般而言，聚落包含了乡村与城市两种形态，毫无疑问乡村聚落是一种延续时间最长的居聚形态，也是史前聚落考古的主要研究对象。

2. 史前考古与史前聚落考古

“史前”一词，作为考古学的专有词汇，来源于西方。1833 年，法国学者吐纳（Tournal）在表述法国南部发现的与已经灭绝的动物化石共存的人骨的年代时，用了“史前”（per’historigue）这个词。1851 年，英国学者丹尼尔·威尔逊（Daniel Wilson）在其出版的《苏格兰考古与史前学年鉴》一书中，首次在标题中使用了“史前”一词。1865 年，英国考古学家约翰·鲁克伯（John Lubbock）出版了《史前时代》一书，并以此表述远古人类的历史与文化①。从此，史前文化、史前史等概念为学界所接受，史前考古也成为专门研究史前史与史前文化的学问并成为专门的学科沿用至今。

“史前”这一概念，自 20 世纪初传入中国。1901 年，梁启超出版的《中国史叙论》一书中②，专列有“有史以前之时代”。此后，史前文化与史前考古，在中国考古学的早期研究中，极为流行。在出版的著作中有专门与“史前”相关的著作，如熊得基《中国史前文化》③、王进展《史前文化概论》④、岑家悟《史前史概论》⑤、荆三林《史前中国》⑥ 等。郑德坤在他所著的《四川古代文化史》⑦ 一书中，也将四川的早期文化以“史前文化”为题，进行概述。李济则将考古学报告命名为《西阴村史前遗存》⑧。

在相关的文献中，我们也可以检索到大量的信息，如缪凤林《中国之史前遗存》（1928）、翁文灏《中国史前史》（1928）、白进彩《有史以前中国社会概论》（1929）、杨筠如《中国史前文化的推测》（1931）、林惠祥《史前人类及其文化》（1932）、王进展《史前文化》（1933）、裴文中《中国史前文化概略》（1933）、乃鼎《史前期中国社会经济》（1934）、何建民《中国史前经济考》（1934）、非斯《中国史前社会》（1935）、徐平《中国史前社会的研究》（1935）、何柄松《我国史前史的轮廓》（1936）、岑家悟《史前学研究概述》（1937）、中英《史前期的人类社会》（1942）、金稡《中国史前期概况》（1943）、郑师许《我国史前文化》（1941～1944）、裴文中《史

① 陈星灿．1997．中国史前考古学史研究（1895—1949）．北京：生活·读书·新知三联书店．1～2

② 梁启超．1989．饮冰室合集（第一册）．北京：中华书局

③ 熊得基．1934．中国史前文化．稿本（未刊）

④ 王进展．1934．史前文化概论．安庆：安徽大学地质室刊本

⑤ 岑家悟．1940．史前史概论．长沙：商务印书馆

⑥ 荆三林．1947．史前中国（上册）．西安：西北大学历史系刊本

⑦ 郑德坤．1946．四川古代文化史．华西大学博物馆刊本

⑧ 李济．1927．西阴村史前的遗存．北京：清华学校研究院刊本

前史发达略史》（1948）等①。可见在当时人们的认识中，史前史与原始社会等同，这种情况延续到20世纪50年代初。其后，“史前”这一特定词汇，更多地被“原始社会”、“氏族社会”及“旧石器时代”、“新石器时代”所替代。

史前史以及与之相关的史前考古，尽管在区分史前时期与历史时期时，有着明确的界定，但二者交界的界点以及在区分与认识文字、上古的传说方面，还有着一定的歧义。不过史前考古在研究文明诞生之前的历史中，主要是通过考古学的手段而获得相关的资料与信息，并辅以传说的历史文献资料，从而达到复原历史的目的，应是没有疑义的。

在研究史前黄河流域聚落考古的过程中，我们虽然也将述及旧石器时代晚期的洞穴遗存，但重点放在新石器时代的开端，即形成较为稳定的定居生活而伴随的农耕村落之上。寻找从早到晚农耕村落的演变轨迹，即普通村落与中心村落之间的关系；寻找中心村落向联盟中心，所谓更高等次的聚落中心演变的轨迹；寻找由村落到城邑的发展脉络。

聚落考古是一个新兴的学科。聚落考古形成的标志是美国学者戈登·威利于20世纪40年代在秘鲁北部进行的“维鲁河谷计划”，并于1953年发表了《秘鲁维鲁河谷史前的聚落形态》② 这一聚落考古的经典性著作。在我国，聚落考古方法的运用可以追溯到20世纪30年代殷墟遗址的发现，但真正的聚落考古研究则开始于20世纪80年代。当时的美国学者张光直教授在北京讲学时把美国聚落考古的情况较为全面的介绍到大陆③，并由此推动了聚落考古的田野实践与理论研究。

根据聚落考古的研究原理，如果将聚落考古与传统的史前考古进行比较的话，那么二者间的异同是十分明显的。一是史前考古包含了史前考古的方方面面，聚落考古则偏重于对史前聚落的专门研究。二是史前考古更多地将遗迹与遗物，以及墓葬、遗址等进行分门别类的研究，更多地运用了地层学与类型学的方法；聚落考古则偏重于以聚落为中心的遗址分析、区域对比及生态研究，其方法为人文与自然交叉学科。

在进行黄河流域聚落考古研究时，要从相关的考古信息去分析，尤其是早期的考古发现，尽管还没有关注到聚落考古的方法，但也是聚落考古研究的基础。

---

① 缪雅娟，郭引强，刘忠伏.1993.中国新石器时代考古文献目录(1923—1989).北京：科学出版社.4
② 严文明. 1997. 聚落考古与史前社会研究. 文物，(6)：28
③ 张光直. 1986. 考古学专题六讲. 北京：文物出版社. 86

二、黄河流域史前考古的发现历程

1. 史前考古的调查试掘与聚落考古的萌芽（1921～1949年）

1921年之前，西方的探险家在黄河流域进行了与考古相关的探险活动，在甘肃、河南等地，也取得了一些收获，这些活动“不仅对于中国考古学的诞生有刺激和促生作用，而且为古代文化的研究提供了新材料”①。但与黄河流域史前聚落考古关系密切者，当属1921年瑞典人安特生在河南仰韶村进行的考古调查实践。安特生这次历时30天的考古发掘活动，揭开了中国现代考古的序幕，也是黄河流域史前聚落考古最早的田野实践。1921～1924年，安特生还在河南渑池、荥阳，陕西西安，青海西宁、民和、贵德，甘肃兰州、洮河等地，进行了大量的田野调查活动，并形成了他对以黄河流域史前考古为主的中华远古文化的系统认识②。

中国考古学家的史前考古活动，始自李济与袁复礼。李济作为哈佛大学第一个取得人类学博士学位的中国人，1923年回国后，于1926年秋，在山西夏县西阴村发掘了仰韶遗址，他不仅拉开了中国学者主持史前考古发掘的序幕，也成为“中国第一个考古学家”③。

1928年，中央研究院历史语言研究所考古组成立，在其后中国学者主持的黄河流域重要的考古实践主要有：1930～1931年，李济、梁思永主持的山东历城龙山镇城子崖的考古发掘，发现了龙山文化遗址④。1931年，梁思永、吴金鼎、刘耀在安阳后岗遗址的发掘中，发现了小屯文化－龙山文化－仰韶文化的“三叠层”，确定了黄河流域三大文化的相互关系⑤。1933年，石璋如、王湘在河南浚县刘庄仰韶遗址、龙山遗址进行的发掘，同年徐炳旭主持的，在陕西宝鸡斗鸡台进行的发掘活动，发现了大量的周秦墓葬打破早期遗址的现象。1936年，梁思永、刘耀主持的山东日照两城镇瓦屋龙山文化遗址的发掘活动；李景聃、韩维周主持的在河南永城对造律台等堌堆型聚落遗址的考古发掘活动⑥。1942～1943年，劳干、石璋如参加的西北史地考察活动，足迹遍及陕西、甘肃、青海、宁夏4个省（自治区），发现了数量较多的史前遗址。1945年，夏鼐对甘肃临洮史前遗址进行调查，其后还在半山

---

① 陈星灿．1997．中国史前考古学史研究（1895～1949）．北京：生活·读书·新知三联书店．51

② 陈星灿．1997．中国史前考古学史研究（1895～1949）．北京：生活·读书·新知三联书店．87～94

③ 李济．1990．李济考古学论文选集．北京：文物出版社．55～58

④ 李济等．1934．城子崖——山东历城龙山镇之黑陶文化遗址．南京：中国考古报告集之一

⑤ 梁思永．1959．梁思永考古论文集．北京：科学出版社

⑥ 陈星灿．1997．中国史前考古学史研究(1895～1949)．北京：生活·读书·新知三联书店．191～194

区阳洼湾发掘了仰韶文化墓地。1947～1948年，裴文中、贾兰坡等对甘肃渭河上游、西汉水流域、洮河流域、兰州近郊以及河西走廊的史前遗址进行了调查，发现了数十处遗址，并对永登等地的遗址进行了小型发掘，为黄河上、中游地区的史前文化认识奠定了基础①。

总的来说，这一阶段黄河流域史前考古，尤其是聚落考古还处于萌芽期，尽管还没有聚落考古的概念，但所进行的史前遗址的小面积揭露，对于认识史前聚落，开了先河。

2. 史前考古的大规模发掘与聚落考古的揭幕（1949～1979年）

自新中国成立以来，大规模的基本建设开始，中国田野考古工作进入了新的历史时期。

（1）黄河上游地区的史前考古情况

黄河上游地区以甘肃、青海、宁夏为代表。宁夏灵武县水洞沟遗址，早在1923年曾进行过发掘，1960年及其后发掘出土了2000件石制品，年代属于旧石器时代晚期②。新中国成立后的30年间，已发掘出土的马家窑文化相关遗存有遗址400处，清理房基50余座，清理窖穴与窑址100余座，发掘墓葬1600余座③。已清理发掘的重要遗址，在甘肃有东乡林家，广河地巴坪，永靖马家湾，临洮马家窑，兰州市西坡坬、花寨子、青岗岔、土谷台、白道沟坪，永登蒋家坪，景太张家台，永昌鸳鸯池，酒泉下河清，甘谷灰地儿，天水罗家沟等24处④。在青海主要分布在大通、湟中、乐部、民和、化隆、循化、互助等县的湟水流域和黄河沿岸⑤。上述遗址的年代属于新石器时代中期。在已发现的齐家文化遗址中，武威皇娘娘台、永靖大何庄、秦魏家、秦安寺咀坪遗址、固原海家湾遗址最具代表性。其中，皇娘娘台遗址发现房子6座、窖穴65个、墓葬88座。寺咀坪遗址中所见房子均为“白灰面”。秦魏家遗址为齐家文化的公共墓地，在1011平方米的面积内，发现墓葬138座⑥。上述遗址的年代属于新石器时代晚期，甚至更晚。

---

① 陈星灿．1997．中国史前考古学史研究（1895～1949）．北京：生活·读书·新知三联书店．267～269

② 中国社会科学院考古研究所．1984．新中国的考古发现和研究．北京：文物出版社．18

③ 张学正等．1980．谈马家窑半山马厂类型的分期和相互关系．见：中国考古学会第一次年会论文集（1979）．北京：文物出版社

④ 甘肃省博物馆．1979．甘肃文物考古工作三十年．见：文物考古工作三十年．北京：文物出版社

⑤ 青海省文物管理处考古队．1979．青海省文物考古工作三十年．见：文物考古工作三十年．北京：文物出版社

⑥ 中国社会科学院考古研究所．1984．新中国的考古发现和研究．北京：文物出版社．119～120

(2) 黄河中游地区的史前考古情况

黄河中游地区以山西、陕西、河南为代表，这里是史前考古最为发达的地区。旧石器时代考古，以山西的发现最为丰富。山西芮城的西侯度遗址，尽管主要发现的为打制石器，但时代可以早到更新世初期。山西最具代表性的发现，为襄汾丁村发现的丁村文化与丁村人，时代可以确定在中更新世。其他，如许家窑人、下川文化等，均为晚更新世的文化遗址的代表[①]。山西的发现，尽管丰富，但从聚落形态考察，尚找不到更多的线索。陕西的发现，以蓝田文化与蓝田人为代表，其时代大致与丁村人相当[②]。河南的发现，更多集中于晚更新世，从安阳小南海洞穴的情况分析，人们在洞穴居住，更多选择在山前平原活动[③]。新石器时代文化的遗址数量极多，代表了新中国成立后的30年间区域考古发现的最高水平。早期文化中，以西乡李家村、宝鸡北首岭、华县老官台、西乡下孟村为代表[④]，由文化层较薄的情况分析，人们在单一地点定居的时间不是太长。河南发现有裴李岗文化，以新郑裴李岗、密县莪沟等为代表。由莪沟遗址来看，当时聚落规模较小，多以圆形半地穴房子为主，其时代均在距今7000年之前[⑤]。

中期文化以仰韶文化最具代表性。因1921年首次发现于河南渑池仰韶村而得名，新中国成立后的30年间发现的相关遗址近千处，分布在陕西关中地区、河南大部分地区、山西南部、河北、甘青交界、河套地区、湖北西北部等。据研究，在关中、豫西与晋南地区，仰韶文化可分为半坡、庙底沟、西王村三种类型；在洛阳、郑州地区，仰韶文化可分为王湾、大河村两种类型；在豫北、冀南地区，仰韶文化可分为后岗类型和大司空类型[⑥]。仰韶文化大型聚落遗址的发掘，是新中国成立后的30年间史前聚落考古的重要成果。最具代表性者为陕西西安半坡遗址、临潼姜寨遗址，河南郑州大河村遗址与淅川下王岗遗址。其中，半坡遗址的居住区约3万平方米，居住中心区有大房子，其周边分布呈半月形的小房子群落，房子附近有窖穴，居住

① 山西省文物工作委员会．1979．建国以来山西省文物考古和文物保护工作的成果．见：文物考古工作三十年．北京：文物出版社

② 陕西省文物管理委员会．1979．建国以来陕西省文物工作的收获．见：文物考古工作三十年．北京：文物出版社

③ 河南省博物馆．1979．河南文物考古工作三十年．见：文物考古工作三十年．北京：文物出版社

④ 陕西省文物管理委员会．1979．建国以来陕西省文物考古的收获．见：文物考古工作三十年．北京：文物出版社

⑤ 河南省博物馆．1979．河南文物考古工作三十年．见：文物考古三十年．北京：文物出版社

⑥ 中国社会科学院考古研究所．1984．新中国的考古发现和研究．北京：文物出版社．41～53

区围以环壕，壕沟外侧则有墓葬区与手工制陶作坊区[①]。姜寨遗址，居住区面积为5.5万平方米，发掘面积达1.7万平方米，在一期遗存中发现房基120座，共分东、南、西、西北、北5组建筑群，每组群落中均以大房子为主体；环以中、小建筑。广场位于聚落的中部，面积达4000平方米，居住区周围有环壕，环壕外有墓地[②]。大河村遗址，面积达30万平方米，堆积厚度达12.5米。所发现的仰韶房址21座，分为单间、双间、套间和多间连为一体等多种类型[③]。下王岗遗址，共揭露面积2309平方米，发现仰韶房基43座，窖穴与灰坑117个，土坑墓与瓮棺葬597个。所发现的面阔78米，由29间房屋组成的长屋，最具代表性[④]。

晚期文化以龙山文化最具代表性。新中国成立后的30年间，在陕西、河南、山西等地区发现了龙山文化遗址500余处，发掘了30余处[⑤]。其中，在陕西发现的庙底沟第二期文化与客省庄第二期文化的遗存，以长安客省庄、西安米家崖、华阴横阵村遗址为代表性遗址[⑥]。河南则以河南龙山文化为代表性文化，以陕县三里桥、洛阳王湾、永城黑堌堆、临汝煤山、淅川下王岗为典型遗址。尤其是在汤阴白营遗址，发现了40余座排列整齐、分布密集的房基，并发现有灰坑、水井等[⑦]。

（3）黄河下游地区的史前考古情况

山东新泰、沂源旧石器时代的洞穴遗址均发现有打制石器与化石，属更新世晚期。新石器时代文化中，以大汶口文化最具代表性。已发掘的典型遗址有泰安大汶口、邹县野店、兖州王因、曲阜西夏侯、日照东海峪、胶县三里河等10余处。从新中国成立后的30年间的考古发现来看，大汶口文化的居址和房基发现不多，但大规模墓地多有发现。其中大汶口遗址发现墓葬133座，刘林遗址发现墓葬197座，王因遗址发现墓葬800余座，各个遗址累积发现大汶口文化的墓葬达2000余座。龙山文化因首次发现于山东章丘龙山镇而得名。山东龙山文化，又称典型龙山文化，已发现的相关遗址达

---

① 中国科学院考古研究所，西安半坡博物馆.1963. 西安半坡——原始氏族聚落遗址. 北京：文物出版社

② 西安半坡博物馆，陕西省考古研究所，临潼县博物馆.1988. 姜寨——新石器时代遗址发掘报告. 北京：文物出版社

③ 郑州市文物考古研究所.2001. 郑州大河村. 北京：科学出版社

④ 河南省文物研究所等.1989. 淅川下王岗. 北京：文物出版社

⑤ 中国社会科学院考古研究所.1984. 新中国的考古发现和研究. 北京：文物出版社.68～69

⑥ 陕西省文物管理委员会.1979. 建国以来陕西省文物考古的收获. 见：文物考古工作三十年. 北京：文物出版社

⑦ 河南省博物馆.1979. 河南文物考古工作三十年. 见：文物考古工作三十年. 北京：文物出版社

200余处，主要分布在潍坊姚官庄、胶县三里河、泗水尹家城、诸城呈子、日照东海峪、江苏徐州高皇庙等地。例如，胶县三里河遗址发现有龙山时期墓葬近百座，呈子遗址发现房基2座、墓葬87座，姚官庄遗址发现灰坑130个，东海峪发现房基4座、墓葬15座①。

总的来说，新中国成立后的30年间，黄河流域史前考古取得了较大成绩。主要收获为，黄河流域发现了数量较多的遗址，配合基建进行了较大规模的发掘，各地的文化面貌与文化谱系以及区系类型的研究有了新的进展。以半坡、姜寨为代表的大型聚落遗址的揭示拉开了聚落考古发掘的序幕。因此，这一时期的考古研究与田野工作，为中国史前聚落考古研究打下了坚实基础。

3. 史前考古的最新收获与聚落考古的初步发展（1979 ~2009 年）

新中国成立后的60年间，尤其是近30年来，黄河流域史前考古的主要收获是，史前遗址的大规模发掘，聚落的大面积揭露，区域考古谱系的进一步完善，聚落考古理论与方法的进一步介绍与提升。

（1）黄河上游地区的史前考古情况

以甘青宁地区为主，有较多的考古发现，在区系类型研究上，也有新的收获。甘肃的旧石器时代考古，主要集中于甘肃东部的泾渭河上游地区，多以旧石器时代中晚期为主。新石器时代遗址，则以秦安大地湾遗址为代表。1978 ~1984年，在秦安大地湾共揭露13 700平方米，出土各类文物8000余件，发现房基240座，灰坑和窖穴342个，墓葬79座，窑址38个。在该遗址，不仅发现了前仰韶遗址，也发现了内涵十分丰富的仰韶遗址，并出土了F901（F为房屋遗存的代号，后面的数字为编号，下同）原始宫殿式的建筑，为推动甘青地区的聚落考古发展，奠定了基础②。从目前考古所获得的信息来看，甘肃地区的考古系列已十分明晰，前仰韶文化以天水师赵与西山坪遗址为代表。仰韶文化遗存，则主要发掘了平凉侯家台、武都李家坪、庆阳南佐、天水师赵与武山傅家门等。这些遗址中也多发现有半地穴房屋；马家窑文化则是由仰韶文化石岭下类型发展而来，马家窑类型的分布以河湟地区为中心，东抵宁夏海原一线；半山类型，主要分布在河湟地区，北至景泰一带，西达河西走廊东端；马厂类型的代表性遗址为永登乐山坪、兰州徐家山东大梁、天水师赵等。齐家文化，从目前的研究来看，已进入铜石并用时

① 中国社会科学院考古研究所．1984．新中国的考古发现和研究．北京：文物出版社．86 ~98

② 甘肃省文物考古研究所．1990．甘肃省文物考古工作十年．见：文物考古工作十年（1979 ~1989）．北京：文物出版社

代，甚或青铜时代①。

青海仅发现几处有旧石器时代石器的地点，其年代也较晚。可以肯定的是青海小柴达湖遗址，面积达 10 万平方米，应为距今 3 万年左右的古人类的石器制造场②。青海发现较多的是马家窑文化遗址，其数量已由 1979 年的 200 余处增加到 1989 年前后的 600 余处③。在青海，已发掘的代表性遗址有大通上孙家寨、贵南尕马台、民和桃核庄、民和新民阳山、乐都柳湾、民和马排、互助总寨、同德宗日等多处。与马家窑文化并列的宗日文化，已认定的遗址数量达 51 处，因同德县宗日遗址的发现和发掘而命名，主要分布在黄河两岸及各支流接近入河口处的岸边。齐家文化则主要集中分布于东部农业区、河湟谷地及支流的台地上，已调查登记的遗址数量为 430 处，以乐都、民和、循化等县分布最为密集④。自 1999 年以来，经过多年发掘的青海民和喇家遗址，已成为甘青地区新石器时代的代表性遗址，并被评选为 2001 年度全国十大考古新发现。其中，1999 年发现了壕沟与夯土遗迹⑤。2000 年，在 600 平方米的发掘范围内，发现有壕沟、房基等，以及灾难遗迹⑥。2001 年，发掘 700 平方米，发现了洪水与地震灾害遗迹，以及小型广场⑦。2002 年，发掘面积达 400 余平方米，基本确定了广场的范围，并对遗址所在盆地的古环境进行了综合考察⑧。2003 年，在发掘的 200 平方米的范围内，于广场之侧发现呈缓坡覆斗型的土台，为齐家文化的祭坛遗址⑨。2004 年，在发掘的 200 平方米范围内，发现了 5 座齐家文化的房基⑩。2005 年，发掘在 4 个地点进行，并发现了类似耕地的遗迹⑪。2006 年，正式揭露出 50 平方米的疑似耕地面，为研究北方旱作农业提供了实物资料⑫。

宁夏的旧石器时代考古，以灵武水洞沟为代表。1923 年发现并发掘，

---

① 甘肃省文物考古研究所．1999．甘肃省文物考古工作五十年．见：新中国考古五十年．北京：文物出版社

② 刘景芝，王国道．1998-11-08．青海小柴达木湖遗址的新发现．中国文物报，1

③ 青海省文物考古研究所．1990．青海近十年考古工作的收获．见：文物考古工作十年（1979～1989）．北京：文物出版社

④ 青海省文物考古研究所．1999．青海省考古五十年述要．见：新中国考古五十年．北京：文物出版社

⑤ 中国考古学会．2002．中国考古学年鉴（2000）．北京：文物出版社．281～282

⑥ 中国考古学会．2002．中国考古学年鉴（2001）．北京：文物出版社．312～313

⑦ 中国考古学会．2003．中国考古学年鉴（2002）．北京：文物出版社．393

⑧ 中国考古学会．2004．中国考古学年鉴（2003）．北京：文物出版社．359～360

⑨ 中国考古学会．2005．中国考古学年鉴（2004）．北京：文物出版社．395～396

⑩ 中国考古学会．2006．中国考古学年鉴（2005）．北京：文物出版社．372～373

⑪ 中国考古学会．2007．中国考古学年鉴（2006）．北京：文物出版社．411～413

⑫ 中国考古学会．2008．中国考古学年鉴（2007）．北京：文物出版社．469～471

50～60 年代也进行了 2 次发掘，1980 年的发掘，确定其年代为距今 4 万～1. 5 万年。而在 2004 年的发掘中，出土各类遗物近万件①，因此水洞沟遗址为甘青宁地区洞穴遗址的代表。新石器时代的遗址，在宁夏有广泛分布，但以南部山区较为丰富。有石岭下文化，也有马家窑、半坡类型的遗址。其中，海原菜园村林子梁遗址中，发现了我国最早的窑洞式房址②。而对菜园村的遗址与墓地进行的大规模发掘中，共出土各类器物 4000 余件，清理房基 13 座、灰坑 56 个、墓葬 121 座、窑址 1 个。以菜园子为代表的遗存，晚于半山，而与马厂类型大致平行，很可能为齐家文化的直系前身③。

（2）黄河中游地区的史前考古情况

以山西、陕西、河南地区为主，在黄河流域，是中国史前考古发现最辉煌的地区。

山西的旧石器时代考古最为发达。仅 1985 年统计，分布地点达 272 处④。现已达 300 余处，已发掘 30 处。在山西不仅发现有距今 180 万年的西侯度遗址，还发现有旧石器时代中期文化的代表性遗址许家窑与丁村遗址。旧石器时代晚期文化遗址数量更多，如朔州南磨的火塘遗址⑤，在大崮堆山与太原古交则发现有大型石器制造场。而在吉县柿子滩发现有 4 处古人类用火遗迹，为旧石器时代向新石器时代过渡时期的文化⑥。新石器时代考古，也取得了较大收获。1991 年，在翼城县北橄乡枣园村发现并确认了山西第一处前仰韶文化遗址，并命名为“枣园文化”。仰韶文化早期，晋南则以古城东关等遗址为代表，晋中则以太谷上土河 H1（H 代表灰坑，是考古学遗存的一种，后面的数字表示编号，下同）为代表。仰韶中期，山西为庙底沟文化所占据。仰韶晚期，晋南以西王村文化为代表，晋中以义井文化为代表。在中原龙山文化系统中，白燕类型文化则具有北方文化的特色，东下冯、古城东关等与三里桥文化有颇多相似之处，长治的小神类型文化则与辉卫文化有过交流，陶寺文化则是本土最为发达的文化遗存⑦。自 20 世纪 90 年代末，

① 中国考古学会 . 2006. 中国考古学年鉴（2005）. 北京：文物出版社 . 373～374

② 宁夏文物考古研究所 . 1991. 宁夏文物考古工作十年 . 见：文物考古工作十年（1979～1989）. 北京：文物出版社

③ 宁夏回族自治区文物局 . 1999. 宁夏回族自治区文物考古五十年成就 . 见：新中国考古五十年 . 北京：文物出版社

④ 山西省考古研究所 . 1990. 1979～1989 年山西省的考古发现 . 见：文物考古工作十年（1979～1989）. 北京：文物出版社

⑤ 山西省考古研究所 . 1999. 山西省考古工作五十年 . 见：新中国考古五十年 . 北京：文物出版社

⑥ 中国考古学会 . 2005. 中国考古学年鉴（2004）. 北京：文物出版社 . 123

⑦ 山西省考古研究所 . 1999. 山西省考古工作五十年 . 见：新中国考古五十年 . 北京：文物出版社

考古学家便开始对该遗址进行有目的发掘。其中，1999～2000年发掘一座总面积在280万平方米的城址，还确认了较之更早的面积达56万平方米的小城①。2003年，发现一座以观天授时功能为核心的，兼有祭坛功能的复合型大型建筑基址②。此外，在山西还进行了较有特色的考古调查，例如，2004年春中国国家博物馆考古部在涑水河流域进行调查，在近500平方公里的范围内，发现先秦时期的遗址150处，这对观察当地的人地关系，以及聚落发展变化，具有一定的意义③。

陕西的旧石器时代考古工作，除重要的蓝田人的考古发现外，还有与之相关的蓝田辋川锡水洞的洞穴堆积④以及洛南盆地的考古工作。虽然早在1977年已发现了洛南人，但1995～1997年的系统调查中，发现旧石器时代人类活动地点43处，石器制品3.5万件，这一发现已荣列1997年度全国十大考古新发现。新石器时代的考古工作，已建立了较为完整的考古文化发展系列，为周边地区的考古学研究提供了较为可靠的参照体系。早期文化以老官台文化为代表，在渭南北刘遗址中，发现了我国最早的彩陶，可称之为北刘类型；宝鸡北首岭下层则年代稍晚，又称之为北首岭类型；而在汉水上游地区，则发现了与之相当的李家村类型，尤以零口遗址为代表。已发掘的仰韶文化遗址有西乡何家湾、南郑龙岗寺、宝鸡福临堡、扶风案板等。1997年，在华县泉护村的第二次发掘中，发现了庙底沟文化成排的地穴，延续数百米，这为认识当时的聚落形态提供了新的资料。陕西龙山文化，最新的发掘有扶风案板、武功浒西庄、临潼康家、岐山双庵等，尤其是在康家遗址中发现有成排成列的房基⑤。近年来，陕西新石器考古又有较多收获。例如，1999年，对神木新华遗址的发掘达到了3000余平方米，发掘了墓葬82座，房址20余个，灰坑208个，对陕西龙山文化有了新的认识⑥。2002～2003年，对西安市西郊鱼化寨仰韶文化环壕聚落遗址的发掘，为探索环壕聚落提供了最新资料。2003年，佳县石摞摞山龙山城址的发掘表明，这座城址由分建于山顶的内城，环绕于山体中、下部的外城，以及外城处的护城壕三部分

---

① 中国考古学会.2004. 中国考古学年鉴（2003）. 北京：文物出版社.128～129

② 中国考古学会.2005. 中国考古学年鉴（2004）. 北京：文物出版社.124～126

③ 中国考古学会.2006. 中国考古学年鉴（2007）. 北京：文物出版社.135～136

④ 陕西省考古研究所.1990. 十年来陕西省文物考古的新发现. 见：文物考古工作十年（1979～1989）. 北京：文物出版社

⑤ 陕西省考古研究所.1999. 陕西省文物考古五十年. 见：新中国考古五十年. 北京：文物出版社

⑥ 中国考古学会.2002. 中国考古学年鉴（2000）. 北京：文物出版社.254

组成[①]。2004年，在横山县寨山与青龙山史前聚落遗址中，发掘的复合式窑洞居址较具代表性[②]。2004~2005年，共发掘杨官寨遗址5175平方米，在所发现的23座房基中，尤以平面呈“吕”字形的前后室建筑较有代表性，利用浮选法对野生植物进行筛选，也取得了较多的信息[③]。

此外，在陕西、山西、内蒙古等地，联合进行的“河套地区先秦两汉时期文化、生态与环境研究”重点课题研究，也取得了较多的收获。2005年，在山西保德林遮峪遗址进行的发掘，发现了龙山早期的窑洞式建筑[④]。2006年，对陕西境内的大理河流域进行了系统调查，基本上理清了该流域的考古学系列[⑤]。同年，在内蒙古清水河县进行了专门的发掘，其中对黄河与冲沟相邻坡地上的下塔史前城址，进行了较大规模的揭露，加深了对该城的认识。同时，也发掘了庄窝坪遗址与下脑仓遗址，对下脑仓龙山石城也取得较多的收获[⑥]。

河南的旧石器时代考古工作，也有一定收获。1980年和1987年，在南召小空山的上洞与下洞的发掘中，获得了较多的石制品，丰富了对南召猿人与小空山文化的认识。在豫西、豫中与豫南等地，进行了田野调查，获取了更多河南旧石器时代考古的信息[⑦]。自2006年开始，对许昌灵井遗址的发掘，不仅采用了国际上对旧石器时代考古最流行的方法，也发现了旧石器时代晚期制作的骨器和用以处理猎物产品的工作营地[⑧]。在2007年的发掘中，还发现了距今10万~8万年的较为完整的古人类头盖骨化石[⑨]，并因此获得了年度全国考古十大发现的称号。新石器时代考古取得了较大收获。早期文化以裴李岗文化为代表，不但搞清了其分布，并在舞阳贾湖遗址进行了6次发掘，其中尤以多间半地穴建筑基址、多人多次葬、龟甲符号、骨笛等最具代表性[⑩]。居于中期的仰韶文化，新中国成立以来已发现遗址800余处，遍布全省，尤以三门峡、洛阳、郑州最为集中，可分为庙底沟、大河村、后岗、大司空、下王岗等多种类型。其中，在汝州阎村遗址出土了以“鹳鸟石

---

① 中国考古学会.2005. 中国考古学年鉴（2004）. 北京：文物出版社.369~371

② 中国考古学会.2006. 中国考古学年鉴（2005）. 北京：文物出版社.358~359

③ 中国考古学会.2007. 中国考古学年鉴（2006）. 北京：文物出版社.389~390

④ 中国考古学会.2007. 中国考古学年鉴（2006）. 北京：文物出版社.148~149

⑤ 中国考古学会.2008. 中国考古学年鉴（2007）. 北京：文物出版社.450~451

⑥ 中国考古学会.2008. 中国考古学年鉴（2007）. 北京：文物出版社.176~178

⑦ 河南省文物研究所.1990. 近十年河南文物考古工作的新进展. 见：文物考古工作十年（1979~1989）. 北京：文物出版社

⑧ 中国考古学会.2008. 中国考古学年鉴（2007）. 北京：文物出版社.278~279

⑨ 河南省文物考古研究所.2008. 河南发现“许昌人”头盖化石. 河南文物工作，(1)：5，6

⑩ 河南省文物研究所.1990. 近十年河南文物考古工作的新进展. 见：文物考古工作十年（1979~1989）北京：文物出版社

斧图”为代表的彩陶缸。在濮阳西水坡遗址，发现了以蚌龙为代表的“中华第一龙”。在郑州西山，发现了距今5300年左右的西山古城。属于晚期的龙山文化，也有较多的发现。除已发现的王城岗、平粮台、郝家台等龙山古城外，还发现了辉县孟庄古城[①]。

近年来，河南新石器时代考古也有更多的收获。例如，1998年，在渑池关家遗址发现有壕沟、房基、墓葬以及制石作坊，其属于庙底沟文化。自1999年开始了新密市古城寨龙山城址的发掘[②]，2000年，还在该城发现了回廊式建筑，其也被列为2000年度全国十大考古新发现。2000年，北京大学考古文博学院已在邓州八里岗遗址进行了7次发掘，已发现房基数十座，尤以多开间排房最具特色，其中最多为8间，而且一个开间往往是一大一小或一大两小的套房，这种仰韶文化晚期的大型聚落遗址为确立南北文化交汇地区的特色，提供了新的资料[③]。2001年，贾湖遗址进行了第7次发掘，这次发掘重点在于进行多学科综合研究，也重在方法的训练，动物考古、植物考古、农业考古以及体质人类学等方面的专家参与到田野工作之中，以获取更多的信息。灵宝西坡遗址的发掘，亦为文明探源工程重点项目，2001～2002年已进行了第2次、第3次发掘，发现了净面积达204平方米的特大型仰韶房基，加上回廊、门道总面积达516平方米[④]；2005年，进行第5次发掘，发现并确认南北壕沟的具体位置，发掘了仰韶文化时期的墓葬22座[⑤]；尤其是2006年，发掘了仰韶文化中期晚段大型墓葬2座，为认定西坡遗址的性质，提供了更丰富的资料[⑥]。2002年对三门峡陕县庙底沟遗址进行了大规模的发掘，发掘面积达1.8万平方米，发掘窖穴800余个，陶窑近20个，保存较好的房基10余个，这次发掘极大地丰富了人们对庙底沟文化的认识，尤其是尝试以“系统考古单元”技术手段进行发掘，取得了较好的效果[⑦]。2003年进行的双洎河上游地区古聚落调查，是继颍河流域、洹河流域调查之后的又一次大型聚落调查活动，这次调查对梳理该流域史前聚落的分布规律，具有一定的意义[⑧]。2004～2005年，对平顶山蒲城店遗址发掘面积达

① 河南省文物考古研究所.1999. 河南省文物考古工作五十年. 见：新中国考古五十年. 北京：文物出版社

② 中国考古学会.2002. 中国考古学年鉴（2000）. 北京：文物出版社.189～192

③ 中国考古学会.2002. 中国考古学年鉴（2001）. 北京：文物出版社.193～196

④ 中国考古学会.2003. 中国考古学年鉴（2002）. 北京：文物出版社.250～253

⑤ 中国考古学会.2007. 中国考古学年鉴（2006）. 北京：文物出版社.267～269

⑥ 中国考古学会.2008. 中国考古学年鉴（2007）. 北京：文物出版社.280

⑦ 中国考古学会.2004. 中国考古学年鉴（2003）. 北京：文物出版社.227～228

⑧ 中国考古学会.2005. 中国考古学年鉴（2004）. 北京：文物出版社.237～239

6200 平方米，所发现的龙山城址与城壕面积达 4.1 万平方米，还发现二里头城址 5.2 万平方米[①]。2006 年，还对温县徐堡遗址进行发掘，发现平面呈圆角长方形的龙山城址，总面积达 20 万平方米。该年度，博爱西金城遗址的发掘，揭露面积达 5000 平方米，发现了龙山文化的重要遗存，尤其是对遗址东部的沼泽地带，进行了环境考古与地质地貌研究，取得了较多收获。在对洛阳市王湾龙山文化遗址的发掘中，揭露面积达 5000 平方米，发现了以自然河道与人工环壕所构成的环壕聚落遗址，对研究龙山文化晚期向二里头文化过渡，提供了新材料[②]。

（3）黄河下游地区的史前考古情况

黄河下游地区主要包括山东省和河南省的一部分，但从研究方便而言，则以山东的考古发现为限。

山东的旧石器时代考古发现，数量不多。1981 年，在沂源县骑子鞍山的石灰岩石裂隙中，发现了人类与动物化石，距今约 40 万年。1983 年，在沂水县南洼洞发现了旧石器时代早期的石器。在山东长岛、沂源千人洞和上崖洞、日照丝山、蓬莱村里集等地发现有旧石器时代晚期的化石与石器[③]。2005 年，在沂源北桃花坪的扁扁洞发现了石块、动物残骨、陶片、骨器等，其距今10 040 ~ 8600 年[④]；2006 年，再次对该洞进行发掘，发现洞内有明确活动面、人骨碎片、兽骨，距今 11 000 ~ 9500 年，该洞穴遗址的发掘，为研究旧石器时代文化向新石器时代文化过渡，提供了新的资料[⑤]。

山东地区新石器时代早中期以后李文化、北辛文化、大汶口文化为代表，大汶口文化的晚期实际上已进入到新石器时代晚期早段[⑥]，不过为叙述方便，仍归在该部分进行梳理。后李文化发现于 20 世纪 80 年代末、90 年代初，主要发现在淄博区的后李、章丘西河、小荆山、长清张官、邹平孙家等。后李文化，主要分布在以章丘为中心的泰沂山地北缘的山前冲积平原。已发现呈圆角方形、长方形的房址 70 余座，还发现有小型墓葬，出土的各类器物中，尤以陶器最具有质朴原始的特点。其年代测定为距今 8400 ~ 7700 年。北辛文化则发现于 20 世纪 60 年代，1979 年以后正式命名为北辛文化，尤以滕州北辛、兖州王因、邹平苑城、临淄后李、青州桃园等遗址为代表，这些遗址多经过发

① 河南省文物考古研究所等 . 2008. 河南平顶山蒲城店遗址发掘简报，文物，（5）：32 ~ 49

② 中国考古学会 . 2008. 中国考古学年鉴（2007）. 北京：文物出版社 . 283 ~ 288

③ 山东省文物考古研究所 . 1999. 山东省文物考古工作五十年 . 见：新中国考古五十年 . 北京：文物出版社

④ 中国考古学会 . 2007. 中国考古学年鉴（2006）. 北京：文物出版社 . 230 ~ 240

⑤ 中国考古学会 . 2008. 中国考古学年鉴（2007）. 北京：文物出版社 . 265 ~ 266

⑥ 张宏彦 . 2003. 中国史前考古学导论 . 北京：高等教育出版社 . 91

掘，从中可知北辛遗址中的房址较小，墓葬也较小，陶器制作也不太精致，所发现的五六十处遗址，主要分布在鲁北、鲁中南以及胶东半岛一带，北辛文化距今7300~6100年，总体可分为若干期、若干段①。大汶口文化因1959年在山东泰安大汶口遗址发现而得名，至1999年已发现的大汶口遗址见于报端者548处，实际超过700余处②。大汶口文化主要分布在山东全境，以及河南东部、江苏北部与安徽北部等。代表性遗址有曲阜西夏侯、蓬莱紫荆山、邹县野店、日照东海峪、胶县三里河、兖州王因、诸城呈子、莒县凌阳河、长岛北庄、邹平丁公、兖州六里井、枣庄建新、江苏泗洪赵庄、新沂花厅，河南郸城段寨以及安徽蒙城尉迟寺等。大汶口文化可分为3期15段，其中早期分为王因、刘林与紫荆山三个类型，中期分为大汶口、花厅、呈子、北庄与王村5个类型，晚期分为西夏侯、赵庄、凌阳河、三里河、尚庄、杨家圈与尉迟寺7个类型。大汶口文化以墓葬最具特色，彩陶最为典型，玉器数量较多以及文字与符号最为著称而具鲜明特征。已测定的^{14}C数据达80余个，年代为距今6100~4600年，整个文化延续长达1500年左右③。

山东地区新石器时代晚期文化，除包含大汶口的晚期文化外，尤以山东龙山文化为代表。1984~1986年的发掘中，除在寿光边线王发现了面积约1万平方米的城址外④，在章丘龙山镇发现了面积为20万平方米的龙山城址，在邹县丁公发现了面积约10万平方米的龙山城址，在桐林田旺发现了面积约5万平方米的龙山城址，在阳谷景阳冈发现面积约3 5万平方米的龙山城址，在五莲丹土发现了面积约25万平方米的龙山城址，可以说山东是全国各省（自治区）发现龙山城址数量最多的地区之一。山东龙山文化考古的另外一个重要收获便是在丁公遗址中，发现了一件刻有5行11个字的龙山陶片。陶片的文字笔划流畅，排列有序，记载了特定内容，具有较为重要的意义。山东龙山文化已测定的^{14}C年代数据已有四五十个，大多距今4600~4000年⑤。

近年来山东地区的史前考古工作，又有新的收获。1999年，对章丘市小荆山后李遗址进行专题发掘，发现后李文化的环壕遗址，壕内面积约5万平

---

① 山东省文物考古研究所.1999. 山东省文物考古工作五十年. 见：新中国考古五十年. 北京：文物出版社

② 高广仁，栾丰实.2004. 大汶口文化. 北京：文物出版社.36

③ 山东省文物考古研究所.1999. 山东省文物考古工作五十年. 见：新中国考古五十年. 北京：文物出版社

④ 山东省文物考古研究所.1990. 前进中的十年——1978~1988年山东文物考古工作十年概述. 见：文物考古工作十年（1979~1989）. 北京：文物出版社

⑤ 山东省文物考古研究所.1999. 山东省文物考古工作五十年. 见：新中国考古五十年. 北京：文物出版社

方米，壕内还有房址等同期遗存。另在滕州市西康留遗址首次发现大汶口文化时期的大型夯土台基2座，大台基面积达800平方米，小台基面积亦达400平方米[①]。2000年，在济宁市玉皇顶遗址中发现有北辛文化时期、大汶口文化时期的房址7座，发现柱洞达300余个，弥补了山东地区该类遗存的不足。在五莲丹土遗址中，发现了大汶口文化城址、龙山文化早期城址、龙山中晚期城址，这也是山东地区经过科学发掘的年代最早的史前城址。同年，在聊城教城铺遗址的发掘中，发现了龙山时期的大型台地，以及属于城墙的夯土带，大台地上发现有房基遗址，在该遗址周边发现有同期的遗址群。1995年开始的日照两城地区的考古调查，是山东大学考古系与美国芝加哥自然历史博物馆的合作项目，至2000年采用“区域调查法”已累积调查550平方公里，对这一地区遗址的生成规律、聚落形态均有较多的收获[②]。2001年，两城地区的考古工作在发掘上采用了聚落考古中共时关系的观察方法，并采用多学科联合考古的方法，在环壕考古上取得新突破，并发现了三重围壕的聚落结构。在调查方面，已累积发现各个时期文物分布点近1000处[③]。2002年，日照两城地区新调查记录文物点200余处，尤以大汶口文化为多，新发现的东两河遗址中有北辛文化的陶片[④]。2004年，已是日照地区调查工作的第10年，调查面积已超过1000平方公里，对整体把握这一地区聚落演变的进程具有较为重要的意义[⑤]。2005年的日照地区调查工作，主要为了查明潼河盆地南部地区遗址的情况，记录了各个时期的文物点200余处，并对该地区规模最大的徐家村大汶口文化早期遗址进行记录与界定[⑥]。而在2006年第12个年度调查中，累积调查面积达1200平方公里。这一区域中，进入青铜时代的岳石文化遗址数量较多，辛留两周遗存规模达200万平方米，反映了晚期文化聚落中心的变化[⑦]。此外，这些年来的重要考古发掘还包括，2001年在桓台李寨发现有龙山时期的环壕遗址；在桐林田旺也发现有龙山文化的沟状遗迹，其外围存在的大型工事性建筑，有可能是城墙[⑧]。2002年，在淄博桐林遗址中，发现带有城壕的龙山文化城墙，总面积可达一二百万平方米，较以前的认识有较大的改观；平度绛家庄遗址，经发掘为胶

① 中国考古学会.2002. 中国考古学年鉴（2000）. 北京：文物出版社.180～182
② 中国考古学会.2002. 中国考古学年鉴（2001）. 北京：文物出版社.181～188
③ 中国考古学会.2003. 中国考古学年鉴（2002）. 北京：文物出版社.237～238
④ 中国考古学会.2004. 中国考古学年鉴（2003）. 北京：文物出版社.200～201
⑤ 中国考古学会.2006. 中国考古学年鉴（2005）. 北京：文物出版社.227～228
⑥ 中国考古学会.2007. 中国考古学年鉴（2006）. 北京：文物出版社.240～241
⑦ 中国考古学会.2008. 中国考古学年鉴（2007）. 北京：文物出版社.268
⑧ 中国考古学会.2003. 中国考古学年鉴（2002）. 北京：文物出版社.232～235

东半岛首处龙山文化环壕遗址；滕州庄里西遗址，发现了龙山文化的斜坡夯土墙，可能是当时的防水大堤，也不排除是城墙的可能①。2005年，在胶州赵家庄遗址中，发现大汶口中晚期聚落遗存中有太阳刻划符号，龙山文化聚落则分为居址区、窖藏区、埋葬区、垃圾倾倒区以及农作区，尤其发现了蓄水坑、水沟，以及稻田的田块、田埂等，并发现370粒炭化的稻米和少量粟米，这在山东同类遗存中极为罕见；在临淄桐林遗址的再次发掘中，发现该遗址为一处面积超过200万平方米的特大型龙山聚落，遗址中心台地则是一座环壕围护的龙山城址，遗址内还有院落式建筑等重要遗存；在青岛南营遗址，亦发现有龙山时期的环壕②。2006年，枣庄建新遗址发现有大汶口晚期的方形地面建筑；在烟台庙后遗址，发现有龙山时期的环壕，表明这种环壕聚落，在山东龙山时期极为普遍③。总之，山东地区的史前聚落考古取得了较多收获，尤其在中美合作进行的区域内，调查延续时间之长，为其他地方所不见；环壕聚落的大量发现，龙山城址的不断发现，以及区域文化谱系的形成，反映了黄河下游地区史前文化的发达。

第三节　聚落考古的理论与专题研究

一、史前考古文化与专题代表性研究

1. 史前考古的综合性研究

史前考古研究涉及方方面面，但就史前文化的宏观研究而言，尤以苏秉琦、严文明、张忠培、安志敏、佟柱臣、曹兵武、赵辉等的成果最具代表性。1979年，史前考古取得了较大的收获。安志敏在《略论三十年来我国的新石器时代考古》一文中，对细石器传统的产生与发展、中原早期遗存的新发现、仰韶文化的类型与变体、龙山文化的再认识、江汉地区的诸遗存、长江下游的文化序列、东南和西南的遗存及相关问题等方面进行了专门的研究。他的结论是“把黄河流域作为我国古代的中心，并不排斥其他地区也有古老的遗存和悠久的文化传统，以及它们在中华民族共同体形成过程中的积极贡献；不过由于黄河流域先进文化的影响和推动，在其整个发展过程中，

① 中国考古学会.2004. 中国考古学年鉴（2003）. 北京：文物出版社.201～206

② 中国考古学会.2007. 中国考古学年鉴（2006）. 北京：文物出版社.241～245

③ 中国考古学会.2008. 中国考古学年鉴（2007）. 北京：文物出版社.268

始终是以中原为核心，特别是进入阶级国家以后，则表现得更加突出”[①]。苏秉琦在史前考古的研究中，提出了区系类型的观点，他在《中华文明起源与重建中国史前史》的文章中，重申了他的六大区系：①以燕山南北、长城地带为重心的北方；②以山东为中心的东方；③以关中（陕西）、晋南、豫西为中心的中原；④以环太湖为中心的东南部；⑤以环洞庭湖与四川盆地为中心的西南部；⑥以鄱阳湖—珠江三角洲一线为中轴的南方。他认为，这六大区系发展不平衡，但自旧石器时代以来，发展重心在北方。七八千年前的聚落在各大文化区都有所发现，而以半坡、姜寨的聚落最完整、最典型，可以说已达到氏族制度发展的顶点[②]。佟柱臣在《中国新石器时代文化的多中心发展论和发展不平衡论》中指出，在新石器时代已形成了七大系统，即马家窑文化系统中心、半坡文化系统中心、庙底沟文化系统中心、大汶口文化系统中心、屈家岭文化系统中心、马家浜文化系统中心、河姆渡文化系统中心，其中前4个系统中心在黄河流域，而发展最快、水平最高的仍然是黄河中下游豫西晋南的庙底沟文化系统，这个系统发展到王湾三期以及二里头文化，在许多方面遥遥领先，为探讨文明起源与国家起源提供了直接依据[③]。严文明在《中国史前文化的统一性与多样性》一文中，讨论了史前文化的多样性之后，还特别提出当时“还形成了一个以中原文化为核心，包括不同经济文化类型和不同文化传统的分层次联系的重瓣花朵式的格局”。他认为，这种结构使得文明时代到来后，很自然地形成了以华夏民族为主体的多元一体的构架[④]。张忠培在《中国古代文明形成的考古学研究》一文中，虽然强调中国文明的起源与形成是多元而无中心的，但他在论证中列举了大量的黄河流域的例证材料，来强调在公元前3300年左右，当时已从父权制社会进入了文明时代，这一时期正是“半坡四期文化”时期[⑤]。曹兵武在《21世纪的中国考古学》一文中，强调在世界范围内考察，中国文明与西亚文明、美洲印第安文明并列。在中国文明起源的过程中，在“距今七八千年的新石器时代早期偏晚的裴李岗文化阶段，才开始形成了一些具有共同传统、分布地域较大并较连续的共同体，如黄河流域的磁山－裴李岗文化、李家村－老官台文化、后李和北辛文化等”。他认为，仰韶文化时期，中国史前文化涌现出第一次大规模统一浪潮，特别是在仰韶文化的庙底沟阶段，黄河中游即中原地

① 安志敏．1979．略论三十年来我国的新石器时代考古．考古，(5)：403

② 苏秉琦．1994．华人·龙的传人·中国人——考古寻根记．沈阳：辽宁大学出版社．114～123

③ 佟柱臣．1986．中国新石器时代文化的多中心发展和发展不平衡论——论中国新石器时代文化发展的规律和中国文明的起源．文物，(2)：16～29

④ 严文明．1987．中国史前文化的统一性与多样性．文物，(3)：38～50

⑤ 张忠培．2000．中国古代文明形成的考古学研究．故宫博物院院刊，(2)：1～23

区首次出现以庙底沟类型为核心的比较统一的文化面貌，仰韶文化的主人应当是早期华夏民族的主体。而龙山时代则是华夏民族形成史上第二个吐故纳新、孕育基调的重要时期，其后形成二里头文化为核心的整合运动，从而建立起中国历史上的第一个王朝——夏①。赵辉在《中国的史前基础——再论以中原为中心的历史趋势》一文中，将以中原为中心的历史趋势分为三个阶段：第一个阶段（公元前4000～前3300年）以仰韶文化庙底沟期进入空前繁荣为标志，形成黄河与长江中下游二者并重的发展格局；第二阶段（公元前3300～前2500年）则是中原内部表面沉寂，长江中下游地区则持续发展；第三阶段（公元前2500～前2000年）在庙底沟二期文化之后，中原地区再度崛起，其他地区则急转直下，而由此延伸形成了三代文明，以及相关联的影响中国历史进程的重要特征②。

此外，严文明在讨论黄河流域的文明发祥时，也提到在公元前5000年开始，在黄河中游与下游，分别形成仰韶文化与大汶口文化两个文化中心，其后在龙山时代形成了河南、山东、内蒙古三个城址群，结合古史文献可知，这个时代为五帝时代，可称为原始国家与古国③。马世之则对黄河流域史前文化研究后，提出这一区域可分为上游的河湟文化区、中游的中原文化区、下游的海岱文化区，各区都有自成体系的文化发展序列，而中原文化区最早进入文明时代④。

2. 史前考古的专题研究

史前考古的专题研究涉及的范围更广，但从与聚落考古相关联的研究考察，人口、环境等较具代表性。

20世纪80年代以来，人口研究已引起学术界的关注。辛怡华在对元君庙墓地研究后认为，当时婴儿死亡率很高，许多人在青壮年死去，人的寿命极短，而绝大多数妇女在40岁以前就已死去⑤。陈铁梅则关注古气候与史前人口的关系，他认为史前人口的增加、文化的扩张与气候变化有着密切的关系，我国人口第一次飞跃始于距今约7500年的大西洋期，也发生在黄河与长江流域⑥。朱乃诚在对龙岗寺、元君庙、姜寨三处仰韶墓地进行研究后，

---

① 曹兵武.2000.21世纪的中国考古学.中原文物，(3)：4～12

② 赵辉.2006.中国的史前基础——再论以中原为中心的历史趋势.文物，(8)：50～54

③ 严文明.1997.黄河流域文明的发祥与发展.华夏考古，(1)：48～54

④ 马世之.1998.史前时期黄河流域的三大文化区.中原文物，(1)：9～18

⑤ 辛怡华.1991.元君庙墓地所反映的人口自然结构之分析.考古，(5)：436～441

⑥ 陈铁梅.1994.从我国史前考古测年数据的分布看古气候和史前人口的相互关系.见：考古学研究（二）.北京：北京大学出版社.10～18

认为龙岗寺所代表的社会单位的年均人口约为 55 人，元君庙所代表的社会单位的年均人口不少于 55 ~ 62 人，姜寨广场墓地所代表的社会单位年均人口为 181 ~ 202 人。所以，元君庙、龙岗寺均为当时的一个两级制社会组织遗存，姜寨广场则可能是当时的一个三级制的社会组织遗存①。王仁湘是最早涉足史前人口研究的学者之一，他在后来的研究中列举了大量资料并在对比分析后，得出了在公元前 4500 ~ 前 2000 年的黄河流域人口性别构成明显表现出男性多于女性的特点②。王建华在讨论黄河中下游地区史前人口的年龄结构时，认为龙山时代的人口平均年龄最低，仰韶时代人口平均年龄最高，女性人口的平均年龄要低于男性人口的平均年龄③。

周昆叔作为中国环境考古的开拓者，将环境考古的历程分为萌芽期（1921 ~ 1949 年）、蓄势期（1949 ~ 1987 年）、拓展期（1987 ~ 2000 年），尤其是 1989 年召开的首届“全国环境考古学术研讨会”凝聚了相关学科的力量④。周锋在进行全新世河南环境研究时指出，全新世早期的自然环境基本上与今日相同，全新世早期的气候经历了从寒温期（裴李岗文化前段）—温暖期（裴李岗文化后段）—温暖湿润期（仰韶文化前段）—寒温期（仰韶文化后段）—温暖期（龙山文化与二里头文化早期）—寒温期（二里头文化晚期到商代早、中期）—温暖湿润期（商代晚期）这样一个变化历程⑤。荆志淳、高天麟在对商丘全新世地貌研究后认为，在史前时期以“堌堆”为居住形式，但至晚到东周时已有大规模平地聚落营建，汉代时，地面上仍可见许多史前与早期历史遗迹。北宋末年以来的堆积对当地地貌影响较大，大量遗迹掩埋于地下，不过堌堆遗址除外⑥。吴文祥、葛全胜在对气候与古文化关系研究时指出，10 000 年以来发现三次降温被称为“全新世事件”，其中“事件 1”约距今 8200 年，在此后出现大量的仰韶聚落；“事件 2”约距今 5500 年，黄河上游的遗迹减少，人们由高阶地向低阶地方迁移；“事件 3”约距今 4000 年，导致了中原周边文化的衰亡及文明起源多源性的解体⑦。王巍也注意到公元前 2000 年所发生的气候异常现象所导致的大范围的文化变

① 朱乃诚. 1994. 人口数量的分析与社会组织结构的复原——以龙岗寺、元君庙和姜寨三处墓地为分析对象. 华夏考古，(4)：46 ~ 52

② 王仁湘. 2003. 中国新石器时代人口性别构成再研究. 见：中国史前考古论集. 北京：科学出版社. 217 ~ 232

③ 王建华. 2007. 黄河中下游地区史前人口年龄构成研究. 考古，(4)：63 ~ 73

④ 周昆叔. 2007. 环境考古. 北京：文物出版社

⑤ 周锋. 1995. 全新世时期河南的地理环境与气候. 中原文物，(4)：111 ~ 114

⑥ 荆志淳，高天麟. 1997. 河南商丘全新世地貌演变及其对史前和早期历史遗址的影响. 考古，(5)：68 ~ 84

⑦ 吴文祥，葛全胜. 2005. 全新世气候事件及其对古文化发展的影响. 华夏考古，(3)：60 ~ 67

革，他认为中原地区独特的地理环境与采取的正确的抵御灾害的对策，是华夏集团成功的关键①。

二、聚落考古的理论研究

1. 聚落考古理论与相关研究的引入

聚落考古理论的引入，在中国是很晚的事情。学术界一般认为聚落考古在西方的形成，是以美国学者威利于1953年发表的《秘鲁维鲁河谷史前聚落形态》为标志。我国于50年代学习苏联后也进行了西安半坡的聚落遗址发掘，80年代美国学者张光直的中国之行，全面介绍了美国聚落考古的情况，从而推动了中国聚落考古的发展②。张光直的北京之行，专门讲解了“聚落形态考古”，他认为聚落考古学是在社会关系的框架之内来作考古资料的研究，这套方法包含了聚落单位的整理，各聚落单位的连接，各聚落单位在时间上连续成串以及聚落资料与其他资料关系的研究③。杨建华则对西亚地区的聚落与交换方式的关系进行了研究，他将三处不同地区、不同传统、不同时代、不同遗址的布局进行了对比与分析，从而从社会交换间的差异，反映了他们所处时代的不同④。胡鸿保、周燕译、陈星灿校对的张光直的《考古学中的聚落形态》一文在国内正式刊发，这篇长文为作者1972年正式发表，其内容较他当年在北京的专题讲座的文稿要长得多⑤。钱耀鹏则对日本学者有关环壕聚落的情况进行了专文介绍，日本的环壕属于弥生时代至古坟时代，共80余处，作者将其分为环壕聚落成立的条件、环壕聚落的构成要素、环壕聚落与非环壕聚落等专题，从而为中国史前环壕聚落的研究，提供了更多的借鉴⑥。贾伟明翻译的美国学者布莱恩·R. 贝耳曼的《美洲聚落形态研究的过去、现在和未来》，也是国外聚落考古中较有代表性的作品⑦。陈洪波翻译的美国学者杰里米·A. 萨布罗夫等著的《美国聚落考古学的历史与未来》，对于了解美国聚落考古的总体发展趋势，也有一定的参考意义⑧。

---

① 王巍. 2004. 公元前2000年前后我国大范围文化变化原因探讨. 考古，(1)：67～77

② 严文明. 1997. 聚落考古与史前社会研究. 文物，(6)：27～35

③ (美) 张光直. 1986. 考古学专题六讲. 北京：文物出版社. 74～93

④ 杨建华. 1999. 从聚落布局看史前社会交换方式的变化. 考古，(5)：55～64

⑤ (美) 张光直. 2002. 考古学中的聚落形态. 华夏考古，(1)：61～84

⑥ 钱耀鹏. 2002. 日本学者关于环壕聚落的研究. 考古，(4)：58～67

⑦ (美) 布莱恩·R. 贝耳曼. 2005. 美洲聚落形态研究的过去、现在和未来. 华夏考古，(1)：102～107

⑧ (美) 杰里米·A. 萨布罗夫，温迪·阿什莫尔. 2005. 美国聚落考古学的历史与未来. 中原文物，(4)：54～62

2. 中国聚落考古的理论研究

进入20世纪90年代，考古界对聚落考古的研究，着力于聚落考古与史前史的研究以及有关聚落考古理论的研究，相关成果较多，代表了10余年来中国学术界的水平。例如，严文明在《聚落考古与史前社会研究》一文中，将聚落考古界定为单个聚落形态和内部结构的研究、聚落分布和聚落之间关系的研究、聚落形态历史演变的研究三个方面，这一论文在中国聚落考古研究中具有代表性①。陈淳在《聚落·居址与围墙·城址》一文中，将中西方聚落考古中的关键词汇，进行对比，反映了两者在理解上的细微差异②。钱耀鹏则对环壕聚落进行专门研究，他认为环壕聚落是指在聚落范围内设有环状壕沟的聚落遗存，他将中国的史前聚落分成兴隆洼·姜寨型一重环壕聚落、白音长汗·西台型一重环壕聚落和半坡型二重环壕聚落三种类型，他还对环壕聚落与非环壕聚落的关系、环壕聚落发生地历史背景与历史地位也进行了研究③。实际上他的研究，可以追溯的更多，他认为环壕聚落极有可能就是人类历史上时代甚早的防御性聚落遗存，它最直接的影响就是导致了城邑的出现④。张忠培在《聚落考古初论》中认为，“聚落考古应包含以下几方面内容：其一，单一聚落形态、布局及结构的个案研究；其二，同一考古学文化同时期聚落的分布及其相互关系的探讨；其三，同一考古学文化不同时期或同一谱系不同时代的诸考古学文化的聚落形态、布局、结构和聚落分布的分析；其四，不同谱系同时期诸考古学文化的聚落的相互关系，以及这类型聚落形态、布局、结构和它们的异同的探索；其五，聚落与生态环境的关系……总之，聚落考古实是考古学引进社会学及人文地理学原理以聚落为单位进行的考古学研究，目的是探讨居住于同一聚落中的人与人的关系（或聚落社会的结构）和聚落社会之间的相互关系与聚落社会的时空变异，以及聚落社会同自然环境的关系”⑤。栾丰实则对聚落考古中的共时性问题进行了研究，他认为聚落内各类遗存共时性需考虑三个问题，确定一组遗存或一个聚落遗址所有遗存的共时性包括根据各种遗存的层位来确定其共存关系，从寻找承载人们开展各种活动的“地面”入手，以确定各种遗存的共时性。在发掘中，各个部分逐层清理并在进度上力争保持一致，要引入活动面的概

---

① 严文明.1997. 聚落考古与史前社会研究. 文物，(6)：27～35

② 陈淳.1997. 聚落·居址与围墙·城址. 文物，(8)：43～47

③ 钱耀鹏.1997. 关于环壕聚落的几个问题. 文物，(8)：57～65

④ 钱耀鹏.1996. 略论史前时期的环壕聚落. 见：考古文物研究. 西安：三秦出版社.136～144

⑤ 张忠培.1999. 聚落考古初论. 中原文物，(1)：31～33

念，要有完整的科学记录。不同聚落的共时性的确定，一方面要对特定的考古学文化谱系和编年有精确研究，另一方面对研究所涉及的各个遗址的年代和范围要有基本的把握，也要横向比较以确定聚落的共时性①。李水城关注古代聚落形态的演变及文化与环壕的关系，他通过对渭河－葫芦河流域、西拉木伦河－老哈河流域、黄河中下游－华北平原区三个案例，归纳出黄河中下游为连续的进化模式，西拉木伦河为跳跃的进化模式，葫芦河为异化的模式，以及环境变化对这三个典型流域的文化的影响②。王建华在讨论聚落考古时，将其定义分为两种代表性观点，一种认为聚落考古是一种社会考古学的研究方法，通过聚落形态来研究社会关系，以烟格尔为代表；另一种认为聚落考古不仅研究社会关系，更强调与生态环境的关系，也包含了环境考古学的内容，以张光直、严文明、张忠培为代表。他认为聚落考古无疑是通过聚落资料进行考古学研究的手段。因此聚落考古可以定义为以聚落为单位研究社会关系及人与生态环境关系的一种考古学方法。所以，生态环境的多样性决定了人类聚落形态的多样性。他认为可以在发掘过程中，从加强资料的收集工作、加强类型学研究、开展多学科的合作三个方面来解决聚落资料的共时性问题③。钱耀鹏则对聚落考古进行多角度研究，他认为旧石器时代的天然洞穴居址等不应完全排除在聚落的范围之外，“在居住用火遗迹基础上，基于房屋建筑、墓葬等因素所导致的居住遗址内涵特征日益复杂的现象，可能先后萌发于旧石器时代早期和中期，最终普及于旧石器时代晚期。进而，在聚落要素复杂化的发展过程中，聚落布局规划现象也于旧石器时代晚期趋向显著……一般意义上的‘聚落’似已初步形成，并为新石器时代聚落的繁荣与发展奠定了基础”④。他在对窑洞式建筑进行研究时认为，“史前横穴式窑洞建筑出现于约公元前3000年的仰韶文化末期，流行于龙山时代。其中单穴单室的窑洞建筑不仅出现时间较早，而且在各地多有发现，应是窑洞式建筑的基本形态。到了龙山时代，有些地区的窑洞式建筑前出现了半窑洞式厅棚类外间，可被视为单穴双室。在院落形成的基础上，还存在着单穴、双穴、多穴等构成方式。而窑洞式建筑形式的多样性，应是人们在特定技术条件下，遵循最小劳动付出、最大限度利用自然并获得最佳实用效果这一原则的必然结果”⑤。王巍认为聚落形态考古学研究包括了共时性研究与历时性研

① 栾丰实. 2002. 关于聚落考古学研究中的共时性问题. 考古，(5)：65～73
② 李水城. 2002. 区域对比：环壕与聚落的演进. 考古与文物，(6)：33～38
③ 王建华. 2003. 聚落考古综述. 华夏考古，(2)：97～100
④ 钱耀鹏. 2003. 略论史前聚落的萌芽与发生. 中原文物，(5)：13
⑤ 钱耀鹏. 2004. 窑洞式建筑的产生及其环境考古学意义. 文物，(3)：71～72

究。他认为聚落既包括一般的村落，也包括中心聚落乃至古代都城，后者可以看作是超大规模的特殊的中心聚落，它一般是当时的政治中心、宗教中心和文化中心，也往往是经济中心和贸易中心。在讨论聚落与文明探源的关系时，要以重点地区中心聚落为突破口，以聚落形态研究社会结构，将中心聚落内部的研究，聚落群内各聚落关系的研究，以及聚落群之间关系的研究，作为文明探源的主要助推力①。裴安平对史前聚落的群聚形态进行研究，他认为以群相聚包括聚落群与聚落群团，黄河流域以环嵩山地区与山东章丘、邹平地区最典型。这种群聚可以追溯到旧石器时代，反映群聚是人类早期的一种生活模式，也是人类婚姻与血缘关系的一种组织形式。聚落群与聚落群团二者并存，早期以聚落群占主导地位，晚期聚落群团则占主导地位②。此外，张宏彦的《中国史学考古学导论》一书中，有史前环境论、史前文化分期与区系论、史前聚落形态论等内容，史前聚落包含了聚落与聚落形态考古、聚落的界定与房屋的分类研究、史前聚落的起源及演变，使人们对聚落考古有一个较全面的认识③。

三、黄河流域史前聚落考古的研究

1. 史前聚落综合研究与聚落起源

综合研究黄河流域史前聚落，始于20世纪80年代。周星《黄河中上游新石器时代的住宅形式与聚落形态》的研究，具有开创意义。他以这一时期大量的房基材料为出发点，对当时的居住形式进行研究。在“住宅篇”中，他研究了史前“穴居”的居住习俗，从“穴居”到“宫室”的历史进程，以及影响住宅形式的各种因素。其中，他注意到从半穴居经浅穴居到地面居再到高台居的曲折发展，住宅地基平面从圆形到方形再到长方形的逐步演变，住宅的使用面积由小到大的不断增加与扩充，单室住宅向双室和多室住宅的缓慢进行及排房的出现，建筑工艺水平和技术能力从低级向高级的不断提高，住宅顶部形制构造逐渐向出檐的两面坡等形制缓慢的嬗变，以及史前装饰的从无到有。可以说，这是新中国成立30年来对这一时期房基材料最具重要性的研究成果。在“聚落篇”中，他提出史前聚落包含了住宅、广场、窖穴、墓葬、窑址、壕沟、圈栏、灰坑等，是一个有机整体。他将仰韶文化早期、中期的聚落典型形态的主要特征归纳为：基本一致的功能区划，

① 王巍．2006．聚落形态研究与中华文明探源．文物，(5)：58～66

② 裴安平．2007．史前聚落的群聚形态研究．考古，(8)：45～56

③ 张宏彦．2003．中国史前考古学导论．北京：高等教育出版社

氏族公共墓地制度的成熟，居住区内住宅的向心布局。他将史前聚落的次生形态归结为：仍然将父系氏族的血缘纽带作为维系聚落团结的手段，与典型形态相比为次生、蜕化与变异者，而这一形态与龙山时代相吻合①。严文明的《中国新石器时代聚落形态的考察》一文，几乎与周文同时期发表。他认为新石器时代早期为聚落遗址的发生阶段，在公元前7500～前6000年。新石器时代中期聚落为聚落遗址的扩大阶段，在公元前6000～前5000年。新石器时代晚期为聚落遗址的发展时期，在公元前5000～前3500年，主要以半坡、姜寨、北首岭等遗址为代表。铜石并用时代早期为聚落遗址的分化阶段，在公元前3500～前2600年。铜石并用时代晚期为早期城址的出现阶段，在公元前2600～前2000年，相当于龙山时代②。巩启明、王小庆也发表了《论中国新石器时代住宅建筑与聚落的产生、发展与演变》一文，包括住宅建筑的产生与聚落的萌芽，住宅建筑技术提高与典型聚落的形成，住宅建筑技术及聚落形态的发展，住宅建筑技术的进一步提高及聚落形态的变异即城堡的出现。可以说，将住宅建筑与聚落紧密结合在一起进行梳理与研究③。

在讨论聚落的起源时，也有一些文章需要关注。例如，麦德森等的《华北中部旧石器晚期至新石器早期聚落形态的变化》一文，是中美学者连续三年对贺兰山周围早期聚落遗址联合考察的研究成果。在10个地区47个地点中，通过对阿拉善中部新石器时代生存聚落体系与旧石器时代晚期聚落体系对比后，分析了当时石器工业的发展，技术进步与时代划分，土地利用谋略的开发、强化与改变，由此找到了旧石器时代与新石器时代聚落与环境变迁的内在联系④。杜水生对泥河湾盆地旧石器时代中晚期以来人类行为的变化与环壕变化的关系进行研究，他认为当时人们建造环壕时多为就地取材，但在有的遗址的建造中，刻意从5公里之外输送石料。其居址形态较为稳定，但也出现了细微变化，这些与晚更新世以来的主要气候事件有关系⑤。王社江、沈辰对洛南盆地旧石器时代早期遗址的聚落形态进行研究，在南洛河及其支流约1000平方公里的范围内确认野外旧石器时代地点268处，龙牙洞

① 周星.1987.黄河中上游新石器时代的住宅形式与聚落形态.见：中国考古学研究论集.西安：三秦出版社.117～159

② 严文明.1989.中国新石器时代聚落形态的考察.见：庆祝苏秉琦考古五十五年论文集.北京：文物出版社.24～37

③ 巩启明等.1993.论中国新石器时代住宅建筑与聚落的产生、发展及演变.见：考古学研究.西安：三秦出版社.69～90

④ 麦德森，埃尔斯顿等.1995.华北中部旧石器晚期至新石器早期聚落形态的变化.考古，(11)：1013～1027

⑤ 杜水生.2003.泥河湾盆地旧石器中晚期以来人类行为的变化与环境变化的关系.考古与文物，(2)：22～26

洞穴遗址1处。其中，野外旧石器时代地点为早期人类临时性的活动营地，龙牙洞则为长期居住型遗址，整个洛南盆地有可能是由一些不同时期人类小群体以龙牙洞等居住类型遗址为中心构成的区域性的聚落系统①。

2. 仰韶文化聚落研究

（1）仰韶文化聚落综合研究

严文明早在1987年便对仰韶聚落进行了系统的研究，他的聚落研究是从房屋开始的。他将半坡类型房屋分成小型圆屋、中型圆屋，小型方房、中型方屋、大型方屋等类型，并对仰韶房屋分期及演化进行梳理。在聚落研究方面，所依据的材料是约2000处正式发表的仰韶聚落报告。这些聚落构成要素为房屋、壕沟、陶窑、窖穴、公共墓地等。姜寨聚落的布局特点是凝聚式和内向式的，其内部有明确的划分，聚落经济是相对封闭的自给自足的模式。仰韶前期聚落布局为凝聚式与内向式的，内部有明确分工，聚落大小较为接近，内部没有较大差别。仰韶后期聚落大小规模差别显著，布局仅仅为凝聚式，内部也有分化，经济是综合性的，但已有了新的因素，另外这一时期聚落群已较普遍，并已形成了中心聚落②。日本的冈村秀典也对仰韶文化的聚落结构进行研究，他在对房屋进行研究时专门对房内生活进行了复原，房内器皿表明各个房屋是独立烧饭的消费单位。在每个聚落中，通常由二三座房址构成基本单位。结合姜寨遗址的情况，可以看出聚落是由单个房屋、基础单位、居住群、环壕聚落4个层次所构成。而类似姜寨这种中央设广场的环壕聚落属于集团性聚落③。许顺湛则对河南仰韶文化聚落群进行了研究，他将河南的仰韶聚落分成了7个聚落群，聚落群可分为大、中、小三种，并区分出特级聚落、一级聚落、二级聚落和三级聚落。由豫北至豫西南，以及自三门峡—洛阳—郑州，形成的聚落密集、特大型聚落也最多的分布带，在郑州形成交接处，这为研究黄帝文化提供了重要的参考④。巩文则对天水至郑州的聚落进行研究，他将仰韶文化晚期的聚落，分作12个聚落群，这些聚落群的自然条件差异对其所属文化性质及聚落密度有一定的影响，群内存在着的规模不同的聚落应是当时居民社会组织分层的反映，中心聚落地位较高，可能是一个联邦或酋邦首领居住之所⑤。李鑫对仰韶文化晚期的西山古

① 王社江，沈辰．2006．洛南盆地旧石器早期遗址聚落形态解析．考古，（4）：49～60

② 严文明．1989．仰韶房屋和聚落形态研究．见：仰韶文化研究．北京：文物出版社．180～242

③ （日）冈村秀典．2001．仰韶文化的聚落结构．考古与文物，（6）：83～91、93

④ 许顺湛．2001．河南仰韶文化聚落群研究．中原文物，（5）：19～28

⑤ 巩文．2003．天水至郑州间仰韶文化晚期聚落群与中心聚落的初步考察．中原文物，（4）：28～38

城进行了研究，他认为西山聚落不仅是本聚落群的经济交换中心，可能还是这一地区的手工业中心，其不但有能力修建这座有墙聚落，也因此带来了战争与毁灭，这种由经济交换中心进而发展为有城墙的政治中心，可能是中国早期城市起源的一个重要模式①。

（2）半坡聚落与姜寨聚落研究

近年来，半坡聚落的研究并不热门。钱耀鹏不仅对半坡的环壕与哨所进行研究，也对半坡聚落形态进行研究，他认为半坡聚落大约经历了600年的发展过程，分前、后二期4个阶段。由前期的二重环壕演变成后期的一重环壕聚落，变化的关键时期为前期之末与后期之初，但总的来说，半坡聚落始终是一脉相承和连续发展的②。

姜寨聚落的研究成果相对较多，也是学者们对于仰韶文化聚落实证性研究的重点。严文明早在20世纪80年代初便对姜寨村落布局进行研究，他将姜寨早期村落的总体布局分为居住区、烧陶窑场、墓地三个部分。住房分为小、中、大三类，其中第三类大型房子又分为甲、乙、丙、丁、戊5组，他将考古资料与东欧、北美、南非的考古资料、民族资料进行对比，并对姜寨的村落布局进行解读③。李新伟、贾笑冰则对姜寨一期聚落进行分组，他们提出了位置相近、空白地带、门向相近、大中小型房屋相配等标准，可将一期聚落分为6组。此外，还可增加墓区与居住区相对应、围沟缺口、窑址与居住区相对应3条新的标准。因此新增东北组也是成立的④。陈雍则对姜寨聚落进行检讨，《姜寨——新石器时代遗址发掘报告》中第二期遗存实际上是一期聚落的重要组成部分，聚落中心是一个广场，广场内有一片含义特殊的墓葬，房屋群呈环状分布，其外为壕沟环绕，沟外有窑场与墓地。他依据相关陶器的分布规律提出姜寨为包含蛙和鱼两大集团在内的一个大社区。广场墓地也分为南、北两片的尖底瓶墓葬，东、西两片的葫芦瓶与细颈瓶墓葬。沟外的三大墓地则分为三大区，有的墓地人群划分可能和某种社会组织有关⑤。何周德则对姜寨遗址中的“牲畜夜宿场”遗迹进行辨析，他从5个方面对这两处灰土遗迹作为“牲畜夜宿场”进行质疑，认为与祭祀有关⑥。李润权则在研究仰韶先民的主观能动性时，专门谈及“聚落的构建”，并对半坡、姜寨、北首岭这三处渭水仰韶聚落研究后，提出三者均为向心式聚

① 李鑫.2008.西山古城与中原早期城市的起源.考古，（1）：72～80

② 钱耀鹏.1999.关于半坡聚落及其形态演变的考察.考古，（6）：69～77

③ 严文明.1989.姜寨早期的村落布局.见：仰韶文化研究.北京：文物出版社.166～179

④ 李新伟，贾笑冰.1995.探讨姜寨一期聚落的重新分组.考古，（5）：831～834

⑤ 陈雍.1996.姜寨聚落再检讨.华夏考古，（4）：53～76

⑥ 何周德.2003.姜寨遗址“牲畜夜宿场”遗迹辨析.考古与文物，（2）：27～31

落。姜寨聚落的整体结构有等级次序，三期布局有连续性，说明他们在有意营建有利于规范他们日常行为的空间架构，仰韶先民毫无疑问既是文化的创造者，也是文化的消费者[①]。

3. 史前聚落的分区与个案研究

（1）黄河上游地区史前聚落的研究

例如，郎树德对秦安大地湾聚落形态演变的研究，他将大地湾遗存分为5期，第一期属老官台文化，第二期属仰韶早期（姜寨二期），第三期属仰韶中期（姜寨三期），第四期属仰韶晚期（半坡晚期），第五期属常山下层文化，尤以第四期最为丰富。其中，第一期至第三期聚落选择在河边阶地，第四期向山地发展，形态由第一期台地散点式聚落，经第二期台地环壕聚落，发展到第四期的山地中心聚落，第四期的社会组织应为部落—氏族—家族—家庭4级[②]。钱耀鹏对喇家聚落的灾害遗迹与广场建筑进行研究，他认为这起灾害发生在多雨的秋季，先为地震，或是山洪随地震而发生，尔后又发生了黄河洪水，而窑洞式建筑的结构性缺陷也是这起灾害形成的重要原因[③]。

（2）黄河中游地区史前聚落的研究

例如，刘建国、王琳关于临汾盆地人地关系的研究，他们利用地理信息系统的空间叠置分析、缓冲区分析、坡度与坡向分析、可视域分析、水文分析等技术手段，对汾河等流域聚落分布与环境关系进行研究，但有的假设还需要考古发掘去证实[④]。此外，中国国家博物馆也对山西垣曲盆地聚落进行研究，全面考察了不同时期聚落数量与规模的变化，聚落群分布的移动轨迹，中心区的移动及社会组织形态的演变，进而揭示了垣曲盆地从定居聚落开始出现到进入国家阶级社会组织结构的复杂化进程[⑤]。河南史前聚落考古也是热点，例如，钱耀鹏关于后岗、王城岗、古城寨、平粮台、郝家台、孟庄等龙山城址聚落群进行研究，并提出了扇形聚落群的结构形式，这种形式是聚落群同盟组织存在的有效证据之一[⑥]。朱光华对国家形成时期的聚落形态进行考察，他认为龙山时期社会正向着复杂化、分层化的方向发展，由此

---

① 李润权. 2006. 文化结构、社会媒介和建筑环境的多元互动——论仰韶先民的主观能动. 见：新世纪的考古学——文化、区位、生态的多元互动. 北京：紫禁城出版社. 26 ~ 60

② 郎树德. 2003. 甘肃秦安县大地湾遗址聚落形态及其演变. 考古，(6)：83 ~ 89

③ 钱耀鹏. 2007. 关于喇家聚落的灾害遗迹与广场建筑. 考古，(5)：57 ~ 68

④ 刘建国，王琳. 2007. 地理信息系统支持的临汾盆地古代人地关系研究. 考古，(7)：64 ~ 70

⑤ 中国国家博物馆考古部. 2007. 垣曲盆地聚落考古研究. 北京：科学出版社

⑥ 钱耀鹏. 2001. 中原龙山城址的聚落考古学研究. 中原文物，(1)：29 ~ 39

而来的管理与控制机制使社会群体逐渐产生向心凝聚趋势，聚合成若干以城邑或大型聚落为区域中心的社会组织。而到二里头文化时期，已从多元的、多中心聚落关系网聚合为层层递叠的金字塔形聚落结构从而步入了国家这个新的阶段①。张海则利用地理信息系统对中原聚落进行研究，他主要对郑州到洛阳各个水系，自仰韶晚期、庙二至王湾三期阶段的聚落材料，对聚落的等级分类、密度、动态等进行研究，并以嵩山为界研究南方聚落群、北方聚落群的异同，二者也共同组成了一种等级式的聚落布局结构②。

（3）黄河下游地区的史前聚落研究

张学海在研究山东史前聚落时，提出了聚落群与“都—邑—聚”分层的概念，在山东早期文化中，聚落间互不连属，大汶口晚期聚落群已经达到相当的规模，群内的聚落在大小与功能上的分化已初步具备了“都—邑—聚”的金字塔式结构，龙山时代聚落分化更加明显，等级结构充分发展。而包含有“都—邑—聚”的聚落群应该是阶级社会，是一个古国，但是否发展到国家形态则还要进行更加深入的分析③。方辉等对日照两城地区聚落的人口问题进行研究，他们围绕居址、聚落、区域三个层次进行考察，归纳出这一区域内龙山时代聚落总面积 873 公顷，生活有 63 031 人；周代聚落总面积 791.6 公顷，生活有 57 154 人；汉代聚落总面积 847.5 公顷，生活有 61 190 人④。陈洪波对鲁豫皖地区的聚落分布进行研究，这一地区“从新石器时代早中期到岳石文化时期，遗址分布变化所表现出的聚落密集区自南而北逐渐转移的过程，以及每个阶段内部的变化，显示出鲁豫皖地区内部适宜居住区或者说资源分布区的变迁，这一过程与本区域湖泊水域的变迁过程是紧密地联系在一起的”⑤。

总之，中国史前聚落考古可以追溯到 20 世纪 50 年代，其重心在黄河流域，尤其是聚落考古理论及其个案研究，加深了我们对黄河流域史前聚落的认识，也为进一步寻找黄河流域史前聚落的演变规律奠定了扎实的基础。

---

① 朱光华. 2002. 早夏国家形成时期的聚落形态考察. 考古与文物，(4)：19～26

② 张海. 2004. ArcView 地理信息系统在中原地区聚落考古研究中的应用. 华夏考古，(1)：98～106

③ 曹兵武. 2004. 聚落·城址·部落·古国——张学海谈海岱考古与中国文明起源. 中原文物，(2)：9～17

④ 方辉，加利，费曼，文德安，琳达，尼古拉斯. 2004. 日照两城地区聚落考古：人口问题. 华夏考古，(2)：37～40

⑤ 陈洪波. 2007. 鲁豫皖古文化区的聚落分布与环境变化. 考古，(2)：59

第一章
黄河上游地区的史前聚落

第一节　黄河上游地区的地理环境

一、地理地貌

黄河上游较大的支流有湟水、洮河。黄河两岸缺乏湖泊。从河源至贵德多系山岭、草地及高原，属青藏高原，海拔均在3000米以上，许多山峰超过4000米，源头河谷地海拔4200米，河源段河谷两岸地形平缓，排水不畅，形成大面积沼泽地。

内蒙古托克托县河口镇以上的黄河河段为黄河上游。两岸多系山岭、草地及高原，海拔均在3000米以上，高峰可超过4000米。河道呈“S”形，河源段400公里内河道曲折，两岸多湖泊、草地、沼泽。这里河水清，水流稳定，水分消耗少，产水量大，多湖泊，最大湖泊是星宿海、鄂陵湖，为高原寒冷气候。上游河段全长3472公里，流域面积38.6万平方公里，流域面积占全黄河总量的51.3%。上游河段总落差3496米，平均比降为10‰；河段汇入的较大支流（流域面积1000平方公里以上）有43条，径流量占全河径流量的54%；上游河段水多沙少，是黄河的清水来源，其年来沙量只占全河年来沙量的8%。上游河道受阿尼玛卿山、西倾山、青海南山的影响而呈“S”形弯曲。黄河上游根据河道特性的不同，又可分为河源段、峡谷段和冲积平原三部分。

从青海卡日曲至青海贵德龙羊峡以上部分为河源段。河源段从卡日曲始，经星宿海、扎陵湖、鄂陵湖到玛多，绕过阿尼玛卿山和西倾山，穿过龙羊峡到达青海贵德。该段河流大部分流经海拔三四千米的高原，河流曲折迂回，两岸多为湖泊、沼泽、草滩，水质较清，水流稳定，产水量大。河段内有扎陵湖、鄂陵湖，两湖海拔高程都在4260米以上，蓄水量分别为47亿立方米和108亿立方米，为中国最大的两个高原淡水湖。青海玛多至甘肃玛曲区间，黄河流经巴颜喀拉山与阿尼玛卿山之间的古盆地和低山丘陵，大部分河段河谷宽阔，间或有几段峡谷。甘肃玛曲至青海贵德龙羊峡区间，黄河流经高山峡谷，水流湍急，水力资源丰富。发源于四川岷山的支流白河、黑河在该段内汇入黄河。

从青海龙羊峡到宁夏青铜峡部分为峡谷段。该段河道流经山地丘陵，因岩石性质不同，形成峡谷和宽谷相间的地貌：在坚硬的片麻岩、花岗岩及南山系变质岩地段形成峡谷，在疏松的砂页岩、红色岩系地段形成宽谷。该段有龙羊峡、积石峡、刘家峡、八盘峡、青铜峡等20个峡谷，峡谷两岸均为悬崖峭壁，河床狭窄、河道比降大、水流湍急。该段贵德至兰州区间，是黄河三个支流集中区段之一，有洮河、湟水等重要支流汇入。龙羊峡至宁夏下河沿的干流河段是黄河水力资源的“富矿”区，也是中国重点开发建设的水电基地之一。

从宁夏青铜峡至内蒙古托克托县河口镇部分为冲积平原段。黄河出青铜峡后，沿鄂尔多斯高原的西北边界向东北方向流动，然后向东直抵河口镇。沿河所经区域大部分为荒漠和荒漠草原，基本无支流注入，干流河床平缓，水流缓慢，两岸有大片冲积平原，即著名的银川平原与河套平原。沿河平原不同程度地存在洪水和凌汛灾害。河套平原西起宁夏下河沿，东至内蒙古河口镇，长达900公里，宽30～50公里，是著名的引黄灌溉区，灌溉历史悠久，自古有“黄河百害，唯富一套”的说法。

1. 甘肃地理地貌

（1）地理位置

甘肃省位于中国西北地区，青藏高原东北边缘，地处黄河上游，地域辽阔，介于北纬32°11′～42°57′、东经92°13′～108°46′。其东接陕西，南邻四川，西连青海、新疆，北靠内蒙古、宁夏，并与蒙古国接壤。

（2）地理概貌

甘肃是个多山的省份，最主要的山脉首推祁连山、乌鞘岭、六盘山、岷山，其中祁连山主峰海拔可达5564米；岷山山脉高达4000米以上；六盘山呈南北走向，突起于黄土高原之上，最高海拔为2200米。其次，如阿尔金山、马鬃山、合黎山、龙首山、阿尼玛卿山、西倾山、子午岭等，多数山脉属西北—东南走向。甘南高原的阿尼玛卿山主峰高约6282米；陇南山地相对高差明显，文县天池沟脑的雄黄山海拔4187米，而东南端白龙江河谷最低处的灌子沟海拔仅550米。省内的森林资源多集中在这些山区，大多数河流也都从这些山脉形成各自分流的源头。

(3) 地理特点

甘肃地貌复杂多样，山地、高原、平川、河谷、沙漠、戈壁交错分布。地势自西南向东北倾斜，地形狭长，东西长1655公里，南北宽530公里，大致可分为各具特色的六大区域。

陇南山地：这里重峦叠嶂，山高谷深，植被茂密，清流不息。这一区域大致包括渭水以南，临潭、迭部一线以东的山区，为秦岭的西延地带。山地和丘陵西高东低，绿山对峙，峰锐坡陡，溪流湍急。由于山高谷深、水文网密集，滑坡、泥石流发育。

陇中黄土高原：它位于省内中东部，西至乌鞘岭，东达甘陕边界。这里曾经孕育了华夏民族的祖先，不仅有闻名遐迩的名山大川，更有丰富的石油、煤炭资源。黄河从这里穿流而过，刘家峡、盐锅峡、八盘峡三大水库如璀璨的明珠镶嵌在黄河之上。这里地形破碎，沟壑交织，土质疏松，水土流失严重。

甘南高原：它是"世界屋脊"——青藏高原东部边缘一隅，地势高耸，平均海拔超过3000米，具备典型的高原特征。这里草滩宽广，水草丰美，牛羊成群，是全省畜牧业主要基地之一。

河西走廊：它位于祁连山以北，北山以南，东起乌鞘岭，西至甘新交界，地势上为自西向东、由南而北倾斜的狭长地带。海拔为1000～1500米，长1000余公里，宽由几公里到百余公里不等。这里地势平坦，土地肥沃，光热充足，水资源丰富，是著名的戈壁绿洲，甘肃重要的粮棉油基地。本区有人工及天然绿洲与戈壁、沙漠断续分布的生态景观。这里自然环境脆弱，荒漠化是该地区最主要的威胁。

祁连山地：它分布在河西走廊以南，长达1000多公里，大部分海拔在3500米以上，终年积雪，冰川连绵，是河西走廊的天然固体水库。植被垂直分布明显，荒漠、草场、森林、冰山，组成了一幅色彩斑斓的立体画卷。

北山山地：海拔多为1000～2000米，属低山区。气候特点是干旱、风多、冷热温差大。北山山地岩石裸露，荒漠连片，向东可抵腾格里沙漠和巴丹吉林沙漠。那里人烟稀少，能领略到"大漠孤烟直，长河落日圆"的戈壁风光。

2. 青海地理地貌

(1) 地理位置

青海省位于中国西北地区中南部，地处青藏高原，长江、黄河上游。东部和北部与甘肃省相接，西南部毗连西藏自治区，东南部邻接四川省，西北部毗邻新疆维吾尔自治区。东西跨1200公里，南北纵贯800公里，面积72.12万平方公里，约占中国总面积的7.5%，居中国第四位。

（2）地理概貌

青海是盆地、高山和河谷相间分布的高原。它是青藏高原的一部分，称为青南高原。青海境内除黄河湟水谷地及柴达木盆地等部分地区外，其余地区都在海拔3000米以上。

（3）地理特点

全省地形差异显著，东北部由阿尔金山、祁连山数列平行山脉和谷地组成，平均海拔4000米以上，蕴藏着丰富的冰雪资源。位于达坂山和拉脊山之间的湟水谷地，海拔在2300米左右，地表为深厚的黄土层，是本省主要的农业区。西北部的柴达木，是一个被阿尔金山、祁连山和昆仑山环绕的巨大盆地，海拔600～3000米，东西长800公里，南北宽200～300公里，面积为20万平方公里，盆地南部多为湖泊、沼泽，并以盐湖为主。“柴达木”在蒙古语中为“盐泽”之意。南部是以昆仑山为主体并占全省面积一半以上的青南高原，平均海拔4500米以上。现已对外开放的阿尼玛卿峰（即玛积雪山），在果洛藏族自治州玛沁县境内，峰高6282米。

境内江河有流量在每秒0.5立方米以上的干支流217条，总长1.9万公里。较大的河流有黄河、通天河（长江上游）、扎曲（澜沧江上游）、湟水、大通河。黄河发源于巴颜喀拉山的北麓，长江发源于唐古拉山的主峰格拉丹东雪山西南侧。全省水力资源十分丰富，水力蕴藏量为210万千瓦，可供开发的水电站单机在500千瓦以上的有172座，总装机容量1800万千瓦，年发电量可达770亿千瓦时，省内有湖泊230多个，总面积约7136平方公里，其中咸水湖50多个，淡水湖面积在1平方公里以上的有52个。我国第一大内陆湖——青海湖，海拔3200米，是本省重要的渔业基地。察尔汉、茶卡、柯柯等盐湖蕴藏着极为丰富的盐化资源。

3. 宁夏地理概况

（1）地理位置

宁夏回族自治区简称“宁”，位于北纬35°14′～39°23′，东经104°17′～107°39′，处在中国西部的黄河上游地区。宁夏东邻陕西省，西部、北部接内蒙古自治区，南部与甘肃省相连。自古以来就是内接中原、西通西域、北连大漠，各民族南来北往频繁的地区。

宁夏疆域轮廓为南北长、东西短。南北相距约456公里（北起石嘴山市头道坎北2公里的黄河江心，南到泾源县六盘山的中嘴梁），东西相距约250

公里（西起中卫营盘水车站西南10公里的田涝坝，东到盐池县柳树梁北东2公里处），宁夏是中国面积最小的省（自治区）之一，总面积为5.18万平方公里。

在中国自然区划中，宁夏跨东部季风区域和西北干旱区域，西南靠近青藏高寒区域，大致处在我国三大自然区域的交汇、过渡地带。在中国国土开发整治的地域划分上，宁夏位于中部重点开发区的西缘或西部待开发区的东缘，是以山西为中心的能源重化工基地和黄河上游水能矿产开发区的组成部分，北部和中部系"三北"防护林建设工程的重点地段，南部属于黄土高原综合治理区和"三西"地区的范围。

（2）地理概貌

宁夏地处我国地质、地貌"南北中轴"的北段，在华北台块、阿拉善台块与祁连山褶皱之间。该区为高原与山地交错带，大地构造复杂，从西面、北面至东面，由腾格里沙漠、乌兰布和沙漠和毛乌素沙地相围，南面与黄土高原相连。其地形南北狭长，地势南高北低，西部高差较大，东部起伏较缓。

南部的六盘山自南端往北延，与月亮山、南华山、西华山等断续相连，把黄土高原一分为二。东侧和南面为陕北黄土高原与黄土丘陵，西侧和南侧为陇中山地与黄土丘陵。中部山地、山间与平原交错。卫宁北山、牛首山、罗山、青龙山等在山间平原错落屹立。

北部地貌呈明显的东西分异。黄河出青铜峡后，塑造了美丽富饶的银川平原。平原西侧，贺兰山拔地而起，直指苍穹。东侧鄂尔多斯台地，高出平原百余米，前缘为一陡坎，是宁夏向东突出的灵盐台地。

宁夏地貌复杂，山地迭起，盆地错落，大体可分为：黄土高原，鄂尔多斯台地，洪积冲积平原和六盘山、罗山、贺兰山南北中三段山地，平均海拔1000米以上。按地表特征，还可分为南部暖温带平原地带，中部中温带半荒漠地带和北部中温带荒漠地带。全区从南向北表现出由流水地貌向风蚀地貌过渡的特征。

根据自然特点和传统习惯，一般把银川市、石嘴山市、中卫市和吴忠市的利通区、青铜峡等市（县）的引黄灌溉区称为宁夏北部；把吴忠市的盐池、同心两县和灵武、中卫的山区以及中卫市海原县的北部称为宁夏中部；把固原市的固原、西吉、隆德、泾源、彭阳5县及中卫市海原县的南部山区称为宁夏南部。

（3）地理特点

宁夏地处黄土高原与内蒙古高原的过渡地带，地势南高北低。从地貌类型看，南部以流水侵蚀的黄土地貌为主，中部和北部以干旱剥蚀、风蚀地貌为主，是内蒙古高原的一部分。境内有较为高峻的山地和广泛分布的丘陵，也有由于地层断陷又经黄河冲积而成的冲积平原，还有台地和沙丘。地表形态复杂多样，为经济发展提供了不同的条件。据 2004 年初统计数据显示，宁夏地形中丘陵占 38%，平原占 26.8%，山地占 15.8%，台地占 17.6%，沙漠占 1.8%。

二、史前生态环境

如果和今天的气候相比，史前时期黄河上游的生态环境更适于人类生存。那时候，无论是温度、湿度还是降雨量都较今天更接近人类的需要，温暖湿润是当时气候的一个显著特点。

根据安成邦的研究，黄河上游地区全新世气候有过多次波动，全新世早期气温快速回升，气候向暖湿方向发展，在距今 8000 年前后许多地区出现了茂密的森林植被，湖泊水位上升，黄土中碳酸钙（$CaCO_3$）含量下降，磁化率增加。有一短暂的冷期打断了这一进程，这在青海湖水位和孢粉组成上都有所反映。敦德冰芯记录显示，在距今 7800 年左右与距今 7300 年左右出现了温度下降。距今 7000 年以后，气候仍然温暖湿润，青海湖区出现了森林，大地湾植被中阔叶树成分明显增加。一直到距今 6000 年，气候较为稳定，距今 6000 年以后，气候的波动性增加，敦德冰芯记录显示，在距今 6000~5000 年存在 3 次降温事件。距今 5000~4000 年，大地湾孢粉中阔叶树成分显著降低，也几乎不含针叶树成分，指示了气候相对干旱的状况，但从敦德冰芯记录来看，气候波动较为和缓。距今 4000~3000 年，气候仍向干旱方向发展，青海湖区阔叶树成分迅速减少，大地湾剖面碳酸钙（$CaCO_3$）含量上升，表明气候干旱程度显著增加。距今 5000~3000 年气候向干凉方向发展，在许多地方都有显示。总的来说，黄河上游地区在全新世中期，虽然气候有过几次较大的波动，但仍以暖湿为主，为史前文化发展提供了较为优越的条件①。

通过孢粉分析，可以发现全新世黄河上游的气候和生态多次波动的大概变化趋势。

在我国干旱半干旱区，全新世中期湿度变化的地理分异很复杂：黄土高原西部在中全新世比较湿润，但距今 6000 年以后气候湿润程度逐步下降，距今 4000 年以后趋向干旱；而青藏高原东部从距今 5000 年以后就逐步趋向

① 安成邦等. 2003. 甘青地区全新世中期的环境变化与文化演进. 西北大学学报（自然科学版），(6)：729

干旱；黄土高原以北的腾格里沙漠、毛乌素沙地等在中全新世是相对干旱的，只是干旱的时段有所差异。青海湖的孢粉记录表明，全新世之初暖湿气候已经开始，距今6000～5000年气候最为湿润，距今5000～4000年以后气候趋向干旱。大地湾的孢粉记录表明距今7400～6700年气候最为湿润，之后趋向半湿润，距今4000年以后趋向干旱。位于河西走廊的红水河的孢粉记录也表明，距今7290～6380年气候暖湿，其后波动较为频繁，但距今5720～5070年气候仍然较为湿润，之后气候在波动中趋向干旱[①]。

1. 甘肃

根据安成邦等对甘肃境内多个地层剖面的分析，我们对甘肃当时的古气候和古环境有了以下认识：在距今4000年之前，陆生草本成分约占60%，乔木成分占30%～40%，其中针叶树和阔叶树的比例大致相当，由此推断环境较为温暖湿润。距今4000年之后，孢粉组成中乔木成分含量降低，约占20%，以针叶树为主；陆生草本的含量达到80%。有机质含量出现谷值。这些指标共同显示了环境变化的干凉化方向。支持距今4000年之后气候向干凉发展的最有力证据是开始于距今9000年之前的潜育化现象，特别是沼泽相沉积突然结束于距今4000年。在距今4000年，所有指标都发生了显著变化。有机质含量由2.5%降至0.5%，粒度陡然升高，反映出夏季风的减弱，黄土开始加积。孢粉中乔木成分的含量从40%左右降至20%。淡水生腹足类软体动物小旋螺由大量出现变为消失。这些指标都表明，距今4000年后环境发生了大的变化。同样地，沼泽相沉积突然地结束于距今4000年。相当于距今9000～4000年的沼泽相地层在陇中盆地普遍存在。这一地层的普遍存在和上覆黄土的出现更为有力地表明距今4000年气候开始变干变凉[②]。

2. 青海

利用气候和考古研究结果，采用地理信息系统和数学分析方法，我们可以勾勒出青海地区古气候的一个大概轮廓：距今4000年气候向干冷化突变。根据青海湖湖底沉积物的研究，距今4000年前后，青海东北部气候发生了突变。这次气候突变通过青海湖湖相碳酸盐、湖底沉积物的粒度组成和孢粉都有显示。青海湖湖相碳酸盐主要是由化学沉积作用或生物壳体所形成的自生碳酸盐，其他来源的比例很小。所以碳酸盐含量高的时段，对应的是暖湿

---

① 安成邦．2006．甘青文化区新石器文化的时空变化和可能的环境动力．第四纪研究，（6）：925

② 安成邦等．2003．甘肃中部4000年前环境变化与古文化变迁．地理学报（5）：745

气候，低含量时段代表的是干冷气候。因此，距今4000年青海湖碳酸盐含量急剧下降，代表了距今4000年该区气候由暖湿转变为干冷。孢粉记录表明，距今5000～4000年，花粉总浓度较大，木本植物花粉浓度大于草本植物花粉，草本植物花粉含量变化不大。木本植物花粉中主要是喜温、喜干的松，冷杉、云杉和桦也有一定含量。但距今4000年后花粉总浓度突然降得很低，草本植物花粉显著降低，但耐寒、耐旱的蒿花粉增高至70%，木本植物花粉逐渐消失。因此，距今4000年之前，本区气候总体上表现为暖湿，距今4000年之后，表现为干冷，气候发生巨大的变化。这次变化的气候指标是从一均值到另一均值的变化，是质的变化。经过这次突变后，气候再也没有恢复到中全新世暖期的状态，它是在距今4000～3700年完成的，且在中国北方具有普遍性。

根据对青海湖古气候变化的研究，距今4000年前最热月平均温度高于现今1～2℃，最冷月平均温度高于现今8.7～11.7℃，最冷月降幅大于最热月；年均温降幅在3～4℃，变化最显著的是≥10℃的积温和降水量，较今天分别高出至少2～3℃和100毫米以上。根据孢粉研究，青海湖区在距今4000年后，状况和现今相似，所以，距今4000年前和现今的≥10℃的积温、降水量和年均温的对比，大体上就是距今4000年前后气候突变的幅度。

气候是自然环境的主导和基础因素，气候发生突变，自然环境必将进行大的调整。而在全新世期间青藏高原的自然环境变化在我国是最大的，尤其是距今4000年的气候突变，它对青海地区自然环境的影响主要表现在：首先，自然植被发生重大更替。距今4000年前青海湖孢粉揭示，湖区有以云杉、松为主的针叶林和针阔叶混交林，在湖区高海拔地区出现暗针叶林，湖区外围有禾本科植物等构成草原和草甸，这种植被群落基本就是今天本区河湟谷地的情况；而距今4000年前本区河湟谷地发育的应该是温带落叶阔叶林。本区突出的地势特点是高差大，垂直地带性明显。青海湖现今湖面海拔3196米，河湟谷地平均海拔在2500米以下。当距今4000年前气候突变发生后，自然植被向低海拔退却，表现为自西向东退缩。青海湖区温性针叶林和针阔叶混交林退缩，乃至消失，演变为森林草原、草甸；东部地区温带落叶阔叶林整体退缩，局部残留，演变成垂直基带为温性森林草原。其次，气候突变导致该时段的气候不稳定性增大，伴随的气象和地质等并发灾害事件增多①。

① 刘峰贵等．2005．中全新世气候突变对青海东北部史前文化的影响．地理学报，（5）：734～735

第二节　黄河上游地区的聚落起源

真正意义上的史前聚落始于何时？旧石器时代的人类居住地点算不算聚落？学者可谓仁者见仁，智者见智。王妙发认为："所谓史前聚落研究，理应自旧石器时代开始。只是旧石器时代动辄以万年甚至数十万年为计算单位，就被发现的地点而言，中国各省（自治区）都已发现旧石器时代的遗迹和遗物，可能会令人产生一种数量很多、空间分布也广的印象。然而绝大部分的发现都只是远古人类的某一个非常局部的生活或生存现象的片段（碎片）而已，在居住（聚落）方面留给我们的信息也非常之少，更谈不上在新石器时代不时会有的全部聚落遗址被完整剥落这样的可能性了。事实上旧石器时代聚落信息被发现的机会和累计的相关的资料都比较少，可供研究的对象以及由此发现某种规律性现象的可能性也就相应较小。似乎只好说，对于旧石器时代的居住形态、聚落现象只能用'知之甚少'一句话来表达。①"而严文明则对旧石器时代的聚落有这样的描述："在旧石器时代，由于采集和狩猎经济的限制，人们不可能结成很大的集团，所以聚落规模甚小。近年来虽然开始注意到聚落之间的联系，但因工作刚刚起步，有关规律还要进一步探寻。②"我们认为旧石器时代的聚落研究刚刚起步，加之资料又少，短期内恐怕很难有大的突破。但对不同地点的个案研究，则有助于了解新石器时代较为成熟的聚落的渊源所在，其真正的意义也恰在这里。下面我们对黄河上游地区单个旧石器时代地点的基本情况和人类活动的方式逐一进行描述和分析。

一、旧石器时代的考古发现

1. 宁夏水洞沟遗址

水洞沟遗址是黄河上游旧石器时代的典型遗址。1923 年，法国人桑志华与德日进在今灵武水洞沟发现一处旧石器时代遗址，采集到的动物化石有犀牛、鬣狗、羚羊、黄羊、野牛、马、鸵鸟；文化材料中有烧骨、石器。其中，石器多达 300 公斤。其文化时代被确定为莫斯特期或奥瑞纳早期。全部的石器材料最后由法国学者步日耶进行研究，他们根据欧洲中部旧石器时代

① 王妙发 . 1999. 黄河流域聚落论稿：从史前聚落到早期都市 . 北京：知识出版社 . 51

② 严文明 . 1997. 聚落考古与史前社会研究 . 文物，（6）：33

文化的现成类型概念，对水洞沟石器进行类型学研究。步日耶的总体印象是水洞沟石器工艺处于很进步的莫斯特文化和正在成长的奥瑞纳文化之间，或者是这两个文化的混合体。他强调这是水洞沟中值得注意的观察结果，只有进行更广泛的发掘才能对类似的特性作简要归类。由于旧石器时代人类生产生活方式的一致性决定了材料的可对比性，虽然出土的哺乳动物化石较少，其年代结论主要建立在岩性分析的层位对比上面，仅以类型学的角度，步日耶的研究仍然代表了当时世界上对旧石器时代研究的最高水平。1960年，中国和苏联联合对该遗址进行考古发掘，共获得约2000件材料，其中有砍斫器，这和步日耶的结论稍有不同。石器在类型上既有旧石器时代中期的文化性质，同时也具有晚期特征，与旧石器时代晚期的丁村较为接近，并可能有一定的承袭关系①。裴文中等主张将水洞沟与萨拉乌苏合称的“河套文化”分开，称“水洞沟文化”②。1980年的发掘进一步支持了裴文中的主张，出土的6000余件石制品表明其在制作技术、风格等方面的显著差异③。水洞沟石器与我国其他遗址的石器相比较，有其独特性的一面，或与丁村较为接近，但后者年代较久，前者出土的两个封闭性良好的骨化石通过铀系法测定年代为距今（34 000±2000）年和距今（38 000±2000）年，但^{14}C测年数据为距今（1 7250±210）年的动物化石和距今（26 320±800）年的钙质结核则显得更年轻。依目前而言，把水洞沟遗址看作一种旧石器时代晚期之初的文化也许更为恰当④。水洞沟石器制作技术中存在的勒瓦娄哇技术（levallois technique），在中国其他旧石器时代遗址中成分很少。水洞沟石器打制技术获得延续，上层全新世石器与下层的差别不大，无论是原材料的取舍，还是打制技术和器形种类，都基本相同。稍有不同的是在器物数量比例上，雕刻器和尖状器减少，复刃刮削器更少。制作技术上也较旧石器显得粗糙，尤其表现在尖状器上。一般认为细石器工艺产生于旧石器时代晚期，水洞沟细石器的出现始于下层，这里的细石器并不十分精细。

2. 宁夏鸽子山遗址

鸽子山遗址属于中石器时代至新石器时代早期，调查结果表明⑤，距今

---

① 贾兰坡等.1964. 水洞沟旧石器时代遗址的新材料. 古脊椎动物与古人类，8（1）：75～80

② 裴文中.1955. 中国旧石器时代的文化. 中国人类化石的发现与研究. 北京：科学出版社. 53～59；邱中郎等.1978. 二十六年来的中国旧石器时代考古. 古人类论文集. 北京：科学出版社. 56～59

③ 宁夏博物馆等.1988. 1980年水洞沟遗址发掘报告. 考古学报，（4）：439～449

④ 黄慰文.2000. 中国旧石器文化序列的地层学基础. 人类学报，19（4）：276～277

⑤ 王惠民等.1996. 青铜峡鸽子山遗址调查. 宁夏考古文集. 银川：宁夏人民出版社. 1～17

1.2 万~1 万年风沙沉积形成当时的表土壤。这一时期的狩猎、采集经济发生了重要转化，变化的具体原因主要来自气候方面。由于夏季风变弱，气候变得寒冷，人类为适应环境和气候，其生存方式也发生深刻的转变，主要表现在获取食物的方式的进步和食物量的增长方面。一些学者曾引述欧洲、近东和美洲新大陆的情况借以说明这种变化的世界性。鸽子山石器已显现出由原来的大型石器、石片向小型、细化方向发展的趋势，此后的石器便进入一个细石器工业为主的时代，当然这种转化是相当漫长的。鸽子山的人们减少了迁徙次数，定居生活是我们观察到的生活方式之一。新石器时代早期的石器仍然有旧石器时代晚期打制石器的某些特征，发现的尖刃器和采用指垫法的修理技术，都可从水洞沟文化中找到共同点。其中所谓的磨食器（milling stone）值得重视，它是用于加工种粒和其他食物的工具，磨食器与原始农业有密切关联，而后者则往往与新石器时代文化联系在一起。精细较小的磨食器可被移动或带走，厚重的磨食器只在固定地点使用①。

3. 甘肃华池县的赵家岔遗存

赵家岔遗存是1920年法国博物学家桑志华在华池县银坪乡郭嘴村赵家岔洞，发掘第三纪晚期的三趾马动物化石时发现的。“在遗存的黄土层及底砾层中发现了石英岩石片3件和石英岩砾石1件，被认为是中国最早出土的旧石器，引起了学术界的广泛关注”②。

4. 甘肃、宁夏两省（自治区）的其他旧石器时代晚期遗存

从20世纪60年代到现在，甘肃、宁夏两省（自治区）发现有新人活动的地点有陇东黄土高原东部，甘肃省西峰市东16公里的巨家塬地点，环县曲子镇的楼房子地点，环县县城西的刘家岔地点，陇东黄土高原蒲河和茹河交汇处的西峰市寺沟口地点，陇东黄土高原西部、镇原县西南16公里处的黑土梁地点，泾川县城东35公里处的牛角沟地点，泾川县城南约5公里处的合子沟地点，渭河上游、武山县鸳鸯镇西南2公里处的武山人地点，东乡族自治县镇南镇的王家遗址，甘肃省的西北端、肃北蒙古族自治县明水乡南60公里处的霍勒扎德盖地点等，“其中各个阶段的新人都有发现”，代表性人类化石是武山人化石，代表性遗址是王家遗址。

武山人化石是1984年发现的，为一人类颅盖骨化石，出土化石的土层

① 罗丰.2002.二十世纪宁夏考古的回顾与反思.固原师专学报（社会科学版），(2)：69

② 张奇，杨三佛.1999.甘、宁史前文化探源（上）.甘肃社会科学，(4)：73；王尚寿，季成家.1995.丝绸之路文化大辞典.北京：红旗出版社.785

是灰色-灰褐色钙质黏土。经^{14}C法测定，武山人距今约40 000年，相当于晚更新世中期。经考古学家和生物学家研究考证，在渭河上游发现的武山人化石是一男性青年，有蒙古人种的某些特征，是较山顶洞人古老的原始蒙古人种类型。

王家遗址西距黄河上游的刘家峡水库不远，地处青藏高原西北缘向黄土高原过渡地区，发现的石制材料有5件石片和2件加工相当精致的刮削器，其中一件是角页岩石片制成的半月形刮削器，另一件是近五边形的白色石英岩制成的小拇指盖状的刮削器。除石器外，遗址表面还发现有烧骨、烧土及炭屑等①。王家遗址处在冲沟阶段地中部、杂色黏土部与淡黄色黏土底部的交界面。经^{14}C法测定，距今约1.5万年②。

甘肃旧石器时代地点集中于东部，又多发现于泾渭河流域，显示该流域的旧石器时代文化在我国北方有着十分重要的地位。1989年甘肃西北端的肃北蒙古族自治县马鬃山区明水乡霍勒扎德盖，发现了3件打制石器，经鉴定2件为石片，1件为石叶③。尽管文化内涵不够丰富，数量也不多，但它的发现填补了河西走廊旧石器时代文化的空白。

此外，甘肃中部也发现了多处属于旧石器时代晚期的地点，如庄浪县的双堡子和长尾沟地点、东乡族自治县的王家遗址等④。此前，上述地域内多次发现新石器时代文化遗址和墓葬，如大地湾文化、仰韶文化、马家窑文化、齐家文化、辛店文化、沙井文化和四坝文化等。而庄浪、东乡王家等几处地点的发现，把这一地区人类活动的时间提前到了旧石器时代。通过进一步发掘和深入研究，相信有助于解决我国考古学上旧石器时代向新石器时代过渡这一重大学术问题。

据统计，新中国成立至今，甘肃发现的旧石器时代遗址，见于发表的有20处以上。晚期地点有环县刘家岔、环县楼房子、庆阳巨家塬、镇原上刘沟口、镇原黑土梁、泾川泾明东、泾川牛角沟、泾川合志沟、泾川南峪沟、泾川桃山嘴、庄浪双堡子沟、庄浪长尾沟、武山大沟骨头沟、榆中徒安、东乡下王家、酒泉弱水和肃北下霍勒扎德⑤。

二、旧石器时代晚期的聚落起源

前面我们概括了各个旧石器时代地点的考古发现情况，这里再对当时的

① 王尚寿，季成家．1995．丝绸之路文化大辞典．北京：红旗出版社．787

② 张奇，杨三佛．1999．甘、宁史前文化探源（上）．甘肃社会科学，（4）：75

③ 张行．1992．试论泾渭河流域旧石器文化以及与邻区的关系．文物春秋，（2）：49～56

④ 谢骏义．1991．甘肃西部和中部旧石器考古的新发现及其展望．人类学学报，（1）：27～33

⑤ 张行．2001．甘肃第四纪研究与旧石器时代考古评．丝绸之路，（S1）：62

居址和环境进行分析。

1. 河套人的居址及环境

河套人文化的发现范围较广，包括陕西和内蒙古交界处的萨拉乌苏河流域和宁夏灵武一带。河套人的骨化石具有原始性，腿骨粗壮，说明劳动量大。推测其身高为1.97米，腿骨虽然直立，膝部仍稍前弯曲，不善奔跑，与现代人有些不同。这是环境和居址选择的结果，或者说是古人适应地理环境和自然环境的结果。其所处年代为地质时代上的晚更新世前期，正当第三间冰期，沿海发生海侵，气候温和湿润，横贯分布在半干燥的内蒙古区和干燥的西部甘新区①。大概东部为湿草原及森林区，向西逐渐变为干草原与荒漠。陕甘宁境内的这部分地带在现代分布有许多干湖床，而在那时却是面积广大的淡水湖和古人类难于涉足的沼泽。很多现已灭绝的大型哺乳动物，如纳玛象、披毛犀、河套大角鹿，和现代仍存在的野驴、骆驼、赤鹿、水牛、鸵鸟及啮齿类动物，生活在平坦的草原、沼泽地带。从发现的各个遗址位置观察，居址形式比旧石器时代中期有了很大变化，摒弃了完全依靠地形环境的居住方式，多采用半穴居方式。为了便于猎取动物、挖掘植物根块，原始人常生活在湖岸、河边或泉旁。半穴居的形式有极好的隐蔽性，上部用树枝、茅草等覆盖，野兽不易发现，居址周围的平坦地带又是动物饮水的地方，有利于围猎，不像从前那样靠单一的追逐。周围环境和居式两方面因素使得河套人虽然身材高大却不善奔跑。

此外，河套地区的大沟湾发现一处长、宽分别为1~2米的灰烬遗迹②，中部下陷成一浅烧坑，附近散布有30多块动物烧骨，说明河套人已形成一种狩猎组织，即氏族公社的雏形。组织的出现标志着原始人群告别了一盘散沙的状况，开始依靠群的力量与自然抗衡，减少对自然界的依赖性，在群的基础上进一步发展为公社组织，母系氏族公社才能发挥出人类更大的积极作用③。

2. 甘肃境内的遗址及其环境

20世纪70年代前后，在甘肃省境内发现了一批旧石器时代晚期遗址，如泾川县的牛角沟、合志沟、南峪沟和桃山嘴地点。4个地点都位于泾河流

① 中国科学院《中国自然地理》编辑委员会.1984.中国自然地理·古地理.上册.科学出版社.211~212

② 魏京武，尹申平.1988.陕西的旧石器时代考古.考古与文物，(5-6)：24~40

③ 张行.1994.西北史前人类对居址选择和环境关系的研究.甘肃社会科学，(3)：101~102

域，不仅地理位置十分靠近、含旧石器时代的地层和共生的哺乳动物化石性质相同，而且所出土的石制品的特征也基本一致。其中牛角沟还出土了一件古人类头盖骨化石，专家认为它处于人类进化系统的晚期智人时期①。离这4个地点稍远的还有镇原县的黑土梁、环县楼房子、刘家岔和庆阳巨家塬等地点。

上述这些地点基本都位于二级河流和三级河流的交汇处，并且是在发育宽广的二级阶地上，阶面高约40米，并为当地主要的耕作面。显然，这样的地貌、现代发现的露天遗址，差不多均受到流水作用。这种作用可能就发生在原地，也可能受到一定距离的搬运后才有。原地上的发现就是古人类的居址或活动场所。最有代表性的是环县刘家岔遗址。与其他地点不同的是，它并不在河流交汇处，而是在环江（即马莲河上游段）上游的二级阶地上。1978年开挖面积约150平方米，就获得石器类化石1000余件、哺乳类化石13种②。

从石制品的聚集情况看，刘家岔为原地遗址，即古人的一个聚居地。人类进入这山大沟深之处，可能是想寻找离山坡前草场不远的栖身之地。此处却无洞穴，原始人仍采取半穴居形式。另外遗址动物化石中以披毛犀的数量最多，其次是河套大角鹿，而且都有相当数量的幼年个体出现，可能是人类食后所弃，否则灵活、善跑的幼兽不会同时丧于一地。作为一个补充证据的是刘家岔遗址出土的一件骨角器——用鹿角制成的“鹤嘴锄”，这类原始人用于采集、挖锄的工具不会与自然死亡的动物埋在一起，而是留在居住区内。

刘家岔出土的化石动物群，反映了一种稀树草原环境，气候比现在湿冷，可以推断：昔日的刘家岔一带，早期的黄土堆积很厚，由于冲沟发育，塬面地形已被切割得支离破碎，多数已成为梁峁地形。残塬梁峁及其山坡地带有广阔的草场，是大角鹿、赤鹿、羚羊、野马、野驴的活动场所。沟谷洼地中有相当多的水域，常有披毛犀和原始牛。在山崖的灌木丛中，偶尔有虎和野猪出没。这里距沙漠不远，往往有鸵鸟侵入③。众所周知，西北地区的沙漠是有人类以后才出现的，至少因为人类活动加剧了沙漠化。到旧石器时代晚期，人类对于沙漠的危害已有所认识。刘家岔居民既不选择近河谷地

① 刘玉林等．1984．甘肃泾川发现的人类化石和旧石器．人类学学报，3（1）：11～18

② 甘肃省博物馆，庆阳地区博物馆．1982．甘肃环县刘家岔旧石器时代遗址．考古学报，（1）：35～47

③ 甘肃省博物馆，庆阳地区博物馆．1982．甘肃环县刘家岔旧石器时代遗址．考古学报，（1）：35～47

带，又不在山坡地带搭穴，单单进入山大沟深地隐居，除躲避野兽外，还为防止灾害性气候的侵扰，背风居址即便是黄沙铺天盖地而来也只是从居址上空一掠而过，沉积下的尘沙落入沟底。由此可见，旧石器时代晚期人类已经懂得如何运用地理优势抵御自然灾害的侵袭。

1984 年在甘肃武山大沟骨头沟发现的古人类颅盖骨化石①，时代为旧石器时代晚期偏早，经兰州大学^{14}C 实验室测定为距今（38 400 ± 500）年，相当于地质时期晚更新世中期。与陇东其他地区相同，武山人化石也是位于两河流交汇处，榜沙河左岸。从出土地点的地理位置很难判断是否是古人的居址，目前该地点又尚未发现可鉴定的古生物化石，因此不能排除流水作用。但这个含人化石地层下部是一套含水的杂色黏土，因受底部红色黏土所阻，常有泉水出露；傍水，倒是作为古人类居址中必备的条件之一，仅凭这一点无其他相应条件，亦难确认为居址。依周围地貌情况看，此地是古人栖身的理想之地，估计居址离这里不远。

3. 宁夏水洞沟居址与环境

水洞沟遗址位于宁夏灵武县东北约 30 公里处，西距黄河约 10 公里，与银川市隔黄河相望。水洞沟是当地的一条小溪流，由东南往西北注入黄河，长度在 40 公里以上②。遗址位置与西北其他地区相同，在河流的二级阶地上。从周昆叔等的孢粉资料得知，旧石器时代晚期这里的环境偏湿冷，属末次冰期以前间冰段温和环境，其中木本植物花粉达 24.4% ~48.4%，草本植物花粉占 51.5% ~75.4%。通过水洞沟使用的工具——石器进行分析，可知他们似乎是专业化的猎人和战士。除发明细致的边刃石片和投掷梭镖外，还有具穿透能力的尖器③。从水洞沟黄土峭壁上所发现的遗址看，有一层黑色的灰烬，其中杂有兽类碎骨化石和人工打制的石块。这应当是人类的一个聚居地。在该处附近不到 1 平方公里的范围内，发现属于同一时期的 4 个遗址。由此而东至清水营，都有类似遗址，表明夜晚猎人围聚一起，火可以避免猛兽侵袭。居址位于黄土陡壁上，也是出于防御的原因。前述据植物孢粉分析为湿冷环境，比较喜暖的动物种类已不复存在，出现了我国北方晚更新世晚期的猛玛象 - 披毛犀动物群，包括蒙古野驴、野马、羚羊、河套大角鹿及鬣狗等。生产工具的改进，使人们可获得较多的食物，最早的氏族社会

---

① 谢骏义等. 1987. 甘肃武山发现的人类化石. 史前研究，(4)：47，51

② 周昆叔，胡继兰 . 1988. 水洞沟遗址的环境与地层 . 人类学学报，7 (3)：263 ~269

③ 中国科学院《中国自然地理》编辑委员会 . 1984. 中国自然地理 · 古地理（上册）. 北京：科学出版社 . 212 ~213

开始形成。在优越的生活环境下，1平方公里内即可形成单独的生活中心，以及在约30公里直径范围内（1天往返路程）进行狩猎的经济活动。篝火数目表示他们可能享有家庭群居生活，逐渐形成一种原始公社或部族。待季节改变，给养匮乏时才举旗他迁①。

总之，黄河流域旧石器时代晚期，聚落的雏形或者说是萌芽在一些旧石器时代地点比较集中的地区已经显现出来。通过对人类活动痕迹的分析以及环境信息的对照，我们大概可知：一方面，人类因为环境的变化和生存的需要，开始有比较多的人聚集在一起生活，这样的群居方式最明显的例证就是在诸多的洞穴中有比较多的人类生产生活留下的痕迹；另一方面，随着人类与自然界的互动，逐渐形成了较以前更为复杂的栖居方式，这种相对复杂的栖居方式使人类告别了“散兵游勇”式的原始人生活，开始为新石器时代更为复杂的栖居方式和社会组织形式奠定了基础。由于资料的限制，目前我们无法在更大范围内考察旧石器时代晚期黄河上游的栖居模式，但通过对典型地点和地点群的聚落信息的提取，大概可以窥知那时的聚落雏形的基本面貌。

第三节　黄河上游地区的史前早期聚落

黄河上游地区的史前文化主要是甘青地区文化圈。从考古学区系来讲，甘青地区包括甘肃、宁夏、青海三省（自治区），北与内蒙古自治区接壤，东邻陕西省，南接四川省，西连新疆维吾尔自治区，西南与西藏自治区为邻；是祖国内地通往西北边陲，乃至中亚、西亚的必经之地，而且处于大西北的中间地带，地理位置比较重要。

关于甘青地区的史前文化系列，有几种观点：谢端琚在《甘青地区史前考古》一书的结语中认为，甘青地区史前文化的大致序列如下。

东部：大地湾一期文化（公元前6200～前5400年）—师赵村一期文化（公元前5300～前4900年）—仰韶早期文化（公元前4800～前3800年）—仰韶中期文化（公元前3900～前3500年）—马家窑文化石岭下类型（公元前3800～前3200年）—马家窑文化马家窑类型（公元前3400～前2700年）—马家窑文化半山、马厂类型（公元前2500～前2000年）—齐家文化（公元前2100～前1900年）—辛店文化（公元前1400～前700年）—寺洼

① 张行.1994.西北史前人类对居址选择和环境关系的研究.甘肃社会科学，(3)：102～103

文化（公元前1400～前600年）。

西部：马家窑文化石岭下类型—马家窑文化半山类型（公元前2500～前2300年）—马家窑文化马厂类型（公元前2300～前2000年）—齐家文化—四坝文化（公元前1900～前1400年）—卡约文化（公元前1900～前600年）—辛店文化—寺洼文化—诺木洪文化（公元前1400～前700年）—沙井文化（公元前900～前600年）[①]。

而唐晓军则认为，黄河上游广大地区的新石器时代经历了早、中、晚三个阶段，早期以秦安大地湾一期文化为代表，距今7800年；中期以仰韶文化为代表，包括半坡、庙底沟和西王村三个类型，距今7000～5000年；晚期以马家窑文化为代表，包括石岭下、马家窑、半山、马厂四个类型，距今5000～4000年。当中原地区进入阶级社会时，这里依然留存着与之平行发展的齐家文化、沙井文化、卡约文化、辛店文化等地方性文化类型，它们一直延续到西周时期[②]。

根据考古的实际情况和甘青地区考古工作者的大多数意见，我们这里以谢端琚的分法为基础，对这一地区的考古文化系列进行一个简单的梳理。

一、考古发现基本情况及分期

甘青地区发现的早期新石器时代文化主要有秦安大地湾一期文化和师赵村一期文化等。

大地湾一期文化：大地湾一期文化是甘青地区最早的新石器时代文化遗存，因首次在甘肃省秦安县邵店村大地湾发现而得名。大地湾遗址坐落在陇山西侧的清水河和阎家沟两河交汇的台地上，距秦安县北40多公里。遗址面积约12万平方米。大地湾遗址是1958年由甘肃省文物管理委员会在秦安县进行文物普查时发现的。1978～1984年，甘肃省文物工作队对该遗址进行发掘，揭露面积13 700多平方米，遗址文化层厚，堆积内涵丰富，共发现房屋基址240座、窖穴342个、墓葬79座、窑址38座。出土陶器、石器、骨器等遗物8000余件。

大地湾一期文化遗存出土于大地湾遗址的最下层，在该文化层内发现房址3座、窖穴2个、墓葬11座，出土器物90多件。还新发现了禾本科的黍和十字花科的油菜等炭化的植物种子，这是同类植物中年代最早的标本。

在甘肃境内属于大地湾一期文化遗存的遗址还有天水西山坪遗址。该遗址东距天水市约15公里，这是迄今所发现的大地湾一期文化最西边的一个

① 谢端琚.2002. 甘青地区史前考古. 北京：文物出版社.240～241

② 唐晓军.2000. 黄河上游流域史前社会生活简述. 丝绸之路，(S1)：72

地点。1986～1990年，中国社会科学院考古研究所对遗址进行了发掘，发现房址3座、窖穴22个、墓葬4座，出土器物400多件，其中属于大地湾一期文化的遗物近50件。发现新石器时代早期文化层，又可以分为上、下两层，上层为师赵村一期文化，下层为大地湾一期文化。

大地湾一期文化主要分布在渭河中上游地区，在泾水、西汉水上游和丹江上游也发现少数遗址①。

师赵村一期文化：师赵村一期文化是在甘青地区新发现的新石器时代早期文化遗存。因在甘肃省天水市太京乡师赵村遗址首先发现而得名。

师赵村遗址位于天水市西约7公里处，遗址总面积约20万平方米。这里自然环境优越，水源充足，其气候带处于东亚季风区。受潮湿的夏季风影响，四季分明，气候宜人，雨量充足，温和湿润，土地肥沃，适于多种农作物和林木的生长。1981～1989年，中国社会科学院考古研究所对该遗址进行了发掘，发现了师赵村一期至七期文化不同时期的房址36座、窖穴50个、窑址6座、石圆圈遗迹1座、墓葬19座，出土器物1000多件，属于师赵村一期文化的窖穴以及陶器、石器、骨器有30余件。1986～1990年，对天水西山坪遗址进行发掘，除发现大地湾一期文化遗存之外，还发现了师赵村一期文化，并且发现了二者的地层叠压关系，明确了二者的早晚关系②。

二、聚落内部分析

1. 大地湾一期文化

经整理研究，大地湾遗存分为五期。一期，即前仰韶时期的老官台文化，有的学者称其为大地湾文化，^{14}C测定年代距今7800～7300年（经树轮校正，下同）。二期，属仰韶文化早期，与姜寨二期、史家墓地大体同时，^{14}C测定年代距今6500～5900年。三期，属仰韶文化中期，与宝鸡福临堡一期、岐山王家嘴同类遗存非常接近，大体相当于半坡中期、姜寨三期，^{14}C测定年代距今5900 ～5500年。四期，属仰韶文化晚期，相当于半坡晚期或福临堡二期、三期，与天水师赵村四期、五期基本相同，^{14}C测定年代距今5500～4900年。五期，属常山下层文化，参照常山遗址^{14}C测定年代数据，距今4900～4800年。以上各期遗存中，以四期最为丰富，二期次之，五期

---

① 甘肃省文物考古研究所．2006．秦安大地湾——新石器时代遗址发掘报告．北京：文物出版社．21～25

② 中国社会科学院考古研究所．1999．师赵村与西山坪．北京：中国大百科全书出版社．16～19

最为零散，仅出土少量遗迹、遗物。

一期文化遗存在河边二级阶地呈带状分布，长约120米，宽40～60米，面积约6000平方米。因其遗存发现较少，我们仅能对其聚落布局作些粗浅的分析。台地的东半部发现4座圆形半地穴式房址，其中3座较完整，间距25～40米，均面向河岸。房址大小相近，面积仅有6～7平方米。值得注意的是，H398口部近圆形，底部较平且有两处红烧土和木炭，可能是一处坑式房址，面积10余平方米，出土20余件陶器、石器、骨器，还发现少量的炭化粮食，推测这是一处较为重要的居室，其主人应为氏族重要成员。引人注目的是，这几座房址横竖成排，是否有意为之，尚难确定。房址周围既有灰坑，又有墓葬，有的墓葬离房址距离较近，房址、灰坑和墓葬的分布似无严格规划。台地西半部虽尚未发现房址，但仍有灰坑分布，也应属于居住区的一部分。台地的中部和西北部发现有15座墓葬呈散点式分布，东、西两端相距近百米，南、北两极距离达30米，说明此时无集中的公共墓地。墓葬头向不同，11座头向东北，4座头向西北或北，可能分属于不同的族群，其布局可反映出聚落的原始性。甘肃目前在天水、陇南地区共发现8个前仰韶文化遗址，涉及嘉陵江、西汉水、渭河流域，最南端到达徽县，最西端已至武山，遗址均选择在接近水源的河边阶地，这是因为河谷地带利于生活以及早期农业的发展①。

在这漫长的新石器时代时期，住宅形式发展十分缓慢，大地湾一期文化仅发现房屋2座，均为半地穴式，圆形，直径为2.5～2.7米，F 372据^{14}C测定，距今7000年，房子门道朝北，穴壁一周有支撑屋顶的木柱留下的10个柱洞，穴内均无灶坑，居住面也未加工，是十分简陋的窝棚式住宅。但这是人类住宅史上的飞跃，也是我国最早的建筑形式之一②。

房屋，是人类进入新石器时代的一大发明。它必须与周围的自然地理环境相适应，且受到社会生产力发展水平的制约；它既是环境的产物，又是社会发展阶段的标识之一；同时，房址还反映出不同文化、不同族群、不同阶段对建筑材料的认识，对技术的掌握程度以及整个建筑理念。因此，它是区别不同文化的重要标志，这也是研究房址演变规律的意义所在。房址的发展变化主要表现在平面形状、规模结构、居住面、灶址以及建造方法等方面（表1-1）。

---

① 甘肃省文物考古研究所. 2006. 秦安大地湾——新石器时代遗址发掘报告. 北京：文物出版社. 21～76

② 唐晓军. 2000. 黄河上游流域史前社会生活简述. 丝绸之路，(S1)：72

表 1-1　大地湾遗址房址演变情况一览表

文化期	平面形状		立面形状	灶址	居住面
	主要	次要			
一期	圆形		无墙半地穴	无	黄硬土
二期	近方形、长方形	圆形	有墙半地穴	圆形、弧形方形坑式	草泥土
三期	同二期		同二期	圆形坑式	草泥土、料礓石
四期	“吕”字形、“凸”字形		平地起建	圆形、方形地面、台式	草泥土、料礓石、白灰面
五期	“凸”字形		同四期	圆形地面式	白灰面

资料来源：郎树德. 2002. 大地湾遗址房屋遗存的初步研究. 考古与文物，(5)

从发掘的资料分析，当时的生产力水平较低，生活较艰辛。例如，住的房子都呈圆形半地穴式，结构简陋，面积较小，未作精细加工和装饰。在大地湾遗址发现的房址直径为 2.5～2.7 米，居住面积约 6.75 平方米。居住面为不甚平整的硬土面，门道作斜坡状，屋壁上有向宅内倾斜的柱洞，我们据此可把它复原成圆锥形攒尖项式的茅草屋。

窖穴一般位于房子的附近或周围，它的功能是储藏谷物或其他杂物。窖穴平面多呈圆形或椭圆形，形制不很规整。例如，大地湾遗址第 363 号窖穴呈圆桶形，直径为 2～2.2 米，深 1.3 米，穴内出土较完整或可复原的陶器 24 件。西山坪遗址第 2 号窖穴，平面呈椭圆形，直径为 1.15～1.95 米，穴内出土有圜底钵、圈足碗和深腹三足罐等①。

2. 师赵村一期文化

此时期房址尚未发现，但发现有窖穴或灰坑。窖穴平面多呈圆形或椭圆形，少数为方形，其形制分别为口大底小呈锅形、口小底大呈袋形以及口底相若呈桶形。锅形的窖穴筑造较粗糙，穴壁多不规整；袋形的窖穴筑造较为讲究，穴壁较整齐；方形窖穴的穴壁较平直工整。有的窖穴底部发现有白色颗粒，可能是谷类朽腐的痕迹。据此，推知这类窖穴是储存粮食用的②。

① 郎树德. 2003. 甘肃秦安县大地湾遗址聚落形态及其演变. 考古，(6)：84～85

② 谢端琚. 2002. 甘青地区史前考古. 北京：文物出版社. 24

第四节　黄河上游地区的史前中期聚落

黄河上游史前中期的聚落在早期的基础上有所发展，具体表现在：房屋形式的变化；房屋建筑技术的提高；房屋面积普遍比早期大，但也有一些聚落的房屋面积小于早期；聚落规模的大小与早期相比也有一些变化，聚落的组织方式与早期截然不同。

一、考古发现基本情况及分期

1. 仰韶早期文化

甘青地区仰韶文化是早于师赵村一期文化的新石器时代文化遗存，其文化面貌与半坡类型基本相同，可以归入半坡类型的范畴内，但是它与半坡类型又存在着明显的地区差异。根据甘青地区考古界的普遍看法，我们将该文化称为仰韶早期文化。

仰韶早期文化的遗存过去在甘肃境内只有零星发现。20 世纪 70 年代以后，对秦安大地湾、王家阴洼、天水师赵村和西山坪等遗址进行了较大规模的发掘，才对这个文化的内涵有较深入的认识。

对秦安大地湾遗址进行的发掘，发现有仰韶早期文化的遗存，包括方形或长方形半地穴式房屋、窖穴和墓葬、陶器、石器等遗物①。1981 年，甘肃省博物馆在秦安县王家阴洼遗址进行发掘，发现了仰韶文化早期的房屋 3 座、窖穴 2 个、墓葬 63 座和 300 多件遗物②。1981 ~ 1989 年，中国社会科学院考古研究所发掘天水师赵村遗址，发现属于仰韶早期的文化遗存，共计有房屋 2 座、窖穴 2 座和遗物 60 多件③。

甘青地区仰韶早期文化主要分布在渭河流域，在甘肃境内仅限于东部地区，在泾水流域也有零星分布。按现在的行政区划范围，东起宁县、西到礼县。

---

① 甘肃省文物考古研究所 . 2006. 秦安大地湾——新石器时代遗址发掘报告. 北京：文物出版社 . 687 ~ 689

② 甘肃省博物馆大地湾发掘小组. 1984. 甘肃秦安王家阴洼仰韶文化遗址的发掘. 考古与文物，(2)：1 ~ 17

③ 中国社会科学院考古研究所. 1999. 师赵村与西山坪. 北京：中国大百科全书出版社 . 16 ~ 19

2. 仰韶中期文化

甘肃地区仰韶中期文化基本上属于仰韶文化庙底沟类型，文化内涵与庙底沟类型存在着共性，但有其鲜明的地区特征。在天水师赵村遗址发现了该文化遗存的下层为仰韶早期文化，上层为马家窑文化石岭下类型的地层叠压关系。

关于这类文化的名称问题，考古界曾用过“仰韶文化”、“仰韶期”、“西阴文化”、“甘肃仰韶文化”、“仰韶文化庙底沟类型”、“大地湾三期文化”和“师赵村三期文化”等多种名称。近年来，有学者提出用“庙底沟文化”取代“庙底沟类型”的名称，认为半坡文化和庙底沟文化的内涵、特征及性质存在明显的区别，不能因庙底沟文化和半坡文化之间存在着继承关系，而把它们视为同一文化①。

1947～1948 年，裴文中在渭河上游、西汉水流域等地区进行考古调查，共发现古文化遗址 93 处，其中，属于仰韶文化遗址的 11 处②。1956 年，黄河水库考古队在刘家峡水库区及其附近的黄河沿岸进行考古调查，共发现古文化遗址 176 处，其中，属于仰韶文化遗址的 47 处③。同年，甘肃省文物管理委员会在天水和甘谷调查，发现仰韶文化遗址 37 处④。1957 年，在渭源、陇西和武山三县调查，发现仰韶文化遗址 18 处⑤。1958 年，在渭河支流南河、榜沙河、漳河等流域调查，发现仰韶文化遗址 8 处⑥。同年，对西汉水流域进行调查，发现仰韶文化遗址 17 处⑦。1976～1983 年，甘肃省庆阳地区博物馆对庆阳地区进行文物普查，在全区发现新石器时代遗址 147 处，其中，属于仰韶文化遗址的共 48 处。同时期，平凉地区进行全区文物普查，在该地区发现新石器时代遗址 355 处，属于仰韶文化遗址的有 141 处。

20 世纪 60 年代以后，随着考古资料的积累和认识的深入，甘青地区考古界逐渐将仰韶文化的早期、中期区别开来。因此，上述调查的仰韶文化遗址实际上包括了仰韶文化的早期半坡类型和中期庙底沟类型，但以庙底沟类

---

① 谢端琚 . 2002. 甘青地区史前考古 . 北京：文物出版社 . 48

② 裴文中 . 1987. 裴文中史前考古学论文集 . 北京：文物出版社 . 256～273

③ 安志敏 . 1956. 甘肃远古文化及其有关的几个问题 . 考古通讯，(6)：9～18

④ 甘肃省文物管理委员会 . 1958. 渭河上游天水、甘谷两县考古调查简报 . 考古通讯，(5)：1～5

⑤ 甘肃省文物管理委员会 . 1958. 甘肃渭河上游渭源、陇西、武山三县考古调查 . 考古通讯，(7)：6～16

⑥ 甘肃省博物馆 . 1959. 甘肃渭河支流南河、榜沙河、漳河考古调查 . 考古，(7)：326～328

⑦ 甘肃省博物馆 . 1959. 甘肃西汉水流域考古调查简报 . 考古，(3)：138～142

型为主要内涵①。

1978～1984年，甘肃省博物馆文物工作队发掘秦安大地湾遗址，发现仰韶中期文化的遗存有房屋100多座，还有大量的文化遗物。同时还发现晚期文化遗存中的一座大型房址（F901）及同时出土的一组较为特殊的陶器群②。1981～1989年，中国社会科学院考古研究所发掘天水师赵村遗址，发现有丰富的仰韶中期文化遗存，发现房址、窖穴、窑址等遗迹和一大批文化遗物。1987～1990年，发掘天水西山坪窑址，也发现一大批仰韶中期的文化遗物③。

甘肃地区的仰韶中期文化的分布范围比前期有所扩大，包括黄河上游及其支流渭河、泾水和西汉水流域，渭河与泾水中下游是它的分布中心。在此范围内，发现仰韶中期文化遗存350多处。经过发掘的有秦安大地湾、天水师赵村和西山坪等遗址。④

3. 马家窑文化

马家窑文化发现于1923年，马家窑遗址被正式命名为马家窑文化，是1949年夏鼐在《临洮寺洼山发掘记》一文中首次提出的。马家窑文化可分为石岭下类型、马家窑类型、半山类型和马厂类型，这是先后承袭的4个文化类型。根据近几十年的考古发掘资料，可知仰韶文化和马家窑文化在甘肃和青海的分布规律是东部早，西部晚。含半坡类型因素、庙底沟类型因素的仰韶文化和马家窑文化早期阶段的石岭下类型都分布在甘肃东部的渭河上游及其支流一带，甘肃西部和青海地区均未发现这类文化遗存⑤。

石岭下类型：石岭下类型的分布范围主要是渭河上游及其支流葫芦河流域，以及西汉水与洮河流域，但中心区域在甘肃东部的天水至武山一带。现已发掘的遗址有天水杨家坪、西山坪，关子镇罗家沟，秦安县山王家，甘谷县王家坪，武山县石岭下、灰地儿，临洮马家窑等。其中石岭下、罗家沟和马家窑遗址，都发现有庙底沟类型、石岭下类型、马家窑类型由下而上相互叠压的地层关系。

石岭下类型是介于庙底沟类型和马家窑类型之间的一种过渡类型，它既

① 谢端琚.2002.甘青地区史前考古.北京：文物出版社.49

② 甘肃省文物考古研究所.2006.秦安大地湾——新石器时代遗址发掘报告.北京：文物出版社.689～693

③ 中国社会科学院考古研究所.1999.师赵村与西山坪.北京：中国大百科全书出版社.307～320

④ 谢端琚.2002.甘青地区史前考古.北京：文物出版社.49，50

⑤ 张之恒.1991.中国考古学通论.南京：南京大学出版社.125

具有庙底沟类型的文化因素，又具有马家窑类型的文化因素；但从总的文化特征来看，它较多地接近于马家窑文化类型，是马家窑文化的早期阶段①。

马家窑类型：该类型的文化遗存分布最密集的地区是甘肃东部的泾水、渭水上游和西汉水及白龙江流域；湟水、大夏河、洮河、庄浪河、祖厉河和宁夏的清水河流域，青海的贵德盆地和河西走廊的武威以东地区也有分布。现已发现马家窑类型遗址300多处，其中经过发掘的遗址有甘肃省兰州市曹家嘴、王保保城，永登县蒋家坪，永靖县范家村，东乡县林家，临洮县马家窑，甘谷县灰地儿，天水罗家沟，青海省民和县阳洼铺、核桃庄，大通上孙家，贵南县尕马台等。

半山类型：它主要分布在黄河上游及其支流湟水、洮河和庄浪河流域，在河西走廊的分布仅限于永昌市以东地区，渭河上游的天水、武山一带和宁夏南部地区也有少量的发现。已发掘的遗址有甘肃省兰州市青岗岔、花寨子，广河县地巴坪，景泰县张家台，青海省乐都县柳湾，宁夏回族自治区固原县陈家湾等。

马厂类型：它的分布范围大体与半山类型一致，只有河西走廊地区延伸范围较广，直达玉门一带。已正式发掘的典型遗址有甘肃省永靖县马家湾、永昌县鸳鸯池、永登县蒋家坪，青海省乐都县柳湾等。马厂类型的绝对年代为距今4000～3800年②。

二、聚落内部分析

1. 仰韶早期文化

甘青地区仰韶早期文化居民的生产力比前期有较大的发展，经济和生活水平有所提高，表现在建筑技术和生产工具等诸多方面的改进上。房屋建筑都经过一定的建造程序。一般来说，建房的第一步是先清除地上的杂物，平整地面；第二步是划定房基范围，挖掘房穴、门道；第三步是挖柱穴、树立木柱、上椽和盖顶；第四步是修整墙壁面，铺垫和涂抹居住面；最后是整理房外周围外境。房壁有的经过较精细的加工。居住面一般是在垫土上涂抹一层草拌泥形成的，居住面和墙壁多经过烧烤，呈红色或青灰色烧土样，它可以起加固和防潮的作用。房屋中间一般都设有一个灶坑，平面多呈瓢形，在灶坑内侧置一火种陶罐，灶坑壁多涂抹一层草拌泥。有的在灶坑周沿加一周

① 中国社会科学院考古研究所．1984．新中国的考古发现和研究．北京：文物出版社．105～118

② 张学正等．1980．谈马家窑、半山、马厂类型的分期和相互关系．见：中国考古学会第一次年会论文集．北京：文物出版社．50～71

灶圈，似一土棱。有的在平面划圈设灶，也有的设置4个灶坑连在一起，称连通灶。少数还设置有灶台，可放置炊具或其他用品。房屋的形制较多样，既有地穴式、半地穴式，又有地面起建的；平面形状既有方形或长方形的，也有圆形或椭圆形的。师赵村第31号房址为圆角长方形半地穴式建筑，房内空间较大，长7.4米、宽7米，门朝南，门外接一长条形通道，作斜坡状直通入室内。面对门口不远处设有椭圆形灶坑，口径1.5～2米，灶坑内后壁挖龛置一夹砂红陶火种罐。居住面中部近四隅处有对称排列的4个柱洞。房内还出土石斧、骨凿和陶缸等完整的器物。居住面上的4个柱洞较大，其柱子当用以支撑屋顶，其上可能有横梁。屋顶应是四面坡状，门道两侧应有两面坡的搭篷①。这种结构的房屋与纯地穴式的房屋相比，在建筑技术上应是一个进步。

在房址附近或周围还筑有窖穴，大地湾和师赵村等遗址均有发现。形制多呈圆形或椭圆形，少数为长方形或不规则形。圆形又可分口小底大的袋形、口大底小的锅形和口底相若的桶形三种。西山坪第10号窖穴，平面呈椭圆形，直壁平底，容积较大，口径2.5～3.6米。该窖穴大概是同类遗存中最大的一个，穴内出土有彩陶圆底钵等陶器②。

在西山坪和王家阴洼等遗址均发现有墓葬，使我们对当时的葬俗有了一定的了解。当时有单独的氏族公共墓地，但也有墓葬零星地埋葬在房屋的附近。墓葬形制以长方形竖穴土坑墓为主，瓮棺葬墓次之。墓坑多作长方形或圆角长方形。王家阴洼的多数墓，在死者的左侧向外挖一椭圆形或圆角方形的竖穴土坑，以放置陶器等随葬品。瓮棺葬是埋葬儿童的，以陶罐或瓮、钵、盆为葬具，葬式以单人仰身直肢葬为主。墓内一般都有随葬品，以陶制的生活器皿为主，少则一件，多则十来件，一般4～5件；基本组合是钵或盆、罐、葫芦瓶等，也有少数壶；还随葬有石斧、刀、锛、磨盘、弹丸、陶锉、刀、弹刃以及石饰、骨珠、骨管、蚌壳、牙饰等，形式多样，制造精美③。

王家阴洼墓地保存较好，共发现墓葬63座。墓地分东、西两区，墓数大致相等，但墓向不同，墓坑排列疏密亦有别。东区分布30座长方形土坑墓和1座瓮棺葬基，头向朝东北，墓坑排列稀疏；西区亦分布30座长方形土坑墓和2座瓮棺葬墓，头向一律朝东南，墓坑排列密集。成年人墓的形制全是长方形圆角竖穴土坑墓，约有半数墓在墓坑左侧向外挖有竖穴土坑，呈

① 中国社会科学院考古研究所．1999．师赵村与西山坪．北京：中国大百科全书出版社．21，22

② 中国社会科学院考古研究所．1999．师赵村与西山坪．北京：中国大百科全书出版社．242

③ 张朋川，何渭清．1984．甘肃秦安王家阴洼遗址的发掘．考古与文物，(2)：1～17

椭圆形或圆角方形，内放置陶器等随葬品。也有部分墓的随葬器物坑在墓外左侧且不相连，但二者相距不远。瓮棺葬均埋在椭圆形竖穴土坑内。第45号墓为长方形圆角竖穴土坑墓，墓坑左侧有一小坑相连。人骨架保存较好，仰身直肢，头向东北，在成年人左侧有一小孩骨架。成年人为女性，此墓为母子合葬。随葬品较为丰富，计有彩陶葫芦瓶、圆底钵、碗等共9件。屈肢葬墓发现两座，第25号墓保存较好，死者的上肢和下肢蜷曲在胸前，无随葬品；二次葬墓共7座，人骨均被扰乱，不完整。第49号墓为瓮棺葬，用陶瓮做葬具，内埋一年龄为6～10岁的孩童①。西山坪第4号墓是长方形竖穴土坑墓，单人仰身直肢葬，头向西北。随葬品有细颈壶、钵、罐等，墓主人经鉴定为女性成年人②。

2. 马家窑早中期文化

马家窑早中期文化的分布范围比较广泛，在甘宁青境内的黄河及其支流泾河、渭阿、洮河、湟水与西汉水、白龙江、岷江支流杂谷脑河等流域都有疏密不同的分布。若以现在的行政区划定位，东起甘肃平凉地区泾川县，西至青海同德县，北入宁县中卫县，南抵四川汶川县。早期即石岭下类型，主要分布于渭河上游的天水、武山一带；中期即马家窑类型，以兰州、永靖境内黄河两岸为分布中心③。

当时居民多以氏族或部落为单位聚居在一起形成聚落，聚落遗址保存较好的有林家、师赵村、西山坪和傅家门等处。这些遗址包括房屋、窖穴、陶窑和墓葬等。有的墓葬与住地分开，也有的仅见单独的墓地，如民和核桃庄④和大通上孙家寨发现有墓葬，而不见住地房址。较完整或基本可复原的房址已发现30余座，按其平面形制可分为圆形、方形、长方形、“吕”字形等多种形式，多为半地穴式建筑，面积为10～50平方米。林家遗址发现的房址较完整，“吕”字形房屋结构较新颖：在主室的门外设一方形门斗，中间有过道，平面呈“吕”字形。例如，保存最好的F19，主室作正方形，长、宽各为4.8米，门斗长、宽各为1.5米，主室内有圆形灶炕；地面及四壁皆以黄土泥和灰褐色草拌泥分层铺抹而成，平整坚硬；在房址周围还建有不少储藏物品的窖穴，窖穴有锅形、袋形和长方形等形制⑤。

---

① 许永杰．1992．秦安王家阴洼墓地结构的分析．考古与文物，(2)：46～60

② 中国社会科学院考古研究所．1999．师赵村与西山坪．北京：中国大百科全书出版社．242

③ 谢端琚．2002．甘青地区史前考古．北京：文物出版社．65

④ 青海省文物考古研究所．2004．民和核桃庄．北京：科学出版社．10～31

⑤ 甘肃省文物工作队等．1984．甘肃东乡林家遗址发掘报告．见：考古学集刊（第4辑）．北京：中国社会科学出版社．111～161

在天水师赵村和同德宗日等地均发现有墓葬，共计300余座。墓地保存较好、规模较大的是宗日墓地，共清理墓葬341座（包括齐家文化等墓葬）。墓葬方向以西北为主，墓葬形制可分为长方形竖穴土坑墓、石棺墓、瓮棺葬墓、火葬墓等几种，以竖穴土坑墓为主，约占总数的84.7%。有些墓内设有二层台。葬具有木椁、木棺、石棺等。木棺呈梯形，用木板按榫卯结构制成。例如，第176号墓的木棺保存较好，棺的四壁和底、盖六面木板仍完整，棺长1.76米；石棺是用大小不一的长条形石板围砌而成，但均无底板。亦有用石和木组合为一套葬具的。例如，第322号墓的葬具系用石椁木棺，即在墓的四壁砌筑石板，形成石椁，石椁内置木棺，整套葬具的构筑比一般墓讲究。火葬墓是葬具和死者同时被焚烧。例如，第168号墓，木椁和死者被烧的迹象尚清晰可辨，可见我国火葬习俗的起源颇早。葬式以单人葬为主，约占墓葬总数的90%，少数为双人葬和三人葬。按死者的姿势可分为仰身直肢葬、俯身直肢葬、侧身屈肢葬和二次扰乱葬等多种，以仰身直肢葬和俯身直肢葬为主①。

随葬品较为丰富，仅宗日墓地一处，341座墓共出土随葬品12 691件。随葬品有陶器、石器、骨器和铜器，以陶器为大宗。每墓随葬陶器一般为3～6件，少者1～2件，多者达10余件。陶器都放置于棺内或椁内的头端或足端，装饰品多置于颈部、胸前、手腕和足踝处，可以看出当时人们佩带装饰品的方式②。

3. 马家窑晚期文化

马家窑晚期文化的聚落多位于河旁台地上，聚落范围大小不同，小者几千平方米，大者可达20万平方米，这大概反映了当时氏族或部落的不同规模③。青岗岔遗址第1号房址规模较大，为长方形半地穴式，东西长7.4米，南北宽6.5米，面积约48平方米。门向东，中间有高出地面10厘米的圆形灶坑。屋内四周有8个柱洞，据柱洞分布可复原为长方形两面坡的房屋④。马家湾发现7座房址，结构为圆形或方形的半地穴式，面积为14～16平方米。房

① 青海省文物管理处，海南州民族博物馆．1998．青海同德县宗日遗址发掘简报．考古，(5)：2～4

② 青海省文物管理处，海南州民族博物馆．1998．青海同德县宗日遗址发掘简报．考古，(5)：2～4

③ 谢端琚．2002．甘青地区史前考古．北京：文物出版社．97

④ 甘肃省博物馆．1972．甘肃兰州青岗岔遗址试掘简报．考古，(3)：26～31；甘肃省博物馆文物工作队．1982．甘肃兰州青岗岔半山遗址第二次发掘．见：考古学集刊（第2辑）．北京：中国社会科学出版社．10～17

内有圆形灶址，四角各有1个柱洞，中间有1个大柱洞。据柱洞分布可分别复原成方锥形四面坡式房屋和圆锥形蒙古包式房屋。屋顶可能是先用木椽构架，铺以茅草，后在表面再抹一层草拌泥。蒋家坪出土的房屋，除方形、长方形外，还有“吕”字形双间和多间的套间房屋①。在海原菜园村林子梁遗址发现的第3号房址保存较好。房子建在黄色生土中，房壁呈弧形，内收成穹隆顶，为窑洞式建筑。居室平面呈椭圆形，直径4.1～4.8米，门向东北。居室中部有一锅形灶坑，门道为长方形，这是目前发现最早的窑洞式房屋之一②。

半山类型、马厂类型氏族墓地的材料十分丰富，发掘墓葬数量之多，居诸史前文化墓葬遗存之首。据柳湾、鸳鸯池、阳山、土谷台、地巴坪、花寨子等24处墓地发掘数量统计，共2267座，其中半山类型墓844座，马厂类型墓1423座。柳湾发掘墓葬最多，半山类型、马厂类型墓计1129座，约占这两类型墓发掘总数的50%。由柳湾墓地可知，当时氏族公共墓地的规模很大，墓葬数可在千座以上。墓地大多不与居址在一处。墓葬形制有土坑墓、土洞墓、石棺墓和瓮棺葬多种，以土坑墓为主，土洞墓次之，石棺墓较少，瓮棺葬仅见于鸳鸯池发掘的5座。土坑墓多呈圆角长方形，也有近圆形和方形。土洞墓都有长方形或梯形墓道，墓门用木棍或石板封闭，墓的平面呈“凸”字形。石棺墓的石棺用整块石板或数块石板围拼砌成，有的有盖无底。瓮棺葬以大陶瓮或陶罐为葬具，在其口上再扣一陶碗，也有的以石片盖口。墓向不一，以朝北为多，也有朝向东南或朝东的。葬具有木制的棺（或椁）和垫板等，棺多由木板制成，也有用半圆木制成椁或棺盖的。木棺有长方形、梯形、吊头木棺、独木棺之分。吊头木棺指棺的两块长侧板突出于挡板外，不同于一般的长方形木棺。

葬式有仰身直肢葬、侧身屈肢葬、俯身葬、二次葬等，这些葬式因墓地而异。例如，柳湾墓、鸳鸯池墓是以仰身直肢葬为主，阳山墓除少数外全是俯身葬，土谷台墓、地巴坪墓、花寨子墓均以侧身屈肢葬为主，葬俗上的差异可能与氏族图腾崇拜或氏族习俗有关。一般为单身葬，合葬墓比例很小，有二人合葬、三人合葬、四人合葬、五人合葬、六人合葬、七人合葬多种。二人合葬有成年男女、成人和儿童、成人同性葬等。合葬墓中较特殊者是同棺叠压葬，即在一木棺内人骨架上下叠压在一起，其间无间隔物。墓内一般都有随葬品，包括陶器、石器、骨器和装饰品等，有的还随葬如粟这样的粮食和猪、

---

① 中国科学院考古研究所甘肃工作队.1975.甘肃永靖马家湾新石器时代遗址的发掘.考古，(2)：90～96

② 宁夏文物考古研究所，中国历史博物馆考古部.2003.宁夏菜园——新石器时代遗址、墓葬发掘报告.北京：科学出版社.25

狗、羊等家畜，以陶器为大宗。马厂类型墓一般埋陶器40～60件，多者如柳湾M564达91件。有的墓地在随葬品种类上男女有别，即男性多随葬石斧、锛、凿，女性多随葬石纺轮、陶纺轮，反映了男耕女织明确分工的情况。埋敛儿童的瓮棺内，也发现有以小陶器随葬的①。马厂类型还存在小孩厚葬习俗②。

第五节　黄河上游地区的史前晚期聚落

一、考古发现基本情况及分期

齐家文化是甘青地区晚于马家窑文化的史前文化遗存，因最早在甘肃省广河县（旧称宁定县）齐家坪发现而得名。齐家文化的历史时期大约与中原地区的夏代早期相当，但目前并没有足够的证据表明其已进入文明时代，故我们仍把它作为黄河上游史前晚期文化。

20世纪50年代至今，甘青宁地区作了大量的考古调查与发掘工作，发现有齐家文化遗存的调查工作有以下几项：1956～1959年配合黄河库区基本建设，在对刘家峡水库区和盐锅峡、八盘峡、寺沟峡水库区的调查中，发现齐家文化67处③；1957年配合兰新铁路、包兰铁路的工程建设，在对渭河上游天水、陇西等县的调查中，发现齐家文化89处④；1958年在洮河流域的临洮、临夏和西汉水流域的西和、礼县等地的调查中，发现齐家文化30处⑤；1958年在湟水流域的民和、乐都等县的调查中，发现齐家文化30处⑥；1978年在白龙江流域的岷县、舟曲等地的调查中，发现齐家文化8处⑦。通过调查和复查，在甘肃省境内发现齐家文化遗址650余处，青海省境内发现450余处，共1100余处。

---

① 青海省文物管理处等．1976．青海乐都柳湾原始墓葬第一次发掘的初步收获．文物，(1)：67；青海省文物管理处考古队等．1976．青海乐都柳湾原始社会墓地反映的主要问题．考古，(6)：365

② 谢端琚．2002．甘青地区史前考古．北京：文物出版社．103～105

③ 黄河水库考古队甘肃分队．1965．黄河上游盐锅峡与八盘峡考古调查记．考古，(7)：321～325；甘肃省博物馆．1960．黄河寺沟峡水库新石器时代遗址调查简报．考古，(3)：7～9

④ 甘肃省文物管理委员会．1958．渭河上游天水、甘谷两县考古调查简报．考古通讯，(5)：1～5；甘肃省文物管理委员会．1958．甘肃渭河上游渭源、陇西、武山三县考古调查．考古通讯，(7)：6～16

⑤ 甘肃省文物管理委员会．1958．甘肃临洮、临夏两县考古调查简报．考古通讯，(9)：36～49；甘肃省博物馆．1959．甘肃西汉水流域考古调查简报．考古，(3)：138～142

⑥ 安志敏．1959．青海的古代文化．考古，(7)：375～383

⑦ 长江流域规划办公室考古队甘肃分队．1978．白龙江流域考古调查简报．见：文物资料丛刊（第二辑）．北京：文物出版社．26～37

在调查的基础上，有选择地进行了发掘。在甘肃省境内发掘的有秦安寺嘴坪遗址、武威皇娘娘台遗址、永靖张家咀和姬家川遗址、大何庄和秦魏家遗址、广河齐家坪遗址、灵台桥村遗址、天水师赵村和西山坪遗址、武威海藏寺遗址、武山傅家门遗址等；在青海省境内发掘的有大通上孙家寨墓地、乐都柳湾墓地、贵南尕马台墓地、互助总寨墓地、大通黄家寨墓地、西宁沈那遗址等；在宁夏境内发掘的有西吉兴隆镇遗址、固原海家湾遗址等，共计20余处。其中发掘规模较大、收获较丰的遗址有皇娘娘台遗址。1957～1975年甘肃省博物馆对该处的发掘中，发现房址6座、窖穴65个、墓葬88座①。1959～1960年，中国科学院考古研究所对大何庄和秦魏家遗址进行多次发掘，在大何庄遗址发现房址7座、窖穴15个、墓葬82座、"石圆圈"遗迹5处，出土陶器、石器、骨器、铜器等800余件②；在秦魏家遗址发现一处规模较大、保存较好的齐家文化氏族公共墓地，共发掘138座墓葬，随葬品有石器、骨器、陶器、铜器和猪下颌骨等1000多件③。1981～1990年中国社会科学院考古研究所对师赵村和西山坪遗址进行发掘，在师赵村遗址发现齐家文化房址26座、陶窑3座、窖穴17个、墓葬3座、祭祀遗迹1处，出土石器、骨器、陶器等共522件；在西山坪遗址发现齐家文化房址3座、窖穴9个，出土石器、骨器、陶器等共137件。在师赵村遗址发现的房址，保存较好，排列有序，形成一处较完整的建筑群④。1974～1980年青海省文物管理处与中国科学院考古研究所共同发掘柳湾墓地，发掘齐家文化墓葬366座⑤，这是迄今为止发掘规模最大、出土物最多的一处氏族公共墓地。

齐家文化的分布范围较广，在黄河上游及其支流渭河、洮河、大夏河、湟水与西汉水等流域都有分布，但其分布中心是渭河上游、洮河中下游与湟水中下游地区。若以现在的行政区划定位，东起甘肃省庆阳地区宁县，西至青海湖北岸沙柳河，北入内蒙古阿拉善左旗，南抵甘肃省文县，地跨甘肃、

---

① 甘肃省博物馆. 1960. 甘肃武威皇娘娘台遗址发掘报告. 考古学报，(2)：53～71；甘肃省博物馆. 1978. 武威皇娘娘台遗址第四次发掘. 考古学报，(4)：421～448

② 中国科学院考古研究所甘肃工作队. 1974. 甘肃永靖大何庄遗址发掘报告. 考古学报，(2)：29～62

③ 中国科学院考古研究所甘肃工作队. 1975. 甘肃永靖秦魏家齐家文化墓地. 考古学报，(2)：29～62

④ 中国社会科学院考古研究所. 1999. 师赵村与西山坪. 北京：中国大百科全书出版社. 222～292

⑤ 青海省文物管理处等. 1976. 青海乐都柳湾原始墓葬第一次发掘的初步收获. 文物，(1)：67；青海省文物管理处考古队等. 1976. 青海乐都柳湾原始社会墓地反映的主要问题. 考古，(6)：365

宁夏、青海、内蒙古4个省（自治区），东西长800多公里[①]。

二、聚落内部分析

聚落遗址一般都位于河流两岸的黄土台地上，离水源较近的地方。遗址的规模大小不同，大者如皇娘娘台遗址，其面积达12.5万平方米，小者不足1万平方米。聚落遗址内有房址、窖穴、陶窑、墓葬和“石圆圈”遗迹等多种建筑遗存。

大何庄和师赵村是两处保存较完整的聚落遗址，发现的房址和窖穴较多。在大何庄遗址发现房址7座、窖穴15个[②]。师赵村遗址共出土房址26座、窖穴17个。房址多属半地穴式建筑，平面形状是圆形、椭圆形、方形、长方形、多边形和“凸”字形等多种形式。大多数房址的居住面及其四壁的近底部抹有一层白灰面，平整光洁，坚固美观，而且能起到防潮作用。这种白灰面是齐家文化在建筑技术上的一个突出特点。师赵村遗址的房址面积都不大，一般为五六平方米，大者也不超过10平方米，适合小家庭居住。其中一座房址（F14）较特殊，房址两长侧房壁呈曲折形，形成里外套间式结构，居住面铺一层白灰面，里间中央设一灶，筑造比较讲究。推知该房主人有别于其他氏族成员，也许是氏族首领一类的人物。在聚落遗址内有不少储存粮食或其他物品的窖穴，一般都位于房址附近或周围。窖穴形制有口大底小的锅形、口小底大的袋形和口底相若的桶状坑，壁面较平齐规整[③]。

齐家文化已发掘的较大墓地有大何庄、秦魏家、皇娘娘台和柳湾等。迄今已发掘墓葬约1000座，多是成组成排的氏族公共墓地，但规模大小不一。大的墓地，如柳湾墓地达366座墓；墓坑多作平行式排列，也有作竖条形或块状排列的[④]。墓地保存最完整、墓葬排列最有序的是秦魏家墓地，该墓地分南、北两部分；南部墓地的墓葬分上、下两层，上层共99座墓，分6排安置，方向一律朝西北，下层共8座墓，分散排列；北部墓地共29座墓，分3排安置，方向一律朝西，坑位安排井然有序。墓形以长方形或圆角长方形竖穴土坑墓为主，其次为平面呈“凸”字形的土洞墓[⑤]。葬具仅发现于柳湾墓地，有木制的长方形木棺、独木棺和垫板。独木棺是把一段圆木加工成

---

① 谢端琚.2002.甘青地区史前考古.北京：文物出版社.114

② 中国科学院考古研究所甘肃工作队.1974.甘肃永靖大何庄遗址发掘报告.考古学报，(2)：29～62

③ 中国社会科学院考古研究所.1999.师赵村与西山坪.北京：中国大百科全书出版社.270

④ 青海省文物管理处等.1976.青海乐都柳湾原始墓葬第一次发掘的初步收获.文物，(1)：67

⑤ 中国科学院考古研究所甘肃工作队.1975.甘肃永靖秦魏家齐家文化墓地.考古学报，(2)：29～62

船舱形，长约2米。墓葬方向以朝西或朝西北居多。墓内一般都有随葬品，以陶器为主，也有骨器和石器，用猪下颌骨随葬也属常见。葬法有单人葬和合葬两种，单人葬以仰身直肢葬为主，其次为侧身葬和俯身葬，屈肢葬占少数；合葬墓有成年男女合葬、成年和儿童合葬、多人合葬诸种，以男女二人合葬较为常见①。秦魏家的男女合葬墓，男性居右，仰身直肢；女性居左，侧身屈肢，面向男性。皇娘娘台的成年一男两女三人合葬墓，男性位于正中，二女分居左右，侧身屈肢，面向男性②。这种合葬墓的出现，既说明男子在社会居尊或处于统治地位，女子降至从属和被奴役的境地，又说明了婚姻形态已从对偶婚过渡到一夫一妻制，并有少数较富裕的家庭过着一夫多妻的生活。在合葬墓中，成年男子和儿童合葬也反映了当时存在着父系制的传统③。

第六节　黄河上游地区的史前聚落模式

一、房屋基址的分类

聚落考古的基础和出发点是对单个聚落形态及其内部结构的研究。在一般情况下，单个聚落的研究内容应包括：聚落单位的界定、聚落内各种构成要素的形态、聚落的整体形状、聚落布局及各种遗迹的相互关系、聚落形态所反映的社会组织结构等方面④。

聚落的构成要素包括房屋、各种经济与防卫设施、墓地等。其中，房屋是聚落构成最主要的要素之一。在对聚落各种遗迹形态的研究中，房屋的研究是最基本和最主要的。对房屋的研究，包括聚落中房屋的分类和每类房屋的结构功能考察、聚落中房屋的组合关系、聚落房屋的总体布局及其功能的考察等。黄河上游的史前房屋，一般可依据房屋大小、平面形状、建造方式和房屋结构等进行分类。

聚落内住房建筑的分类有多种不同的分类标准，也就形成了几种不同的房屋类型系统。

---

① 青海省文物管理处等．1976．青海乐都柳湾原始墓葬第一次发掘的初步收获．文物，（1）：67～78

② 中国科学院考古研究所甘肃工作队．1975．甘肃永靖秦魏家齐家文化墓地．考古学报，（2）：57～96

③ 谢端琚．2002．甘青地区史前考古．北京：文物出版社．128，129

④ 张宏彦．2003．中国史前考古学导论．北京：高等教育出版社．175

1. 依房屋的面积大小分类

依据房屋基址的面积（建筑或居住面积）可分为大、中、小三类。三类房屋表面看是大小的差异，实际上可能反映了性质和用途的不同。

（1）小型房屋

大多数面积为15～20平方米，也有小于10平方米者。小型房屋一般可供2～4人居住，应代表一个消费单位，可能是家庭。还有一些小型房屋可能是作为仓库使用的。例如，大地湾一期文化所发现的房屋面积均为6～7平方米①；马家窑早中期文化的房屋中也有10平方米左右的；马家窑晚期文化的房屋面积也多为14～16平方米②；齐家文化的房屋面积也多为6～10平方米③。

（2）中型房屋

面积一般为20～60平方米，以40～50平方米居多。中型房屋也有火塘和日用生活器皿，一般可住10人左右。中型房屋周围常分布有若干小型房屋，共同组成一个单元，可能居住一个家族。中型房屋可能是家族的家长、老年人、未婚青少年的住所，也是家族议事或举行仪式之地。属于仰韶文化早期的师赵村第31号房址面积在50平方米左右，属于同时期较大的房屋④。

（3）大型房屋

面积为60～200平方米，以80～150平方米的为多。大型房屋常常位于一组房屋或聚落中心。例如，秦安大地湾遗址F405为一座大型长方形地面建筑，面积达150平方米⑤。大型房屋一般也有灶坑和土床，但土床面积很小，只能住1～3人，显然是氏族或部落首领居住、聚落举行公共集会或宗教仪式的场所。

总体来看，黄河上游的史前房屋面积以中小型居多，大型房屋比较少见。

2. 依房屋的平面形状分类

依据房屋基址的平面形状，可分为圆形类（包括椭圆形、近圆形）和方形类（包括长方形、圆角方形）两大类。这两类房屋在不同地域文化中的分

① 甘肃省文物考古研究所．2006．秦安大地湾——新石器时代遗址发掘报告．北京：文物出版社．21～25

② 中国社会科学院考古研究所．1984．新中国的考古发现和研究．北京：文物出版社．105～118

③ 宋涛．1996．齐家文化的经济形态．丝绸之路，（5）：22

④ 中国社会科学院考古研究所．1999．师赵村与西山坪．北京：中国大百科全书出版社．242

⑤ 郎树德．2003．甘肃秦安县大地湾遗址聚落形态及其演变．考古，（6）：84～85

布有所不同，因而在一定程度上反映了不同文化的居住特色和文化传统。

（1）圆形类房屋

圆形类房屋包括平面呈圆形、椭圆形、近圆形等几种形式。从房屋面积来看，绝大部分为小型房屋，有少量为中型房屋，但没有或极少见大型房屋。例如，秦安大地湾遗址一期遗存发现了3座圆形半地穴房屋，居住面积仅6~7平方米①。

（2）方形类房屋

方形类房屋包括平面呈方形、长方形、圆角方形的各类房屋。大部分方形房屋仍为小型，少量为中型或大型，其中大型房屋全部为方形而不见圆形类。方形类房屋分布较广，在东北地区、内蒙古中南部、黄河流域、长江中下游和江汉平原均有发现。例如，大地湾遗址，仰韶时期的房址多为方形或长方形②。黄河上游的马家窑文化③和齐家文化中，大多数房址也是方形或长方形的④。

3. 依房屋的建造方式分类

中国地域辽阔，各地自然环境条件不同，环境因素对居址建造形式的影响十分明显。西北黄土高原气候干燥而地下水位较深，加之黄土广阔丰厚，具有壁立而不塌陷的特性，适宜于挖穴造屋，故穴居一直是这一地域民居的特色。黄河流域史前时期的房屋，依建造方式可分为竖穴式（或称地穴式）、横穴式（即窑洞式）、地面式等。

（1）竖穴式

竖穴式即由地面垂直下挖成竖向土坑，利用坑壁作为房屋四周墙壁的一部分或全部，坑口利用树干、树枝、树叶、茅草等物搭成屋顶盖；坑的平面有圆形和方形等。新石器时代早期和仰韶文化早中期多为竖穴式房屋。依据竖穴的深浅，又可分为深穴式和浅穴式两种形式。

深穴式：深度一般大于成年人身高，多在1.5米以上。平面多为圆形，形制有筒形竖穴、袋形竖穴等；多为小型房屋，在居住面中部或靠某侧处有灶；出入一般靠独木梯或斜坡、阶梯等。深穴式房屋具有冬暖夏凉的优点，但通风性、防潮性较差，不适宜多雨的气候，且有居住面积小、出入不便等

---

① 甘肃省文物考古研究所．2006．秦安大地湾——新石器时代遗址发掘报告．北京：文物出版社．21~25

② 郎树德．2003．甘肃秦安县大地湾遗址聚落形态及其演变．考古，(6)：84~85

③ 中国社会科学院考古研究所．1984．新中国的考古发现和研究．北京：文物出版社．105~118

④ 宋涛．2000．齐家文化的科学技术．丝绸之路，(S1)：75

缺点，故这类房屋较少，且在以后的发展过程中逐渐被淘汰。

浅穴式(或称半地穴式)：深度小于1.5米，大多数小于1米。平面有圆形和方形等；有的穴口四周筑有矮墙，以增加房屋空间的高度。一般在房屋的一面开有斜坡门道，并筑有防止雨水流入的门槛；有的门道两侧有柱洞，应当有门棚建筑。多为小型房，也有中型和大型者。灶或火塘一般位于房屋居住面中部或中轴线靠近门口处，有坑状和台状两种。居住面多用混合土(黄土和料礓石粉等)经压实、火烤或敷设白灰面而成，光滑而坚硬，有利于防潮。浅穴式房屋分布最广，延续时间也很长，广泛见于黄河流域新石器时代早期至晚期的诸文化中[①]。

(2) 横穴式

横穴式即窑洞式房屋，可能是人们仿照天然岩洞建造的一种居住形式。一般是利用断崖或先在斜坡上开挖一垂直断面，然后横向挖掘成与断崖成直角且与地面平行的洞穴。目前已知的最早的横穴式房屋，是在甘肃宁县阳坬遗址发现的仰韶文化晚期的窑洞式房屋。该遗址的房址F10平面呈球拍形，分洞室与过道两部分，洞室平面为圆形，穹隆顶，直径为4.6米、高约2.8米；过道如隧道状，进深1米，高1.6米，宽1.5米[②]。龙山时代的窑洞式住居发现较多，在宁夏海原县菜园村[③]就有发现。依据考古发现，横穴式房屋最初发生在仰韶时期的陇东高原，主要分布于黄土高原地区新石器时代诸文化中。在以后的历史时期，窑洞式房屋是黄土高原地区居民的主要居住形式和特色。

以上两种形式的房屋在史前时期的黄河上游乃至整个黄河流域都是主要的建筑形式，随着时代的发展，地面建筑逐渐进入了人们的生活。

(3) 地面式

地面式即从地面上筑基、立柱、起墙、盖顶的一种土木结合的建筑形式。面积有大型、中型和小型，平面形状有方形和圆形等形式，小型者多从地面直接立柱、筑墙、盖顶；中型和大型者先在地面筑房基或挖墙基槽，然后再立柱、砌墙、盖顶。在黄河流域，墙壁的筑法有木骨泥墙、夯土墙、土坯墙等。

木骨泥墙出现较早，主要流行于仰韶时期，如大地湾遗址的F405，平面略呈方形；墙壁的筑法是先挖墙基槽，然后立柱、填土、夯实，再用草泥垛

① 张宏彦.2003.中国史前考古学导论.北京：高等教育出版社.181～182

② 庆阳地区博物馆.1983.甘肃宁县阳坬遗址试掘简报.考古，(10)：869～876

③ 宁夏文物考古研究所，中国历史博物馆考古部.2003.宁夏菜园——新石器时代遗址、墓葬发掘报告.北京：科学出版社.25

填于木柱间，抹平墙面而成木骨泥墙[1]。夯土墙和土坯墙出现于龙山时代后期，砌法与现代砌砖法类似，用黄泥砌筑，相间压缝。

4. 依房屋的结构分类

不同地域文化，不仅房屋的平面形状、建造方式等方面有所不同，而且房屋的结构也有差异，如北方史前文化小单间房较多，南方则常见多间房连接而成的长屋。大体说来，中国史前的房屋，依结构可分为单间房、套间房和组合房三大类。

（1）单间房

单间房指由一间居室构成的房屋。有些房屋虽然屋前或两侧有廊檐，但因其是房屋的附属建筑而不能单独使用，故把这类房屋也归属于单间房。黄河流域前仰韶时期和仰韶文化早中期的房屋，不论大型、中型和小型，多为单间房，平面有圆形、方形或长方形。建造方式有竖穴式、地面式等。面积小者数平方米，面积大者可达数十至上百平方米。小型房为一般家庭的居室，有圆形和方形两类；中型和大型单间房多为方形或长方形，如大地湾遗址的 F405 为建筑面积超过 100 平方米的大型房址[2]。

（2）套间房

套间房由两间相接并相通的房屋组合而成。套间房的出现应与住宅内部不同使用功能的空间分工有关，或与房前门棚的设置与演变有关。套间房的外室一般为储物、避风之用，后室应为家庭生活之所，一般应为一个生活单元（如对偶家庭）所有。套间房大约出现于仰韶时代中晚期，可分为两种形式。A 型是两间房横向左右相连并相通的套间式，由内外两间组成。它不仅使内室的私密性空间得以实现，而且扩展出另一不同功能的空间来，为以后居住空间功能的多元化奠定了基础。B 型是由两房屋纵向前后相连并相通的房屋组成，一般前室较小而后室较大。例如，甘肃省东乡林家马家窑文化遗址 F15，前室（或称门斗）南北长 1.7 米，东西宽 1.06 米；后室（或称主室）南北长 4.02 米；东西宽 3.83 米，居住面中部有一圆形灶坑；两室之间由一宽 0.42 米的过道相通[3]。

（3）组合房

组合房指由多间形制、功能不同的房屋组合在一起的房屋。这类房屋出

---

① 郎树德 . 2003. 甘肃秦安县大地湾遗址聚落形态及其演变 . 考古，(6)：84 ~ 85

② 郎树德 . 2003. 甘肃秦安县大地湾遗址聚落形态及其演变 . 考古，(6)：84 ~ 85

③ 甘肃省文物工作队等 . 1984. 甘肃东乡林家遗址发掘报告 . 见：考古学集刊（第 4 辑）. 北京：中国社会科学出版社 . 111 ~ 161

现于仰韶文化晚期，目前发现较少，主要是一些有特殊功能和性质的大型房屋。例如，大地湾 F901 是目前所见仰韶文化中面积最大、标准最高的一座大型多间组合房屋，由主室（或称之为前堂）、后室、两侧室构成。其中主室面积达 130 平方米，室中心有大型灶台，地面先夯实并铺一层红烧土，再填约 15 厘米厚、用料礓石烧制的水泥和人造陶质轻骨料的混凝土，最后用水泥抹平表面并打磨使其光滑。经鉴定其硬度相当于现代 100 号矾土水泥。后室和侧室地面铺垫黄土，墙壁是木骨泥墙，内壁粉饰料礓石白灰面。房前地面平坦，有横向两排柱洞，柱洞前有一排青石板，可能是附属建筑。整个房屋占地面积约 290 平方米，加上房前的附属建筑，总面积可达 420 平方米①。主室内出土有 9 件陶器和 4 件石器，西侧室出土了 14 件陶器和 1 件石器，后室出土了 2 件陶器。在这些出土物中，除了钵、罐、瓮等日用器皿外，还有一些特殊形器，如深腹釜、四足鼎、条形盘和簸箕形器等，说明这所房屋应有特殊的用途，可能是部落或部落联盟集会议事、举行宗教活动的公共建筑。

二、聚落形态的演变

1. 新石器时代早期的聚落

新石器时代早期的文化遗址在全国范围内发现的还不是很多，只有长江流域有零星的发现，在黄河上游目前这一块还是空白，所以我们对黄河上游新石器时代初期的聚落形态还无从知晓，只能寄希望于未来的考古发现。

2. 新石器时代中期的聚落

（1）仰韶文化早期的聚落布局特征

秦安大地湾等遗址是仰韶文化早期的典型代表②。

这一时期聚落的大小与规模比较接近，各聚落间的经济发展水平没有明显的差别。一般聚落面积约为 5 万平方米，居住区 2 万～3 万平方米。有数十座到百余座房屋，居住人数为 300～600 人。各个聚落的经济均以农业为主，兼有家畜饲养、捕鱼、狩猎、采集和各种手工业，是在相当程度上封闭的自给自足经济。

聚落的整体布局呈凝聚式和内向式两种。所谓凝聚式，是把整个聚落的

① 甘肃省文物考古研究所. 2006. 秦安大地湾——新石器时代遗址发掘报告. 北京：文物出版社. 414～428

② 甘肃省文物考古研究所. 2006. 秦安大地湾——新石器时代遗址发掘报告. 北京：文物出版社

房屋紧密地聚集在一个有限的规定范围之内。所谓内向式，即把所有的房屋大致排成圆形，并使房屋门都朝向中央。这种违背一般房屋要求背风向阳的原则，宁愿使一部分房屋居民在冬季饱受西北风之苦，也要保持整齐而内向的布局做法，表现出极强的群体意识和血亲观念。聚落布局有明确的分区规划，一般聚落分为居住区、制陶区和墓葬区等。

（2）仰韶文化中晚期聚落布局的特征

仰韶文化中晚期代表性聚落遗址有秦安大地湾等①。聚落布局基本上是凝聚式的，很少有内向式的。聚落内部仍有明确的分区规划，居住区、制陶区和墓葬区各有所处。内向式格局的改变，反映了后期聚落的封闭性有了一定的改观。

聚落形态所反映的仍是综合性的自给自足经济，但商品交换有了进一步发展，出现了一些专业性的经济中心。例如，兰州白道沟坪遗址，分为居住区、墓地和制陶区，其中制陶区发现有 4 组 12 座陶窑，还有泥制坯的土炕，研磨颜料的研磨器，以及分格的调色陶碟等绘画工具②。如此大规模的制陶场，在我国史前时期是少见的，其产品不仅是为了自己消费，还可能是为了交换。聚落开始分化，不同的聚落规模差别显著，出现以中心聚落为中心的聚落群。中心聚落的面积通常较大，一般聚落大者数万平方米、小者仅数千平方米。

大地湾仰韶晚期聚落遗址是这一时期的代表性中心聚落之一。该遗址坐落在半山腰，面积达 36 万平方米。整个聚落随着地形的变化分为若干小区，每一小区均有大型房屋，最突出的是中心区的 F901 房址③。这是一座由前堂后室和左右厢房组合而成的大型房屋，面积约 290 平方米，是迄今所见仰韶文化晚期规模最大的建筑，显然是部落首领集会、议事、举行宗教活动的中心会堂。像这样规格的遗址，显然是一处中心聚落。此外，一些中心聚落的防卫设施不断加强，逐渐产生与一般聚落相对立的、由高大墙垣围绕的城。这些情况似乎预示着社会结构开始发生了变化，出现了高于一般聚落的区域性的政治、经济和文化中心。

3. 新石器时代晚期的城址

新石器时代晚期（距今 5000 ~ 4000 年）的聚落形态进一步发展，在一

① 郎树德. 2003. 甘肃秦安县大地湾遗址聚落形态及其演变. 考古，(6)：84 ~ 85

② 甘肃省文物管理委员会. 1957. 兰州新石器时代的文化遗存. 考古学报，(1)：1 ~ 8

③ 甘肃省文物考古研究所. 2006. 秦安大地湾——新石器时代遗址发掘报告. 北京：文物出版社. 414 ~ 428

些经济较为发达的地区，往往形成非常密集的遗址群。例如，黄河流域等许多地方，在不大的范围内往往有几十处遗址分布。这一时期一般聚落房屋还较小，排列十分密集；建筑技术有了较大进步，许多房屋地面和墙壁上抹有白灰，有些使用夯土台基，还出现了夯土墙或土坯墙。

新石器时代晚期聚落形态发展的最重要特征是城的进一步发展。用墙垣围绕的城出现在距今 5000 年前后的仰韶时代，发展于龙山时代。新石器时代晚期的城址已发现 40 多处，主要分布在河南、山东、内蒙古河套、长江中游、成都平原等地①。到目前为止，除河套外。黄河上游甘青区的史前城址尚未发现，显示这一地区的聚落似乎朝向另一个方向发展，更多地表现为建造技术的进步和规模的扩大。

① 张宏彦 . 2003. 中国史前考古学导论 . 北京：高等教育出版社 . 197

第二章

黄河中游地区的史前聚落

第一节　黄河中游地区的地理环境

一、地理地貌

黄河中游地区处于我国第二级地貌台阶和第三级地貌台阶的过渡地带，即西部黄土高原与东部冲积平原过渡的中间地带。地理地貌总的特点是，地势南北高中部低，西高东低，东西差异明显。西部海拔高而起伏大，东部地势低且平坦。西部的太行山、崤山、熊耳山、嵩山 、外方山及伏牛山等属于第二级地貌台阶，东部的平原、南阳盆地及其以东的山地丘陵则为第三级地貌台阶的组成部分。黄河中游地区地势的总趋势为，从西到东依次由高山到低山，再从丘陵过渡到平原，最高处与最低处相差 2890.6 米。正是这样的地势，使黄河中游地区较大的河流大都发源于西部山区。黄河中游地区地表形态复杂多样，山地、丘陵、平原、盆地等地貌类型齐全。

1. 关中地区的地理地貌

关中盆地南倚秦岭，北界“北山”，介于陕北高原与秦岭山地之间；西起宝鸡峡，东迄潼关港口，东西长约 360 公里，西窄东宽，总面积 39 064.5 平方公里。关中盆地是由河流冲积和黄土堆积形成的，地势平坦，土质肥沃，水源丰富，号称“八百里秦川”。基本地貌类型是河流阶地和黄土台塬。渭河横贯盆地入黄河，河槽地势低平，海拔为 326 ~ 600 米。从渭河河槽向南北两侧，地势呈不对称性阶地状增高，由一级、二级河流冲积阶地过渡到高出渭河 200 ~ 500 米的一级或二级黄土台塬。阶地在北岸呈连续状分布，南岸则残缺不全。渭河各主要支流，也有相应的多级阶地。渭河北岸二级阶地与陕北高原之间，分布着东西延伸的渭北黄土台塬，塬面广阔，一般海拔为 460 ~ 800 米。渭河南侧的黄土台塬断续分布，高出渭河 250 ~ 400 米，呈阶地状或倾斜的盾状，由秦岭北麓向渭河平原缓倾，如岐山的五丈原，西安以南的神禾原、少陵原、白鹿原，渭南的阳郭原等。

2. 晋南豫西地区的地理地貌

晋南豫西地区在历史上经历了多次构造运动与变动，逐步演化为一个三角形断陷盆地和山间小盆地。盆地南邻小秦岭和崤山，北邻中条山，东接韶山，西连渭河谷地。东西长约200公里，南北宽70公里。地势南北两侧向中间倾斜，黄河自西向东流经盆地中间。盆地内洪积、冲积和坡积黄土广泛分布。河谷平原、塬地、黄土丘陵、山麓冲积平原东西延伸，南北排列，井然有序，海拔一般为400~700米[①]。山麓冲积、洪积平原主要分布在小秦岭和崤山北坡的山前地带，由洪积倾斜平原和山前低凹平原组成。洪积倾斜平原主要由山麓洪积扇群联合而成，尤其是沿小秦岭山脉北麓呈条带状连续分布。山前低凹平原较少，主要分布在三门峡西南，呈槽状，低洼处形成湿地。黄土塬在盆地中沿黄河谷地南侧呈东西向带状分布，面积较大，塬面略呈阶梯状向北下降，明显分出三级，塬边缘发育有较大的冲沟。黄土丘陵与黄土低山分布在盆地内部以及边缘地带，丘顶浑圆，丘坡平缓。晋南豫西地区的山间小盆地受山脉、河流线性构造的影响，多呈现狭长形，与河流串珠状相连，如卢氏盆地、嵩县盆地、汝阳盆地等。

3. 豫中地区的地理地貌

豫中地区多山地、丘陵和盆地，属于华北地区的凹陷区，嵩山山脉属于秦岭山系东延余脉，向东、东南、东北方向呈扇形展开，地势由东向西逐渐降低，山脉亦变得分散破碎，构成本区东部的低山丘陵，区内地势起伏，地貌复杂多样。总地势为西高东低，以嵩山为中心，西部为山地，海拔多为400~1000米，最高在2000米以上。嵩山主要由断块构造与褶皱构造组成。断块构造山体抬升小，但坡度大，其间宽阔的河流谷地和大小不等的盆地较为发育；褶皱山体抬升大，山势高峻雄伟，河谷发育充分，多为“U”形或“V”形山谷。东部和南部为山前侵蚀剥蚀丘陵和黄土台丘陵地貌，海拔为100~400米；北部为凹陷盆地，如伊洛盆地、沁阳盆地，海拔为100米左右。由于西部山地构造复杂，平行或交错断层造成许多山间小盆地、谷地、凹陷区，如登封盆地等[②]。登封盆地地貌以岗台地、平原和丘陵为主。丘陵分布在登封盆地的东部。岗台地主要分布在颍河谷地与盆缘山地之间，岗地、台地与河谷往往相间分布，岗地面积大者达数平方公里，岗间谷地宽阔，谷底

① 河南省地方史志编纂委员会. 1994. 河南省志·地貌山河志. 郑州：河南人民出版社. 25
② 明子时等. 1983. 河南自然条件和自然资源. 郑州：河南科技出版社. 33

平坦，岗顶平面宽阔。此外还有受到强烈切割的长条状黄土岗地。台地主要分布在登封盆地的西部，以金牛岭、冠子岭、大金店为代表，台地边缘河谷发育，台地顶部平坦。盆地中平原主要有三种类型，一是颍河谷地两侧广阔的河谷平原，二是山麓地带的洪坡冲积倾斜平原，三是基岩裸露的波状剥蚀平原。

4. 冀南豫北地区的地理地貌

冀南豫北地区位于渤海凹陷的西南部，西界山西地台，北接燕山准地槽，东邻山东地台，南连河南地台。渤海凹陷，大陆下沉，逐渐为冲积物所填，形成华北平原。该区域西部主要是太行山脉。太行山脉受断裂活动控制，以块状断裂为基础。一般山顶平缓宽阔，山坡陡峭，断崖地貌形态发育。北部与山西高原相连，构成边缘山地，并沿东南侧大规模的走向断裂带，以极其陡峻的边坡与盆地、低山、丘陵以至平原分野，形成截然不同的地貌景观。其中自北而南有一系列的断陷盆地，如林州盆地、任村盆地、原康盆地、南村盆地、临淇盆地等。盆地中均覆盖有厚10米的黄土层，地势平坦，盆地边缘分布有一系列的坡积裙和洪积扇，有的盆地中分布有大小不等的河流。豫北地区的东部主要是由黄河及古黄河支流卫河、漳河等河流的冲积物堆成的冲积扇平原。地势大致由西南向东北倾斜，海拔多在100米以下。地表覆盖有很厚的马兰黄土①。黄河大冲积扇平原西起卫河、郑州、许昌至颍河之滨，东到泰山山麓，北至天津，南达淮河，都曾是黄河泛滥波及地区，形成了面积广阔的黄河冲积扇平原。豫北东部为冲积扇的北翼，由于黄河曾长期流经本地区，且决口与改道频繁，因而黄河迁徙遗留的地貌形态，如古河道高地、河道洼地、古河漫滩等分布普遍。

5. 豫东地区的地理地貌

豫东地区主要为黄淮冲积平原，地势由西北向东南倾斜，海拔多在100米以下，东部降至50米左右，南部沿淮河一带的一些地方海拔在30米以下，是中原地区地势最低处。该区域北以黄河为界，南到淮河沿岸，西邻豫中山地丘陵区，淮河沿其南缘由西向东流出河南，淮河北侧支流由西北向东南流经豫东或在其中注入淮河。这些河流频繁决口沉积，形成低、平、缓平原类型。其地貌以微倾斜平地为主，并有许多坡洼地、浅平洼地以及湖洼地散布。由于河流的决口与改道，古河道和古河道洼地分布也很普遍。平原上散布的湖沼、洼地呈碟状与槽状。豫东平原“东北面及东面被一系列湖泊大

---

① 熊毅等. 1961. 华北平原土壤. 北京：科学出版社. 132

泽所包围，从西向东再向南数，计有荥泽、圃田泽、大野泽、雷夏泽、菏泽、孟诸泽及鲁西南运河两侧的南阳、独山、昭阳、微山诸湖”①。

6. 豫南地区的地理地貌

豫南地区虽然离黄河流域相对较远，但文化面貌与黄河流域大体一致，故将豫南地区纳入该区域范畴。豫南地区地势南高北低，是岗川相间、形态多样的阶梯地貌。西部和南部是由桐柏山、大别山构成的豫南山地，蜿蜒于豫鄂边界，是江淮两大流域的分水岭。桐柏山山势高峻陡峭。大别山东段山脊高峻雄伟，海拔在千米以上，西段宽阔低缓，以1000米以下低山为主，间有丘陵分布。桐柏山、大别山的侵入体构造十分发育，山势高峻，海拔多在1300米以上。侵入体构造形成的低山主要分布在豫南的四望山、鸡公山、灵山一带，新县县城至陡山河一带，以及百雀园至达权店一带，山体低缓，山峰多呈现浑圆馒头状。其间河流谷地特别发育，山地切割破碎。山间多盆地，如南阳盆地、桐柏山吴城盆地。南阳盆地是中原地区规模最大的盆地，地形由西、北、东三面呈环状向中南部倾斜。地貌结构与地貌类型也呈现环状结构分布，周围边境地带为垄岗起伏的倾斜平原，中南部是广阔平缓的平原，河流向中南部汇聚，形成唐白水系，南入汉水。豫南中部是丘陵岗地，侵蚀低山丘陵分布广泛，受淮南水系的强烈切割和冲淀，形成高差20～40米的丘陵起伏、岗谷相间的形态组合特征。北部是平原和洼地，其中平原海拔30～59米，洼地海拔22～35米，主要分布在淮河两岸。

二、史前自然地貌与生态环境

据地理学者的研究，晋南豫西地区、豫中地区的地貌基本轮廓以扇状山地为主，缘于喜马拉雅运动。扇状地是河流出山口后由于河床纵坡的突然变缓而发生的泥沙快速堆积并呈扇面状的地貌。它由下部的粗粒物质和上部的细粒物质组成，表明了地壳、气候或海平面的一次变动过程。晋南豫西地区、豫中地区的山麓地带有六级扇状地发育，自老而新：扇状地山底部由厚达30米左右的大小混杂砾石组成②，其扇顶已被抬出地面而形成了丘陵地貌。中新世扇状地在太行山东麓也有部分被抬出地面形成了丘陵和山前台地。其下部的砂砾石厚10米。由红色砂土砾石组成的早更新世扇状地，其覆盖在济源市地面上的扇顶部分也已出露地表，砾石层厚10～15米。山下部5～10米厚的砂砾石和上部黄土状物质组成的晚更新世扇状地覆盖于中更

---

① 董琦．2000．虞夏时期的中原．北京：科学出版社．31

② 杨志达，蒋克训．1983．北京长辛店砾石层的成因．河北地质学院学报，（4）：37

新系统之上。其扇状地的上半段出露地面与早更新世扇状地共同组成了山前倾斜平原。早全新世河流切割晚更新世扇状地，并在该扇状地的下半段之上发育了砂质扇状地。晚全新世河流继续切割晚更新世扇状地，在早更新世扇状地上又堆积了晚全新世砂质扇状地[①]。总的来说，包括关中地区、晋南豫西地区、豫中地区在内的地势的基本轮廓，“早在距今1.5亿年前后的燕山运动时期就已经形成了。经过第三纪中期的喜马拉雅运动和第四纪新构造运动的强烈影响，奠定了今日地貌的基础。第四纪冰期以后，在伏牛山以北至太行山一带，堆积了大量黄土，构成史前时期本区地表的基本形态。进入全新世以来，本区地势、地形的基本轮廓没有突出的变化”[②]。这是这些区域古文化持续稳定发展的前提条件。豫东地区、冀南豫北地区的地貌形态，古今相比却发生了翻天覆地的变化，尤其是豫东地区的自然地理景观变化很大。虞夏时期（即龙山时代晚期至夏代）尚存在于该地区东部的一些湖泊大泽，如圃田泽、大野泽、雷夏泽、菏泽、孟诸泽等，已不见踪影，那里已成为一望无垠的平原地带。究其原因，应当是黄河河道的变迁所致。黄河在流经黄土高原时，因黄土结构疏松，极易受流水侵蚀，故携带了大量泥沙而下，形成了宽阔的华北冲积平原。同时，由于河床坡降减少，黄河所运载的泥沙量又远远超出了其本身的携沙能力，因此大量泥沙逐渐在河床上淤积下来，河床逐年抬高，致使黄河变成了高于地面的“悬河”，一旦遭遇洪水则极可能发生决口或改道。历史上人们择高而居，故形成了我们今天常见到的“堌堆”型遗址。

黄河中游地区的史前生态环境与现在相比差别很大。全新世以来，我国南北气温曾出现过数次明显的冷暖波动。例如，距今8200年前后、距今5800年前后、距今3000年前后出现过三次明显的寒冷期，距今9000年前后、距今4000年前后还出现过明显的低温。但在这几次寒冷期之间的温暖期，气温曾数次超过现代1～2℃甚至2～3℃，最明显的升温时期在距今7500～7000年及距今4000～3500年。竺可桢先生指出，在近5000年中的最初2000年，即从仰韶文化到安阳殷墟，其大部分时间的年平均温度高于现在2℃左右[③]。又据众多的孢粉分析结果证明，在距今7500～2500年的全新世中期，气候变化趋于温暖湿润，此时是我国气候最为温暖湿润的时期，也称气候最适宜期。研究证明，该时期我国亚热带与暖温带的分界线并非在秦

① 吴忱，赵明轩．1991．华北平原的古河流地貌．见：华北平原古河道研究论文集．北京：科学技术出版社．131～151

② 黄以柱．1985．略论豫西地区环境的变迁与对策．河南大学学报（自然科学版），（1）：32

③ 竺可桢．1972．中国近五千年来气候变迁的初步研究．考古学报，（1）：87

岭—淮河一线，它有可能北移至冀南鲁北的邯郸—济南—潍坊一线①。也就是说，黄河中游地区大部分区域处于亚热带控制的范围。从中原史前遗迹中出土的动植物遗物来看，似乎也证明了这点。例如，贾湖遗址第三层发现了鳄鱼、水牛等热带、亚热带地区动物的化石；大河村仰韶文化遗址发现了亚洲象、苏门犀、水鹿、水牛等动物化石②；在陕西半坡的仰韶文化早期文化层中，也出现了亚热带动物麝和竹鼠的化石；汤阴白营龙山晚期文化遗址发现了麋鹿、鹿、野猪、虎、鳖等动物化石③。另外，仰韶文化到龙山时代，从关中到整个中原地区都发现了水稻的种植，说明该区域在这段时间内气候都是温暖湿润的。

第二节　黄河中游地区的聚落起源

一、旧石器时代的重要考古发现

近年来的考古研究证明，人类约诞生于300万年前，此期约同于地质学中的早更新世。通常将人类诞生至距今13万年前划为旧石器时代早期，距今13万~10万年前划为旧石器时代中期，距今10万~1万年前划为旧石器时代晚期。整个旧石器时代的时间范围约同步于地质学中的早更新世、中更新世、晚更新世④。近几十年来，黄河中游地区旧石器时代的考古与科研取得了很大进展，在五大区域取得较为丰硕的成果。一是晋南的汾河流域及黄河沿岸；二是豫西地区的黄河两岸，从孟津而西到灵宝境内；三是豫西南地区的南阳盆地边缘山麓，此处可分为方城而西，顺伏牛山到西峡沿丹江而入淅川，又可从方城而南，沿伏牛山与桐柏山相连的山带直到淮水之源；四是豫南地区的桐柏山麓，从信阳向东到豫皖交界处；五是豫北地区的太行山东麓，从安阳往南，并向西折向中条山东段的济源山丘地带。这五大区域取得的成果主要是古人类化石和旧石器时代遗址的发现。

1973年，中国科学院古脊椎动物与古人类研究所工作人员在南阳市淅川县发现13颗古人类牙齿化石，可能分属于直立人和早期智人⑤。其中2颗属于较早的直立人，7颗属于较晚的直立人，2颗属于介于直立人与早期智人

① 王金霞.2007.黄河中下游地区自然环境变迁及原因分析.江西农业学报，(2)：56
② 郑州市博物馆.1979.郑州大河村遗址发掘报告.考古学报，(3)：301~375
③ 安阳地区文物管理委员会.1980.河南汤阴白营龙山文化遗址.考古，(3)：193~202
④ 陈铁梅.1988.我国旧石器考古年代学的进展与评述.考古学报，(3)：356
⑤ 吴汝康，吴新智.1982.河南淅川的人类牙齿化石.古脊椎动物学报，(1)：1

之间的人，2颗属于早期智人。1976年，在卢氏县发现2颗古人类牙齿化石和4块人类头骨碎片，“很可能是晚更新世后期的智人化石”①。以上古人类化石都是在征集的“龙骨”中发现的，无法确认具体的出土地点。1953年，在丁村遗址发现3颗具有确定地层年代的古人类牙齿化石，属于早期智人阶段。1976年，在丁村遗址还发现一块小孩的右顶骨化石②。1978年，考古工作者在南召县云阳镇杏花山发现了一批古脊椎动物化石和一枚古人类牙齿化石，距今60万~50万年，与“北京猿人”所处的时代大体相当。2007年12月17日，河南省文物考古研究所在对河南许昌灵井旧石器时代遗址进行的考古发掘中，在第四纪晚更新世早期地层，发现了距今10万~8万年的较完整的古人类头盖骨化石。

黄河中游地区旧石器时代早期遗址主要有山西芮城西侯度、山西芮城匼河、河南三门峡水磨沟和会兴沟、河南南召小空山、河南南召杏花山、河南陕县张家湾、河南伊川穆店村等，其中比较集中的有伊洛河流域与洛南盆地等，比较典型的有山西芮城西侯度。西侯度遗址③位于山西省芮城县西侯度村，是目前中国境内已知的最古老的一处旧石器时代遗址和我国早期猿人阶段文化遗存的典型代表之一，距今大约180万年。1961~1962年，山西省博物馆对西侯度遗址进行了两次发掘，出土了一批人类文化遗物和脊椎动物化石。经发掘出土有动物化石，人工打制的刮削器、砍斫器和三棱大尖状器，以及有切割痕迹的鹿角，这说明西侯度人已开始用石片加工制造工具。在文化层中还出土有若干烧骨，这是目前中国最早的人类用火证据。此外，根据发掘的脊椎动物化石考证，当时的哺乳动物种类绝大部分是草原动物，有中国长鼻三趾马、三门马、山西披毛犀、步氏羚羊、粗壮丽牛、步氏鹿、纳玛象等20余种。由此可知当时西侯度一带应为森林草原环境。根据鲤鱼的鳃盖骨判断，这里的鲤鱼体长超过半米，因此，西侯度附近当时应有广而深的稳定水域。

黄河中游地区旧石器时代中期遗址有山西襄汾丁村，河南灵宝孟村、渑池任村、巩义的织机洞、洪沟旧石器遗址、洛阳北窑旧石器遗址、洛阳凯旋路遗址等。其中典型遗址有山西襄汾丁村。丁村遗址地处汾河中游临汾宽谷的南端。在以丁村为中心，南北长达11公里的汾河东岸第三阶地上，发现旧石器时代地点11处，动物化石地点3处。该区域第四纪地层出露良好，人类化石、文化遗物和伴生的动物化石埋藏在晚更新世黄土的“底砾层”之

① 季楠，牛树森．1983．河南省卢氏县发现人类化石．人类学学报，(2)：4

② 裴文中等．1958．山西襄汾县丁村旧石器时代遗址发掘报告．北京：科学出版社．147

③ 中国社会科学院考古研究所．1984．新中国的考古发现和研究．北京：文物出版社．46

中。发现古人类牙齿化石3颗，1976年发现一块小孩的右顶骨化石。另外，发现石制品2000余件，类型有砍砸器、刮削器、尖状器、石球等。三棱大尖状器有显著特点。石器原料主要为角页岩，属石片石器系统。石器较粗壮，为直接打制而成。发现哺乳动物化石28种，其大部分为生活在森林和山林之中的种类，如野驴、普氏野马、加拿大马鹿（又称赤鹿）、河套大角鹿和原始牛等，同时也含有几种中更新世北京人时代的动物，如梅氏犀和葛氏梅花鹿，代表温暖湿润的气候。从沙砾层中还采集到鲤、青鱼、鲩、鲶、鲇等鱼类化石，皆属于能在大流量的水中生活的鱼种。在沙砾层中还有大量软体动物介壳化石，其中最引人注目的是一种大型丽蚌壳，这种动物现在只分布在气候温暖湿润的长江以南地区和汉水流域。这些情况表明，丁村人时期的丁村一带气候相当温暖，汾河的水势相当大。附近的山上覆盖着茂密的森林，河旁平地上草木茂盛，各种动物成群地出没于森林、草地和河边。丁村人生活在汾河两岸。在河滩上就地取材制作石器，在树林里采集可供食用的植物，利用石球等工具进行狩猎①。

黄河中游地区旧石器时代晚期的重要考古发现比较多。关中地区主要分布在泾渭河流域。豫西晋南地区主要分布在伏牛山、中条山两侧和汾河、沁河流域，有西峡县的旧石器时代遗址群，沁源县花坡义和、黎城县猫崖洞、潞城县黄龙洞、武乡县楼则峪、沁水县下川遗址等。豫中地区主要分布在嵩山周围的洧水、溱水、瀍河、伊洛河流域和黄河沿岸，如洧水流域的西施村遗址、楼上庄遗址，溱水流域的李家沟遗址、苇园遗址，许昌的灵井遗址，瀍河流域的北窑村遗址，伊洛河流域等，另外还有驻马店的打石山遗址等。冀南豫北地区主要分布在太行山两麓，有安阳小南海洞穴遗址、武安市大同镇的白沙坡旧石器时代遗址等。

二、旧石器时代晚期的聚落起源

黄河中游流域是我国史前聚落起源最早的区域之一。史前聚落的发生是一个长期复杂的过程，需要各种适宜的自然条件。旧石器时代初期的树栖遗存及其分布状况难以肯定。自人类开始栖息居住于地表以后，人类居住遗址的分布大致经历了由以天然洞穴为主逐渐向河湖阶地平原地带扩大的发展过程。在这一过程中，各种聚落要素相继萌芽发生②。在采集狩猎经济条件下，固定的天然洞穴居址首先是人类社会生产发展的客观需要，是史前聚落萌芽的起点。固定的天然洞穴首先为人类提供了群居的必要场所，促使人类相互

① 裴文中等．1958．山西襄汾县丁村旧石器时代遗址发掘报告．北京：科学出版社．113

② 钱耀鹏．2003．略论史前聚落的萌芽与发生．中原文物，（5）：43

交流、学习，逐渐掌握了火的使用、工具的加工和使用、植物的种植与栽培，为史前聚落的形成、农业文明的发生做了充分的物质准备①。史前聚落萌芽的遗迹，几乎都发生在固定的天然洞穴居址周围。在欧洲旧石器时代中期后一阶段，已在20多处洞穴文化遗址中发现有埋葬死者的墓葬。尸体一般是按一定姿势放置的，通常曲体弯腿，有的双手或单手曲起靠近脸部，似睡眠状；有些墓葬还随葬有石器和兽骨，甚至许多死者身上或身体周围散布有红色矿石粉。这些发现说明，房屋、墓葬等一般意义上的聚落要素已经处于比较复杂的萌发状态。在我国一些旧石器时代晚期的遗址中，也发现了类似的聚落因素。黑龙江省的伊兰倭肯哈达发现过类似的墓葬。江西万年县大源乡的仙人洞②、吊桶环和湖南道县的玉蟾岩遗址则发现了栽培稻谷的聚落遗址。江西万年县大源乡的仙人洞和吊桶环聚落遗址找到了从旧石器时代向新石器时代过渡的清晰的地层关系证据。两遗址相距约800米，其中吊桶环遗址应为仙人洞居民狩猎的临时性营地和屠宰场，出土遗物包括625件石器、318件骨器、26件穿孔蚌器、516件原始陶片，20余片人骨和数以万计的兽骨残片。陶片为目前发现的中国最原始的陶制品之一，水稻遗存则可能是早期聚落栽培稻的遗存③。湖南道县的玉蟾岩遗址的洞穴周围也发现了人类早期制作的陶器残片和栽培稻的遗存④。

黄河中游的旧石器时代遗址，正好分布在渭河、汾河、沁河、伊洛河流域和黄河沿岸，以及伏牛山、中条山、太行山两侧，这些区域为旧石器时代人类的采集渔猎活动提供了适宜的自然环境，为聚落的萌发提供了契机。例如，位于南召县小店乡杜庄村东南的小空山旧石器时代遗址，距今3万～1万年。遗址由山体中部上、下相邻的两个洞穴组成。1980年对下洞进行清理，发现石器102件。1987年，北京大学等对上、下洞旧石器时代遗址进行发掘，在上洞发现石制品153件，下洞发现石制品55件。上洞破坏严重，下洞洞口北壁有1米多的灰烬层，石制品多存在于该层的中、下部，以下部居多，洞的南壁亦含有石器，灰层结构坚实，与石制品结合紧密。石制品主要包括砍砸器、刮削器、尖状器、大型三棱尖状器、石球、石核、石片等，与陕西蓝田、河南省三门峡等地发现的旧石器具有共性，另外出土有鬣狗、犀牛、野牛、班鹿、鹿类等古脊椎动物化石⑤。而位于嵩山北麓浅山丘陵地

① 张新斌.2000. 洞穴与中国农业的起源. 农业考古，(3)：113

② 江西文物管理委员会.1963. 江西万年大源仙人洞洞穴遗址试掘. 考古学报.(1)：37

③ 赵志军.1998. 稻谷起源的新证据——对江西万年吊桶环遗址出土的稻属植硅石的研究。农业考古，(1)：49

④ 袁家荣.1996-03-03. 玉蟾岩获水稻起源重要新物证. 中国文物报，3

⑤ 小空山联合发掘队.1988.1987年河南南召小空山旧石器遗址发掘报告. 华夏考古，(4)：23

带的织机洞遗址，洞口高5米，深19.6米，宽12.9米，洞内面积达300余平方米。考古发掘共发现文化堆积24层，用火痕迹17处，发掘出土大角鹿、披毛犀、羚羊、野牛等动物化石2000余件，刮削器、砍砸器等石器2万余件①。小南海原始人洞穴遗址，位于安阳市西南25公里的北楼顶山之腰。洞口朝东，背依大山，前为开阔地，东南距洹河近500米。洞向西南延伸，深约50米，宽2~3米，高2.5~3米。文化层厚6米左右，可分5层，出土石器7078件，发现多种动物化石及用火灰烬。石器一般器形较小，绝大部分为人工打制的石片。石料以燧石为主，石英次之，也有少数火石、石髓及石灰岩等。种类计有石核、石片、敲砸器、尖状器和多种刮削器，也有少数装饰品。动物化石有野驴、披毛犀、水牛、野猪、斑鹿、羚羊、狗、猩猩、鸵鸟蛋、刺猬、狼等动物种属②。从这两个洞穴遗址来看，都有用火遗迹，说明都是人类聚居之所。从出土的石器工具来看，小南海的工具比织机洞的制作精细，具有某些细石器的特征，说明采集狩猎经济已进一步发展。而位于河流阶地与平原交界处的沙苑遗址和灵井遗址则是更进一步的发展，与前者具有渊源关系。沙苑遗址位于关中地区的沙丘地带，发现了人头骨化石和大量石器，以石片石器和细石器为主。石片石器是沙苑遗址的典型产物，有石片、尖状器、刮削器等；细石器有石核、石叶、小石片、尖状器、石镞、刮削器等③。灵井遗址位于许昌市西北约15公里的许昌县灵井镇西侧。2007年12月17日，考古人员对该遗址9号探方进行考古发掘，发现了距今8万年的古人类头骨化石。遗址内出土的石片石器和细石器均具有细石器文化的特征。石片石器的类型有尖状器、雕刻器、小型厚刃斧状器和刮削器等。石核有圆锥状石核、柱状石核、扁锥状石核，还有一类扇形石核石器。动物化石主要有牛、野马、野猪、貘、赤鹿以及啮齿类、鸟类等20余种，出土的骨骼多有人工痕迹。另外，还筛洗出大量制作工具的骨渣、碎片。有些标本出土时周围有零星的石片，骨骼的划痕同石片刃缘一致，应为剔肉所遗留。此外，还发现丰富的用火痕迹，其中有烧骨、烧石、炭块等，烧骨中有动物骨骼、牙齿和鹿角等。灵井遗址是国内首次发掘的以泉水为中心，包含湖相、漫滩相（湿地）堆积物的旧石器时代晚期遗址，是人类狩猎，肢解动物，加工兽皮、石器和骨器的工作营地④。从发现的用火痕迹、

① 刘彦锋，张松林．2003．织机洞旧石器时代遗址发掘报告．人类学学报，(1)：36

② 安志敏．2005．河南安阳小南海旧石器时代洞穴堆积试掘．见：河南旧石器考古与第四纪研究论文集．北京：科学出版社．87

③ 安志敏．1957．陕西朝邑大荔沙苑地区的石器时代遗存．考古学报，(3)：6，7

④ 周国兴．1974．河南许昌灵井的石器时代遗存．考古，(2)：91~98

动物化石以及烧骨、烧石、炭块等来看，虽然没有发现像法国南部尼斯市的德拉·阿马塔遗址阿布维利文化时期，人们露营时的小型房屋遗迹，却找到了当时人类加工工具和饮食等聚落因素。沙苑遗址与灵井遗址是旧石器时代向新石器时代过渡的重要聚落遗址，当时的经济是农业发生前相当发达的狩猎、采集经济，对探索黄河中游地区的聚落起源具有重要的科研价值。

第三节　黄河中游地区的史前早期聚落

一、考古发现基本情况及分期

黄河中游地区的史前文化谱系中，已知最早的新石器时代文化是老官台文化、裴李岗文化和磁山文化。旧石器时代晚期文化与之存在明显缺环，学术界有人认为老官台文化、裴李岗文化和磁山文化是新石器时代中期文化，而新石器时代早期文化尚待探寻。

老官台文化因老官台遗址而得名，主要分布在渭水流域与关中地区，年代为距今8000～7000年。老官台文化缘起渭水流域早于仰韶文化的考古学遗存的零星发现，或可追溯到20世纪30年代宝鸡斗鸡台的发掘①。50年代末至60年代初，在宝鸡北首岭和西乡李家村分别获得了相关材料，开始受到学术界的关注。夏鼐、苏秉琦先后意识到这类遗存的年代应早于仰韶文化，给予了高度重视。1972年，出现了老官台文化的命名，该文化被认为是仰韶文化的先行文化②。此后，围绕此问题的讨论，以及华县老官台③、秦安大地湾④、商县紫荆⑤、渭南北刘⑥、宝鸡北首岭⑦、临潼白家⑧、宝鸡关桃园遗址等同类资料的公布，有力地推动了80年代和90年代对渭水流域及汉水上游地区前仰韶时期文化的深入研究和激烈争论。初步获得了这类遗存

① 苏秉琦. 1954. 斗鸡台沟东区墓葬图说. 北京：中国科学院出版社. 63

② 严文明. 2008. 中国考古学研究的世纪回顾. 新古器时代考古卷. 西安：三秦出版社. 37

③ 北京大学考古教研室华县报告编写组. 1980. 华县、渭南古代遗址调查与试掘. 考古学报，(3)：297～328

④ 甘肃省博物馆，秦安县文化馆大地湾发掘小组. 1981. 甘肃秦安大安湾新石器时代早期遗存. 文物，(4)：34

⑤ 西安半坡博物馆，商县图书馆. 1981. 陕西商县紫荆遗址发掘简报. 考古与文物，(3)：29

⑥ 西安半坡博物馆. 1982. 渭南北刘新石器时代早期遗址调查与试掘简报. 考古与文物，(4)：37

⑦ 中国社会科学院考古研究所宝鸡队. 1979. 1977年宝鸡北首岭遗址发掘简报. 考古，(2)：97

⑧ 西安半坡博物馆. 1983. 陕西临潼白家遗址调查试掘简报. 史前研究，(2)：41

是与磁山文化、裴李岗文化年代相当的一支独立文化的共识。因老官台遗址发掘面积过小，取得的资料有限，文化面貌不清晰，与后来的一些地点的发掘所获存在不一致性，于是出现了“大地湾一期文化”、“北首岭下层类型”、“白家文化”和“师赵村一期文化”等多种命名。老官台文化可分为早期和晚期。早期以北刘下层、紫荆下层和白家遗址为代表，有人称之为北刘类型。北刘类型主要分布在渭水流域。老官台文化的晚期称为“北首岭类型”，以70年代后期所发现的陕西宝鸡北首岭遗址的下层文化为代表。这个类型的文化距今7000年左右，是北刘类型的继续和发展。我们认为老官台文化可分为早、晚两期，具体情况如表2-1所示。

表2-1　老官台文化分期表

期别	类型	遗存名称
早期	北刘类型	临潼白家村遗址、渭南北刘遗址早期居址、北刘遗址早期墓葬、大地湾一期遗存、西山坪一期遗存、宝鸡高家村遗址、旭光遗址
晚期	北首岭类型	关桃园第二期遗存、师赵村第一期遗存、关桃园第三期遗存、北首岭下层居址与墓葬77M10、宝鸡付家村遗址、陇县原子头、长安郭村遗址、斗鸡台沟东区墓葬

裴李岗文化因裴李岗遗址的发掘而得名，该遗址主要以嵩山周围较为密集，分布于西起豫西山地的东麓，东达豫东平原，北自冀南地区，南至大别山的北麓的广大区域，距今8600～7000年。1977～1978年，开封地区文物管理委员会对裴李岗遗址进行了发掘，发现了墓葬、灰坑和重要文物数十件[①]，在此基础上人们认识到这是一批比中原地区仰韶文化更早的新石器时代的文化遗存。随后在新郑沙窝李、长葛石固、密县马良沟、淇县花窝等地发现130多处类似的文化遗存。这些发现对仰韶文化渊源和新石器时代早期文化的探索起到了推动作用。有学者认为裴李岗文化可分为裴李岗和莪沟两种类型[②]。前者主要分布在豫西浅山丘陵区和黄淮大平原西部的过渡地带，后者主要分布在黄淮大平原西部的边缘地带。裴李岗文化的文化面貌在其长期发展过程中，存在阶段性的差别，有学者根据这些差别，将裴李岗文化进行了分期。例如，缪雅娟将裴李岗文化分为早、中、晚三期[③]。郑杰祥也将

① 开封地区文管会，新郑县文管会. 1978. 河南新郑裴李岗新石器时代遗址. 考古，(2)：73～79

② 赵世刚. 1987. 关于裴李岗文化若干问题的探讨. 华夏考古，(2)：46

③ 缪雅娟. 1993. 沙窝李遗址分析——试论裴李岗文化分期. 考古，(9)：843～851

裴李岗文化分为三期①。依据郑杰祥的分法，裴李岗文化早、中、晚三期具体情况如表2-2所示。

表2-2 裴李岗文化分期表

期别	段	遗存名称
早期	上段	裴李岗二层、上层墓葬、沙窝李三层、下层墓葬、铁生沟遗址、莪沟墓葬
	下段	裴李岗三层、下层墓葬
中期	上段	石固二期、水泉二期
	下段	石固一期、水泉一期、沙窝李二层、上层墓葬、莪沟三层
晚期	上段	石固四期、贾湖上层、中山寨一期、大张庄遗址
	下段	石固三期、贾湖下层、水泉三期

磁山文化因河北省武安县磁山遗址而得名②，主要分布在太行山东麓、漳水以北和易水以南一带。与裴李岗文化分布地域毗邻，文化因素有很多相似之处。因此有学者主张二者应是同一种文化，或统称为磁山文化③，或统称为裴李岗文化④，或称为磁山－裴李岗文化⑤。但仔细对比研究后我们认为，二者是不同的文化系统，有各自的特色。例如，磁山文化的窖穴多为圆角长方形，生产工具中打磨兼制的石器较多而细石器较少，生活用具中以陶盂和用于支撑陶盂的靴形支座为主要器形。根据目前发掘的材料，磁山文化可分为早、晚两期。磁山文化应是与裴李岗文化相互影响而相当于裴李岗文化晚期的一种文化遗存，年代为距今8000～7600年。

二、聚落的布局与防御设施

黄河中游早期聚落主要分布在关中秦岭北麓渭河南侧，渭水和其支流泾河、洛河中下游流域，豫中地区的嵩山周围丘陵地带以及太行山东麓、漳水以北和易水以南一带，多分布在山前坡地与山谷台地。聚落一般有居住区、墓葬区与生产区的分划与布局。早期聚落的早段，聚落无防御设施，早期聚落的晚段，聚落开始出现环壕设施。例如，裴李岗遗址位于双洎河河湾稍远的山冈上，遗址东半部为居住区，西半部为公共墓葬区，西南角可能为手工业作坊区，聚落外围无环壕设施。河北武安县的磁山遗址位于太行山脉与华

① 郑杰祥.2005. 新石器文化与夏代文明. 南京：江苏教育出版社.26
② 河北省文物管理处等.1981. 河北武安磁山遗址. 考古学报，(3)：303～338
③ 严文明.1979. 黄河流域新石器时代早期文化的新发现. 考古，(1)：29
④ 陈旭.1978. 仰韶文化渊源探索. 郑州大学学报，(4)：47
⑤ 夏鼐.1979. 三十年来的中国考古学. 考古，(5)：385

北平原交界处的南沼河河旁阶地上，整个聚落的居住区、墓葬区、生产区的界线不明朗。老官台遗址位于滑河支流西沙河东岸的台地上，居住区、墓葬区和生产区的界线亦不明显。早期晚段的聚落，如唐户遗址①，东邻溴水河，西有石洞寺河，南到溴水与石洞寺河的两河交汇处，遗址三面环水，处于河旁台地上，北高南低，高出河床 12～13 米。居住区位于遗址东部，手工业作坊区位于西南部。聚落遗址外围有一条壕沟与河流相通，壕沟残深 1.4 米，宽 1～1.3 米，显然具有防御功能。贾湖遗址位于沙河与泥河之间的冲积平原上，居住区位于遗址的中部与东部，西部为墓葬区，居住区周围发现很多灰窖，可能为手工业生产区。聚落遗址外围西南角和东北部，发现长约 9 米的壕沟各一处，壕沟现深 1 米多，具有防御功能。总体来说，早期阶段的聚落，具有壕沟等防御设施的情况比较少见，其构筑防御设施可能还仅仅是出于防御自然界天敌的需要。唐户聚落遗址与贾湖聚落遗址是此阶段比较发达的聚落形式，可能还不具备此阶段聚落的普遍意义。

三、聚落的房址布局与结构形态

1. 房址的布局

黄河中游地区史前早期聚落早段的居住区尚不见统一规划布局的痕迹，老官台文化与磁山文化房址很少，裴李岗遗址发现的 5 座房址和莪沟北岗遗址发现的 6 座房址都是分散布局。中、晚段则开始出现统一规划布局。新郑唐户遗址发现的 60 余座房址共分为 4 组，分别组成相对独立的单元。每组有一个大房子，围绕大房子建小房子，大房子有 20 余平方米，小房子 5 平方米。其中第四组的 27 座房址，分布较有规律，从北向南大致可分为 3 排。房址周围布满网状的排水沟，是该聚落的核心区域②。贾湖遗址可分三期，西区晚期 16 座房址存在类似的分组现象③。在史前早期聚落社会，居住区具备这种统一规划布局的现象，应该还是比较少见的。

2. 房址的结构类型与形态

黄河中游地区史前早期聚落房址的早段和中晚段区别不十分明显。以裴

① 河南省文物考古研究所，新郑市文物事业管理局.2005. 新郑唐户新石器时代遗址调查. 中原文物，(5)：12～23

② 河南省文物考古研究所，新郑市文物事业管理局.2005. 新郑唐户新石器时代遗址调查. 中原文物，(5)：12～23

③ 河南省文物考古研究所.1999. 舞阳贾湖（上卷）. 北京：科学出版社.27

李岗文化为例，在早期聚落中，房址多为单体房，绝大多数为椭圆形、圆形或不规则形的半地穴式窝棚建筑。建筑技术单一，房址地基深度在1米左右，直径在2米左右，个别达到2.3米。居室地面普遍铺有硬土，地面周围发现数量不等的柱洞，房址中央有较大的柱洞，可知房屋的中央原来应有大的支柱以支撑屋顶。这种房顶形式，可能是一种用草搭成的蘑菇状即圆形攒尖式房顶，墙壁则是“木骨泥墙”结构①。居室地面以外的南部或西南部多发现有斜坡式或台阶式门道，以获取充足的阳光。裴李岗遗址发现的5座房址和莪沟北岗遗址发现的6座房址，都是这种结构。莪沟北岗遗址还发现至今最原始的一座方形房址。方形房屋比圆形房屋更适宜人们安排室内空间，在建筑结构上，特别是屋顶的建筑结构比圆形房屋更为复杂与进步。但由于此处是单一的孤例，尚不能有力证明其复杂与进步。中晚段房址结构与早段相比变化不大，但房屋大小开始分化：以单体房为主，个别出现双间连体房，建筑技术多样化。例如，新郑唐户聚落遗址的房址均为半地穴式，平面有椭圆形、圆形、圆角长方形和不规则形，并以单间为主。门大多朝向地势较低的一面，按结构形式大致可分为斜坡式门道单间式、阶梯式门道单间式和斜坡式门道双间式3种。其中阶梯式门道单间式和斜坡式门道双间式是新出现的房址结构。建筑技术沿袭早段的“木骨泥墙”以及攒尖式屋顶结构。3座双间式结构，为斜坡式门道，房址由门道、东室、西室三部分组成。门道西南向，房屋分东、西两间②。贾湖聚落遗址的房址基本上为半地穴式或浅地穴式，另有少数为平地起建和干栏式建筑③。平地起建的房基开始采用夯筑的方法，而干栏式建筑则显然受到了长江流域早期文化的影响。房址的门道多为台阶式，也有少数为斜坡式。房址多属10平方米以下的小型房，少数为10～20平方米或再稍大些的中型房，最大的一座面积为52平方米。

另外，关中地区发现的老官台文化的房址都是圆形半地穴式窝棚建筑，面积只有6平方米左右，屋子中部及四壁都有柱洞，柱洞直径一般为20～25厘米、深30～40厘米，四壁的柱洞向屋内倾斜。根据柱洞的位置及倾斜角度推测，房子是圆形攒尖顶。屋内都有一段伸向门口的斜坡门道。室内地面没有灶，仅见一定范围的烧土面，这应当是炊事、取暖的处所。房中出土少

---

① 开封地区文管会，新郑县文管会. 1978. 河南新郑裴李岗新石器时代遗址. 考古，(2)：73～79

② 河南省文物考古研究所，新郑市文物事业管理局. 2005. 新郑唐户新石器时代遗址调查. 中原文物，(5)：12～23

③ 河南省文物考古研究所. 1999. 舞阳贾湖（上卷）. 北京：科学出版社. 27

量的陶制生活用具[①]。在冀南豫北地区，发现了少量的磁山文化聚落遗址。在磁山遗址的第一次发掘中，可以确定为房址的遗迹仅两座：其中一座为圆形，直径2.9米，深1.1米，东北侧向外开辟出一道缺口，并保留生土台阶二层，坑壁外沿有较对称的柱洞4个，洞径10厘米，深约30厘米，坑底中部另挖一个浅穴，内置一个较大的石块，室内堆积物为黄褐土和草木灰烬，包含物较丰富，既有盂、支脚、杯、碗等陶器和斧、锛、锤、磨棒等石器，又有凿、针等骨器和鱼蚌、兽骨等遗骸；另一座略呈椭圆形，直径2.5~3米，深1.2米，周壁坑底发现柱洞8个，有门道及类似灶坑的坑穴和石块。另外发现大量类似房址的遗迹，如H28、H29、H38等，直径3米，坑内北侧均从口至底有一条坡道或生土台阶，填土中还发现有较多的烧土块，其上还留有芦苇的印痕。“似为当时房屋建筑遗迹”或“可能是遭到严重破坏的居住遗址”，原因自然是未发现柱洞和灶址[②]。除此之外，磁山遗址中还发现上百座较大型的圆形或椭圆形坑穴，坑口直径亦在3米左右，深0.5~1.5米，坑壁一般较规整，坑内除堆满灰土、草木灰、烧土及陶片、兽骨等杂物外，有的还出土有陶盂、支脚等炊具和成堆的陶弹丸等，有的坑穴还有一定的布局，但由于未见柱洞和灶址，所以不敢断定为房址。但磁山文化房屋建筑是否尚未完全定型，是否在较讲究的房屋中使用立柱，则不能肯定。有可能多数的房屋在坑沿上直接构筑圆锥形屋顶，类似现在的茅草式窝棚。这就是说磁山遗址中的房屋基址可能还是比较多的，那些面积较大、地面较平整，特别是具有一定居址特征的圆形、椭圆形甚至不规则形的坑穴都有可能是磁山早期先民的房屋基址。

3. 房址的演化类型

黄河中游地区老官台文化遗址中发现的房址很少，仅李家村1座、老官台2座、北首岭2座、元君庙3座。裴李岗文化聚落遗址中发现的房址较多，有100余座。其中，裴李岗遗址5座，莪沟北岗遗址7座[③]，贾湖遗址40余座[④]，唐户遗址60余座[⑤]，冀南豫北磁山文化发现数量类似圆形半地穴式房址。具体情况如表2-3所示。

---

① 西安半坡博物馆．1982．渭南北刘新石器时代早期遗址调查与试掘简报．考古与文物，(4)：37

② 罗平．2006．磁山人住的房子．文物春秋，(1)：77

③ 河南省博物馆等．1981．河南密县莪沟北岗新石器时代遗址．见：考古学集刊（第1辑）．北京：中国社会科学出版社．8~12

④ 河南省文物考古研究所．1999．舞阳贾湖（上卷）．北京：科学出版社．11

⑤ 河南省文物考古研究所，新郑市文物事业管理局．2005．新郑唐户新石器时代遗址调查．中原文物，(5)：12~23

表 2-3 黄河中游地区前仰韶文化聚落房址形态种类结构表 （单位：座）

期别	类别					
	圆形		方形		不规则形（椭圆形、圆角方形等）	
	单间	双（多）间	单间	双（多）间	单间	双（多）间
早期	14	—	1	—	10	—
中期	4		1	—	3	—
晚期	78	3	6	1	15	—

黄河中游地区史前早期聚落流行半地穴式圆形单间房址，早段无双间房，方形房和不规则形状的房址较少，中晚段出现少数双间房。

四、 聚落的墓葬形态

1. 墓葬的布局

从北首岭、大地湾、北刘、白家村、李家村等遗址的情况看，老官台文化各遗址大都有与居住区分开的墓地，而且墓葬的分布比较集中，同一墓地内每座墓葬的规模、形制、方向大体一致或相近，相互之间很少打破关系，显然经过一定的规划。例如，白家村遗址的墓葬主要分布在Ⅰ区和Ⅲ区，两区之间也曾发现过同时期的墓葬，表明从Ⅰ区到Ⅲ区是同一处公共墓地，面积达6000平方米。该墓地的布局有以下两个明显的特点：第一，由于墓葬数量不多，分布密度不大，不集中；第二，从总体上看比较分散，但相当一部分墓葬同时表现出相对集中的特点，它们往往聚集成组，有的甚至排列相当整齐。例如，M1、M2和M3三座同见于T303，方向一致，平行排列，间距相等；又如，M18、M17、M16、M24和M25五座墓的方向一致，为305～314度，墓与墓之间相距15～25厘米，整齐地排列在东北、西南向的一条线上，各墓大小相近，出土物也颇为一致，相互之间没有打破关系①。龙岗寺遗址发现的7座早期墓葬均集中分布于发掘区东北部的T38和T39之内，墓地的分布范围是东西约20米，南北约25米，面积约500平方米。

裴李岗文化的墓葬发现较多，不少墓地保存比较完整，且规模较大。发现表明，多数遗址都有一个比较集中的墓地，墓葬分布比较集中，方向比较一致，排列有一定的规律，甚至有的墓地又可以分为若干墓区，每一墓区可能分别为同一家族的成员。例如，裴李岗遗址至今共发现墓葬114座。从裴

① 西安半坡博物馆．1983．陕西临潼白家遗址调查试掘简报．史前研究，（2）：41

李岗遗址墓葬分布情况看，其氏族已有固定的墓地，并选择在地势较高的岗地上，与居住区相隔一定的距离。墓地中心区墓葬比较密集，如在T18的15平方米范围内就发现10座，埋葬方向均为头南脚北，或稍偏西[①]。莪沟北岗遗址共发掘墓葬68座，墓葬区内部至少可以划分出3个墓葬群，它们均按东西成行、南北成排的顺序安排墓葬位置。这些墓葬主要分布在遗址的西部和西北部，尤以西北部较为集中，如在T18附近的50平方米范围内，就发现墓葬17座[②]。又如，水泉遗址的墓地规模较大，以一条现代小渠为界可分为相对独立的两部分，其中小渠以东110座，排列有序；小渠以西10座，分布较为杂乱，或为墓地边缘。墓葬大约可分为18排，中间被一烧土坑隔开，分成东、西两部分。西部7排，东部11排，每排数量不等，最多的11座，最少的仅3座。值得注意的是，在第3、4、5、10、11、12、16和18排之间，有的墓与墓之间还存在一定的空隙，似为有意按一定次序留出来的。墓葬的方向基本一致，头向多朝西[③]。舞阳贾湖遗址发现墓葬317座，分属于几个不同的墓地。但墓葬之间的叠压及打破关系比较常见，或许与墓地使用时间较长有关[④]。

2. 墓葬的形制与葬式

老官台文化的墓葬可以分为土坑墓和瓮棺葬两种。成人墓以土坑竖穴墓为主，绝大多数为长方形，个别呈方形、圆形和不规则形。例如，白家村墓地[⑤]的29座成人墓中，长方形土坑竖穴墓23座，占总数的79.3%，圆角方形、圆角长方形、圆角亚腰方形、椭圆形和不规则形各1座，各占总数的2.4%，还有1座形状不明。北首岭的7座全为长方形土坑竖穴墓。龙岗寺的7座，除了3座未找到墓坑外，其余4座均为长方形土坑墓。成人墓绝大多数未发现葬具，个别有板灰痕迹。例如，北首岭77M10的墓坑为长方形土坑竖穴，墓口长3.68米、宽2.82米、深0.55米，墓向314度，墓坑南壁局部发现有板灰痕迹，而且还有料姜石涂抹的痕迹[⑥]。儿童瓮棺葬在白家村、

① 开封地区文管会，新郑县文管会.1978. 河南新郑裴李岗新石器时代遗址. 考古，(2)：73～79

② 河南省博物馆等.1981. 河南密县莪沟北岗新石器时代遗址. 见：考古学集刊（第1辑）. 北京：中国社会科学出版社.8～12

③ 中国社会科学院考古研究所河南一队.1995. 河南郏县水泉裴李岗文化遗址. 考古学报，(1)：65

④ 河南省文物考古研究所.1999. 舞阳贾湖. 北京：科学出版社.139

⑤ 中国社会科学院考古研究所.1994. 临潼白家村. 成都：巴蜀书社.45

⑥ 中国社会科学院考古研究所.1983. 宝鸡北首岭. 北京：文物出版社.51

李家村遗址中都有发现，墓坑多为圆形或椭圆形，多与成人墓地分开，有的是集中分布的。例如，白家村遗址的8座瓮棺不仅分布集中，而且往往成对放置。瓮棺的葬具一般都是两件一套，即一个盛尸骨的瓮（或罐）和一个做盖的陶器；或为两件陶瓮以口相对；也有的三件一套，即一个盛尸骨的瓮（或罐）上、下各加一件罐底。瓮（或罐）的形体很大，火候不高，可能是专门制作的葬具。高家村老官台文化遗址墓葬17座，墓坑多为长方形竖穴土坑，个别为不规则方形圆角。一般长1.8～2.1米，宽0.6～0.7米。葬式以仰身直肢葬为主，另有2座屈肢葬墓。仰身直肢葬墓头向西、西北或西南，屈肢葬墓头向东或东南。

就葬式而言，老官台文化的墓葬以一次葬为主，有很少量的二次葬。一次葬绝大多数为单人葬，也有很少量的合葬墓；葬式多为仰身直肢葬，屈肢葬比较少见，另有少量俯身葬。例如，白家村遗址37座墓葬皆为一次葬，在29座成人墓中，单人葬就有27座，占总数的93.1％，合葬墓2座（双人合葬墓1座，七人合葬墓1座），占6.9％；27座单人葬中，仰身直肢葬24座，占88.9％，屈肢葬墓3座，占11.1％。北首岭的7座墓中，除2座葬式不明外，其余均为单人一次葬，葬式为仰身直肢葬。北刘的9座墓葬也是单人仰身直肢葬。老官台文化的墓葬除了仰身直肢葬外，还有侧身葬、俯身葬等形式。二次葬仅见于龙岗寺，这里的7座墓除2座葬式不明外，其余均为单人二次葬，死者头向西北或正北，面部向上。例如，龙岗寺M414为长方形墓坑，墓向331度，墓内人骨架一具，系35～40岁女性，骨架缺少手和脚趾骨，并且有一根尺骨移位于头骨的上部，明显为二次葬。

裴李岗遗址墓葬的墓穴均为长方形竖穴土坑墓，墓室一般长1.5～2.5米、宽2米左右，一墓一人，葬式均为仰身直肢葬。在裴李岗遗址的114座墓葬中仅发现1座双人合葬墓。莪沟北岗遗址墓葬形制与裴李岗遗址墓葬相似，墓坑为长方形，竖穴，长约2米，宽1米左右；其中有2座较大的，长、宽均2米。一般是单人葬，个别墓有双人葬，死者绝大多数为成年人。墓坑方向基本一致，均南北向，死者头南脚北，仰身直肢。还发现9座专门挖有壁龛的墓葬，随葬品放置在壁龛内。这种现象说明当时人们对死者随葬品的重视程度进一步提高，也是后来墓葬形制中出现的专门为放置随葬品所建左右耳室的雏形。长葛石固遗址墓葬为单人竖穴土坑墓，长约1.5米，宽1米左右，葬式除三期有5座墓葬为侧身葬、四期有5座墓葬为侧身葬和1座为俯身葬外，大多为仰身直肢葬。墓坑方向为西南至西北向，二期和三期共有4座墓葬挖有壁龛。舞阳贾湖遗址的墓葬墓坑形制均为竖穴土坑墓，个别墓留有二层台。头向多为西或西南，少数偏西北。单人一次葬较多，单人二次葬占一定比例，三人葬仅见一例，多人（2~4人同穴）二次葬也有一定数目，一次与二次多人合葬发现多例（一般是单人一次葬与1~3人二次葬同置一穴）。一次葬多仰身直肢，个别为侧身直肢、俯身直肢、仰身屈肢等。

3. 墓葬的随葬品

老官台文化聚落的儿童墓多数没有随葬品；成人墓的随葬品多寡不一，多者十几件，少者一两件，还有相当数量的墓没有随葬品。白家村的29座成人墓中，14座墓有随葬品，占总数的48.3%；没有随葬品的墓葬有15座，占总数的51.7%；有随葬品的墓葬中，一般只有1件或2件，M5最多，有6件。北刘的9座墓中，有随葬品的仅4座（M3、M5、M11和M13）。北首岭的7座墓均有随葬品，其中M9最多，有15件；M10虽然随葬品有40件，但该墓为五人合葬墓，随葬品分属于五人，其中甲3件，乙5件，丙9件，丁21件，戊2件。随葬品主要是陶质的生活用具，也有一部分石质、骨质、蚌质的劳动工具和装饰品等。生活用具的种类较多，其中以钵、碗和三足罐等较为常见；劳动工具有石铲、斧、锤、矛头、骨镞、锥、铲、矛、切割器和陶锉等，其中最常见的是石铲、陶锉。高家村老官台文化墓葬的随葬品较少，半数墓无随葬品。随葬品有陶器、石器、骨器、兽骨及猪獠牙等，随葬品一般置于下肢附近。老官台文化墓葬中劳动工具的随葬不仅普遍，而且在整个随葬品中占有较高的比例。随葬劳动工具的墓葬占同期墓葬数量的24%以上，多者可达40%以上，单位墓葬中随葬劳动工具的平均数量为1~8.5件，劳动工具在全部随葬品中的比例为13.6%~33.3%。在老官台文化中，还发现有随葬猪下颌骨的现象；在白家村墓地，有的墓有随葬猪下颌骨的现象，还有部分墓葬的墓主手握獐牙（如白家村M12）。随葬品的放置有一定规律，多放于骨架附近，以膝部和足部较多，有的则放在头部、胸部和肩部。

裴李岗遗址墓葬中随葬品极为普遍，除极少数墓葬无随葬品外，其余均有。少者1件，多者14件。随葬品中主要是陶器，常见的有双耳壶、三足钵和深腹罐。另外，还有碗、钵、双耳罐、圈足壶、三足壶、盘、豆、鼎等。生产工具占的比例较小，其中比较突出的是石镰、石铲和石磨盘，少数墓地还有石斧、石矛和磨石。装饰品目前只发现有绿松石和骨簪等少数种类。莪沟北岗遗址墓葬随葬品中未见装饰品，器物的组合也未见单纯用劳动工具的现象。能鉴定为男性的31号墓中，随葬石斧1件、石铲2件、三足陶钵4件、陶壶1件。这与新郑裴李岗遗址28号男性墓中随葬石斧2件、石铲1件、石镰1件、陶壶1件是一致的。长葛石固遗址墓葬随葬品较少，尤其是在男性墓葬中，但都以陶壶作为基本的随葬品，放在死者头部上方。舞阳贾湖遗址的墓葬大多数都有随葬品，多为生产工具、生活用具以及装饰品等。少者一件，多者数十件。陶壶是随葬品中必备之物，放置位置也均在头部左右。粮食加工工具石磨盘与石磨棒为女性墓所独有。该墓地有一个与其他墓地不同的埋葬习俗，就是龟甲往往成组出现，龟甲内还装有数量不等、大小不均、颜色不一、形状各异的小石子。有的龟甲、骨器或石器上有契刻符号。特别是贾湖遗址第344号男性墓中，除随葬一般的陶器、石器和骨器外，还随葬有2支骨笛和8个内装小石子的龟甲。用龟甲随葬的情况在裴李岗其他墓葬中还没有发现。

随葬品放置的部位，以头旁和脚侧比较常见，但也有部分墓葬将随葬品放在死者的左侧（有的从头到脚成一行排列），个别的放在左、右两旁。放置方法也有一定规律。例如，三足钵一般口朝下扣放，并且二件、三件摞起放置。碗、盘、钵则口朝上放，双耳壶和深腹罐立放。随葬的石磨盘，一般放在死者的左侧（手臂旁、腰旁或脚旁）。纵观墓葬中随葬器物的组合情况，大致可分三种：第一种是单纯用劳动工具随葬，并以石斧、石铲、石镰等农业生产工具为主，少数有石矛、石凿、石锤及细石器随葬；第二种是单纯使用陶质生活器皿随葬，并以饮食器为主，少数兼有炊器；第三种是劳动工具、生活用具和装饰品兼而有之，但有的是以石斧、石铲、石镰等农业生产工具与陶器组合，有的是以磨盘、磨棒之类的粮食加工工具与陶器组合。随葬粮食加工工具的应是女性墓。从这些迹象看，男女劳动已有分工，并且这种分工反映到随葬习俗中：男性主要从事农业生产，女性主要从事粮食加工等家务劳动。

4. 墓葬的共性与异性

黄河中游地区早期聚落墓葬的共性主要表现在以下几个方面。①出现了与居住区分开的墓地，墓葬分布比较集中，不少墓地存在分区或分排的现象。②在同一墓地，墓葬的形制、规模和方向大都相近。墓坑以长方形竖穴为主，另有少量方形、圆形墓坑，且绝大多数没有葬具。③葬式以单人葬和一次葬为主，二次葬和多人合葬比较少见；流行仰身直肢葬，侧身葬、俯身葬和屈肢葬比较少见。④随葬品数量相对较少，种类有陶器、石器、骨器和蚌器等；除生活用具外，劳动工具在随葬品中占有一定比例，并且男女之间在随葬劳动工具的种类上存在着较为明显的差异。

黄河中游地区早期聚落墓葬的异性主要表现在以下几个方面。①不同文化聚落公共墓区完善程度不一。例如，裴李岗文化聚落发展最为完善，在裴李岗遗址、长葛石固遗址、舞阳贾湖遗址等都出现了规模较大、有规划的公共墓葬区域，而磁山文化聚落则至今没有发现公共墓葬区，老官台文化聚落仅仅在白家村聚落遗址中发现小型的公共墓葬区，这在一定程度上反映了不同区域氏族聚落组织的发育情况。②不同文化聚落的墓向之间存在一定差异。例如，老官台文化聚落墓葬多朝西或西北；裴李岗文化聚落墓葬多朝西，有的朝南。根据王仁湘的观点①，新石器时代墓葬方向的决定原则有10项，可以进一步概括为三种原则：一是环境决定原则，如向高山、流水方向；二是性别决定原则，这是社会分工的一种表现；三是信仰决定原则，如向日出、日落方向，而朝向文化来源方向的，也可归入这种情况。这三种情况加上文化变迁中的继承和发展，形成了新石器时代各聚落之间在墓向方面的同一性和多样性。

第四节　黄河中游地区的史前中期聚落

一、考古发现基本情况及分期

仰韶文化因1921年瑞典地质学家安特生对河南省渑池县仰韶村遗址的发掘而得名，已发现的遗址数量逾千处，分布十分广泛，主要分布在黄河流域。关中、豫西、豫中和晋南地区是仰韶文化的核心区域，而河北北部、甘青交界地带、湖北西北部也有发现。仰韶文化距今7000～4800年。1921年，安特生除对仰韶村遗址进行发掘外，还在新安县发现了东杨镇遗址、荥阳秦王寨遗址等。1926年，著名考古学家李济与袁复礼等在山西夏县西阴村进行考古发掘，发现了黄河北岸第一个仰韶文化遗址②。1931年梁思永在河南省安阳市后岗遗址的发掘中，发现了殷墟、龙山和仰韶文化相继叠压的三个文化层③，即著名的“三叠层”。新中国成立后，黄河中游地区的仰韶文化遗址被大量发现和发掘，重要的有西安半坡④、陕县庙底沟、三里桥⑤、安阳

---

① 王仁湘．1989．我国新石器时代墓葬方向的研究．见：中国原始文化论集．北京：文物出版社．11

② 李济．1927．西阴村史前的遗存．北京：清华学校研究院刊本．34

③ 梁思永．1933．后岗发掘小记．见：安阳发掘报告（第4期）．南京：南天书局有限公司．31

④ 中国科学院考古研究所，陕西省西安半坡博物馆．1963．西安半坡．北京：文物出版社．56

⑤ 中国科学院考古研究所．1959．庙底沟与三里桥．北京：科学出版社．32

大司空、洛阳王湾[①]、郑州大河村[②]、淅川下王岗[③]、灵宝铸鼎原[④]等。

随着考古工作的进展，学术界对仰韶文化进行了分型研究，所分的类型有半坡类型[⑤]、庙底沟类型[⑥]、西王村类型、王湾类型、后岗类型、大司空类型等。半坡类型主要分布在关中西部，涉及豫西、晋南地区。重要遗址有宝鸡北首岭、临潼姜寨、华县元君庙、华阴横阵村、渭南史家、邠县下孟村、山西芮城东庄村等。庙底沟类型分布于陕西、河南、山西地区，而以关中、豫西、晋南地区最密集。重要遗址有陕西华县泉护村、华阴西关堡、甘肃秦安大地湾、山西芮城西王村等。西王村类型主要分布在山西西南的汾水流域、陕西渭河流域。重要遗址有西安半坡上层、临潼姜寨四期、华县泉护村中层、宝鸡北首岭上层、西安米家崖等。王湾类型分布在豫中地区和豫西东部，如伊河、洛河、汝河流域。重要遗址有王湾遗址、大河村遗址、伊川土门、偃师高崖、汤泉沟、荥阳青台、临汝大张、荥阳秦王寨等。后岗类型分布在豫北、冀南地区，核心在卫河、漳河流域。重要遗址有安阳后岗、高井台子、大正集、大赉店等。大司空类型分布也在豫北、冀南地区，核心同样在卫河、漳河流域。重要遗址有大司空村遗址、安阳大正集、大寒南岗、鲍家堂、河北磁县下潘汪、界段营等。

仰韶文化的分期工作，从一开始就受到了考古学家的重视。安特生在《甘肃考古记》中，认为齐家文化早于仰韶文化。梁思永认为，后岗仰韶文化要早于仰韶遗址的仰韶文化遗存[⑦]。吴金鼎认为，仰韶遗址的仰韶文化遗存，要早于秦王寨的仰韶文化遗存[⑧]。安志敏认为三里桥类型晚于庙底沟类型[⑨]，吴力等则持相反意见[⑩]。半坡类型和庙底沟类型发现后，有人认为前者早于后者，也有人持反对意见。有人认为在关中豫西地区、天水平凉一带、晋南洛阳南阳一线，以及豫北冀南地区都有各自的早晚发展系列。严文明将洛阳王湾仰韶文化遗存分为二期五段，以此为标尺，对仰韶文化诸类型进行了新

---

① 北京大学考古实习队 . 1961. 洛阳王湾遗址发掘简报 . 考古，（4）：175 ~ 178

② 郑州市博物馆 . 1979. 郑州大河村遗址发掘报告 . 考古学报，（3）：301 ~ 375

③ 河南省文物研究所等 . 1989. 淅川下王岗 . 北京：文物出版社 . 71

④ 中国社会科学院考古研究所河南一队等 . 1999. 河南灵宝铸鼎原及其周围考古调查报告 . 华夏考古，（3）：49

⑤ 中国科学院考古研究所，陕西省西安半坡博物馆 . 1963. 西安半坡 . 北京：文物出版社 . 34

⑥ 中国科学院考古研究所 . 1959. 庙底沟与三里桥 . 北京：科学出版社 . 11

⑦ 梁思永 . 1959. 梁思永考古论文集 . 北京：科学出版社 . 15

⑧ 杨建芳 . 1962. 略论仰韶文化与马家窑文化的分期 . 考古学报，（1）：61

⑨ 安志敏 . 1960. 我国新石器时代的仰韶文化和龙山文化 . 历史教学，（8）：49

⑩ 吴力 . 1961. 庙底沟仰韶遗存应比三里桥晚 . 考古，（7）：336

的分期①。综合诸家的观点，我们比较认可的仰韶文化分期如表2-4所示。

表2-4 黄河中游仰韶文化分期表

期别	段	遗存名称
早期	上段	郑州大河村前二期、汝州中山寨二期、偃师高崖一期、陕县三里桥、临潼姜寨二期、半坡二期
	下段	郑州大河村前一期、洛阳王湾一期一段、长葛石固五期、淅川下王岗一期、安阳后岗一期、濮阳西水坡、临潼姜寨一期、半坡一期、北首岭中层
中期	上段	郑州大河村二期、洛阳王湾二期一段、郑州后庄王中层、荥阳青台二期、荥阳点军台二期、渑池仰韶遗址一期、陕县庙底沟一期、淅川下王岗三期、淅川下集中期、史家三期
	下段	郑州大河村一期、洛阳王湾一期二段、长葛石固六期、郑州后庄王下层、汝州中山寨三期、荥阳青台一期、荥阳点军台一期、淅川下王岗二期、淅川下集早期、史家二期、临潼姜寨三期
晚期	上段	郑州大河村四期、洛阳王湾二期三段、长葛石固八期、安阳大司空、郑州后庄王上层、汝州中山寨五期、荥阳青台四期、洛阳西干沟仰韶二期
	下段	郑州大河村三期、洛阳王湾二期二段、长葛石固七期、汝州中山寨四期、荥阳青台三期、洛阳西干沟仰韶一期、荥阳秦王寨、荥阳点军台三期、临潼姜寨四期、西王村

在黄河中游地区的河南西南方，分布有大溪文化和屈家岭文化遗存。大溪文化因1959年首次发现于四川巫山县大溪遗址而得名②，主要分布在川东和鄂西北地区。大溪文化在中期以后，向北挺进中原，对豫南的中原聚落文化产生了影响。淅川下王岗仰韶文化中的屈肢葬M411，应当是中原史前中期聚落文化受到大溪文化影响的实证。屈家岭文化是大溪文化的继承与发展，以1955年首次发现于湖北省京山县屈家岭而得名③，主要分布在湖北省的江汉平原地区，在晚期向北发展到豫西南的南阳盆地，并影响到豫南和豫中地区。在淅川下王岗、黄楝树和下集遗址中都发现有独立的屈家岭文化层，叠压在仰韶文化层之上，被龙山文化层所叠压，形成仰韶、屈家岭、龙山文化先后叠压的情况。在豫南的双河镇、李家庄、西峡杨岗、赵湾、邓州八里岗、南阳黄山、新野凤凰山、唐河寨茨岗、茅草寺等地都发现屈家岭文

① 严文明.1989. 从王湾看仰韶村. 见：仰韶文化研究. 北京：文物出版社.71

② 四川省博物馆.1959. 四川省长江三峡水库考古调查简报. 考古，(8)：398~403

③ 中国科学院考古研究所.1965. 京山屈家岭. 北京：科学出版社.2

化的踪迹。

二、聚落的布局与防御设施

中期聚落多分布在渭水和其支流泾河、洛河流域，汾河流域，伊洛河流域，卫水、漳水、易水流域以及黄河两岸的河床阶地上。大型聚落普遍出现了功能分区。例如，早段的半坡聚落遗址为不规则圆形；居住区在中央，分南、北两片，每片有一座供公共活动用的大房屋，还有若干小房屋，其间分布着窖穴和牲畜圈栏；居住区有壕沟环绕，一般沟深 1.9 米，宽 1.7 米，具有明显的防御功能；沟北是公共墓地。半坡聚落是仰韶文化早期典型的环壕聚落①。而后岗遗址一期 59F13 和 59F5 两座房址以南的灰沟，为西北——东南走向，深 0.4 米，上宽下窄，口宽 1.6 ~ 2.1 米，底宽 0.4 米，估计是居住区的防卫沟②。濮阳西水坡③遗址周围也发现了聚落的环壕，环壕大小不一，大型壕沟宽而深，小型壕沟窄而浅；大型壕沟宽约 8 米，位于聚落遗址的东部，中间有一个缺口，从壕沟的南端有向西拐的趋向分析，很可能是环绕聚落一周④。陕县庙底沟是仰韶文化中期的典型遗址，近年也发现了环绕聚落的壕沟。壕沟坐落在遗址的西部，东南—西北走向，口宽底窄，底部多填碎石块，最深处距地表有近 8 米，现已清理的长度有近 100 米⑤。同样的聚落环壕在灵宝西坡遗址已经发现。灵宝西坡聚落遗址的壕沟分为南、北两部分，沟壁较规整，斜壁向下内收，呈圆底。根据文化堆积及其包含物初步判断，壕沟的始建年代不晚于仰韶文化中期中段，与以前揭露的特大型房址的年代相近，属于该遗址的早期阶段。从清理的情况看，壕沟的深浅程度依地势而变，具有十分明显的防御功能⑥。另外，伊川土门遗址建在伊河东岸的三级阶地上，西临伊河，南、北各有一条壕沟，只有东边一条出路。新安县荒坡遗址周围出现了像西安半坡、临潼姜寨那样的环壕聚落。

仰韶文化晚期的环壕聚落布局沿袭了早中期的风格，而环壕聚落演化为城址是这一阶段黄河中游聚落演化的最大特点。以仰韶晚期的西山城址为

---

① 中国科学院考古研究所，陕西省西安半坡博物馆 . 1963. 西安半坡 . 北京：文物出版社 . 56

② 中国社会科学院考古所安阳队 . 1985. 1979 年安阳后岗遗址发掘简报 . 考古学报，(1)：33

③ 濮阳市文物管理委员会，濮阳市博物馆，文物队 . 1988. 濮阳西水坡遗址发掘简报 . 华夏考古，(1)：1 ~4

④ 濮阳市文物管理委员会，濮阳市博物馆，文物队 . 1988. 濮阳西水坡遗址发掘简报 . 华夏考古，(1)：1 ~4

⑤ 樊温泉等 . 2003 - 02 - 14. 庙底沟遗址再次发掘又有重要发现 . 中国文物报，1

⑥ 河南省文物考古研究所，中国社会科学院考古研究所河南一队等 . 2002. 河南灵宝西坡遗址 2001 年春发掘简报 . 华夏考古，(2)：34

例，能很好地说明环壕聚落向城址演化的过程。西山古城是目前黄河流域发现的时代最早的城址①，平面近圆形。该城地处豫西丘陵与黄淮平原的交界处，整体地势由西北向东南呈缓坡状。城墙西部中段经历了三个修筑阶段。第一期残高 1.6 米；第二期是从外侧对前段城墙做修补，顶高与前相同；第三期是继续加高加宽城墙，最后形成的城墙最高处为 2.8 米，底部最宽为 5 米。城外有护城壕，编号为 G9，宽 4 ~ 7 米。从城墙的建筑痕迹来看，显然城墙是在环壕取土的过程中形成的②。应该指出的是，与早期的聚落环壕和晚期的城墙相比，西山古城具有明显的过渡性。城内北部和城外西部有两处墓葬区，城内东北部和西北部有两处居住区，西部有房屋环绕的广场设施。

三、聚落的房址布局与结构形态

1. 房址的布局

仰韶文化半坡类型的聚落普遍出现了明显的规划和统一布局。半坡村落由居住区、墓地及窑场结合而成，面积约 5 万平方米。居住区外环为大致呈椭圆形的围沟，沟北为墓地，沟东有窑场。居住区面积约 3 万平方米，居住区中心为一座大型的方形房屋。居住区只揭露了位于围沟范围内北边的一部分，发掘了四五十座中小型房址，房址的建成时间虽稍有先后，分布不甚规整，但绝大多数门向朝南，即背向围沟，形成一个面向大房子的不规则的半月形。半坡已被揭示的房屋被小沟分割成两群，每群又分为由三四座房屋结成的房屋组。住房附近发现 200 多个窖穴，两处营造简陋的长方形建筑遗迹，可能是饲养动物的栏圈③。宝鸡北首岭遗址④面积约 6 万平方米，呈长椭圆形。保存较好的聚落属于半坡类型偏晚阶段，没有发现环壕。遗址北半部为居住区，中心为 6000 平方米左右的大广场，广场的北、西、南三面分布 3 组方形或长方形半地穴式房屋，共 40 多座，东边因靠断崖仅存 1 座，各房屋的门向基本都朝中央广场。广场上有的路面被烧成硬面，其上散布有一些柱洞并遗留大量烧过的兽骨，这些可能是举行祭祀活动的遗迹。另在居住区和墓区分散建有陶窑，共 3 座。遗址南半部为主要的墓葬区⑤。姜寨⑥半坡类

① 国家文物局考古领队培训班 . 1999. 郑州西山仰韶时代城址的发掘 . 文物，(7)：11
② 钱耀鹏 . 2000. 半坡聚落与黄河流域夯筑城址的发生 . 文博，(2)：46
③ 中国科学院考古研究所，陕西省西安半坡博物馆 . 1963. 西安半坡 . 北京：文物出版社 . 37
④ 中国社会科学院考古研究所 . 1983. 宝鸡北首岭 . 北京：文物出版社 . 33
⑤ 中国社会科学院考古研究所宝鸡队 . 1979. 1977 年宝鸡北首岭遗址发掘简报 . 考古，(2)：26
⑥ 西安半坡博物馆等 . 1988. 姜寨——新石器时代遗址发掘报告（上册）. 北京：文物出版社 . 29

型村落也分为居住区、窑场和墓地三类遗存。居住区位于中央，外环为围沟。东南越过壕沟分布着两片墓地，西面靠近河岸的是一处不大的窑场。居住区的房屋布局比较整齐，主要特点有三个：其一，分成5组建筑群，东、西、南三面各一群，北方两群环成圆形，北边的房屋门朝南开，东边的房屋门朝西开，西边和南边的房屋门向则分别朝东和朝北。总之，是背对围沟，面向位于中央的一处约4000平方米的广场。这和在北首岭见到的情形几乎完全一致，区别仅是在姜寨广场的西边揭示出了两块可能是牲畜夜宿的地方。可以认为只有经过较严密的统一规划，才能产生这样整齐布局的村落。其二，5群房屋建筑每群均有20间左右，包括大型房屋1座、中型房屋一二座及小型房屋近20座，其中以大型房屋为主体。其三，每座中型房屋和大型房屋的周围，都有一些小房屋，组成相对独立的单元。

仰韶中期聚落的房屋发现较少，分布松散。华县泉护村、陕县庙底沟及郊县下孟村诸遗址的发掘表明，庙底沟类型村落中房屋极少，却存在大量灰坑。即使把泉护村部分灰坑是地窖式房屋这一情况估计在内，也难以否定庙底沟类型村落中的房屋分布存在着的稀疏现象。但在伊河、洛河流域和郑州地区所见到的情形，和前述遗址所反映的渭河、泾水及中条山的庙底沟类型村落结构，存在着区别。该区域的聚落遗址中见到的房屋较多，分布较密集。从点军台发掘所见局部情形推测，房屋似乎东西成行、南北前后成排地分布。但这类村落结构的具体情形，由于发掘的遗址保存欠佳或未经过大面积发掘，故难以确认。

仰韶晚期聚落为地面起建排房式村落布局。例如，大河村三期、四期遗存的聚落营建在东北—西南向斜穿遗址中部的一条古河道东、西两侧。邓州八里岗遗址排房为东、西走向，南北有三大排，每排宽度（进深）为7～8米，中排已发掘70米，南排已发掘45米。每排由若干座大屋“套间”接连组成，整栋建筑一般不少于5套，每套房屋通常是前后一大一小的两间，有的是一大二小的三间，大间面积14～19平方米，小间面积4～8平方米，大小间均有门相通，各套一般都分别在南北墙开门直通户外而无门厅①。淅川下王岗遗址②发现一座地面式土木结构的特长屋，它横贯聚落中部，全形呈曲尺形。主体建筑东西总长约79米，门向一律朝南，共29间17套单元房紧密相连。12套单元房由一横长方形过厅式外间和纵长方形双内间构成，每套面积为15～38平方米；5套单元房由一过厅和单内间构成，每套

① 北京大学考古文博学院，南阳地区文物研究所.2000.河南邓州八里岗遗址1998年度发掘简报.文物，(11)：23～31

② 河南省文物研究所等.1989.淅川下王岗.北京：文物出版社.41

面积为13～22平方米。在该长屋东头南侧，另有一座三个大单间相连总面积50余平方米的房屋。长屋前后有用红烧土铺成的硬面作为活动场地，房屋周围散布窖穴。

2. 房址的结构类型与形态

仰韶文化半坡类型聚落的房屋平面可分为圆形和方形两大类。圆形房屋主要分布在渭河流域下游及其附近，是承袭老官台文化的一种建筑形式。这些圆形房屋从建筑结构上可分为三种类型，即浅穴型、半穴型与平地起建型。浅穴型没有单独的墙壁，屋顶直接覆盖在地面上。半穴型穴壁周围有一圈柱洞，形成墙壁。由于地穴很浅，故没有伸出地穴外的门道。平地起建型基址周围有一圈柱洞，形成墙壁，有门槛和矮隔墙。圆形房屋的共同之处是：一般面积较小，约20平方米。居住面经过火烧硬化，墙基处有三根以上的柱子，屋顶为蘑菇形或穹隆形；门口有防水的土坎或者门槛。灶一般偏于室内一角以节省空间，室内出土成套的陶器等生活用具。圆形房子只有李家沟F3一座，面积较大，为平地起建建筑，周围有一组小型房屋，显然是房屋组的中心①。方形房屋分布在整个黄河中游地区，在渭河的上游更是占统治地位。面积则有大、中、小之分，小型房屋面积为10～20平方米，中型房屋为40平方米左右，大型房屋面积则达80平方米，甚至160平方米。小型房屋最多，可分为浅穴型、半穴型与平地起建型。浅穴型房屋主要分布在渭河上中游，有较长的斜坡门道。半穴型房屋在整个黄河中游地区都有分布，尤其以房穴四角有柱、没有伸出地穴外的门道为特色。平地起建型房屋仅在李家沟发现2座，墙基挖槽立柱。方形小房屋的共同点是：房址周围有土台和门道，攒尖式屋顶一直覆盖到地面，室内中央近门处均设用于炊事及取暖用的火塘。火塘或作瓢形，或为圆形，有的在其尾端附一嵌入地面作保存火种用的陶罐。罐斜置，口向门。绝大多数房屋的居住面上还设有土床。所谓土床，是指室内地面涂铺草泥较厚的那块地方。它位于火塘的左侧或右侧，高于室内其余地面10厘米左右。半坡F24用矮墙将房屋分为里、外两间，里间虽无土床之设，功能或与土床相同。在半坡类型中，这类构造只是个别现象。中型房屋并不普遍，仅姜寨发现较多。大型房屋分为浅穴型和浅穴型向平地过渡型。共同点是：平面都是单间方形，都有土床和灶，土床有单床和双床之分，单床仅能容纳2～3人，双床面积能容纳多人。大房屋是房屋组群的中心，一组房屋群只有一座大房屋。

---

① 陕西省文物考古研究所. 1981. 宝鸡李家沟遗址发掘简报. 考古与文物，(3)：68

仰韶文化中期即庙底沟类型聚落的房屋在黄河中游地区发现较少。参照仰韶文化早期方形房屋的分类标准，这一时期的房屋也能分为大、中、小三类。小型房屋有浅穴型、半穴型与平地起建型。其中半穴型房址周壁有柱洞，与室内柱洞一起初步形成柱网结构，是庙底沟类型聚落的主要建筑形式。在点军台①还发现了一小型方形分间房屋。中型房屋发现有地穴式和半地穴式两种。大型房屋发现更少，多为半地穴式。这一时期房屋的共同点是：平面一般为方形，圆形房屋基本不见；绝大多数为单间，但李家沟 F1 内已用隔墙围出 5 平方米的小空间，可能为分间房的萌芽，而点军台 F1 则是明确的双间房屋；以半地穴式为主，有夹柱墙，并初步形成了以柱网支撑屋顶的结构；出现圆形深坑的灶，甚至出现高出地面的方形灶台。

仰韶文化晚期聚落的房屋发现数量较多，房屋形式多样化，亦可分为大型、中型、小型三种方型房屋，小型房屋可分为半地穴型和平地起建型。平地起建型房屋演化出双间与多间小型分间房。双间小型分间房又有套间式和房子相连但不相通的建筑两类。前者如大河村的 F17 和 F18，F17 和 F18 是一个套间，中间有门道相通；后者如大河村的 F19 和 F20，F19 和 F20 为平地起建建筑，F20 面积约 15 平方米，房屋中间偏北有灶台，东边有挡火墙，门在南墙偏东处。这种房屋的建筑方法是，先平好地基，铺垫较干燥的草泥，其上抹砂浆，再在其上挖好墙壁的基槽，在基槽内立木柱，有的间距仅约 8 厘米，有的间距达 0.3 米，其间填若干芦苇束，然后每隔约 10 厘米绑一横木，使整个墙壁固结在一起，同时用木条架起屋顶；用草拌泥涂抹屋顶及墙壁内外，再用砂浆抹墙皮及屋面；用砂浆抹地皮数层后，再做方形灶台及挡火墙。中型方屋仅在大河村见到一座，原为半穴式，经多次填筑变成平地式。大型房屋为平地式单间建筑。综上所述，晚期聚落房屋的共同之处为：单间依旧流行，普遍出现双间和多间房屋，房屋内部结构进一步复杂化；主要是平地起建建筑；大型房屋的公用性质越来越明显②。

3. 房址的演化类型

至今，黄河中游地区发现仰韶文化早、中、晚不同阶段的房屋基址 650 多座。其中早期的 300 余座，中期的 50 余座，晚期的约 300 座。具体情况如表 2-5 所示。

① 郑州市博物馆. 1982. 荥阳点军台遗址 1980 年发掘报告. 中原文物，(4)：23

② 郑州市文物考古研究所. 郑州大河村（上卷）. 北京：科学出版社. 141

表 2-5　黄河中游地区仰韶文化聚落房址形态种类结构表　（单位：座）

期别	类别											
	小				中				大			
	圆形		方形		圆形		方形		圆形		方形	
	单间	双(多)间	单间	双(多)间	单间	双(多)间	单间	双(多)间	单间	双(多)间	单间	双(多)间
早期	212	—	67	—	2	—	4	—	—	—	11	—
中期	6	—	30	2	—	—	3	—	—	—	9	—
晚期	5	—	245	23	—	—	3	—	—	—	4	—

仰韶文化早期出现圆形内向心一体化布局，豫西、豫中、晋南、冀南地区主要流行小型圆房，包括浅穴式、半穴式和平地式建筑，方形建筑很少。关中西部流行浅穴式方形小屋，关中东部地区圆形和方形房屋都很常见。仰韶文化中期，整个黄河中游地区普遍流行方形小屋，圆形小屋基本不见。仰韶文化晚期依旧以方形屋为主，关东地区出现分间小屋，而豫西、豫中、豫南地区出现连排房屋，圆形向心一体化聚落布局逐渐解体，庭院式格局初现。建筑方法也有所变化。仰韶文化早期房屋以浅穴、半地穴为主，无墙壁，少数为平地起墙，沿袭“木骨泥墙”结构。中期以半穴矮墙为主，其次是平地高墙建筑，浅穴无墙建筑少见。晚期以平地高墙建筑为主，半穴矮墙建筑少见，不见浅穴无墙建筑，这些房屋初步采用了平地挖槽和夯筑的方法。

四、聚落的墓葬形态

1. 墓葬的布局

仰韶文化早期聚落的公共墓地分区布局明显。例如，半坡类型墓地均位于聚落的旁边，绝大部分位于居住区的北部。《西安半坡》一书的作者说：“半坡墓葬坑位的排列，在北部是相当整齐的。墓葬集中的西部，几乎是纵横排成相当整齐的行列。”在Ⅳ区墓葬分布中还可看出，在“墓葬集中的西部”以东 3 ~ 6 米宽的南北向斜行地带，未安排墓葬，其东侧的墓葬分布又相当稠密。其间在 M64 和 M94 之南、M56 和 M95 以北还隔着 8 ~ 9 米宽无墓葬的空白区。可见，半坡墓地是被其中的空白地带分割成若干块的，即空白地带是墓地划分成若干墓块的标志。墓葬方向基本一致，与正西方向相差不到20度[①]。姜寨一期墓地在居住区的东北和东南，墓葬方向与半坡墓地相近。横阵墓地未能完整地保存下来，已发掘的部分只是原来墓地的一部分，但很明显横阵墓地最少能分为两个区域，墓葬方向为西北30度。元君庙墓地布局规整有序，其中45座墓葬南北成排，分6排，墓葬方向为西。

仰韶文化中期聚落遗址的公共墓地在北首岭、玉家咀、泉护村、庙底沟、王湾、土门、苗湾、赵城、谷水河、邱公城、二郎岗、阎村、马鞍河、大河村、点军台和下王岗诸地点有所发现。而2000～2004年对灵宝西坡遗址的调查发掘，似乎为我们提供了一定的线索。西坡遗址墓葬区位于聚落居住区南150米，未完全调查发掘，故不知其全貌，从已发掘的22座墓葬中，可看出墓葬似乎成排分布，但排列不甚规整，墓间距也较大[②]。最典型的是下王岗仰韶文化二期的墓葬，墓葬共472座。其中土坑墓451座，瓮棺葬墓21座。考古报告将墓葬分为三区，即东北区、北区和居住区。其中东北区墓葬300余座，分布相对成行，多合葬墓，大型二次葬墓位于墓地中间；西部和居住区内墓葬排列有序，排与排间距为0.2～1米，墓与墓的间距为0.1～0.7米，北部墓葬凌乱，很难找出规律[③]。整体来说，仰韶文化中期聚落公共墓地的布局有没有新的变化，还有待更多新的发现和进一步研究。

仰韶文化晚期聚落公共墓地目前发现很少。仅在大河村四期发现比较大的公共墓地。共出土96座墓葬，其中36座土坑墓，60座瓮棺葬墓。土坑墓集中在T14中，墓向西较多，排列比较整齐。60座瓮棺葬，也集中于T14，形成一个瓮棺葬群[④]。

2. 墓葬的形制与葬式

仰韶文化早期的聚落公共墓地主要是长方形竖穴土坑墓和瓮棺葬。例如，半坡聚落公共墓地中的长方形竖穴土坑墓主要是成人墓葬，瓮棺葬主要是儿童墓葬。墓地以单人葬为主，多人葬主要是二次合葬，多人葬规模比单人葬稍大，各墓葬间的埋葬规格差别不大。葬式绝大多数为仰身直肢，此外，有15座俯身葬、4座屈肢葬、5座单人二次葬、1座女性四人合葬、1座男性二人合葬。有些墓葬中，肢骨、指骨不全，可能是实行“割体葬仪”所致。瓮棺葬分布在房屋的四周而不在公共的墓地区。以瓮为主要的葬具，

---

① 中国科学院考古研究所，陕西省西安半坡博物馆. 1963. 西安半坡. 北京：文物出版社. 64

② 河南省文物考古研究所，中国社会科学院考古研究所河南一队等. 2002. 河南灵宝西坡遗址2001年春发掘简报. 华夏考古，(2)：34

③ 河南省文物研究所等. 1989. 淅川下王岗. 北京：文物出版社. 72

④ 郑州市文物考古研究所. 郑州大河村（上卷）. 北京：科学出版社. 68

用盆或钵作盖，半坡陶器中绘人面纹、人面鱼纹的陶盆多为葬具。盆、钵的底部有小孔。半坡墓地还发现3座埋葬幼儿的长方形土坑竖穴墓，随葬品丰富①。北首岭墓地、姜寨一期墓地的墓葬形制与葬式和半坡相似。不同之处在于北首岭墓地出现涂朱现象。姜寨一期墓地有相当多的儿童土坑墓，与成人墓在同一公共墓地，瓮棺葬在公共墓地和房屋周围都有发现。横阵、元君庙、史家墓地以及姜寨二期墓地多以二次葬为主。横阵15座成人墓葬分别置于三个大的集体埋葬坑中，1号坑有5个小坑，2号坑有7个小坑，3号坑遭破坏，仅剩3个小坑。每个坑都有4~12具人骨架合葬。集体埋葬坑中还有男女多人二次合葬墓②。元君庙墓地合葬墓占三分之二，少则2人，多则25人，一般在4人以上，男女都有，且大部分是二次合葬，还有少量一次葬与二次葬者的合葬③。史家墓地的合葬墓少则4人，多则51人，一般在12人以上。分布在冀南、豫北的后岗一期文化的墓葬④，基本上受半坡文化的影响，多为南北向的长方形土坑竖穴墓，分单人葬和合葬两种。后者少则2人，多者达24人。葬式有一次葬和二次葬，尸体放置形式基本为仰身直肢，少数亦有为俯身直肢。合葬墓内的一次葬者，有的将其胫骨、腓骨及趾骨折回而压于盆骨及股骨之下者，这类墓葬往往较短。这种处置尸体的方式，似乎是一种有意安排的葬式。

仰韶文化中晚期聚落的墓葬主要是长方形竖穴土坑墓和瓮棺葬。长方形竖穴土坑墓只埋葬成年人，玉家咀、庙底沟及王湾见到的均为单人墓，玉家咀、庙底沟墓主人仰身直肢，头向东。王湾墓主人仰身直肢，头向西北，头骨有涂朱现象，下王岗却发现了成年男女合葬墓。比较典型的是灵宝西坡仰韶中晚期聚落的公共墓地⑤，墓葬均为长方形竖穴土坑墓，无葬具，均为单人仰身直肢葬，除一座墓的墓主头向南且无二层台外，其余墓主均头向西或西略偏北，南、北两侧都见生土二层台。个别墓葬有近似长方形的脚坑，用来放置器物。墓葬按规模形制可分为大、中、小三类。大型墓长3.05~3.95米、宽2.25~3.60米，如M8；中型墓长2.5 ~2.9米、宽1.4~2.3米，如M10；小型墓长1.8~2.25米、宽0.6~1.2米，如M1。又如，孟津妯娌遗址⑥墓地依据面积大小和葬具状况，大体可分为三类：第一类为大型墓，仅

① 中国科学院考古研究所，陕西省西安半坡博物馆.1963. 西安半坡. 北京：文物出版社.66

② 黄河水库考古工作队陕西分队.1960. 陕西华阴横阵发掘简报. 考古，(9)：5~9

③ 北京大学历史系考古教研室.1983. 元君庙仰韶墓地. 北京：文物出版社.88

④ 中国社会科学院考古所安阳队.1985.1979年安阳后岗遗址发掘简报. 考古学报，(1)：37

⑤ 河南省文物考古研究所，中国社会科学院考古研究所河南一队等.2002. 河南灵宝西坡遗址2001年春发掘简报. 华夏考古，(2)：34

⑥ 叶万松等.1997-01-05. 小浪底水库区妯娌、寨根新石器遗址的发现与意义. 中国文物报，3

一座，墓坑长5.15米、宽4.05米，底部有生土二层台，内置有单椁，随葬有象牙箍；第二类为中型墓，墓坑一般长2~3米、宽1.5~2米，置有单棺；第三类为小型墓，无葬具，一般长2米、宽1米余。瓮棺葬较为复杂。从墓主人年龄及葬具来看，恰恰可将庙底沟类型的瓮棺葬分为两类。其一，用尖底瓶作葬具，墓主人为小孩，见于泉护村、王湾及点军台等地。由于尖底瓶口太小，不能放入尸体，所以对葬具的处置，显得相当复杂。有的葬具仅是半个尖底瓶，有的是将尖底瓶锯开后对合而成，或用一尖底瓶的上半部与另一尖底瓶下部对合起来，也有将两个尖底瓶的上半部或它们的下半部对合组成，还有将尖底瓶和陶缸配套成葬具。葬具部件及组合虽异，却均以横置的形式埋于墓坑内。其二，用陶缸及器盖组合为葬具。这些基本上被用于实行二次葬的成年人，皆以竖置方式埋于墓穴内。陶缸的底部往往有一小孔。这种墓葬见于临汝阎村、土门及邱公城等地，大致分布于伏牛山两侧地带，位于前述尖底瓶葬分布区的东端南部。瓮棺葬文化差异的背景，还有待进一步揭示。而郑洛地区似乎有所差别，如大河村60座瓮棺葬中，鼎与尖底罐扣合者1座，豆与尖底罐扣合者1座，盆与罐扣合的1座，两罐相扣的2座，单用一盆的3座，一罐的13座，一鼎的38座，一缸的1座。这同仰韶前期葬具（以盆钵扣瓮或尖底瓶葬为主）较一致的情况颇不相同①。

3. 墓葬的随葬品

仰韶文化早期随葬物品的类别，均以陶器为主，使用工具及装饰品随葬的现象很少。随葬陶器的基本组合相同，即一般使用钵、罐及小口尖底瓶。例如，半坡、北首岭和姜寨一期的墓葬中，随葬品组合基本一致。但到了半坡晚期，则以葫芦口瓶或蒜头瓶代替小口尖底瓶，而作为随葬陶器基本组合中的一种器物，如史家墓地的随葬品多为钵、罐、葫芦口瓶或蒜头瓶，而小口尖底瓶少见。随葬陶器，均置于墓主人自小腿骨以下的部位，即墓穴的东头。其他随葬品放置的情况是：骨镞在尸体的胫骨之间，生产工具一般放在腰部，装饰品则见于死者生前佩戴的躯体部位，食物是在陶器内②。女孩墓葬品丰富，例如，元君庙墓地的429号墓是两位女孩的二次合葬墓。该墓随葬6件陶器，其中年龄较长的一位还拥有785颗骨珠，受厚葬之礼遇不言自明③。同样的情况在半坡等地同样存在。

仰韶文化中晚期聚落的墓葬随葬品少且出现了多寡分化。例如，灵宝西

---

① 郑州市文物考古研究所．郑州大河村（上卷）．北京：科学出版社．163

② 西安半坡博物馆等．1978．陕西渭南史家新石器时代遗址．考古，(1)：57

③ 北京大学历史系考古教研室．1983．元君庙仰韶墓地．北京：文物出版社．91

坡聚落的墓葬，大型墓 M8 随葬有陶器、石器、骨器和玉器等，中型墓随葬有陶器、石器和骨器，小型墓葬随葬有陶器和石器或者无随葬品。一般来讲，规模较大的墓葬，随葬器物较多。部分墓葬出土的不同质地的随葬品，放置位置也有所不同。陶器均集中放在死者脚部；骨器多数置于死者头部，少数见于手臂两侧和脚部；玉器和石器多置于死者头部右上方，个别见于手臂两侧。陶器多数为红陶，少数为褐陶；基本组合是小口瓶（壶）、釜灶组合、钵和直口折腹小平底器（器名待定）；陶器多似专门用来随葬的明器，烧制火候低，多数器型较为罕见。石器有带孔石铲和不规则形石块。骨器包括簪、锥、镯、匕、筒状器等。玉器形制相近，主要为带孔钺，制作精美①。又如，妯娌遗址大型墓随葬有碗、钵等陶器和象牙箍等饰品，中型墓随葬有陶器或无随葬品，小型墓无随葬品②。

4. 墓葬的共性与异性

黄河中游地区中期聚落墓葬的共性主要表现在：①与早期相比，公共墓区更加普遍，规模更大，出现完整的分区甚至分组的现象，凸显氏族组织结构。②中期聚落早段，在同一墓地，墓葬的形制、规模和方向大都相近。墓坑以长方形竖穴为主，另有少量方形、圆形墓坑，且绝大多数没有葬具；在中期聚落中段和晚段，公共墓葬区的形制、规模出现等级分化，大型墓葬中出现了葬具。③葬式以单人葬和一次葬为主，二次葬和多人合葬常见，合葬以同性为主，晚段出现异性合葬；流行仰身直肢葬。④瓮棺葬在整个黄河中游地区流行，主要是儿童瓮棺葬，葬具上大多都有小孔，具有昭示灵魂升天的意味。⑤随葬品数量相对较少，种类有陶器、石器、骨器和蚌器等。除生活用具外，劳动工具在随葬品中占有比例明显增加，并且男女之间在随葬劳动工具的种类上存在的差异更加明显，随葬品的多寡由突出女性地位转向为突出男性地位。共性形成原因，不外乎以下几点：①各聚落文化处于大致相同的社会发展阶段；②各聚落有着相似的文化传统；③各文化之间存在比较相似的地理环境以及由此形成的相近的经济生活；④各聚落之间的相互交流和影响。

黄河中游地区中期聚落墓葬的异性主要表现在：①就目前发现的考古资料而言，豫中、豫南、豫北、豫东等地的聚落公共墓葬规模与规划都不及关中、豫西与晋南地区。排除考古发掘工作的偶然性因素，反映了豫中、豫

---

① 河南省文物考古研究所，中国社会科学院考古研究所河南一队等．2002．河南灵宝西坡遗址 2001 年春发掘简报．华夏考古，(2)：34

② 叶万松等．1997-01-05 小浪底水库区妯娌、寨根新石器遗址的发现与意义．中国文物报，3

南、豫北、豫东在仰韶文化聚落早期，其人口和聚落规模可能都不及关中、豫西和晋南地区。②合葬墓普遍存在，以单人葬为主体。但豫中、豫南、豫北、豫东地区的合葬墓数量少于关中地区，尤其是同性多人的合葬墓，以横阵、元君庙及史家墓地最为典型，而整个中原地区仅仅在淅川下王岗有所发现。这种现象的出现可能是由区域聚落的不同习俗所致，也可能是由聚落发展程度不同所致。③瓮棺葬在关中地区流行的时间早于中原地区且数量在仰韶聚落早期多于中原地区，瓮棺葬的葬具也有所不同，关中地区以瓮为主要的葬具，用盆或钵作盖；中原地区以尖底瓶作葬具。葬俗不同，从侧面反映了黄河中游地区仰韶文化聚落的文化形态的多样性。

第五节　黄河中游地区的史前晚期聚落与城址

一、考古发现基本情况及分期

龙山文化因1930年首次发现于山东章丘县龙城镇城子崖而得名，是黄河下游地区所发现的第一个新石器时代文化，以黑陶著称，因此又称为“黑陶文化”。1931年，梁思永在河南省安阳市后岗遗址中发现了殷墟文化、龙山文化和仰韶文化相继叠压的三个文化层①，从而在河南地区首次发现龙山文化遗址。新中国成立后河南各地发现大量的类似文化遗址，如洛阳王湾、陕县三里桥遗址等。此类遗址有别于山东龙山文化的特征，被称为河南龙山文化。河南龙山文化分布在河南、关中东部、山西西南部、河北南部、山东西部等地。河南龙山文化经^{14}C测定，年代在公元前（2625±145）~前（2005±120）年。1955年，在陕西长安客省庄发现的客省庄二期文化遗址，主要分布在陕西渭河流域，既有别于河南龙山文化，又与甘肃齐家文化有区别，故名陕西龙山文化，其年代与河南龙山文化相近，但没有进行^{14}C测定②。1978年开始发掘的山西襄汾陶寺遗址，既具有黄河中游龙山文化共有的特征，又不同于河南、陕西龙山文化，被称为陶寺类型③。其测定年代为公元前（2440±1352）~前（2465±140）年，约相当于河南龙山文化的中晚期。

黄河中游地区龙山文化分布广泛，发展时间逾千年之久，演化出很多不

① 梁思永．1935．小屯、龙山与仰韶．见：庆祝蔡元培先生六十五岁论文集（下册）．北平：北平出版社．1138

② 中国科学院考古研究所．1963．沣西发掘报告．北京：文物出版社．37

③ 中国社科院考古研究所山西工作队，临汾地区文化局．1980．山西襄汾县陶寺遗址发掘简报．考古，(1)：18~31

同特色的类型，有庙底沟二期文化、王湾类型、后岗类型、王油坊类型、三里桥类型、杨庄类型、煤山类型、王城岗类型、白营类型等。庙底沟二期文化主要分布在河南、陕西、山西三省境内，有两个核心区域。一个是以潼关为中心的山西、河南、陕西三省交界地区，重要遗址有陕县庙底沟、平陆盘南村、芮城西王村、华县泉护村和华阴横阵村；一个是以洛阳、郑州为中心的地区，重要遗址有洛阳王湾二期、郑州大河村五期、禹州瓦店一期等。王湾类型主要分布在以洛阳为中心的伊洛河流域和以嵩山为中心的周围区域，重要遗址有洛阳王湾、孟津小潘沟、偃师高崖、禹州瓦店二期、大河村六期、登封王城岗等。后岗类型主要分布在河南北部、河北南部以及山东西部、山西东部等地区，重要遗址有安阳后岗、大寒南岗、八里庄、汤阴白营、濮阳程庄、马庄、咸城、磁县下潘汪、永年台口等。王油坊类型主要分布在河南东部、山东西南部、安徽西北地区，重要遗址有永城王油坊、永城造律台、鹿邑栾台、淮阳平粮台、郸城段寨等。三里桥类型主要分布在河南、山西、陕西三省交界处，包括渑池以西的豫西地区、汾河以南的晋西南地区和关中华山周围地区，重要遗址主要有陕县三里桥、平陆盘南村、芮城西王村、华阴横阵村和华县泉护村等地。杨庄类型主要分布在南阳盆地和淮河中游两岸的豫南地区，重要遗址主要有驻马店杨庄、上蔡十里铺、信阳南三嘴、淅川下王岗等。煤山类型主要分布在以嵩山为中心的地区，豫北、豫东和豫南地区也有发现，重要遗址有煤山遗址、大河村龙山晚期、登封王城岗、禹州瓦店三期、吴湾、汝州北刘庄、新密新砦、汤阴白营龙山晚期遗址等。王城岗类型主要分布在黄河以南的嵩山周围地区。白营类型主要分布在黄河以北的区域。

黄河中游的龙山文化分期是十分复杂的系统工作，由于区域类型文化多而交叉影响复杂，增加了分期工作的难度。梁思永曾认为，它（河南龙山文化）是龙山文化的一个地方性变体，将其称为龙山文化的豫北区①。尹达认为，龙山文化与仰韶文化同为中国新石器时代晚期的两种不同文化遗存，在河南北部确知龙山文化晚于仰韶文化②。安志敏认为，河南龙山文化起源于庙底沟二期文化，与山东龙山文化没有渊源关系，“从河南龙山文化的许多特征也可以很清楚地看出它是承袭庙底沟二期文化而发展的”③。1957 年，

① 梁思永 . 1954. 龙山文化——中国文明的史前期之一 . 考古学报，(7)：5 ~ 14
② 尹达 . 1955. 中国新石器时代 . 北京：生活 · 读书 · 新知三联书店 . 75
③ 安志敏 . 1956. 中国新石器时代的物质文化 . 文物参考资料，(8)：113

在郑州西郊发现的所谓“洛达庙类型”文化①为河南龙山文化的去向提供了线索。1959年，试掘的偃师二里头遗址收获颇丰，“这次试掘的主要收获是，找到了从龙山文化晚期到商代早期连续发展的三层文化堆积。根据遗物可分为早、中、晚三期。早期当属龙山文化晚期，但与常见的河南龙山文化还不能衔接起来，尚有缺环；中期虽仅留有若干龙山因素，但基本接近商文化；晚期则是洛达庙类型商文化”②。70年代，夏鼐根据公布的^{14}C测定数据，进行了综合分析，指出“整个河南龙山，包括早、晚两种类型，其年代为公元前2800～前2300年”③。此后，随着河南龙山文化遗址的大量发现，分期工作越来越科学化、细致化。严文明、李伯谦、董琦、安志敏都曾作过大量的分期探索工作。综合学界的研究成果，我们可知黄河中游地区龙山文化可分为早、中、晚三期，如表2-6所示。

表2-6　河南龙山文化分期表

期别	类型	遗存名称
早期	庙底沟二期文化	庙底沟二期、洛阳王湾二期、郑州大河村五期、禹州瓦店一期、灵宝涧口二期、登封告成北沟、汤阴白营早期、渑池仰韶遗址三期、平陆盘南村、芮城西王村五期、华县泉护村五期、华阴横阵村六期
中期	王湾类型、三里桥类型、后岗类型、王油坊类型、杨庄类型	西吕庙早期、东杨村一期、孟津小潘沟二期、济源苗店一期、偃师灰嘴、禹州瓦店二期、三里桥遗址二层、新安西沃、渑池仰韶四期、陕县七里铺、山西夏县东下冯三期、芮城南礼教、后岗二期、安阳大寒南岗、汤阴白营中期、濮阳程庄、马庄、山西长治小神村、磁县下潘汪、永城王油坊下中层、永城造律台、鹿邑栾台二期、淮阳平粮台二期、郸城段寨晚期、郾陵三里侯冢、驻马店杨庄二期一段、上蔡十里铺三期、信阳南三嘴、淅川下王岗三期、陶寺遗址二期
晚期	煤山类型、王城岗类型、白营类型	大河村龙山晚期、牛砦、站马屯三期、新密新砦、登封王城岗、程窑、禹州瓦店三期、吴湾、汝州北刘庄、偃师寺沟、伊川土门、洛阳杨村二期、焦作府城、汤阴白营龙山晚期、项城高寺、驻马店杨庄二期三段、陶寺遗址三期陶寺遗址四期

资料来源：郑杰祥.2005.新石器文化与夏代文明.江苏教育出版社

① 河南省文物局文物工作队第一队.1957.郑州洛达庙商代遗址试掘简报.文物参考资料，(10)：63

② 中国科学院考古研究所洛阳发掘队.1961.1959年河南偃师二里头试掘简报.考古，(2)：41

③ 夏鼐.1977.碳十四测定年代和中国史前考古学.考古，(4)：217～232

二、聚落的布局与特点

黄河中游地区晚期聚落的布局与中期大体一致，功能分区更加明确、细致。例如，汤阴白营聚落遗址的居住区位于遗址中南部，墓葬区位于遗址的北部，制陶手工业作坊区和骨器加工区分别位于遗址的东北部和南部。居住区最明显的变化是围绕古水井布局①。水井的发明，使人类可远离水源生活，提高了生存能力。聚落防御能力提升的标志是城址的大量出现，如后岗城址、王城岗城址、平粮台城址、孟庄城址、古城寨城址、新砦城址、郝家台城址等。

1. 典型聚落的布局

（1）安阳后岗城址

安阳后岗城址位于河南省安阳市洹河南岸，1931 年被著名考古学家梁思永发现，为龙山时代城址。平面为不规则椭圆形，面积为 10 万平方米，城墙残长 70 米，墙宽 2～4 米，版筑，当时未能确认。根据近年发现的多处龙山城址的情况，可确定为后岗二期城址，城内有台基建筑、水井、圆形房址，并在房基下发现小孩尸骨②。

（2）登封王城岗城址

登封王城岗城址位于河南省登封市告成镇与八方村之间、颍河与五渡河交汇的台地上，1975 年以来逐步进行了发掘，先后发现了龙山时代大、小两个城址。小城址由东、西并排的两座版筑城址组成，平面为长方形。西城原先面积估计有 8000 平方米，东城与之相近。东城已经被五渡河冲刷破坏大半，仅保留西壁，西城以东城的西壁为其东墙，大体呈正方形，仅存北壁 29 米。城内中部和西南地势较高处发现有夯筑圆形奠基坑，坑内有祭祀杀殉的成人和儿童尸骨，一坑内多达 7 人。在城内的龙山文化层中出土有青铜器的残片，并在一个陶器的底部有陶文③。大城面积约 30 万平方米，大城的北城墙夯土残留长度 370 米，残留高度为 0.5～1.2 米；北城壕长约 630 米，宽约 10 米，残留深度为 3～4 米，向东通往五渡河；西城壕残长 130 米，宽约 10 米，残留深度为 1.5 米，向南通往颍河。东面和南面的城墙与城壕已被毁坏。城址的城墙夯土呈黄色，土质纯净且坚硬。夯层分数层，基本呈水平状

① 河南省安阳地区文物管理委员会. 1983. 汤阴白营河南龙山文化村落遗址发掘报告. 见：考古学集刊（第 3 辑）. 北京：中国社会科学出版社. 41

② 中国社会科学院考古所安阳队. 1985. 1979 年安阳后岗遗址发掘简报. 考古学报，（1）：37

③ 河南省文物研究所. 1983. 登封王城岗遗址的发掘. 文物，（3）：7

夯筑。夯层表面有夯具痕迹，似用河卵石类夯具所夯砸，夯窝明显。城墙夯土为平地起建，逐层夯筑而成①。

（3）淮阳平粮台城址

淮阳平粮台城址位于河南淮阳县城东南4公里处的大朱庄，1979年被发现。城址平面呈正方形，长、宽各185米。修建时采用小版筑堆筑法。在南、北城墙中段均发现缺口和路土，是城堡的南门和北门，其中南门处有门道路土和路两侧门户相对的城门卫房。南门门道路土下埋置上、下两层陶制排水管道，北端比南端稍高，宜于向城外排水。城址内发现房址多座，有的平地起建，也有高台建筑，普遍用土坯做建筑材料。城内发现陶窑、灰坑、日用陶器、石制工具以及铜渣等②。

（4）郾城郝家台城址

郾城郝家台城址位于河南省沙河北岸平面近椭圆形台地上，高出周围地面2～3米，总面积65 000平方米。在1986～1987年的发掘中，发现了城墙遗迹，基本探明城址整体情况，得知城址平面呈长方形，南北长222米、东西宽148米，总面积32 856平方米。现存城墙宽5米、高0.8米，夯筑而成。东墙中部有一宽近9米的缺口，可能是城门所在。城墙外侧有壕沟。城址发现连间式房屋、灰坑和墓葬等遗迹③。

（5）辉县孟庄城址

辉县孟庄城址位于河南省辉县市孟庄，1992～1995年进行了发掘，为龙山时代、夏、商时期的三叠城址。龙山时代的城址平面近似长方形，面积12万余平方米，东城垣保存较好，长约375米，其他三面均遭受破坏，城垣是由内外取土夯筑而成，内外都留有一条壕沟，外侧的壕沟宽且深，为护城河，河底距当时地面3.8～4.8米，护城河宽约20米。城内发现17座房址，均为地面式建筑，平面形制多为长方形，西南部发现有水井④。

（6）新密古城寨城址

新密古城寨城址位于河南省新密古城寨，1997～1999年被发现并进行了发掘，为龙山时代的城址。平面呈长方形，面积为176 500平方米，至今地面仍较好地保存着三面城墙和南北相对两个城门缺口，城外有护城河环绕，城址规模宏大，墙高沟深。以北墙为例，地下基长500米，基宽42.6～53.4米；地上墙底宽12～22米，顶宽1～5米，墙长460米，现存残高6.5～7米，

① 方彦明.2005-01-28.登封王城岗发现大型龙山晚期城址.中国文物报，1

② 河南省文物研究所.1983.河南淮阳平粮台龙山文化城址试掘简报.文物，（3）：21

③ 河南省文物研究所等.1992.郾城郝家台遗址的发掘.华夏考古，（3）：62～91

④ 袁广阔.2000.孟庄龙山文化遗存研究.考古，（3）：26

分段夯筑而成。房址分布在城的东北部，高台夯筑，具有回廊结构①。

（7）襄汾陶寺龙山城址

襄汾陶寺龙山城址位于山西襄汾县城东北7.5公里的陶寺村。由早期小城、中期大城和小城等数座不同时期的城址组成。其中早期小城平面形制为圆角长方形，面积约56万平方米，城的东南部有一般贵族居住区和宫殿区。中期城址分为大城和小城两部分。中期大城在早期小城的基础上扩建而成，面积约270万平方米。中期小城位于中期大城南城垣外，即中期大城垣外的东南部，面积约为10万平方米，城内有宗教祭祀区和贵族墓地②。

（8）新密新砦城址

新密新砦城址位于河南省新密市新砦村，2003年被发现并进行了发掘，为龙山时代、二里头时代城址。有人认为其是目前河南地区最大的史前城址③。龙山时代的城址平面为长方形，城址面积为70万～100万平方米，分为大城与小城，小城在大城的西南部，夯土建筑。除南面外，其他三面有城墙与护城河，城墙宽度在9米以上，城墙大部分遭受过河道的破坏。在小城的中心偏北，有大型的建筑遗址，平面大体呈长方形，墙体为夯土建筑，居住面有大量含红烧土的垫土层，估计为祭祀遗址。在城址中心区外的南部，有手工业作坊区。

（9）温县徐堡龙山城址

温县徐堡龙山城址位于河南省温县武德镇徐堡村遗址中北部，2006年被发现。面积约20万平方米，平面略呈圆角长方形，西城墙残长360米，南城墙长500米，东城墙残长200米，北墙被沁河冲毁，现存的东、西、南三面城墙保存完好，距地表深1～1.7米。在城址中部还发现一处东西长90米，南北宽70米的堆筑台地，平面呈不规则长方形，应为城址中的重要部位之一。出土有窖穴、陶窑、灰坑、水井、墓葬等古代遗迹④。

（10）博爱西金城龙山城址

博爱西金城龙山城址位于河南省博爱县西金城村，2006年被发现。城墙埋于地下1.5米，残高2～3米。城址的平面形状大致呈圆角长方形，面积达30.8万平方米，北墙长560米、西墙长520米、南墙长400米、东墙长440米，北墙、西墙宽20米左右，东墙宽10米左右，南墙宽度介于二者之间。在西、南墙中部可能有城门，北墙、东墙、南墙外侧发现有小河或排水沟环绕形成的

---

① 蔡全法．2002．古城寨龙山城址与中原文明的形成．中原文物，（6）：34

② 张德光．2003．再论陶寺城址发现的意义．文物世界，（3）：41

③ 赵春青．2004．新密新砦城址与夏启之居．中原文物，（3）：38

④ 洛阳市文物工作一队，焦作市文物工作队．2007-01-17．焦作市考古发掘有重大发现——南水北调中线工程温县徐堡段发现龙山文化遗址．中国文物报，1

防御壕沟。城址废弃于河南龙山文化晚期，城内发现小麦遗存①。

（11）平顶山蒲城店龙山文化城址

平顶山蒲城店龙山文化城址位于河南省平顶山市蒲城店村东北部岗地上。现存城址占地面积 4.1 万余平方米。大致呈东西向长方形。现存东、西、南面城墙，北面是湛河故道（北墙可能为河水冲毁），西墙（含城壕）残长 124 米，南墙中东部向北转折后又向东延伸，南墙全长 246 米，现存城墙由主体墙和两面护坡组成，墙外有城壕。城内中北部有面积较大的夯土房址等遗存，南部有房址、灰坑、陶窑、瓮棺葬以及圆形黄土台建筑基址等②。

除上述史前城址外，黄河中游地区近几年还在豫西南方城县发现了平高台龙山城址，豫东北濮阳市发现戚城龙山城址，另外在安阳殷墟附近也新发现了龙山城址。

2. 典型聚落的特点

城址作为黄河中游地区史前晚期聚落的高级阶段，布局更加合理，特点鲜明，对后世产生了很深远的影响。以平粮台城址为例，可见此一阶段城址的概貌。平粮台城址③具有以下几个特点。

（1）规划整齐

全城成正方形，坐北朝南。南门较大，为正门，设于南墙正中；北门甚小，又略偏西，当为后门。这种格局显然是精心规划的，它所体现的方正对称思想一直影响着中国古代城市几千年的发展，成为中国城市的一大特色。

（2）防卫设施严密

城墙本身便是最大的防卫设施。有了城墙还需要考虑城门的管理。这座城为此专门设立了门卫房。此门卫房用土坯砌成，东西相对，两房之间的通道宽仅 1.7 米，便于把守。门卫房中有灶面，守门人可用为炊事，亦可为冬季取暖之用。

（3）有公共下水道设施

一个城被严密地围起来后，必须解决供水和排水的问题。供水设施尚未发现，估计应为水井。排水设施也仅发现了 5 米多长的一段，整个长度和走向尚不清楚。虽然如此，仅就现已发掘的一段来说，已足以说明当时有了公

---

① 山东大学考古队. 2008-01-24. 河南博爱县西金城村新发现一座龙山文化城址. 中国文物报，1

② 河南省文物考古研究所，平顶山市文物局. 2008. 河南平顶山蒲城店遗址发掘简报. 文物，(5)：32～49

③ 河南省文物研究所，周口地区文化局文物科. 1983. 河南淮阳平粮台龙山文化城址试掘简报. 文物，(3)：57

共的下水道设施。此段下水道通过南城门，埋设在地面 0.3 米以下。水道本身由专门烧制的陶管套接而成，每节陶管长 35 ~ 45 厘米，直径细端为 23 ~ 26 厘米，粗端为 27 ~ 32 厘米。每节细端朝南，套入另一节的粗端。而整个管道是北端即城内稍高于南端，故知此下水道是解决城内废水向城外排放的。但一根管道排水有限，故用三根并拢，剖面看起来像倒品字形，即下面一根，上面并列两根。这样做的好处是，一方面加大了排水量，另一方面又避免陶管太大难于烧造及容易压碎之虞。

(4) 有较高级的房屋建筑

现在仅挖掘了十几座房址，都在东南角，应不是主体建筑。即使如此，这些房子一般都是用土坯砌筑的分间式建筑，有的用夯土做台基，房内有走廊，比一般村落的房子讲究得多。由此可知城内的居民主要是贵族、是统治者，否则他们是难以调集那么多人力，为他们建造那么坚固的城防工事的。

(5) 有手工业设施

在城内东南、东北、西南都发现了陶窑；东南角 H15 内发现铜渣，说明当时在城内炼铜和制造陶器。该城址并不是一个单纯的军事城堡。

(6) 有宗教活动的遗迹

城西南角内侧埋一大一小两头完整的牛骨架，当为杀牲祭奠的遗迹。城内发现一些小孩埋葬，有瓮棺葬、土坑葬和灰坑埋葬。其中有些是正常埋葬，有的也可能是祭奠的遗留。

三、聚落的房址布局与结构形态

1. 房址的布局

黄河中游地区晚期聚落的房址布局沿袭了仰韶晚期的风格，多方形排房布局，无圆形向心式布局。例如，康家的房屋基址[①]已发现 100 多座，分若干排，每排房子又分若干组，每组房子少则两三间，多则五六间，从而构成一种层次分明、布局有序的聚落结构。所有房屋均坐北朝南，东西成行，南北成排，多为东北—西南方向，个别为东西方向，门向南偏东，前后两排房之间相距 6 ~ 9 米，形成公共的院落。又如，堰城郝家台城址的成排房址，排房平面为长方形，布局合理，排列有序。每排房长数十米，宽数米，坐北朝南，每排房平行排列，每排有房 6 ~ 8 间不等[②]。

---

① 陕西省考古研究所康家考古队. 1988. 陕西临潼康家遗址发掘简报. 考古与文物，(5)，(6)：214 ~ 228

② 河南省文物研究所等. 1992. 郾城郝家台遗址的发掘. 华夏考古，(3)：62 ~ 91

2. 房址的结构类型与形态

黄河中游地区晚期聚落的房屋平面依旧可分为圆形、方形、圆方形三大类。圆形的房子可分为半地穴式和地面起建式两种。半地穴式多出现在龙山文化早期，中晚期少见。圆形地面起建的房子在安阳后岗和汤阴白营发现较多，其他还有安阳大寒南岗、将台、蒋台屯，河北邯郸涧沟等多处。后岗仅1979年就发现房屋39座①。而汤阴白营于1976 ~1978年的发掘即发现房屋63座②，均为平地起建，或筑出比周围地面稍高的地基，地基有明显的夯层和夯窝。在地基上起墙有三种形式，最多的是垛泥墙，其次是木骨泥墙和土坯墙。绝大部分的室内地面和墙壁抹白灰，显得洁白明亮，室内正中有一圆形灶面，为取暖和炊事的地方，室外有护坡和散水。个别房屋室内垫有木板。方形房址大多为平地起建，有的夯筑有高台，分单间与多间。单间普遍，如康家的长方形单室房址③，进深略大于宽，居住面积仅9 ~12平方米。居住面多抹白灰，也有用胶泥或草筋泥的，中间设一圆形火塘。房屋前墙有的用土坯或草泥，其余三面墙则用夯土筑成。墙壁残高多为15 ~40厘米，个别保存好的高1.1 ~1.3米。每所房屋的东西侧墙体往往向前伸出一段，形成门垛。而长方形多间房较有特色。例如，平粮台F1④的平面为长方形，长约13米，宽4米，墙宽0.34米，由3室组成，相互间有隔墙，北墙和南墙有草拌泥的散水坡。F4为高台建筑，残高0.72米，房址长15米余，宽6米，由4室组成，相互间有隔墙，北边有一宽0.92米的走廊。圆方形房址平面呈内外双室的“吕”字形或“凸”字形，如客省庄发现的4座房址是前方后圆房⑤。这些房屋面积一般较小，把内室和外室的面积加起来，小的仅10平方米左右，大的也不足20平方米。外室一般有门道，有窖穴，灶址偏于一侧或掏成壁灶；内室较平，火塘设于正中，当为卧房。所有房屋都是地穴式，口小底大，现存地穴深度为1.28 ~ 2米。除个别较大的外室有一二柱洞外，一般不见柱洞。推测外间是地穴式，内间有可能是窑洞。康家遗址曾发现类似的地穴式房址。

---

① 中国社会科学院考古研究所安阳工作队.1985.1979年安阳后岗遗址发掘报告.考古学报，(1)：56

② 河南省安阳地区文物管理委员会.1983.汤阴白营河南龙山文化村落遗址发掘报告.见：考古学集刊（第3辑）.北京：中国社会科学出版社.41

③ 陕西省考古研究所康家考古队.1988.陕西临潼康家遗址发掘简报.考古与文物，(5)，(6)：214 ~228

④ 河南省文物研究所等.1983.河南淮阳平粮台龙山文化城址试掘简报.文物，(3)：29

⑤ 中国科学院考古研究所.1963.沣西发掘报告.文物出版社.北京：23

3. 房址的演化类型

至今，黄河中游地区发现龙山文化早、中、晚不同阶段的房屋基址330多座。其中早期的30余座，中期的70余座，晚期的250座。具体情况如表2-7所示。

表2-7　黄河中游地区龙山文化聚落房址形态种类结构表　　（单位：座）

期别	类别											
	小				中				大			
	圆形		方形		圆形		方形		圆形		方形	
	单间	双(多)间	单间	双(多)间	单间	双(多)间	单间	双(多)间	单间	双(多)间	单间	双(多)间
早期	18		12	—	—	—	—	—	—	—	—	—
中期	23	—	18	17	—	10		1	—	—	—	—
晚期	113	23	79	30	2	1	4	1	—	—	1	2

黄河中游中原龙山文化的聚落中多为圆形单间房子，且多用白灰抹平地面和墙壁，与山东龙山文化多方形而不用白灰的风格颇不相同。但中原龙山文化分布面很大，各地方类型也有一些差别，以分布于河北和河南北部的后岗二期文化最为典型，以圆形房址为主。东边接近于山东龙山文化的造律台类型，房址既有方形又有圆形，既有白灰面房基，又有用黄泥或草泥筑的房基，表现为龙山文化与中原龙山文化的双重风格。西边接近于齐家文化的客省庄二期文化，房子有圆形和方形，还有前方后圆的双间房，不少有白灰面，但房址多为半地穴式，表现为中原龙山文化和齐家文化的双重风格。建筑技术上，一是大量使用夯筑技术，中原龙山文化中，常常发现夯土的房基，至于这时普遍出现的城堡，更是夯筑技术的滥觞；二是土坯墙取代木骨泥墙，在河南永城王油坊、汤阴白营、安阳后岗和淮阳平粮台等地都发现了用土坯砌墙的房屋；三是石灰的广泛应用，河北、河南和陕西发掘的许多属于中原龙山文化的房屋，其地面和墙壁往往抹一层厚约2毫米的白灰，表面光滑平整，质地坚硬，颜色净白。

四、聚落的墓葬形态

1. 墓葬的布局

黄河中游地区龙山文化早期的墓葬发现很少，仅在陕县庙底沟、渑池仰韶村、芮城西王村、垣曲古城东关、华阴横阵村等遗址有所发现，而聚落的公共墓地则更少有发现。陕县庙底沟二期聚落遗址发现有小型聚落墓地，墓地位于居住区的西南部，墓葬区无明显的成组界线，但排列规划整齐①。芮城清凉寺墓地位于居住区的北部，墓区总面积5000平方米，可分为三个阶段、三大区域。早期多为小型墓葬，中期为大型墓葬，晚期为小型墓葬。三个阶段的墓葬分别排列有序，尤其是中期的大型墓葬区，墓葬排列紧密有序，南北成行，东西成列②。黄河中游地区，缺少龙山文化中期的大型墓葬区，只在禹州瓦店、孟津小潘沟、王湾三期等遗址中发现有少量的墓葬，看不出墓葬的布局情况。黄河中游地区龙山文化晚期的墓葬以山西襄汾县陶寺墓地最有代表性，共发现1000多座墓葬，有多种叠压打破关系，基本可分为两大墓葬区，排列有序。龙山文化晚期城址外围有专门的墓葬区。

2. 墓葬的形制与葬式

黄河中游地区龙山文化早期的墓葬以长方形土坑竖穴单人葬为主，少见合葬墓；有的公共墓地贫富分化很明显。例如，陕县庙底沟二期③聚落遗址的墓葬都是单人竖穴墓，头向南；除两座屈肢葬外，都是仰身葬。另外在两个灰坑内有人骨架，放置整齐，可能是当时的一种葬俗，在河南龙山文化和陕西龙山文化聚落遗址中经常见到这种埋葬方式。芮城清凉寺墓地④均为长方形土坑竖穴墓，出现了明显的等级分化，依规模分为大、小两类。大型墓宽1.3~1.8米、长2.3~2.6米，小型墓葬一般长约2米、宽仅0.5~0.8米。大部分大型墓均有熟土二层台，有木棺等葬具，但没有留下明显的痕迹。大型墓有一半以上有小孩殉葬。墓主人均为成人，头向正西，多数为一次葬，以仰身直肢者为主，也有部分墓葬的葬式比较特殊。死者骨骼上一般均涂朱红，有的墓葬在整个墓底均撒一层朱砂，尚红是当时的一种葬俗。黄河中游地区龙山文化中期的墓葬沿袭了早期的形制与葬式，王湾H79等遗迹中出现的5具散乱人骨架，与正常埋葬有区别⑤。黄河中游地区龙山文化晚期的墓葬以长方形土坑竖穴单人葬为主，合葬墓较少；出现男女合葬墓，公共墓地贫富分化更加明显。例如，山西襄汾县陶寺墓地墓葬⑥可分大、中、

---

① 中国科学院考古研究所.1959. 庙底沟与三里桥. 北京：科学出版社.61

② 山西省考古研究所等.2006. 山西芮城清凉寺新石器时代墓地. 文物，(3)：4~16

③ 中国社会科学院考古研究所.1984. 新中国的考古发现和研究. 北京：文物出版社.132

④ 山西省考古研究所等.2006. 山西芮城清凉寺新石器时代墓地. 文物，(3)：4~16

⑤ 北京大学考古实习队.1961. 洛阳王湾遗址发掘简报，考古 (4)：175~178

⑥ 中国社会科学院考古研究所山西工作队等.1980. 山西襄汾县陶寺遗址发掘简报. 考古，(1)：18~31

小三种，分别占1.3%、11.4%和87.3%。大型墓仅6座，长约3米，宽为2~2.75米，有木棺、二层台。中型墓50余座，一般长2.2~2.5米，宽1米左右，一般有木棺。小型墓800余座，长约2米、宽0.4~0.6米。

3. 墓葬的随葬品

黄河中游地区龙山文化早期的墓葬随葬品出现了明显的分化。例如，芮城清凉寺墓地中，有三分之一的墓葬中有随葬品，目前发现的随葬品中最多的是玉石器，随葬玉石器的数量有1~12件不等。器物的质地和形制也有很大的区别，放置的位置有头部、臂上、下腹部和其他位置。玉石器的种类较少，其中最多的是玉璧、玉环、石刀、玉石钺等，其他器物还有玉琮、石斧、小玉饰等。在这些随葬品中，至少有一部分应该属于礼器范畴的遗存。而玉璧、玉石钺、玉琮等象征身份的精美玉器只在大型墓葬中出现，骨簪等饰品和鳄鱼骨板、兽牙、猪下颌骨等器物一般也均发现于大型墓葬中。小型墓葬中也有随葬玉石器，但数量和精美程度与大型墓无法相比，且小墓之间的随葬品数量差距很大，绝大多数的小型墓葬中无随葬品①。晚期墓葬随葬品所反映的贫富分化更加突出。例如，山西襄汾县陶寺墓地的大墓中撒朱砂，随葬品多达一二百件，其中往往有龙纹盘、石磬、木鼓、大量漆木器、陶器和玉石器等。例如，3015号墓有棺板灰痕，其外侧放置随葬品。右侧主要是炊器和饮食器具；右下放有木匣、石刀、石锛；右侧中部有陶灶、陶斝、陶罐；右上方有木豆、木盘和木斗。左侧主要放置乐器、工具、武器等；左下方有木鼓、石磬、石研磨盘和磨棒；左侧中部有成束的石镞和骨镞，单石链就有110件；左侧上方有玉石器、骨器、木豆、木仓模型及不辨器形的彩绘漆木器等多件。足端近墓壁处有一完整猪骨架。中型墓葬随葬成组陶器及少量彩绘木器、玉石器及猪下颌骨等，有的墓中保存较好的有麻布殓衾。与上述大中型墓形成鲜明对比的是，小型墓绝大多数无任何葬具和随葬品，仅个别的有木棺，或两三件骨笄、陶罐之类的随葬品②。

4. 墓葬的共性与异性

黄河中游地区晚期聚落墓葬的共性主要表现在：①与中期相比，公共墓区出现分化，一是公共墓区规模更大，以陶寺墓地最为典型；二是公共墓地松散化，几十座墓葬组成一个墓区域，没有明显的分区分组排列。②墓葬规

---

① 山西省考古研究所等．2006．山西芮城清凉寺新石器时代墓地．文物，(3)：4~16

② 中国社会科学院考古研究所山西工作队等．1980．山西襄汾县陶寺遗址发掘简报．考古，(1)：18~31

格出现明显的等级分化，随葬品多寡差别显著。③在公共墓葬区，以猪、狗甚至奴仆为牺牲的殉葬或殉祭活动逐渐普遍。④黄河中游地区晚期聚落墓葬普遍出现薄葬，尤其是中原地区最盛行。⑤单人葬比例显著提高，合葬墓尤其是多人合葬墓显著减少。

黄河中游地区晚期聚落墓葬的异性主要表现在：①聚落公共墓地在关中地区被极大弱化，到目前为止，尚没有发现有规划的氏族公共墓地，只发现零散的墓葬。这反映了龙山时代，关中地区的聚落数量和人口数量与前期相比都有较大数量的减少。中原地区尤其是豫东、豫北地区，小型公共墓地的发现相对较多，以王油坊、后岗、汤阴白营、安阳大寒南岗、将台、蒋台屯为代表，说明该区域人口、聚落有相当数量的增加。②关中地区的墓葬中，保留有相当数量的合葬墓，尤其是在关中西部武功赵家来等地，显然受到了西边齐家文化的影响。③豫东、豫北地区墓葬中发现少量墓主拔牙的现象，可能是受东部大汶口文化和山东龙山文化的影响。④瓮棺葬在关中地区迅速衰落而在中原地区继续流行，甚至在成人葬中也有相当可观的数量。

第六节　黄河中游地区的史前聚落模式

聚落的整体布局形态受到自然和人文两大因素的制约和影响，而这些因素在每一个具体聚落中的作用程度却是有所区别的。有时自然环境因素的作用较为明显，有时人文社会因素的作用比较突出，有时还存在着两方面因素相互作用的现象。这样，聚落的整体布局形态就不可避免地存在着一些差异，从而形成了不同模式的聚落形态。

一、早期聚落模式

黄河中游地区早期聚落的平面结构（主要指居住区）多为疏散型。所谓疏散型聚落指在同一聚落遗址中，居住区相对比较分散，没有明显的统一布局的聚落形态，但聚落区有了一定的功能分区，尤其是居住区与墓葬区分离现象明显。关中地区老官台文化遗址居住区发现的房址很少，仅李家村1座、老官台2座、北首岭2座、元君庙3座。豫中的裴李岗遗址发现5座，莪沟北岗遗址发现7座，冀南豫北磁山文化遗址发现2座。这些聚落居住区很难看出平面的布局情况。但墓葬区出现了明显的聚族而居的现象，同一墓地内每座墓葬的规模、形制、方向大体一致或相近，相互之间很少有打破关系，显然经过一定的规划。例如，白家村遗址的墓葬主要分布在Ⅰ区和Ⅲ

区，两区之间也曾发现过同时期的墓葬，这表明从Ⅰ区到Ⅲ区是同一处公共墓地。裴李岗遗址公共墓地地势较高，与聚落居住区相隔一定距离，明显是故意与居住区分离；公共墓地墓葬数量多，中心区域墓葬分布密集且有一定规律。莪沟北岗遗址、水泉遗址公共墓葬地出现了墓葬分组排列的现象，说明疏散型聚落的氏族内部出现了大的家族组织。

黄河中游地区史前早期聚落的晚期，在豫中地区出现了一体凝聚式聚落①，所谓凝聚式聚落就是指聚落内部虽然存在若干不同的建筑群，但却被统一规划在居住区的范围内。例如，新郑唐户遗址发现的60余座房址，内部组成数量不等的4组房子群，分别以大房屋为中心，环以小型房屋，组成相对独立的单元。整个聚落居住区则有类似环壕的防御设施。贾湖遗址可分三期，西区晚期16座房址亦存在分组的现象。显然每组房屋对应的是一个母系氏族中的大家族或者大家庭。这种情况与当时的墓葬布局是相印证的。舞阳贾湖遗址发现墓葬317座，分属于几个不同的墓地，可能就属于同一氏族的不同家族。从总体情况来看，黄河中游地区早期聚落以疏散型为主，而凝聚式聚落很少，且凝聚式聚落的凝聚性和向心力都不明显。

二、中期聚落模式

黄河中游地区中期聚落的平面结构基本上都是以居住区为中心而展开的。大量的考古发现表明，史前聚落在布局方面一般多是由居住区、墓葬区和生产区等几个部分构成。而且在聚落布局中，都是围绕居住区而规划设计的，其他部分明显处于从属地位，尤其墓葬区的规划往往还与居住区房屋建筑群体组合存在某种联系。这种布局结构具体可分为三种类型，即疏散型聚落、一体凝聚型聚落和二重型聚落②。

疏散型聚落指分布在渭水流域、汾河流域以及伊洛河流域的小型聚落。这种聚落规模小，居住区、墓葬区、生产区构成不完善，或尚未发现，居住区规划布局不明显。结构类似于早期聚落。渭水流域有白家遗址、邓家庄遗址、拗子遗址、西坡遗址、查家河遗址、柳林遗址、白瓜河遗址、东坡遗址、古村遗址等。汾河流域有阎家岭遗址、杨家庄遗址、卢来坳等。伊洛河流域有孙旗屯遗址、杨窑遗址、高龙遗址等。

一体凝聚型聚落分为一体凝聚型向心式聚落和一体凝聚型离心式聚落两种。黄河中游地区史前中期聚落的早段，一体凝聚型向心式聚落跟史前早期同类聚落相比规模变大，具有典型的凝聚性和向心性，布局科学合理，统一

① 牛健．1983．聚落地理类型研究．北京：学苑出版社．74

② 牛健．1983．聚落地理类型研究．北京：学苑出版社．89

规划，大房址和小房址组合成基本单元，可能是氏族中的大家族所共有。一体凝聚型向心式聚落多属于特级聚落或者一级聚落，也有部分是中小型聚落。例如，陕西临潼姜寨遗址仰韶文化早期的聚落，居住区范围内存在5组分别由大、中、小型房屋构成的建筑群体，并有分别附属于这些建筑群体的其他设施。居住区周围建有环壕设施，把居住区与其他部分区分开来，并在环壕出入口处或环壕外凸部分内侧设有哨所类防卫设施。所有建筑群体都被共同的环壕设施环绕在同一区域范围内，聚落的居住区呈现出一体化向心式结构特点。在环壕外侧围绕居住区的则是墓葬区所在，已发现三片相对独立的墓地。考虑到聚落被破坏的部分，人们一般认为可能还应该有两片墓地存在，与居住区的房屋建筑群体相互对应。成群的公共制陶区也设在环壕外侧靠近河流一侧，以便于取得生产用水。而单个的陶窑则位于居住区某一特定的建筑群附近，应是附属于该建筑群的专用陶窑。其他生产区域，如农业生产区等一般都在聚落的周围地带。北首岭聚落遗址发现房址32座，窑穴15个，墓葬439座。聚落区分为居住区、公共墓葬区、手工业作坊区。居住区房址围绕聚落中心南北长约100米、东西宽约60米的中心广场而建，开口面向广场，广场是氏族成员举行大型活动的场所。房址有方形、长方形、圆形三种。方形的房子最大，面积为35～88平方米，显然是整个氏族重要的公共议事的场所和小型公共活动场所。长方形房子最多，面积为9～34平方米；圆形房子只发现一座，面积很小，可能是氏族内部家族或家庭的住房。聚落的西南是氏族公共墓葬区。墓葬存在分区、分组明显的现象。手工作坊区位于聚落的西北部，发现大量的石制生产工具。洛阳王湾发现了类似西安半坡的大房址，可能存在一体向心式的聚落布局结构。另外，中期晚段的西山城址内发现房址200多座，具有典型的一体向心结构，其中西门东侧有一座大型的夯土建筑基址F84，东西长14米，南北宽8米，周围有数座房址环绕，大房址北侧为面积达数百平方米的广场。显然这组向心结构的大房址为部落氏族中的大家族所有。黄河中游地区史前中期聚落的中晚段，大多数一体凝聚型聚落开始由向心式向离心式转化。所谓离心式聚落指聚落以血缘为纽带，有科学统一的布局与分区，但没有明显的聚落中心，建筑群不是环形布局而是成排成组分布，成排或成组的建筑群组织结构严密，如下王岗三期长排房和大河村三期、四期的长排房。

二重型聚落是黄河中游地区新出现的聚落布局形式，而所谓内外二重型就是指聚落的居住区以人为界限或天然界限分为内、外两个部分，其人为界限或为环壕，或为城垣。二重型聚落既具有凝聚型聚落的特色，又在居住区内有明显的界线。例如，西安半坡仰韶文化早期的聚落遗址面积约5万平方米，很可能就是以环壕设施为界，把居住区划分为内、外两个部分，而且内外环壕所环绕的部分都有房屋建筑存在。整个半坡聚落由居住区、墓地及窑场结合而成。居住区外环为大致呈椭圆形的围沟，沟北为墓地，沟东有窑场。又如，郑州大河村仰韶文化的聚落遗址亦是以一条古河道为界分为东、西两个部分。40 多座房屋基址集中建筑在聚落遗址的中心地带，跨古河道形成一大一小两个聚落居住区，房屋周围设有堆放杂物和粮食的窖穴。遗址中部偏东有一处饲养牲畜的圈栏，聚落的北部分布有两处大型的氏族公共墓地。显然古河道两边生活着氏族不同的成员，甚至可能是不同氏族的成员。

三、晚期聚落模式

黄河中游地区晚期聚落的平面结构基本延续了中期的几种类型，小型聚落都是疏散型聚落，规模小、布局不完善。大中型聚落大多是凝聚型聚落和内外二重型聚落。凝聚型聚落由向心式转化为离心式，多以成排成组的形式出现。例如，在汤阴白营龙山聚落中，发现的房址众多，但其分布疏密不同，大致上 F12、F17 和 F26 相近，F1、F37 和 F39 相近，F11、F14、F32 和 F36 相近，F41 和 F43 相近，F3、F25、F29 和 F28 相近，等等。构成 10 余个大小不等的房址组群，组群以内房址大小相间。安阳大寒龙山文化聚落中也有同样的现象。这里出土房址 6 座。其中圆形房址 2 座，长方形房址 4 座。6 座房址分布在大约 400 平方米的范围内，可分为 2 组，每组 3 座，都是 1 座圆形房址与 2 座长方形房址搭配。这种房址布局不再以大型房址为中心，而以血缘关系远近分组而居。龙山晚期的城址，作为聚落的高级形态，更具有凝聚型聚落或者内外二重型聚落的特征。凝聚型聚落的典型，如辉县孟庄城址、郾城郝家台城址、新密古城寨城址等。这类城址平面呈方形，其中平粮台城址为正方形，坐北朝南，这种方正对称思想，影响了我国古代城市几千年的发展。城址外围有城垣和环壕双重防御系统，郝家台城址、辉县孟庄城址、新密古城寨城址在城垣外都发现了壕沟。城址内体现了一体化的科学布局，有夯土建筑构成的类似宫殿或祭祀场所的聚落中心。城址内有居住区、生产作坊区、墓葬区，有的墓葬区在城外。居住区统一布局如下：

孟庄城址在城内东北部和西南部发现了房子和密集的灰坑，西南部还发现了 4 口水井，是城区主要的居住区。房址有 16 座，均为地面建筑，平面形制多为长方形，部分为圆形，居住面统一经过火烤或者涂抹白灰。灰坑多数为储存粮食后而废弃的窖穴。水井口呈长方形，深 4 米左右，井中发现了用来取水的陶器。

淮阳平粮台城址规划科学严谨。平面呈正方形，发现有房址、陶窑和灰坑等。在城内有规整的道路，两侧有门卫房的遗存。道路下铺排水管道，其结构是在道路下挖出上宽下窄的沟，口宽和深均为 0.74 米，沟底铺一条套接的陶制水管道，其上再并列铺两条陶制水管道。北端稍高，宜于向城外排水。管道周围填土并杂以礓石块，其上再铺厚 0.30 米以上的土，作为路面。房址主要集中在城中部偏北，有 10 余座房址，多为长方形排房，分为平地起建和夯土高台建筑两类。灰坑在房址的南部，可能与祭祀有关。陶窑则在城的东南部和西南部。

郝家台城址发现数排房址，布局整齐。每排房址长达数十米，宽数米，坐北朝南。二期文化的排房 F18 位于城内北部，由西向东分为甲、乙、丙、丁等 8 间。各单元房子一律呈长方形，均设有门，与东北部的排房 F16 对应；三期文化 F13 为一长方形六间排房，均单独设有门。无疑每个单独的房屋可能居住一个单独的小家庭。这种排房结构有异于中期聚落的一体向心式结构，可能昭示了大家族的逐步解体。三期文化 F13 排房，面积将近 100 平方米，房内设套间，室内地面用草拌泥抹平，如此豪华的居室，显然是特权人物的住所。“考虑到城址的规模以及其在聚落群中的位置等因素……超越了一般聚落的范畴，可能具有中心或者次中心的位置”①。

古城寨城址内发现了宫庙一类的建筑。在城址东北部较密的夯土区内，清理出两座龙山文化晚期的夯土高台建筑基址和一个面积近 100 平方米的夯筑房基，其中一号房基 F1 是我国目前所发现的一处面积最大、结构最复杂的龙山时期宫殿式建筑。F1 位于城内中部略偏东北处，坐西朝东，南北东三面有回廊，为夯土高台建筑，房址周边发现数十个柱洞，南北侧的廊柱呈现均匀分布；F4 是另外一座廊庑式建筑，由三道墙基槽、门道、门卫房和众多的柱洞组成，廊庑是封闭式结构。古城寨的城墙与 F1 和 F4 房址的方向都出乎意料地一致，可看出该城的建造是事先经过统一规划和精心设计的，不仅反映出当时城建设计等方面的进步，也体现了使用者崇高的地位和尊严。

与凝聚式的城址聚落相比，内外二重型聚落似乎要更发达，除具有凝聚型聚落的布局特色外，还具有内外二重城垣，如王城岗龙山城址、新寨龙山城址、陶寺龙山城址等。王城岗城址，由东、西两个小城共一中间城垣组成，西城发现夯土建筑基址。2005 年在两小城的外围发现面积达 30 万平方米的龙山文化晚期大城址，发现了城垣和环壕双重防御系统，在大城和小城之间分布有作坊区和祭祀区。大城位于王城岗遗址中部，外围有环城城壕。北城壕长约 630 米、宽约 10 米 、残深 34 米，向东通往五渡河；西城壕残长

---

① 钱耀鹏．2001．中原龙山城址的聚落考古学研究．中原文物，（1）：32

130 米、宽约 10 米、残深 1.5 ~2 米，向南似通往颍河。其东面和南面的城墙与城壕，从所处地势较低和钻探等情况看已被毁坏。新密新寨龙山城址平面为长方形，分为大城与小城，小城在大城的西南部，夯土建筑。除南面外，其他三面有城墙与护城河，护城河长 900 米，城墙宽度在 9 米以上，城墙大部分遭受过河道的破坏。在小城的中心偏北，有大型的建筑遗址，平面大体呈长方形，墙体为夯土建筑，居住面有大量含红烧土的垫土层，估计为祭祀遗址。在内城中心区外的南部，有手工业作坊区。内城向外三四百米，为高大坚固的夯土外城墙，城墙内外都有环城城壕。陶寺城址也可能具有内外二重型聚落特征。陶寺城址由早期小城、中期小城和中期大城组成。早期小城平面形制为圆角长方形，南北长约 1000 米，东西宽约 560 米，面积约 56 万平方米。中期城址与王城岗城址构成相似，分为大城和小城两部分，但在大城、小城的外围尚未发现更大的城墙。中期大城平面形制为圆角长方形，东西长约 1800 米，南北宽约 150 米，面积约 270 万平方米，是在早期小城的基础上扩建而成，并利用早期小城的东墙和早期小城内的建筑设施。中期小城位于中期大城南城垣外，即中期大城垣外的东南部，面积约为 10 万平方米，城内有宗教祭祀区和贵族墓地。

第三章

黄河下游地区的史前聚落

第一节　黄河下游地区的地理环境

一、地理地貌

我们这里所指的黄河下游地区，主要是以山东为核心的海岱地区。山东地形，中部突起，为鲁中南山地丘陵区；东部半岛大都是起伏和缓的波状丘陵区；西部和北部是黄河冲积而成的鲁西北平原区，是华北大平原的一部分。境内山地约占陆地总面积的15.5%，丘陵占13.2%，洼地占4.1%，湖沼占4.4%，平原占55%，其他占7.8%。山东的河流分属黄河、海河、淮河流域或独流入海。全省平均河网密度为0.24公里/平方公里，长度在5公里以上的河流有5000多条，其中长度在50公里以上的河流有1000多条，较重要的有黄河、徒骇河、马颊河、沂河、沭河、大汶河、小清河、胶莱河、潍河、大沽河、五龙河、大沽夹河、泗河、万福河、朱赵新河等。

1. 地理位置和地貌特征

山东省地处中国的东部，主要地区属于黄河和淮河的下游。其东侧为黄海和渤海，胶东半岛向东突出于黄海之中，隔海与朝鲜半岛和日本列岛相望，东北方向跨过狭窄的渤海海峡，就是辽东半岛。

山东地区的水系，一般认为是以黄河为主，实际上是由三个部分组成：面积最大的泰沂山以南地区属于淮河流域；其次就是各自独流入海的水系，主要分布在胶东半岛、泰沂山系的北侧地区及山东省东南部的日照地区，这些河流大都比较短促，目前多数已经变成了季节河。其中较大者，如马颊河、徒骇河、小清河、潍河、胶莱河、傅疃河等；流域面积最小的是黄河，而在古代，黄河不从现在的位置入海，据历史地理学的研究，黄河夺济入海之前是从河南折向北至天津一带入海，而古济水是这一地区的主要河流。单纯地从地理地貌方面区分，山东地区主要有三大块，即以泰山、沂山、蒙山为中心的鲁中山地及其周围地区，胶东半岛及其沿海岛屿地区，以及环鲁中丘陵北、西、南三侧的平原地区。前两者以较为低洼的胶莱平原为界，各自成为相对独立的地理单元。而平原地貌也可以区分为若干小的单元，如以胶莱河流域为主的胶莱平原、鲁北中部的莱州湾前平原、鲁西北平原、鲁西南平原和沂沭河谷平原等。

2. 自然气候

山东省属于典型的温带季风大陆性气候，有明显的冬夏季风。冬季相对寒冷干燥，夏季则炎热多雨，四季分明。

现在全年的平均气温为11～14.2℃，并且呈现由东向西递减的趋势，东部沿海地区的平均气温在13.5℃左右，西北部地区则要低一些。史前时期的气温情况比较复杂，因为时间跨度较长，不同时期的气温变化较大。

山东地区的年平均降水量为543.1～915.7毫米，东南沿海地区降雨较多，而西北内陆地带则降雨较少，呈现一种由东南向西北递减的趋势，内陆平均年降水量为600毫米左右，沿海地区则超过750毫米，最多的，如日照、临沂和胶东半岛东南部地区可达850毫米以上。全年的降水时间比较集中，据现代气象资料统计，每年6～9月的降水量占全年总量的60%～70%。

全年平均无霜期为173～250天。东南部沿海地区的无霜期超过200天，而西北部和海拔较高的鲁中山地则均在200天以内，其中最少的地区只有150天左右。

以上所述均为当代的自然气候数据。历史上特别是远古时代的自然气候较之现代有相当大的差别，从总体上分析，山东地区新石器时代的气温、湿度和降水量，均要高于现代。其变化的趋势是，气温逐渐降低，降水量不断减少，气候趋向于干燥，植被也越来越差。

3. 丰富的水陆资源

山东省虽然面积不大，但由于有着较为复杂而多样化的地理地貌，使得不同地区蕴藏着极为丰富的可以满足人们生存的各种资源。

鲁中及胶东半岛地区有大范围的低山丘陵，埋藏着人类生存所必需的各种矿藏。在生态环境保持较好的远古时期，这一地区的景观以森林为主。这里不仅生长着丰富的植物资源，也栖息着大量野生动物，可供早期人类采集和捕猎。这也是为什么距今年代久远的古人类均发现于这一地区的原因之一。

鲁中丘陵的周围地区是广阔的平原，如东部有胶莱平原，北侧和西侧为鲁西北平原，南侧则为淮海平原。在这些平原地带，河流密集，水源充足，特别是鲁西北、鲁西南地区，大大小小的湖泊星罗棋布，具有丰富的水产资源。据统计，仅在现山东省的范围之内，长度在10公里以上的河流就有1500余条，其中有近20条河流的长度超过了80公里。在这片美丽富饶的土地上，盛产各种水陆生物，其中仅淡水鱼类就达119种，贝类40余种，还有虾、蟹等。而平整肥沃的土地，则是发展早期农业的优良条件。

山东省的海岸线长达3000多公里，而且在近海地区还分布着300多个大大小小的岛屿，盛产各种海产的海湾较多。据统计，超过100平方公里的浅海海湾就有近10处。在山东省沿海海域，目前还存在着200余种海洋鱼类、数十种海水虾蟹类和170余种海水贝类资源。而莱州湾、日照沿海和胶东沿海等地区，自古以来就盛产海盐。优越的海陆环境，使山东地区的古代先民兼得渔盐之利①。

二、史前生态环境

目前，根据孢粉分析来复原史前文化的环境信息是一种有效的手段，考古发掘中也往往注意对环境资料的收集。我们这里就以山东地区主要文化系列为主线，以典型文化遗址的环境信息为主要内容，来展现史前时期黄河下游的生态环境。何德亮以文化发展为主线，研究了黄河下游山东地区不同时期的环境考古信息，对当时的生态环境作了如下的提示②。

1. 后李文化的自然环境

后李文化的环境信息主要来自后李遗址、前埠下遗址、小荆山遗址。后李遗址的孢粉分析表明，样品均以草本植物花粉居优势，最多可占孢粉总数的76.3%～91.1%。在草本植物花粉中根据数量的多少，依次为蒿、乔本科、藜科及菊科，还有少量蓼、莎草及香蒲等。木本植物花粉次之，主要以针叶植物松居多数，还有少量的桦、栎榆及胡桃等阔叶植物花粉。蕨类植物孢子较少，有卷柏，水龙骨科等③。由此可知，这一时期，后李遗址的植被具有明显的草原特征，草本植物比较茂盛，在低洼、沼地及积水之处主要生长着香蒲、莎草、狐尾藻及水蕨等，大量中生、旱生的蒿、藜及禾本科等分布于平原、低地及开阔平坦之处，遗址附近的低山、丘陵之上生长着松、

① 邵文臣. 2004. 齐鲁文明初曙：从沂源猿人到北辛文化. 济南：山东文艺出版社. 1～5

② 何德亮. 2004. 山东新石器时代环境考古学研究. 东方博物，(2)：27～32

③ 严富华，麦学舜. 1994. 淄博临淄后李庄遗址的环境考古学研究. 中国第二届环境考古学术讨论会论文

桦、桤木及胡桃等针叶、阔叶植物。气候环境是温和稍干中掺杂着暖湿，属温带大陆性季风气候。特别是一些好暖湿的阔叶植物花粉，如榆、栎、胡桃等，在遗址中部含量较多，上、下部含量相对较少，可以看出遗址堆积期间，由下而上植被和气候曾发生明显的变化。中期或中部，气候相对较佳，温暖较湿，栎、榆等喜暖的阔叶林植物花粉含量较高，还发现了今天只能生长在长江流域淡水中的水蕨属植物孢子。由此证明，这一时期气候暖湿，可能比现在高2～3℃。这里环境一度较为优美，既有旱生植物、水草及灌木丛，也有低地及水体，当时这里地势比较平坦，接近河边，有不少野生动物。另外，还有一些禾本科植物花粉，形态酷似现在的谷子。当时先民可能已经学会农业栽培，食物来源主要靠种植谷物，也辅以狩猎和捕鱼。

前埠下遗址的植物硅酸体样品，含量丰富且保存完整。不仅有成组的方形、棒形硅酸体，还含有大量的炭屑。统计到的硅酸体类型有棒形、尖形、哑铃形、长方形、扇形、方形、中鞍形、帽形、芦苇形、毛发形等。其中以长方形和方形硅酸体为主，各占30%和26%左右；其次为棒形、尖形和扇形[①]。分析结果提供了下列环境信息：植物硅酸体组合以长方形和方形为主，表明当时遗址周围生长了大量反映温暖湿润环境的一些植物种类。遗址中的动物遗骸种类较多，经过鉴定主要有丽蚌、篮蚬、青蛤、青鱼、草鱼、绘鱼、鳖、鸡、中华鼢鼠、狗、狐、貉、狗獾、野猪、家猪、獐、梅花鹿、鹿、水牛等[②]。这种动物组合，反映出后李文化后期直至大汶口文化早中期阶段，前埠下一带为大河入海处的森林-草甸环境，当时气候温和，降水充沛，年平均气温可能比现在高4～5℃，大致与现在东南沿海一带的气候相似。

小荆山遗址在发掘中发现了717件动物遗骸，经鉴定有软体动物、鱼类动物、爬形类动物、鸟类动物和哺乳动物五大类，至少可以代表22个种属。遗骸主要有圆顶珠蚌、珠蚌、扭蚌、剑状矛蚌、楔蚌、丽蚌、篮蚬、青鱼、草鱼、鳖、雉、斑鹿、鹿、羊、牛、马、野猪、家猪、狼、家犬、狐、貉等。其中有7种淡水软体动物，2种淡水鱼，1种鳖，1种鸟，6种野生兽类和5种家畜。淡水软体动物以珠蚌、楔蚌和丽蚌等为代表，是一些流水型软体动物；淡水鱼为吞食能力很强的青鱼和草鱼[③]。这些淡水软体动物和鱼类是先民们捕捞和食用的主要对象。两块鳖甲表明先民们曾猎捕过这类爬行动

---

① 靳桂云.2000.前埠下遗址植物硅酸体分析报告.见：山东省文物考古研究所.山东省高速公路考古报告集（1997年）.北京：科学出版社.106，107

② 孔庆生.2000.前埠下新石器时代遗址中的动物遗骸.见：山东省文物考古研究所.山东省高速公路考古报告集（1997年）.北京：科学出版社.103～105

③ 孔庆生.1996.小荆山遗址中的动物遗骸.见：山东省文物考古研究所，章丘市博物馆.山东章丘小荆山遗址调查、发掘报告（附录）.华夏考古，(2)：23

物。野生动物主要是斑鹿、鹿、狼、狐、貉和野猪等。在家畜中，猪的遗骸最多，可代表10余头不同年龄、不同性别的个体，这些猪属于较原始类型或半驯化的家猪。其次是狗，与狼有较大差别，属于驯化类型。比较特别的是各种楔蚌、丽蚌等，它们现在主要分布于温暖湿润的南方地区，栖居在河流及与河流相通的湖泊中。这类生物的发现，表明当时的气候比较温暖、湿润，降水丰富，年平均气温可能要比现在高4～5℃，大致与现在南方地区的气候相似；同时说明当地有能够适于这类软体动物生存的流水环境，即洪崖底质为泥沙，并有流量中等的河流及湖泊存在。鱼、鳖等生物依赖于水域而生活，貉也是在河浜以捕食鱼类及各种小动物为生，显示遗址环境是水域和陆地的交接之处，为斑鹿、牛、羊等动物的理想居所。狐、野猪等常栖身于河流、湖泊附近的灌木丛或山林之中。狼骸的出土，进一步表明遗址附近曾有便于狼栖居的山林、丘壑。

2. 北辛文化的自然环境

这一时期自然环境的考古资料主要有北辛、王因、东贾柏和西桑园等。北辛遗址发现许多兽骨、鱼骨和贝壳等动物遗骸。经鉴定，种类有家猪、牛、梅花鹿、獐、四不像（麋鹿）、貉、獾、鳖、龟、青鱼、丽蚌、中国圆田螺，此外还发现了狗或貉的粪便等。

北辛遗址的植被群落比较丰富，基本反映出遗址周围的古植被状况。为了解遗址当时所处的自然环境，根据采集的土样进行孢粉分析。鉴定结果认为，由于第二文化层中的湿生植物孢粉含量较高，此时气候可能较今潮湿，沼泽湖泊较今范围大些，但气温和目前接近。第四文化层中，木本科植物和喜暖栎属等的花粉含量较高，说明北辛文化时期的气温比现在高2～3℃；而且附近水域广阔，湖沼密布，芦苇杂草丛生，先民们在水边草地和树林间捕获各种动物和采摘果实，以弥补生活食物之不足。另外，遗址中还发现水稻花粉，说明北辛文化时期已经开始种植水稻一类农作物。

王因遗址位于泰沂山前、东平湖东岸与汶、泗冲积平原，古代此处是一个广阔而低洼的湖沼河流交错地区，当时有着优越的自然条件和丰富的水产资源。该遗址下文化层属于北辛文化遗存，出土的动物种类有家畜、家禽、野生哺乳动物、鱼类及介壳类遗骸，还有炭化的果核，其总数达3000以上。可见渔猎、采集和饲养家畜在当时经济生活中占有相当大的比例。经过鉴定，家畜有猪、狗、猫、牛，野兽有虎、熊、狼、鹿、麋鹿、狍、獐、貂、獾、狐，两栖爬行类动物有鳄，家禽有鸡，水生动物有青鱼、草鱼、龟、蚌、螺等①。在北辛文化的灰坑和地层当中，猪作为一种驯养动物，其数量居于首位，其次是鹿和獐的遗骸，说明王因遗址有适宜鹿、獐生存的条件，同时，它们也是当时人们狩猎的对象。特别是20多具扬子鳄遗骸，表明它们应该是当时生存在附近的一种动物，这种爬行动物要有特定的生存环境，必须临近水域，还要具备气候温暖、雨量充沛等条件，北辛文化遗址附近具备了这样的地理环境。另外，从动物群习性分析，该遗址的自然环境十分优越，附近有广阔的水域，植被丰茂，雨量充沛，气候较今温暖、湿润，年平均气温比现在高2～3℃，与现在长江流域的气候条件基本相似。

3. 大汶口文化的自然环境

反映大汶口文化早期阶段自然环境的考古资料，以王因遗址最为重要。高广仁已进行了详细研究。该遗址上层属于大汶口文化时期，发掘中利用地层与遗迹中采集的大量动植物标本，对王因遗址的自然环境进行了探讨。这些动物个体遗存总数近3000个，软体动物壳重达30公斤。经鉴定有猪、獐、鹿、狍、麋鹿、貉、獾、狐、虎、牛、狗、猫、鸡、青鱼、草鱼、龟、鳖、鳄、蚌、螺等②。上述动物遗骸在王因北辛文化时期也能见到，说明北辛文化至大汶口文化早期阶段的王因遗址，周围的自然环境持续稳定。遗址周围有开阔平坦的地势，附近有大片的水域，并有丰富的水生资源。同时，这里曾经丛林茂密，气候温暖湿润。

在大汶口文化中晚期阶段，环境考古材料十分丰富。20世纪50年代，大汶口墓地因出土了生活于长江中下游或以南地区的扬子鳄、象和麋鹿等动物骨骼，曾一度引起学术界的关注。近年来，在建新、六里井、西公桥、五村、前埠下、鲁家口、三里河等遗址又发现大量有关自然环境方面的资料。孢粉分析和植物硅酸体分析以及动物骨骼鉴定结果均表明，大汶口文化时期，这些遗址的周围环境兼具如今北方和南方气候的双重特点：温暖湿润而又稍显干凉，既适于栽培耐旱作物，又适于渔猎，是人类较为理想的生存环境。

六里井遗址③位于泰沂山脉西侧的平原地带。通过对动物骨骼进行鉴定，

① 中国社会科学院考古研究所．2000．山东王因．北京：科学出版社．414～416

② 高广仁．1989．王因遗址形成时期的生态环境．见：庆祝苏秉琦考古五十五年论文集．北京：文物出版社．165～171

③ 范雪春．1999．六里井遗址动物遗骸鉴定；孔昭宸，陈怀城．1999．六里井遗址植物硅酸体及孢粉分析鉴定报告．见：国家文物局考古领队培训班．兖州六里井．北京：科学出版社．214～220

发现主要有猪、牛、獐、麋鹿、鹿犬、豹猫和淡水贝类的河蚌、蚬及铜锈黄棱螺，表明当时遗址周围或附近有一定规模的水域存在。从出土的动物种类以有蹄类和小型食肉类动物为基本构成的结果来分析，这一时期该区域森林覆盖率还是很高的。从植物硅酸体分析及孢粉鉴定来看，由于样品中以反映温暖潮湿环境的扇形、方形和鞍形等禾本科植物中的硅酸体为主，特别是发现了大量芦苇形硅酸体，而生长在旱地环境下的禾本科硅酸体则含量甚微；另外，样品中还出现榆、栎、木犀科、藜和禾本科的花粉。所有这些表明，这里可能分布着湿地，当时的气候应该温暖潮湿。虽然遗址中的孢粉浓度较低，但出现的植物均属于暖温带生长的乔木树种，估计鲁中南地区的森林已遭一定程度的破坏，这一点可以从遗址中生土层的炭屑得到验证。

前埠下遗址植物硅酸体样品①提供了下列信息：硅酸体组合以棒形为主，长方形、方形硅酸体较后李文化时期有所减少，表明遗址周围生长的植物中，反映干凉气候的种类增多，而代表温暖湿润气候的植物有所减少，看来气候发生了变化；中鞍形和芦苇扇形是芦苇植物中特有的硅酸体类型，而芦苇属于禾本科芦竹亚科芦竹族，生长于沼泽、河岸、湖边和草地，说明大汶口文化时期，遗址周围不仅有较大范围的水域，而且有丰富的水生植物可供古人利用。通过对动物遗骸鉴定后确认，该遗址的动物群为无脊椎软体动物的腹足纲、瓣鳃纲，及脊椎动物的鱼纲、爬行纲、鸟纲和哺乳纲，其至少代表35个属种。其中属于大汶口文化时期的动物有中华圆田螺、圆顶珠蚌、珠蚌、背瘤丽蚌、失衡丽蚌、丽蚌、扭蚌、篮蚬、文蛤、草鱼、鲤鱼、鳃鱼、黄颡鱼、鳖、龟、鸡、中华鼢鼠、狼、狗、狐、貉、狗獾、虎、猫、野猪、家猪、鹿、獐、梅花鹿、羊、牛、水牛等。

广饶五村遗址发掘中发现的动物骨骸和蚌壳经鉴定，其种类有软体动物、鱼类动物和哺乳动物三大类21个属种，有毛蚶、文蛤、牡蛎、圆顶珠蚌、扭蚌、圆头楔蚌、楔蚌、短褶矛蚌、背瘤丽蚌、楔形丽蚌、失衡丽蚌、无齿蚌、青鱼、家猪、野猪、牛、羊、豺、狗獾、鹿、麋鹿。以上21种动物以野生动物为多，以鹿类为主。水生动物有鱼类和蚌类。其中有3种海生软体动物，9种淡水生软体动物，1种淡水鱼，3种家畜和5种野生动物。海生软体动物主要是生活于河流入海口处泥沙质中的丽蚌、楔蚌和珠蚌等。淡水鱼为吞食能力很强的青鱼，是遗址中动物遗骸的主要种类之一。在家畜中，以

① 靳桂云．2000．前埠下遗址植物硅酸体分析报告．见：山东省文物考古研究所．山东省高速公路考古报告集（1997年）．北京：科学出版社．106～107

猪的遗骨最多，可代表30余头不同年龄、不同性别的个体[①]。猪可能是人们饲养的主要家畜之一。野生动物主要是鹿、麋鹿、野猪和狗獾等的遗存。麋鹿生活于水草丰茂地带，而野猪和狗獾则栖居在灌木杂生的土丘或水边，这些动物群的发现，从一个侧面反映了当时的自然景观。从遗址中出土的动物组合来看，现生的毛蚶、文蛤等大多生活在河流入海口处的沙泥质沙滩中，但在遗址中有这样浅海半咸水相软体动物遗骸的存在，说明五村遗址一定不会距海太远，否则，以当时的交通条件，先民们就难以赴海捕捞这些生物。楔蚌、丽蚌等皆属流水型软体动物，现生种主要分布在温暖湿润的南方地区的河流以及与河流相通的湖泊中，而遗址中出土了大量这类生物的外壳，表明当时的气候比较温暖、湿润，降水频繁，年平均气温可能比现在高4～5℃。从植被品种和动物群习性观察，气候应与现在南方地区的气候相似。

4. 山东龙山文化的自然环境

这一时期的自然环境与大汶口文化中晚期基本相同。鲁家口遗址地处渤海莱州湾畔，是一片低湿的冲积平原，堆积厚度3米以上。发掘中采集的动物遗骸，至少可以代表21个种属，包括家猪、牛、鸡、猫、鼠、东北鼢鼠、麋鹿、梅花鹿、獐、狐、蛤、獾、青鱼、草鱼、龟、鳖、文蛤、毛蚶、螺类、蟹类和一些大型禽类。其中有猪、牛、猫、鸡4种家畜家禽[②]。野生动物多为生活在沼泽和森林附近的种类，以鹿类为主，如獐、麋鹿等都是栖息在沼泽及河边芦苇中的动物。这些动物中属于龙山文化的动物种类主要是猪、牛、鸡、猫、貉、狐、獐、鹿、麋鹿、东北鼢鼠等。水生动物主要是淡水鱼类，文蛤是栖息在海水盐度较低的河口附近沙质海底的贝类，说明捕捞活动在当时经济生活中有一定的重要性。

西吴寺遗址位于鲁中低山丘陵和鲁西平原交接过渡地带，属于汶泗流域。出土的一些动物遗骸，经过鉴定，主要有家犬、豹猫、家猪、獐、梅花鹿、麋鹿、黄牛，以及少量蚌壳、龟甲及禽骨（似鸡）等[③]。其中獐是一种喜温性动物，龟甲属陆生的地平龟（ferrapenesp）。从野生兽类的种类组成分析，龙山文化时期，森林覆盖度较好，其间还有沼泽与草地。当时的经济

---

① 孔庆生．1989．广饶五村大汶口文化遗址中的动物遗骸．见：海岱考古．济南：山东大学出版社．122，123

② 中国社会科学院考古研究所山东队．1985．潍县鲁家口新石器时代遗址．考古学报，(3)：313～351

③ 卢浩泉．1990．西吴寺遗址兽骨鉴定报告．见：国家文物局考古领队培训班．兖州西吴寺（附录二）．北京：文物出版社．248，249

生活是以农业为主、家畜饲养为辅的经济类型。孢粉分析结果①表明，这一时期气候暖湿，植被较茂盛，生长着松、栎、榆、桑、漆树等科属的乔木和藜、蓼、蒿等科属的草，以及生长于静水或缓流湖泊、小溪中的喜暖湿环境的环纹藻等，表明当时的湖泊面积较大。还发现有丰富的禾本科植物包括一定数量小麦（近似种）孢粉的存在。说明龙山文化早期阶段气候还比较暖湿，到后来向干凉方向发展。这种前期植被较繁茂，而后期植被相对贫乏的现象，与全新世中、晚期的气候变化是基本一致的。与西吴寺遗址相近的尹家城遗址，是鲁中南地区一处重要的龙山文化遗址。鉴定的动物遗骸有猪、狗、黄牛、羊、鸡和野生的鹿、虎、狐等；软体动物中有中国圆田螺、梨形环棱螺、纹沼螺、河蚌、短褶矛蚌、圆顶珠蚌、中国尖脊蚌；水生动物有鳃鱼、龟、鳖、扬子鳄。植物种子发现有莲②。鉴定结果表明，山东龙山文化时期泗水一带的植被比较茂盛，特别是一些后来南移的动物，如在遗址中发现扬子鳄等，说明龙山文化时期气候较现在温暖湿润。研究认为，距今5000年以来，扬子鳄的分布北界向南退缩了3～5个纬度。

就全球气候来看，距今4000多年前的龙山文化晚期阶段，总的气候趋势是向干凉方向发展的，雨量减少，湖沼水域收缩。这种自然条件，比较适合各类农作物的生长繁育，为农业的发展奠定了环境基础。例如，庄里西遗址发掘中发现有人工栽培的水稻，并从一些灰坑内浮选出了植物果实和种子。浮选的炭化稻米经孔昭宸等鉴定后确认，是当时人工栽培的粳稻的米粒。与粳米伴存的还有黍、野大豆、葡萄、酸枣的果核以及大量蔷薇科植物的果核③。大部分灰坑内还保存有猪、鹿、牛骨。大量鱼、蚌、螺、龟等水生动物遗骸的发现足以说明，庄里西遗址所反映的自然环境是动物饲养和农耕文化的特征④。其中的生物遗存则代表着鲁中南平原丘陵和水域的较小地理范围内的地方性生物群特征，表明遗址附近的地形起伏不大，分布着林地、灌木丛和淡水湖沼、河流等水域，再加上当时气候较为温暖、湿润，属于多雨的季风特征，这种自然环境不仅为水稻的种植提供了适宜的自然条件，而且林地、灌木丛、湿地又是先民采集酸枣、葡萄、李子、野大豆的理

---

① 周昆叔，赵芸芸．1990．西吴寺遗址孢粉分析报告．见：国家文物局考古领队培训班．兖州西吴寺（附录三）．北京：文物出版社．250，251

② 卢浩泉，周才武1990．山东泗水尹家城遗址出土动、植物标本鉴定报告．见：山东大学历史系考古专业教研室．泗水尹家城（附录一）．北京：文物出版社．350～352

③ 孔昭宸，刘长江，何德亮．1999．山东滕州市庄里西遗址植物遗存及其在环境考古学上的意义．考古，（7）：59～60

④ 孔昭宸，刘长江，何德亮．1999．山东滕州市庄里西遗址植物遗存及其在环境考古学上的意义．第四纪研究，（4）：59～64

想场所。当时，由于社会生产力还十分落后，先民适应不同的环境状态，以渔猎采集为主。随着人口的增多、聚落的扩大和城址的出现，社会生产力有了很大的提高，人类征服自然的能力进一步增强，原始农业得到空前发展，实现了从狩猎采集到饲养栽培经济的飞跃。

通过对田旺遗址灰坑内的8个样品进行硅酸体分析，其中多数样品都发现水稻植物硅酸体，说明龙山文化时期，黄河下游地区水稻的栽培已经比较普遍，进一步证实龙山文化时期山东地区是人工栽培稻的重要地区，这为亚洲稻向东传播提供了可靠依据，对深入研究黄河下游地区史前时期稻作农业具有重要意义①。

第二节　黄河下游地区的聚落起源

山东地区旧石器时代地点发现的比较多，从这些星罗棋布的旧石器时代地点中，我们虽然无法复原当时人类的居址和环境，但从一些遗迹和遗物中提取出来的信息也能够窥见当时居址的一些基本情况，从而为探知这一地区聚落的起源提供了有益的线索。

一、旧石器时代考古发现

1. 骑子鞍山千人洞旧石器时代中晚期文化遗存

早在1965年5月，在沂源县骑子鞍山的千人洞中发现了打制石器和哺乳动物化石。该山洞是奥陶纪石灰岩中的一个溶洞（当时编号为“山东一号洞”），高出山下一条河流数十米。山洞平面形状呈“《”形，全长约90米，高约10米，宽10~20米。洞顶作穹隆形，洞的两头都有人工扩大的开口。打制的石器和哺乳动物化石是在洞内堆积物的地层里发现的。从出土的石器和动物化石的特征来看，这一文化遗存可能属于更新世晚期的一种旧石器时代文化，距今有2万~3万年②。

2. 新太乌珠台旧石器时代中晚期文化遗存

1966年4月，新太县乌珠台村群众在找水源的过程中，发现了1枚人牙

① 何德亮. 2004. 山东新石器时代环境考古学研究. 东方博物，(2)：27~31

② 戴尔俭，白云哲. 1966. 山东——旧石器时代洞穴遗址. 古脊椎动物与古人类，10（1）：82~84

化石和一些哺乳动物化石。接着，考古工作者前往现场，又发现了一些更新世的哺乳动物化石。化石是由当时的水流带至中寒武纪的致密鲕状石灰岩卡斯特深洞里而保存下来的，据报道：人牙化石是1枚左下臼齿，咬合面有5个齿尖，排列成“Y”形，磨蚀一度，远中面无接触痕迹，可能是第一或第二臼齿；牙齿不大，长11.6毫米，前部宽10.2毫米，后部宽10.4毫米，高7.3毫米，可能是属于女性少年个体；没有齿带，颊面基部不鼓出，咬合面副脊不发达，齿前部宽小于后部宽，牙齿不粗壮。这些特征都较一般北京猿人下臼齿进步，而较接近于智人。哺乳动物化石主要有虎、马、披毛犀、猪、鹿、牛等动物的牙齿化石①。上述人牙化石和哺乳动物化石所代表的时代同骑子鞍山千人洞遗址的时代基本一致，都是属于更新世晚期的文化遗存，距今亦是2万~3万年。

3. 沂水湖埠西旧石器时代晚期文化遗存

1984年春，临沂地区文物考古工作者在文物普查中，于沂水县城关湖埠西采集到旧石器12件②。从石制品制作原料与类型上看，与沂河上游沂源千人洞（“山东一号洞”）发现的旧石器时代晚期文化较相似。沂源和沂水两地相距只有60公里③。

4. 沂源上崖洞遗址

1981年发现于沂源县土门镇芝芳村北的柏平山上，洞口朝向西南，与沂源猿人化石产地隔峙峪河相望。石制品出土于洞内残存的黄土状堆积中，时代为更新世晚期，共25件，原料均为脉石英。石制品包括石核、石片、刮削器、尖状器、石钻，其中砸击石核和石片较多，石器以小型的刮削器和石钻为代表。这批石制品的打片和加工工艺经过仔细研究，有锤击法和砸击法，砸击法的使用是其主要特征。一些石器的使用痕迹经显微镜观察，可知刮削器主要是用作切割工具；尖状器不仅使用尖部，其刃部也有使用痕迹；石钻则仅用作钻孔工具。经研究上崖洞的石制品属于旧石器时代晚期④。

---

① 吴新智，宗冠福.1973. 山东新太乌珠台更新世晚期人类牙齿和哺乳动物化石. 古脊椎动物与古人类，11（1）：105，106

② 临沂地区文管会，沂水县文管站.1986. 山东沂水县晚期旧石器、细石器调查. 考古，（11）：961~965

③ 逄振镐.1994. 山东旧石器文化概论. 华夏考古，（4）：41~45

④ 黄蕴平.1994. 沂源上崖洞石制品研究. 人类学学报，（1）：1~11

二、旧石器时代晚期的聚落起源

旧石器时代中晚期，最常见的人类住所是天然洞穴。从旧石器时代中期开始，也出现过一些旷野类型的遗址。在旧石器时代的攫取经济条件下，一个地区的生活资源是有限的，不可能供养过多的人口。一般的人类群体，可能经常有二三十人在一起活动，最多也就是五六十人。除了少量遗址的文化堆积较厚外，大部分遗址的文化堆积较薄，说明人们在一地居住的时间并不长。其中有些可能是居住时间较长的营地，还有许多可能是季节性的临时住所，反映了史前时代早期人类以血缘为纽带的小型公社的生产与生活的特点。

游荡不定是旧石器时代人类居住生活的特点，食物来源的不稳定则是限制人口增长和定居的主要因素。尽管如此，在长达数百万年的集体生活中，人类缓慢地从自然界获得的经验，以及从单纯利用自然到改造自然的技术萌芽的出现，均为新石器时代定居的农耕聚落的出现奠定了基础①。

中国旧石器时代的文化遗址，到目前来说也已经发现了不少，但是能够在某一区域，如黄河下游地区，形成一定规模的聚落乃至聚落群，还是不大可能的。所以到目前为止，我们对于黄河下游旧石器时代晚期的所谓“聚落”只能从大致的居住环境、单个地点的居住方式给予简单粗略的说明，而不能够像新石器时代那样有一个系统的阐述。尽管如此，我们也希望能够通过旧石器时代晚期黄河下游单个、分散地点的有关聚落信息的描述，来为这一地区聚落的起源寻找一些线索。

第三节　黄河下游地区的史前早期聚落

黄河下游地区新石器时代的文化发展序列是比较清楚的，那就是后李文化—北辛文化—大汶口文化—龙山文化。我们将遵循这样一条主线，来梳理这一地区新石器时代聚落的发展演变脉络。我们按照学术界惯常的分法，把后李文化和北辛文化作为黄河下游地区的新石器时代早期文化来加以讨论。

一、考古发现的基本情况及分期

1. 后李文化

后李文化是根据淄博市临淄区齐陵镇后李官庄村西北的一处古文化遗址

① 张宏彦. 2003. 中国史前考古学导论. 北京：高等教育出版社. 190

命名的。该遗址发现于20世纪60年代初期，1965年曾做过一次试掘，由于受当时历史条件和认识水平的限制，未能把这一遗址的早期遗存与其他考古学文化区别开来。1988年秋至1990年上半年，为配合济青高速公路的建设，对后李遗址连续进行了4次山东地区有史以来最大规模的考古发掘，揭露面积近7000平方米，为重新认识该遗址的早期遗存创造了先决条件。后李官庄遗址的新石器时代遗存包括该遗址的九至十二层，可分为两个大的期别。晚期包括的九层及其相关遗迹，为后李二期文化。早期包括十至十二层及相关的遗迹，为后李一期文化。从文化面貌上说，一期文化未见典型的可称之为房屋的居住址，仅在当时的地面上发现了几处不甚规则的红烧土面和灶坑，这种现象应与后期遗存的严重干扰有关。灰坑，除个别可能与宗教仪式有关的器物坑外，多不规则，有几组双条平行的长灰沟存在。墓葬为单人土坑竖穴侧室墓和土坑竖穴墓，除少数墓葬有河蚌壳和陶制支脚随葬外，多数不见随葬品；二期文化发现了半地穴式的居住址，墓葬为土坑竖穴而不见土坑竖穴侧室墓①。

截至目前，共发现后李文化遗址8处，除了临淄后李、邹平孙家、长清张官和万德西南之外，余者均分布于章丘市境内。其中经过发掘的后李、西河和小荆山3处比较重要。

2. 北辛文化

北辛文化主要发现于鲁南的汶河和泗河流域，这里遗址分布较多，是北辛文化的一个主要分布区（或称为中心区）。近年在鲁北东起平度、西到长清，东西数百公里范围内发现10余处北辛文化遗址，大大拓展了北辛文化的分布区域。根据现有资料，比较一致的意见是，北辛文化主要分布于泰沂山系南、北两侧，包括除胶东半岛之外的山东省大部分地区。此外，也有学者认为，胶东半岛的白石村类型，甚至河北等地区的同时期遗存，也应该包括在北辛文化之内。北辛文化的发现与确立，不仅为大汶口文化找到了来源，同时，为寻找海岱地区新石器时代文化的源头、探索东方农业起源等论题，向前迈出了非常重要的一步。

北辛文化发现以来，经过发掘的遗址有滕州北辛、邳县大墩子、兖州王因和西桑园、汶上东贾柏村、泰安大汶口、邹平苑城、临淄后李官庄、章丘王官、青州桃园10余处。其中以北辛、东贾柏村和苑城3处遗址比较重要②。

---

① 王永波. 1994. 后李文化的发现与研究. 管子学刊，(1)：93～94

② 栾丰实. 1996. 东夷考古. 济南：山东大学出版社. 65～66

二、聚落内部分析

1. 后李文化的聚落

作为一个聚落的构成要素，后李文化的遗迹主要有房址、陶窑、灰坑、灰沟和墓葬等。

房址均为半地穴式建筑，平面形状多为圆角方形或长方形，椭圆形者仅在小荆山见到一例[①]。房址面积较大，一般30平方米左右，大者可超过50平方米。居室内的地面和穴壁局部经火烘烤，有的以碎陶片铺垫。室内多有成组的灶址，一般1或2组，有的多达3组。每组由3个呈鼎立状、埋没于地下的石支脚组成，其上往往还残留陶釜。例如，西河遗址F1，半地穴式，平面呈圆角方形。南北长7.4米、东西宽6.8米、残深0.5米，室内面积达50余平方米。墙内壁规整，室内地面近平，西半部居住面和与居住面相连接的西壁、北壁西半部、南壁西半部，均涂抹一层厚0.4～1厘米的黄泥膏，并经火烧烤，表面呈青灰色，龟裂严重。房内中部为灶址，由三组支脚构成，整体呈三角形排列。南组为主灶，文脚粗大，火膛内凹，前端（南侧）有一灶门石。西北组和东北组为副灶，支脚略细小，前者灶上还置一叠唇圆底釜。架灶的3个支脚并不等高，多为前端两个较低，后端一个较高，便于炊具的取放。室内东半部亦经火烤，呈暗红色，北侧放置陶器[②]。从上述布局看，房内在位置上有居住（睡眠）、炊饮和活动、储存物品之分。又如，小荆山遗址F1，半地穴式，平面略呈长方形，长6.2米、宽5.2米、残深0.4米，室内面积约32平方米。室内地面北部略高，西北部并经火烧烤，东北部则有4块扁平石块呈规则的长方形排列，当为居住睡眠区。房内中部有三组灶址，相互依存，情形类似西河F1。房内周缘有柱洞10个，门道为台阶状，设于南壁东端[③]。

灰坑主要有圆形和不规则形两大类，其中又有筒状和锅底状之分。比较规整的筒状灰坑内，有的放置较为完整的陶釜，似有某种特定用途。灰沟多呈长条形，一般长6～12米、宽0.6～0.8米、深1～3米。有的灰沟呈两条并列平行分布状，这在上述3处遗址中均有发现。

---

① 山东省文物考古研究所，章丘市博物馆．1996．山东章丘小荆山遗址调查、发掘报告．华夏考古，(2)：6～7

② 佟佩华，魏成敏．1993-01-31．章丘西河新石器时代遗址．中国文物报．3

③ 山东省文物考古研究所，章丘市博物馆．1996．山东章丘小荆山遗址调查、发掘报告．华夏考古，(2)：3

陶窑仅在后李遗址发现一座，为竖穴窑，由窑室、火膛和投料坑三部分组成。作为主体的窑室仅存圆形窑箅，直径0.84米，其上有7个火眼，分布不规则。火眼呈圆形或椭圆形，直径10~15厘米，烧结程度不高。火膛平面呈不规则圆形，底部较平。投料坑在火膛外侧，为不规则圆形坑，坑底略高于火膛底面①。

墓葬见于后李遗址和小荆山遗址。前者有土坑竖穴墓和土坑竖穴侧室墓两种。土坑竖穴侧室墓较有特色，其结构为在长方形竖穴墓道的近底部，向侧面、前面外掏而成。人骨架置于侧室之内，葬式为仰身直肢葬，头向东，有少量随葬品②。在小荆山遗址南部偏东处发现比较规整的氏族墓地。由于砖瓦厂取土破坏惨重，现仅存21座，分为3排，呈东西方向排列，布局十分整齐。墓葬皆为长方形土坑竖穴墓，头向北，方向为5度至18度，未见葬具痕迹。葬式均为单人仰身直肢葬，人骨有不同程度的石化现象，表明其年代比较久远。绝大多数墓葬没有随葬品，个别墓主有手握蚌壳的埋葬习俗③。房址、灰坑、陶窑和墓葬在后李文化遗址中均有发现，显示在各个遗址中已有形成聚落的基础，但陶窑仅在后李遗址中发现一座，说明手工业此时还不发达，但基本生活设施齐全。

从宏观的角度来看，后李、西河、小荆山三处遗址，均已形成小规模的聚落。聚落中心区的范围不大，一般有数万平方米。聚落内的房屋方向一致，结构也相同。小荆山遗址经发掘和在断崖上调查共发现房址近30座，分布十分密集，距离最近者间隔不足1米，但未见叠压打破现象。以此推测，每一聚落应有房子至少30座，表明这一时期的居民早已进入稳定的定居生活阶段。但聚落的规模还比较小，人口密度也不大。

从技术层面来看，后李文化的建筑技术比较进步，主要表现在两个方面。一是每个聚落都有一定布局，事先当经过规划设计。例如，西河发现的5座房址均在一条直线上，房址的方向也比较一致和固定。二是房屋面积较大，结构比较合理。房屋均为较浅的半地穴式，房内面积多在30平方米左右，有的甚至超过50平方米。为了防潮和耐用，地面和墙壁多用火烧烤，有的还用黄泥膏加以涂抹。灶址和门道设置均比较合理。如果将其与数千年

---

① 王永波，王守功，李振光．1994．海岱地区史前考古的新课题——试论后李文化．考古，(3)：249

② 王永波，王守功，李振光．1994．海岱地区史前考古的新课题——试论后李文化．考古，(3)：249

③ 山东省文物考古研究所，章丘市博物馆．1996．山东章丘小荆山遗址调查、发掘报告．华夏考古，(2)：1

之后的同类房屋相比，也毫不逊色[1]。这种进步性也说明，在后李文化之前，黄河下游地区应当还有更早的聚落遗址等着我们去发现。

2. 北辛文化的聚落

邹平苑城北辛文化遗址，在调查时，烧土块发现较多，尤其多见大块烧土，有的厚达10余厘米。一般都有坚硬光滑的平面，有的还有草拌泥或秸秆树枝的痕迹，可能是墙壁、地面或其他与建筑有关的遗物[2]。虽然调查报告未直接指出是不是和房址有关的遗物，但结合北辛文化大量陶器的出土和原始农业已进入了锄耕农业阶段的实际状况，以及文化堆积层厚度等各方面的情况分析，当时的居民已有长期稳定的农业定居生活，当时有房址是完全可能的[3]。

东贾柏遗址发现的遗迹主要有房址、灰坑、沟壕和墓葬，其中以房址和墓葬最为重要[4]。

房址均为半地穴式建筑，平面多呈椭圆形或圆形。居室地面多平整或内凹，周壁较直，有阶梯状门道。居室面积较小。例如，F2，全貌呈瓢形，居室为椭圆形，长径3.6米、短径3.0米，面积为10.8平方米。室内地面较干，居住面为较硬的青灰色，穴壁较直，近底部内弧。室内外各有3个柱洞，阶梯状门道位于东北侧。室内堆积大量与建筑有关的红烧土。灰坑有椭圆形、圆形、方形和不规则形4种。个别灰坑内有多枚龟甲或猪骨架，可能与祭祀有关。墓葬集中在遗址的东部，共清理23座。墓葬形制主要为长方形土坑竖穴墓，近方形和椭圆形者各有一例。葬式以单人仰身直肢葬为主，也有多人同性合葬、二次葬和迁出葬等。头向朝东，流行拔除侧门齿习俗，在17具成年人骨中，明确拔除侧门齿者有10例，年龄均在20岁以上。多数墓无随葬品。

根据现有资料，栾丰实将北辛文化的基本文化面貌与聚落特征概括如下[5]。

北辛文化已形成完整的聚落，聚落面积较小，一般在5万平方米左右。聚落内的遗迹主要有房址、灰坑和陶窑等，墓葬通常都在聚落旁边。

---

① 栾丰实. 1996. 东夷考古. 济南：山东大学出版社. 59 ~ 61

② 山东大学历史系考古专业. 1989. 山东邹平县苑城早期新石器文化遗址调查. 考古，(6)：489 ~ 496

③ 逄振镐. 1995. 东夷史前住屋建筑及其演变. 考古与文物，(3)：78

④ 中国社会科学院考古研究所山东工作队. 1993. 山东汶上县东贾柏村新石器时代遗址发掘简报. 考古，(6)：481 ~ 487

⑤ 栾丰实. 1996. 东夷考古. 济南：山东大学出版社. 103，104

房屋均为半地穴式建筑，多见圆形和椭圆形者，面积一般为10平方米左右，小的只有3～5平方米，明显小于后李文化时期的房址。室内地面和墙壁有的经火烧烤，呈青灰色或砖红色。设有阶梯状或斜坡状门道。房屋内一般都设有2～3组灶址，也明显区别于后李文化。灰坑以椭圆形者较多，还有圆形、方形和不规则形。墓葬流行长方形土坑竖穴墓，无葬具。葬式以单人仰身直肢葬为主，多无随葬品。埋葬方向绝大多数为头东脚西，成年人普遍存在拔除侧门齿的习俗，这与后来的大汶口—龙山文化完全相同。北辛文化房屋面积小于后李文化，这是单体聚落缩小化的标志，这反映了社会基本结构单元的变化，是社会最小单位从家族向家庭转化的一种趋势反应。

第四节　黄河下游地区的史前中期聚落

一、考古发现的基本情况及分期

大汶口文化的发现与确立，经历了一个比较复杂的过程。1952年春，在山东滕县岗上村发现了以红陶为主兼有彩陶的古文化遗址，主要是由于当时对彩陶的认识尚不全面，一度认为是仰韶文化的遗物。1957年，山东省文物管理处在安邱县景芝镇发掘了7座大汶口文化晚期墓葬，由于出土物与龙山文化比较接近，故仍归入龙山文化的范畴①。1959年夏，大汶河南岸宁阳县堡头墓地（即大汶口墓地）的发掘，使这一文化的面貌与特征得到较为全面的认识，并以丰富而精致的大量随葬品引起各方面重视，一度被称为“堡头类型”，从而与龙山文化区别开来②。1962～1963年，中国科学院考古研究所山东队在曲阜西夏侯遗址发掘的20余座墓葬，表现出与大汶口墓地同样的性质，并首次发现其被龙山文化遗存所叠压的层位关系③。1963年，山东省博物馆试掘蓬莱紫荆山遗址，再次发现龙山文化叠压大汶口文化的层位关系。1960年，曾主持大汶口基地发掘的济南市博物馆副馆长刘锡曾，在他的一篇未发表的论文——《大汶口遗址综论》之中，认为大汶口的发现与龙山文化颇有不同，主张另立新名，称之为大汶口文化。不久，夏鼐在《中国原

① 王思礼．1959．山东安邱景芝镇新石器时代墓葬发掘．考古学报，(4)：17～29

② 山东省文物管理处，济南市博物馆．1974．大汶口——新石器时代墓葬发掘报告．北京：文物出版社．2

③ 中国科学院考古研究所山东队．1964．山东曲阜西夏侯遗址第一次发掘报告．考古学报，(2)：57～106

始社会史的研究》中，提出了大汶口文化的命名，逐渐得到学术界的认可①。

目前，山东境内发现的大汶口文化遗址有50多处。其中已经发掘比较重要的有山东省的泰安大汶口、章丘乐盘、邢亭山、焦家、潍县鲁家口、安丘景芝镇、兖州王因、兖州六里井、邹县野店、曲阜西夏侯、南兴埠、董大城、济宁玉皇顶、茌平尚庄、泗水尹家城、天齐庙、滕州岗上、西康留、枣庄建新、广饶五村、胶县三里河、诸城呈子、莒县陵阳河和大朱村、日照东海峪、蓬莱紫荆山、长岛北庄、栖霞杨家圈，江苏省的邳县刘林和大墩子、新沂花厅，安徽省的亳县富庄、蒙城尉迟寺，河南省的郸城段寨、鹿邑栾台等。其中，胶县三里河、诸城呈子、莒县陵阳河和大朱村、日照东海峪、蓬莱紫荆山、长岛北庄、栖霞杨家圈，江苏省的邳县刘林和大墩子、新沂花厅，安徽省的亳县富庄、蒙城尉迟寺等遗址已经超出本书的讨论范围，而河南省的郸城段寨、鹿邑栾台等遗址在第二章中已有详述，故下文不再论及。

二、聚落内部分析

1. 大汶口遗址

大汶口遗址的遗迹十分丰富，有房址、灰坑、陶窑和墓葬等。

多数房基遭破坏，仅残留柱洞或柱坑，但发现3座保存较好的房基，有地面式和半地穴式两种建筑形式。平面形状主要为方形。面积一般为4～5平方米，最大者近17平方米。门向北或东。墙基仅留柱洞，有的先挖长方形基槽，基槽内栽木柱，转角处基槽加宽，柱洞变粗，少数柱洞底部垫石块。墙体多数为木骨泥墙，以圆木和密集排列的木板条作筋骨，然后用草拌泥涂抹。圆木直径为0.10～0.15米，木板条宽度多为0.035～0.05米，厚为0.01～0.02米，且木板条经绑缚。部分房内用红烧土或黄泥土垫高，表面光滑，有明显的踩踏痕迹。灶址多位于房内西部。半地穴式房屋有斜坡式或台阶式出入口，出入口两侧有柱洞，可能搭建顶棚。陶窑1座，为马鞍形，整体由窑室、窑箅、火道和火膛四部分组成。窑室为圆形，直径1.83米，有3条火道，爬升进窑室后，又各分出2条或3条短杈，窑门以乱石封堵。

墓葬成组排列，一般4～6座为一列，方向为西北—东南向。墓葬皆为长方形土坑竖穴墓，除1座为南北方向、1座为头西脚东之外，余者都是头东脚西，方向为73度至125度。墓室大小不一，大的超过10平方米，而小者则不足1平方米。部分墓葬已使用木椁或木棺，有些大墓（如M10）应为一椁一棺。埋葬习俗以单人仰身直肢葬为主，并有少量侧身葬、俯身葬、屈肢葬和男女合葬墓。绝大多数墓葬都有随葬品，手握獐牙的习俗甚为流行。用猪头随葬的墓葬占相当比例。此外，还有11座墓葬使用龟甲器20副，16座墓葬有骨、牙雕筒①。

大汶口遗址的灰坑发现不多，平面形状有圆形、椭圆形、长方形和不规则形等，从坑壁来分有斜弧壁、斜直壁及直壁三种。坑底有圆底和平底之分。部分坑壁有明显的加工痕迹，留有工具痕或用稀泥涂抹成光滑的表面。有的坑口有柱洞，坑壁一侧有台阶式或斜坡式出入口，这类坑可能为窖穴。

2. 邹县野店遗址

野店遗址的大汶口文化的遗迹主要有房址、陶窑、灰坑和墓葬等。

房址只存基础部分，共6座，有圆形和方形两种。圆形房基为半地穴式，保存较好的F2，由外圈、内圈和柱洞圈组成。外圈直径为5.6～6米，共有15个柱洞，整体呈圆形排列，门道向西，在6号、7号柱洞和8号、9号柱洞之间。房内北侧置一组日用陶器，时代为大汶口文化早期阶段。方形房址破坏较甚，仅存柱洞。由柱洞分布状况分析（如存在大而深的角柱），可能为地面式建筑，时代则属于大汶口文化晚期阶段。

陶窑2座，均破坏较严重。1号窑尚残留部分火膛、火道和窑箅子，其上有5个呈梅花状分布的圆形（或近圆形）火眼，时代为大汶口文化晚期阶段。灰坑共发现17个，以圆形袋状坑为主，也有筒形、锅底形和椭圆形灰坑。

墓葬共发现89座，集中分布于2区和4区，在2区内有分群埋葬的迹象。墓葬绝大多数为长方形土坑竖穴，个别为不规则长方形或椭圆形小土坑。就墓坑规模而言，有大、中、小之别。不少墓使用原始木椁，个别大型墓椁内还有木棺。绝大多数墓葬为东西向，头向多在70度至134度。葬式以单人仰身直肢葬为主，有10座为成年男女合葬墓，性别明确者均为男左女右。部分墓主有手握獐牙的习俗。

野店的89座墓葬，发掘者将其划分为五期。一期、二期、三期属大汶口文化早期阶段，四期为大汶口文化中期阶段。五期为大汶口文化晚期阶段。五期前后连贯，基本上包含了大汶口文化发展变化的全过程②。

---

① 山东省文物管理处，济南市博物馆. 1974. 大汶口——新石器时代墓葬发掘报告. 北京：文物出版社；山东省文物考古研究所. 1997. 大汶口续集——大汶口遗址第二、三次发掘报告. 北京：科学出版社. 71～106

② 山东省博物馆等. 1985. 邹县野店. 北京：文物出版社. 10～17

3. 王因遗址

遗迹有房址、灰坑和墓葬。房址为半地穴式建筑，并存在排列有序的柱洞。

墓葬是王因遗址最主要的遗迹，6 次发掘共清理大汶口文化墓葬 899 座。墓葬形制均为土坑竖穴，绝大多数为长方形，墓室规模较小。埋葬制度以单人葬为主，合葬和二次合葬占有一定比例。葬式以仰身直肢葬为主，侧身葬、俯身葬和屈肢葬为数极少。单人葬基本上都是头东脚西，方向在 70 度至 128 度。4 次发掘共清理合葬墓 22 座，多为一次性葬入，以 2 人为主，也有 3 人和 5 人。其中有 3 座为成年男女合葬墓。二次合葬墓基本上以同性合葬为主，人数一般较多，如 M243 有 24 个个体。人骨放置也有平面分行排列和上下分数层放置两种。与二次葬墓相对应，也发现一部分墓坑内无头骨，并缺少盆骨和四肢，只保留部分躯干骨的"迁出墓"①。

王因墓地的材料表明，大汶口文化居民存在并流行着一些引人注意的特殊习俗。例如，成年男女中极为盛行拔除侧门齿；在一些人的下臼齿外侧，发现有石质和陶质小球，与之相对应，存在下颌骨齿弓严重变形的现象，男女老幼都不乏此例，显然系生前长期磨损挤压所致②。

4. 西夏侯遗址

遗迹主要有陶窑、灰坑和墓葬。陶窑破坏较严重，仅存窑室的基部、火膛和火门。火膛大部分位于窑室下部，似为竖穴窑。火膛之后有一近圆形投料坑，直径 2.3 米。灰坑数量不多，主要有椭圆形和圆形两种。

2 次发掘共清理大汶口文化墓葬 32 座，其中 10 座为儿童墓，21 座为成人墓，1 座不明。儿童墓全为单人葬，挖有浅小的土坑，形状多为长方形或椭圆形，多用陶片覆盖头部和躯干，没有随葬品或仅有一件蚌片。成人墓均为长方形土坑竖穴，多数发现四周有熟土二层台。葬式皆为单人仰身直肢葬，头东脚西，方向多在 90 度至 100 度。随葬品的数量较多，但质量较差，多为非实用的冥器。普遍流行手握獐牙的习俗，不少墓还用蚌片随葬。少数墓中还随葬猪头或猪下颌骨。

西夏侯大汶口文化遗存，部分下层墓，如 M4、M6、M15 和 M23 等，属于大汶口文化中期阶段；而全部上层墓和部分下层墓，则为大汶口文化晚期

---

① 中国社会科学院考古研究所 . 2000. 山东王因——新石器时代遗址发掘报告 . 北京：科学出版社 . 146 ~ 293

② 栾丰实 . 1996. 东夷考古 . 济南：山东大学出版社 . 112

阶段①。

5. 尚庄遗址

大汶口文化遗迹主要是发现的 17 座墓葬，形制皆为长方形土坑竖穴，四壁规整。多数墓无葬具，少数墓葬使用原始木椁为葬具。这批墓葬除 5 座为二次葬外，余者均为一次葬；1 座为成年女性与小孩双人合葬，余者皆为单人仰身直肢葬，均头东脚西，方向在 80 度至 98 度；部分墓主手握獐牙，但比例远远低于汶泗流域的同期遗址；流行拔除侧门齿的习俗；1 座墓葬使用龟甲器。随葬品数量不多，一般不超过 10 件，有个别墓达到 20 余件，有 3 座墓葬无随葬品②。

6. 五村遗址

大汶口文化的遗迹主要有房址、灰坑、灰沟、烧土面和墓葬。房址残破不全，未见完整房基，局部有活动硬面和柱坑、柱洞。灰坑发现近 900 个，分布十分密集，多数形状不规整。

大汶口文化墓葬共清理 75 座，相对可分成两区，墓葬分布密集，叠压打破关系比较复杂。墓葬多为长方形土坑竖穴墓，墓圹均较小，未见葬具痕迹。绝大多数墓为单人葬，合葬墓发现 5 座，其中仅 1 座为成年男女合葬；有少量二次葬和迁出墓。葬式以仰身直肢葬为主，个别两手放于小腹部。头向以东北向（10 度至 45 度）和东南向（110 度至 160 度）为主，其他较少。普遍流行头骨枕部变形（扁平），拔除左右上侧门齿者仅见一例。这与鲁南地区甚至尚庄都有较大差异。多数墓葬没有随葬品，有者一般为 1 ~ 3 件，最多为 4 件。器物组合以鼎、豆为主③。

五村遗址大汶口文化遗存可划分为早、晚两期，时代约相当于大汶口文化中期阶段至晚期阶段偏早时期④。

---

① 中国科学院考古研究所山东队 . 1964. 山东曲阜西夏侯遗址第一次发掘报告 . 考古学报，(2)：57 ~ 106；中国社会科学院考古研究所山东工作队 . 1986. 西夏侯遗址第二次发掘报告 . 考古学报，(3)：307 ~ 337

② 山东省博物馆等 . 1978. 山东茌平县尚庄遗址第一次发掘简报 . 文物，(4)：35 ~ 45；山东省文物考古研究所 . 1985. 茌平尚庄新石器时代遗址 . 考古学报，(4)：465 ~ 505

③ 山东省文物考古研究所等 . 1989. 广饶县五村遗址发掘报告 . 见：海岱考古（第 1 辑）. 济南：山东大学出版社 . 61 ~ 123

④ 栾丰实 . 1996. 东夷考古 . 济南：山东大学出版社 . 115

第五节　黄河下游地区的史前晚期聚落与城址

一、考古发现的基本情况及分期

黄河下游的史前晚期新石器时代文化主要指的是山东龙山文化，而其下限也可能已经进入铜石并用时代的初期，所以我们把山东龙山文化作为黄河下游的晚期史前文化来加以讨论。

山东龙山文化遗址已发现1000余处，经过发掘的也有60余处。其中比较重要的有山东省的章丘城子崖、邹平丁公、临淄田旺、寿光边线王、潍坊姚官庄、临朐西朱封、潍县鲁家口、日照两城镇、东海峪和尧王城、泗水尹家城、兖州西吴寺、栖霞杨家圈等①。

1. 城子崖遗址

城子崖遗址位于章丘市龙山镇龙山四村东、武原河西岸称为“城子崖”的台地上。遗址周围一带为泰山北侧的山前平原，西北距小清河、黄河分别为15公里和23公里。遗址范围南北长500余米，东西宽400余米，面积超过20万平方米。

1928年春，吴金鼎先生调查时发现城子崖遗址。1930年冬和1931年秋，中央研究院和山东省政府合组的山东古迹研究会，两次发掘这一遗址，揭露面积近1000平方米，发掘成果由博斯年、李济、梁思永等编著成《城子崖》一书②。1990年春至1993年，为了加强城子崖遗址的保护与研究工作，山东省文物考古研究所对遗址展开全面勘探，并以龙山、岳石城垣为重点进行了多点发掘，从而使许多疑问得以澄清。其主要发掘成果——龙山和岳石文化城址，曾被评为1990年和“七五”期间中国十大考古新发现之一。

20世纪30年代的发掘，将城子崖分为上、下两层。上层为东阕时期遗存；下层是一种新发现的文化，即以黑陶为主要特征的新石器时代文化，初称“黑陶文化”，后来以遗址命名为“龙山文化”。近几年的工作表明，这是一处包含有龙山文化、岳石文化和周代文化三个时期遗存的遗址，各个时

① 栾丰实.1996. 东夷考古. 济南：山东大学出版社.207

② 傅斯年，李济等.1934. 城子崖——山东历城县龙山镇之黑陶文化遗址. 国立中央研究院历史语言研究所

期的遗存均比较丰富①。

2. 丁公遗址

丁公遗址位于邹平县苑城乡丁公村东。遗址西南距邹平县城约13公里，东南距临淄齐故城约50公里，孝妇河在遗址之西1公里处由南向北注入小清河。这一带属平原地貌，地处泰沂山系北麓和鲁西北大平原之间的过渡地带。遗址范围东西约400米，南北近450米，面积约18万平方米。

1981年，邹平县图书馆在全县进行的文物普查中发现该遗址。1985年春，滨州地区文物处曾在遗址东南角进行过抢救性清理。1985年秋至1993年春，山东大学历史系考古专业先后6次发掘丁公遗址，累计发掘面积2000余平方米。其中1991年秋进行的第四次发掘，发现龙山文化城址和龙山文化刻字陶片，前者被评为1991年中国十大考古新发现之一，后者得到多数专家的肯定，经报道后在国内外引起广泛关注②。

3. 西朱封遗址

西朱封遗址位于临朐县西朱封村之南，坐落在弥河北岸一高出周围地面2～3米的台地上，北距临朐县城约5公里。遗址北部压在现代村落之下，南侧和东侧不远有弥河环绕。遗址东部和西南部因平整土地和挖土而受到严重破坏，现存面积约10万平方米。

1987年5月，山东省文物考古研究所和临朐县文保所在这里抢救清理一座龙山文化重椁大墓。1989年10～12月，中国社会科学院考古研究所山东队对该遗址进行正式发掘，揭露面积360平方米。

从已发掘的部分看，该遗址的文化堆积最厚处达4.6米，包含有龙山文化、周代和汉代三个时期的遗存。此外，在地层出土物和历次调查采集的文物标本中，还发现有大汶口文化晚期和岳石文化时期的遗物，但在发掘范围内未见到相应的地层③。

---

① 山东省文物考古研究所．1990-07-26. 城子崖遗址有重大发现——龙山岳石周代城址重见天日．中国文物报．1；张学海．1993. 城子崖与中国文明．见：纪念城子崖遗址发掘60周年国际学术讨论会文集．济南：齐鲁书社；佟佩华．2001. 中国考古学史上的里程碑——城子崖龙山与岳石文化城址．见：中国十年百大考古新发现（1990～1999）．北京：文物出版社

② 山东大学历史系考古专业．1989. 山东邹平丁公遗址试掘简报．考古，(5)：391～398；山东大学历史系考古专业．1992. 山东邹平丁公遗址第二、三次发掘简报．考古，(6)：496～504；山东大学历史系考古专业．1993. 山东邹平丁公遗址第四、五次发掘简报．考古，(4)：295～299

③ 山东省文物考古研究所．1989. 临朐县西朱封龙山文化重椁墓的清理．见：海岱考古（第1辑）．济南：山东大学出版社．219～224；中国社会科学院考古研究所山东工作队．1990. 山东临朐朱封龙山文化墓葬．考古，(7)：587～594

4. 田旺遗址

田旺遗址位于临淄区路山乡桐林村南，东距齐国故城7公里。该遗址西傍乌河，东临澅水，为一处两面临河中央隆起的台地。遗址南北长约600米、东西宽近500米，面积约30万平方米。

自从1965年发现该遗址以来，省、市、区的文物考古单位曾进行过多次调查，采集到各个时期许多的文物标本。1982年，山东省文物考古研究所临淄工作队试掘了该遗址。1992年，山东省文物考古研究所对遗址进行了勘探，并利用遗址中部的一条南北向路沟的断崖，对遗址进行了局部清理，发现龙山文化城垣遗迹。

田旺遗址的文化堆积较厚。1982年的试掘成果表明，这是一处以龙山文化堆积为主的遗址，最厚处约4米。在历年调查采集的文物标本中，还有大汶口文化、岳石文化、周代和汉代遗物，从而说明这里还应有与上述遗物时代相当的堆积。这样看来，田旺遗址的时代延续很长，各时期文化在这里经过了连绵不断地发展。

田旺龙山城址的具体情况尚不清楚，对其进一步了解有待于今后的研究。据钻探资料，其面积约为20万平方米，有人认为其为15万平方米左右①。

5. 边线王遗址

边线王遗址位于寿光县孙家集镇边线王村北，东北距县城约12公里。遗址坐落在弥河两条古河道之间一高出地面约4米的台地之上。周围一带为弥河冲积平原。遗址地势顺弥河流向由南向北降低，面积为10多万平方米。现为省级重点文物保护单位。

边线王遗址发现之后，各级文物部门进行过多次调查，曾发现有大汶口文化、龙山文化、商代、周代和汉代等各个时期的遗存。1984～1986年，为了配合益羊铁路工程建设，省文化部门组织益羊铁路考古队，对这一遗址进行了大面积揭露，发掘面积近7000平方米。

边线王遗址紧挨村庄，部分压在现代村舍之下。由于历年取土，文化堆积破坏十分严重。南部现存文化层厚度约为1米，北部则基本上被破坏殆尽。南部堆积可分为上、下两层，下层为龙山文化，上层属东周时期遗存②。

---

① 齐天．1992-03-18．田旺龙山文化城址面世．大众日报；魏成敏．1995．临淄市田旺龙山文化城址．见：中国考古学年鉴（1993）．北京：文物出版社．163，164

② 杜在忠．1988-07-15．边线王龙山文化城堡的发现及其意义．中国文物报．1；山东省文物考古研究所．1990．前进中的十年——1978～1988年山东省文物考古工作概述．见：文物考古工作十年（1978～1988）．北京：文物出版社．162～175

6. 姚官庄遗址

姚官庄遗址位于白浪河西岸、姚官庄村东北约0.5公里处，北距潍坊市区约10公里。姚官庄一带临近白浪河谷，属平原地貌。遗址南、东两侧紧靠白浪河，成为天然屏障。遗址东西长约450米，南北宽350米左右，总面积达15万余平方米。

1960年，山东省文物管理处会同中国科学院考古研究所山东队，以及各省和地区合办的文物考古训练班共同发掘姚官庄遗址，发掘面积达1725平方米。其文化堆积厚3米左右，有龙山文化、周代和汉代三个时期的遗存，其中以龙山文化遗存最为丰富。在姚官庄遗址发掘之前，对龙山文化遗址有过两次较大面积的发掘。第一次是1930年和1931年城子崖遗址的发掘。出土遗物数量较少，并且混有一部分岳石文化遗物。第二次是1936年两城遗址的发掘，由于抗日战争的爆发，报告尚未出版就毁于战火。姚官庄遗址的发掘，不仅具有较大规模，而且这批材料在龙山文化的发现和研究过程中具有十分重要的地位。

发掘报告将姚宫庄的龙山遗存划分为早、晚两期。在海岱龙山文化的分期中，主要属于早期阶段的中期、晚期①。

7. 鲁家口遗址

鲁家口遗址位于潍城区张氏镇鲁家口村西南1公里处，南距潍坊市区约15公里，北到莱州湾约37公里。遗址周围地势平坦，现今的白浪河在遗址以西1.5公里处，而白浪河故道则在遗址以东不足1公里处。遗址东西、南北各长约200米，总面积约4万平方米。

鲁家口遗址发现于1972年春，随后各级文物考古单位进行过数次调查。1973年秋和1974年春，中国社会科学院考古研究所山东队两次发掘该遗址，发掘面积达360余平方米。

该遗址的文化层堆积厚度在3米以上，划分为7层，其中第5~7层为大汶口文化，第3层和第4层属龙山文化。此外还发现有少量岳石文化和商代灰坑，以及11座东周墓葬。大汶口文化堆积较厚，遗迹仅见2座墓葬和1个灰坑，出土遗物也较少。龙山文化遗存则比较丰富。

发掘报告将鲁家口龙山文化遗存划分为两期四段。从总体上看，其延续

① 山东省博物馆.1963. 山东潍坊姚官庄遗址发掘简报. 考古，(7)：347~350；山东省文物考古研究所.1981. 山东姚官庄遗址发掘报告. 见：文物资料丛刊（第5辑）. 北京：文物出版社.1~83

时间不长，大约相当于龙山文化早期阶段的中晚期，与姚官庄遗址的龙山遗存年代相若①。

8. 尹家城遗址

尹家城遗址位于泗水县金庄镇尹家城村，遗址坐落在村西南一高出地面10余米的台地之上，东北距泗水约8公里，北距泗河约3公里，南距兖（州）石（臼所）铁路约50米。东、西两侧分别有泗河之小支流流过。遗址呈不规则形，南北长约120米，东西最宽处为60米，面积约4000平方米。

尹家城遗址系1963年中国科学院考古研究所山东队调查时所发现。1971年以来，山东大学历史系多次勘察，采集到不少文物标本。1973～1986年，山东大学历史系考古专业先后5次发掘该遗址，发掘面积达2020平方米。

该遗址的文化堆积一般厚2.8米左右，局部地段达4米以上。全部堆积可以划分为8个大层，分属龙山文化、岳石文化、商代、周代、汉代和唐宋6个时期，其中以龙山文化和岳石文化遗存最为丰富。此外，在遗址的下层之下，还发现一座大汶口文化中期阶段的成年男女双人合葬墓，但没有发现相应的文化层。

发掘报告将尹家城龙山文化遗存划分为四期六段，除第二期遗存数量不多之外，其余三期均比较丰富，这四期的年代距今4600～4000年，延续时间基本上包含了龙山文化的全过程②。

9. 西吴寺遗址

西吴寺遗址位于兖州市小孟乡西吴寺村东，其东南距兖州约25公里。遗址坐落在村东一片高出周围地面1.5～2米的平坦台地上，南距赵王河古河道约500米。这里地处鲁中丘陵和鲁西平原的过渡地带，属冲积平原地貌，海拔48米。遗址现存面积约10万平方米。

遗址发现于1957年。1963年以后，中国科学院考古研究所山东队和各级文物部门多次对其进行调查。1983年秋和1985年春、秋期间，国家文物局考古领队培训班三次发掘西吴寺遗址，发掘面积为3250平方米。

西吴寺遗址的文化层大致呈水平状相叠，文化堆积一般厚1.2～1.5米，划分为10层，分属龙山文化、周代和宋元三个时期。此外，在遗址南部还发现少量岳石文化的灰坑，均直接叠压在周代文化层之下，但未见到相应的

① 中国社会科学院考古研究所山东队等. 1985. 潍县鲁家口新石器时代遗址. 考古学报，(3)：313～351

② 山东大学历史系考古教研室. 1990. 泗水尹家城. 北京：文物出版社. 158～163

文化层堆积①。

《兖州西吴寺》将这里的龙山文化遗存划分为三期五段。第一期和第二期属海岱龙山文化早期阶段，第三期则为晚期阶段偏早时期。西吴寺遗址龙山文化的主要遗存时间比较集中，年代跨度不大②。

二、聚落内部分析

1. 城子崖遗址

龙山文化的遗迹主要有城址、房址、水井、灰坑和墓葬等，其中以城址最为重要。

城址平面近方形，东、南、西三面的城垣比较规整，北侧城垣弯曲并随地形向北凸出，城垣拐角呈弧形，南北最长540米左右，东西宽约455米，面积约20万平方米。现已发现南、北两门，两门之间有道路相连接。城始建于龙山文化较早期，已测定的^{14}C数据最早为距今（4565±130）年。在城的使用过程中，曾进行过多次修葺，规模视需要或大或小。从筑城技术上看，早期比较原始，如缺乏平整的夯层，做不出像样的夯窝遗迹等，晚期则明显有所进步，如已出现层面比较规整的夯土层，并有稀疏的夯窝等。

城子崖遗址发现水井数口。井口呈四角长方形，长边1.5米，深达7米，挖得很规整，由凿井技术的进步程度和水井分布之密集推测，龙山时期水井已经普遍出现。

城子崖龙山城城址平面近似方形，东、南、西三面城垣规整，北面顺地形向外凸出，城垣拐角呈弧形。城东西宽455米、南北最长540米左右，面积约20万平方米，是目前黄河流域发现的9座龙山城址中最大的一座。从城西北角的381号探沟可见，此城经过4次大规模修筑和增补。最早的城垣位于最西部，夯土原始有如生土，难辨夯层和夯窝。增基宽10米左右，高约3米。第二阶段，在前期夯土内侧修筑，夯土特征如前。第三阶段，继续在第二阶段城垣内侧修筑，夯层清晰，夯土层中部有弧形隆起，但缺乏平整的层面，未做出夯窝。第四阶段，在第三阶段城垣外侧修筑，此时夯层比较规整，层面清晰，并有稀琉的圆形夯窝。

在南北两侧城垣的中部，各发现一进出的通道，应是城门位置所在。两门之间有道路相连接。城内龙山堆积十分丰富，各种遗迹互相打破和叠压，表明居住在这里的龙山居民人数多，活动频繁。现已发现的遗迹有房屋、灰

① 国家文物局考古领队培训班．1990．兖州西吴寺．北京：文物出版社．6～12

② 栾丰实．1996．东夷考古．济南：山东大学出版社．231～233

坑、沟、水井和墓葬等①。

2. 丁公遗址

丁公遗址的文化层堆积厚达2.5米左右，最厚处超过4米，包含有大汶口文化、龙山文化、岳石文化、商代和汉代5个时期的堆积。此外，在发掘中还发现一座战国积蚌墓和宋代墓葬，但没有发现与其相应的文化层和其他遗迹。在上述各个时期堆积中，以龙山文化最为丰富，堆积平均厚度为1.5~2米。其次则为商代和岳石文化遗存。

龙山文化的遗迹有城垣、房址、水井、陶窑、灰坑、沟、路土、墓葬等。

城址平面呈圆角方形，南北长约360米，东西长约330米，面积约为11万平方米。城的主要设施由城墙和城壕两部分组成。城墙总宽度为20米左右，现存高度1.5~2米。城墙始建于龙山早期，使用期间经数次大规模增筑，修补增筑主要是向外侧和高处发展，内侧也渐次外移。夯层比较清楚，厚度不一，有基本水平夯层、中部凸起夯层和倾斜夯层三种情况。前两者主要见于早期，后者则主要用于增筑部分。夯筑方法有平夯和棍夯两种，后者留有夯窝遗迹。城墙特征是内坡平缓较矮，外坡陡直较高。壕沟位于城墙外侧，与城墙直接相连。沟宽20~30米，最深处距城内生土面3米左右。壕沟亦经多次加宽和清淤，其位置也随着城墙的内外增筑加宽而渐次外移。

房址有半地穴式建筑和地面式建筑两种。半地穴式建筑主要见于早期，面积多较小；地面式建筑以晚期较多，面积一般较大。陶窑有横穴窑和竖穴窑两类。形制较清楚的是横穴窑，结构类似于大汶口遗址的陶窑，由窑室、火道、火膛、工作面等部分组成。水井为圆筒形，口径较大，深度超过4米。

墓葬共发现60余座，多属零星发现，以小型墓居多。墓葬形制以单人葬为主，有个别二次葬，方向绝大多数为头东脚西。多数有少量随葬品，有手握獐牙的习俗存在②。

丁公龙山城的平面为四角方形，四周城垣十分规整，面积为10余万平

---

① 傅斯年，李济等. 1934. 城子崖——山东历城县龙山镇之黑陶文化遗址. 国立中央研究院历史语言研究所；山东省文物考古研究所. 1990-07-26. 城子崖遗址有重大发现——龙山岳石周代城址重见天日. 中国文物报. 1；张学海. 1993. 城子崖与中国文明. 见：纪念城子崖遗址发掘60周年国际学术讨论会文集. 济南：齐鲁书社；佟佩华. 2001. 中国考古学史上的里程碑——城子崖龙山与岳石文化城址. 见：中国十年百大考古新发现. 北京：文物出版社

② 山东大学历史系考古专业等. 1989. 山东邹平丁公遗址试掘简报. 考古，(5)：391~398；山东大学历史系考古专业. 1992. 山东邹平丁公遗址第二、三次发掘简报. 考古，(6)：496~504；山东大学历史系考古专业. 1993. 山东邹平丁公遗址第四、五次发掘简报. 考古，(4)：295~299

方米。1993年春季的发掘表明，在原来发现的城垣之内，还有一道城垣，似与边线王的情形相同。丁公龙山城的构筑和修补增筑程序、方法与城子崖十分接近。所不同的是，城子崖为台城，不断地在城墙内侧补筑，使城内面积逐渐减小；而丁公则向外侧扩展，城内面积不断加大。城子崖城建于台地之上，周围无壕，而丁公城周围地势比较平坦，城墙之外挖有城壕，有力地加强了防御功能。

丁公城内龙山堆积十分丰富，一般为1.5～2米，各种遗迹的叠压、打破关系错综复杂。已发现遗迹有房基、陶窑、水井、灰坑、沟和墓葬等。龙山文化遗物中陶器特征与城子崖相近，出土相当一批大型器物和精美陶器。发现兽面纹、云雷纹装饰和卜骨、陶龟等遗物。尤为重要的是，出土一件刻有11个文字的陶书，为目前龙山文化所仅见①。

3. 寿光边线王遗址

边线王遗址最重要的收获是发现内外相套的两座龙山文化城址。大城堡平面为圆角方形，方向北偏东约10度，每边长240余米，面积约5.7万平方米。四边城墙中部各开一城门，已发掘的北、西两门空当，宽度均为10米左右。城墙之下挖有浩大的基槽，基槽形状为斜坡尖底，开口处宽度一般为7～8米，最宽处约10米，槽深6～7米，基槽斜坡上留有工作台面。槽内大部分填灰土，经过夯筑，土质坚硬。夯层厚度不一，为5～15厘米。有的夯面还铺有细沙。夯窝有椭圆形和圆形两种，均较浅，夯具可能为河卵石或木棍。在夯层之内还发现有完整的人、猪、狗等骨架和能复原的陶器碎片，显然是出于某种目的而特意安排的。小城堡位于大城堡之内，位置大致居中稍偏东南。城墙基槽破坏严重，基槽的结构、门道布局和夯筑形式与大城堡基本相同。小城堡平面形状亦呈圆角方形，每边长约100米，面积为1万多平方米。由于受到破坏，两座城堡基槽以上的城墙墙体均已荡然无存。

从基槽内出土陶片分析，两座城堡有明显的早晚关系。另外，还发现与大城堡同时的遗迹叠压或打破小城堡的城墙基槽的现象，证明小城堡的时代早于大城堡。大城堡很可能是在小城堡废弃之后，就地扩展而重新构筑起来的。

边线王龙山城由内、外（或称大、小）两城组成，内小外大。外城平面呈圆角方形，每边长约240米，面积约为5.7万平方米。内城位于大城之内略偏东南部，亦为圆角方形，每边长约100米，面积为1万多平方米。城建于一略高出周围地面的土阜之上，由于历年取土的破坏，内、外两城仅残存

① 山东大学历史系考古教研室．1992-01-12. 邹平丁公发现龙山文化城址．中国文物报．1；栾丰实．1994. 丁公龙山城址和龙山文字的发现及其意义．文史哲，(3)：85～89

基槽。内、外两城的每边正中各有一出入口，应为城门，宽度均在10米左右。边线王龙山城除了发现城圈、城门、夯层之外，最重要的是，在基槽夯土之内还发现人、猪、狗的骨架。其做法是在已经筑好的夯层上挖出不甚规整的长方形或椭圆形小坑，再置入人、畜，有的还有完整陶器。这显然是一种类似于奠基性质的埋葬①。

以边线王为中心的弥河下游地区，亦是一个龙山文化遗址的密集分布区，分布状态与城子崖的情况一样，也是一种"众小拱一大"的形势②。

4. 鲁家口遗址

龙山文化的遗迹有灰坑和房址两类。灰坑共发现29个，可分为圆形、椭圆形和方形三种，其中坑壁外斜的袋形坑约占一半。

房址共发现11座。除1座居住面略下挖呈浅穴状外，余者均为地面式建筑。平面形状以圆形和椭圆形占绝大多数，仅1座为长方形。房址面积不大，使用面积为4～10平方米。建筑结构有平地起建和四周挖槽建筑两种。墙中立柱多少不一，少者1根，多者14根，也有完全不用木柱者。墙体多用草拌泥筑成，墙壁两侧则用掺料姜石粉的泥土抹一层外皮，室内多数只用一根木柱支撑屋顶。居住地面均加工得平整坚硬。少数几座房内发现灶址。门道均位于南面，有的在门前构筑夹道、设置台阶或加盖遮檐③。

5. 尹家城遗址

尹家城龙山文化遗迹比较丰富，主要有房址、灰坑、沟和墓葬等。灰坑共有200多个，按平面形状有圆形、椭圆形、方形、长方形和不规则形五大类。根据壁的情况又可分为袋状、筒状和锅底状三小类。其中以圆形筒状灰坑数量最多。

龙山文化房址共发现20座，有半地穴式和地面式建筑两类。平面形状均为方形或长方形。半地穴式建筑皆为浅穴，面积一般在10平方米左右。四壁和居住面多经火烘烤，呈暗红色，灶面一般与居住面齐平，呈圆形，中心部位略内凹。门道为坡状或台阶状，位于西南隅。室内多放置数量多寡不一的陶器、石器等遗物，有的还有身首异处的人骨，其中以儿童居多。地面

---

① 杜在忠．1988-07-15．边线王龙山文化城堡的发现及其意义．中国文物报．1；山东省文物考古研究所．1990．前进中的十年——1978～1988年山东省文物考古工作概述．见：文物考古工作十年（1978～1988）．北京：文物出版社．162～175

② 栾丰实．1996．东夷考古．济南：山东大学出版社．277，278

③ 中国社会科学院考古研究所山东队等．1985．潍县鲁家口新石器时代遗址．考古学报，（3）：313～351

式建筑有单间与双间之别，面积为10~41.7平方米。房址四周均挖有基槽，槽内绝大多数有密集的柱洞，四角的柱洞一般较大较深。居住面或用纯黄土铺垫并加工得平整坚实，或在表面涂抹一薄层白灰面。

墓葬共清理65座，形制皆为长方形或近似长方形的土坑竖穴墓，其中30座有木质葬具，多为一棺，少数大墓有一椁一棺，最大的M15使用两椁一棺。葬制以一次葬为主，二次葬较少，葬式均为仰身直肢葬。除2座头朝南外，余者皆为头东脚西，方向为80度至115度。部分墓主有枕骨人工变形和拔牙的习俗，近五分之一墓的墓主手握獐牙。60%的墓葬有随葬品，数量不等，最多者40余件，最少者仅1件，大型墓葬均随葬有幼猪下颌骨①。

6. 西吴寺遗址

龙山文化的遗迹有房址、灰坑、水井和墓葬四类。灰坑共发现300多个，平面形状有圆形、椭圆形、方形、长方形和不规则形五大类。房址仅见3座，且均残破，分地面式和半地穴式建筑两种，形状为方形或长方形。

水井的发现是西吴寺龙山文化的重要收获，共3口。井口有圆形和长方形两种，均为斜壁，口大底小，有的在中部内收出窄棱台，或穿有壁洞。井口到井底的深度为4.3~5.1米。在井内使用堆积中，遗有相当多的汲水器，主要为有耳和无耳的罐类。

墓葬共9座，分散于遗址之中。均为小型的长方形土坑竖穴墓，除1座有棺外，余者均无葬具。葬式多为仰身直肢葬，头向皆朝东。据鉴定，死者生前有头骨枕部人工变形和拔除上侧门齿的习俗，在主要种族特征上，与大汶口文化的大汶口组、野店组和西夏侯组均颇为相似，反映出二者在种族遗传上的内在传承关系②。

7. 田旺龙山城

田旺龙山城是山东发现时间最晚的一座龙山城，经初步肋探和从断崖上的剖面了解到，此城亦为方形，面积约15万平方米。

田旺遗址尽管试掘面积很小，但却出土了一组气势宏伟的陶器，是一般的聚落遗址所难以比拟的③。

在上述遗址中共有四座龙山文化城址，这四座城在相互位置上也很有规律，大致沿泰沂山北麓呈东西方向排列，城子崖到丁公直线距离约50公里，

① 山东大学历史系考古教研室.1990. 泗水尹家城. 北京：文物出版社.40~67

② 国家文物局考古领队培训班.1990. 兖州西吴寺. 北京：文物出版社.13~30

③ 魏成敏.1995. 临淄市田旺龙山文化城址. 中国考古学年鉴（1993）. 北京：文物出版社. 163，164

丁公至田旺、田旺至边线王各为40公里左右。取两城之间的中点为半径，每城的控制区域在方圆百里上下。这大概就是一个早期国家（方国）治理管辖的区域。以此为标准，再结合海岱龙山文化的分布和发展状况，并考虑到区域之间发展的不平衡性和其他因素，在海岱龙山文化的分布区域之内，龙山城的数目至少应在20座以上，代表着不同的部落方国。其他几个主要文化区也有类似情形。

从理论上讲，具有防御功能的城是应社会需要而产生的，是社会内部分化和外部矛盾激化的结果。城作为一种文明因素，其产生经历了一个漫长的过程。而城的直接前身，则应是具有政治、经济、文化中心地位的中心聚落。这种中心聚落最晚在大汶口文化早期、中期阶段之交就已经出现①。

第六节　黄河下游地区的史前聚落模式

黄河下游地区是古文化发达区，新石器时代遗址非常密集。种种迹象表明，在黄河下游地区，旧石器时代只有一些人类活动的地点，从这些地点残存的遗物中，我们可以窥见一些人类居住的影子，但还不能够把这些地点和聚落画等号，更遑论聚落之间有什么联系了。所以，我们这里所说的黄河下游地区史前聚落模式，仅指新石器时代，由于岳石文化已经进入青铜文化的范畴，故在此不做讨论。下面我们简单地讨论史前黄河下游地区聚落由简单到复杂、由单一到多样化、由低级到高级的发展演变过程。

一、早期的聚落

到目前为止，在全国范围内，新石器时代早期遗址发现的还比较少，有河北徐水南庄头遗址、河北阳原于家沟遗址、北京怀柔转年遗址，这些基本上是台地遗址，而江西万年仙人洞与吊桶环、湖南道县玉蟾岩、广东英德牛栏洞、广西桂林甑皮岩等为洞穴遗址的典型代表。具体到黄河下游地区的早期聚落，后李文化和北辛文化显然已经比较晚了，但在该地区还没有更早的新石器时代文化发现的情况下，后李文化和北辛文化仍然可以看作是新石器时代早期文化的代表。佟佩华对后李文化的聚落形态进行了比较深入的研究，他指出了后李文化聚落的如下特点。

后李文化的聚落已经脱离了洞穴时代。后李文化所发现的房址全部是半地穴式，面积较大，达到了30～50平方米。建筑技术也较为先进，屋内功

① 栾丰实．1996．东夷考古．济南：山东大学出版社．278，279

能分区较为明确。

后李文化的聚落规模一般，但是房屋密集，排列规整，表明此时聚落已经发展到比较成熟的阶段，人们的定居生活已经比较稳定。这些特点在后李文化的后李、西河、小荆山遗址都有所反映。

后李文化13处聚落遗址均坐落在鲁中南山地北麓低山丘陵与鲁西北冲积平原交接地带上，海拔为50米左右。地面坡度以1/500的比降由南向北倾斜。该区域地理位置处于中纬度偏南的亚欧大陆东部地带，属暖温带季风气候。日照充足，四季分明，无霜期长，年平均降水量为500～800毫米。该区域土壤结构主要为褐土和潮褐土，肥力较高，地下水层发育良好。遗址大多位于河旁台地上，易于解决供水和排水问题，减轻旱涝灾害的威胁。临淄后李遗址坐落在淄河东岸上，面积约为15万平方米①。章丘西河遗址坐落在巨野河支流西河东岸上，面积约为10万平方米②。章丘绿竹园遗址坐落在西巴漏河西岸上，面积约为3万平方米。长清万德西南遗址坐落在北大沙河西岸上，面积约为2万平方米，长清张官遗址坐落在南大沙河东岸上，面积约为10万平方米。章丘小荆山遗址坐落在漯河南岸，面积约为14万平方米③。章丘茄庄西遗址坐落在漯河东岸上，面积约为6万平方米。张店彭家遗址坐落在孝妇河北岸上，面积约为12万平方米。寒亭前埠下遗址坐落在潍河西岸上，面积为10万平方米。诸城六吉庄遗址坐落在潍河的支流芦河西岸上，面积为12万平方米。这些地方地势平坦，气候温和，降水适中，林草茂盛，土地肥沃，水系发达，是古代人们农耕、渔猎和栖息的理想场所。通过以上资料的分析可见，后李文化的聚落规模较大，先民已经走出山林和洞穴，进入了农耕和定居的草创时期④。

后李文化的房址面积相对较大，如果以单体房屋计，面积超过龙山文化时期小房子的2、3倍，甚至5、6倍。室内多数有2组以上的灶址。这种面积宽大和设置多组灶址的房屋结构，显然与居住人口较多密切相关。房址与房址之间的差别不大，结构相同，贫富分化现象尚未出现。这种状况在墓葬中也有反映。如小荆山墓地，现存墓葬分为三排，大小与间距相当，排列规

---

① 济青公路文物考古队.1992. 山东临淄后李遗址第一、二次发掘简报. 考古，(11)：987～996；济青公路文物考古队.1994. 山东临淄后李遗址第三、四次发掘简报. 考古，(2)：97～112

② 山东省文物考古研究所.2000. 山东章丘市西河新石器时代遗址1997年的发掘. 考古，(10)：15～28

③ 山东省文物考古研究所，章丘市博物馆.1996. 山东章丘小荆山遗址调查、发掘简报. 华夏考古，(2)：1

④ 佟佩华.2006. 山东后李文化聚落形态初探. 见：中国社会科学院考古研究所. 二十一世纪的中国考古学——庆祝佟柱臣先生八十五华诞学术文集. 北京：文物出版社.176

整，均无随葬品和葬具。这些迹象表明，贫富分化还没有产生①。

二、中期的聚落

张江凯等认为北辛文化为新石器时代中期文化，大汶口文化为新石器时代晚期文化，而龙山文化为铜石并用时代的文化②，我们这里为了研究方便，对上述方法姑存不论，而仍以大汶口文化为新石器时代中期文化。

大汶口遗址在1974年和1978年的两次发掘中，发现为数不少的柱洞、柱坑等残存建筑痕迹和3座房屋残基。其中，只有两座保存相对较好，还可以复原，另一座只能看出其平面形状。这些房屋分布零散，分别在78Ⅰ区东部、78Ⅳ区北部和74北区南部，房屋之间距离较大，未能窥出原来聚落的布局。然而，在各发掘区的4层、4B层下的一批灰坑中，多数填满大块红烧土草拌泥块。这些红烧土块应与当时的一些大型建筑有关。例如，在H2003和H2004等灰坑内填的红烧土块大而厚重，有长达0.5米、宽0.4米、厚0.14米的草拌泥红烧土块。这些烧土块一般有光滑面和粗糙面，此类应系房层的墙壁，另有三面光滑并垂直相交。这可能系门框或墙的转角残件。此外，有圆形木柱印痕的；有密集排列的木板条痕的；还有的留有荆条状绑缚的痕迹；亦有部分仅有凹凸不平的糙面的。从残留痕迹观察，建筑使用的木柱直径为0.10～0.15米；木板条的宽度多为0.035～0.05米，厚度仅有0.01～0.02米，经推测此类烧土块非陶窑等倒塌物，而只可能是房屋的颓垣断壁的建筑残留。关于这些红烧土块的成因，很可能是被焚毁的遗迹。我们认为大型建筑的屋墙内有木柱和木板条作筋骨，绝不是在房屋建造时焙烧加工成墙的结果，而只可能是这些房屋曾被一场大火焚毁的，因而墙壁被烧后形成红烧土并留下了木柱、木板的痕迹。

另外，除上述几种红烧土的情况外，还有的烧土块的外侧四面都为光滑面，而这些光滑面又作直角相接。其中，内侧各有圆弧形糙面，构成圆柱的痕迹。有一件残长0.29米、两侧面宽分别为0.2米和0.23米，另两面宽为0.08米，推算此一红烧土块中的木柱直径约为0.19米。依据形状推测此类木柱应是房内靠近灶址的中心木柱，为避免灶火焙烤烧坏木柱而在其上敷抹一层草拌泥起防护作用，为了美观、整齐又抹成棱角分明的光滑面。

以上诸多迹象表明在大汶口文化早期阶段确实存在过规模相当可观的居

---

① 栾丰实．1996．东夷考古．济南：山东大学出版社．61

② 张江凯，魏峻．2004．新石器时代考古．北京：文物出版社，20～23

住址①。

从整个大汶口文化时期的住屋建筑看，住屋建筑都是半地穴式的建筑。但是，由于地域上的差别，在住屋建筑的结构上已开始出现了比较明显的差异性和建筑水平上的不平衡性，胶东地区和鲁西南地区形成了两个类型。胶东地区的住屋不仅在建筑面积上普遍大于鲁西南地区，而且在建筑结构的设计上也较鲁西南地区合理、先进②。

以上所述房屋建筑，房基上部的建筑早已塌毁。因此，我们对房屋上部的建筑构造情况，仅仅是一种猜测。1966 年，考古工作者在江苏邳县大墩子遗址的花厅类型墓葬中发现了 3 件陶塑房屋模型。根据这 3 件模型可知，大汶口文化时期的房屋上部建筑，有檐，攒尖顶，前面设门，左右和后墙均开有窗户。这说明大汶口文化时期的居民，在房屋建筑上很注意房屋内部的透光和流通空气。值得特别指出的是，在陶塑房屋的墙壁上还刻画有狗的形象，这说明，大汶口文化时期，狗不仅作为外出狩猎用，而且已作为看门狗来饲养了③。如表 3-1 所示，我们把大汶口文化划分为六期，并归为早、中、晚三个发展阶段。

表 3-1　大汶口文化聚落分期表

分期			野店遗址/座	大汶口遗址/座
阶段	期别	小段		
早期阶段	一期	1	1	1
	二期	2	2	2
		3	3	3
中期阶段	三期	4	4	4
		5	5	5
	四期	6	6	6
晚期阶段	五期	7	6	7
		8	7	8
	六期	9	8	9
		10	9	

资料来源：栾丰实 . 1996. 东夷考古 . 山东大学出版社

① 山东省文物考古研究所 . 1997. 大汶口续集：大汶口遗址第二、三次发掘报告 . 北京 . 科学出版社 . 71

② 逄振镐 . 1995. 东夷史前住屋建筑及其演变 . 考古与文物，(3)：81

③ 逄振镐 . 1995. 东夷史前住屋建筑及其演变 . 考古与文物，(3)：79 ~ 81

早期阶段：这一时期发现的房址不多，均为半地穴式建筑，平面形状有圆形和长方形（包括方形）两种。圆形房址面积一般较小，如野店F2的使用面积只有7.5平方米①。方形和长方形房址数量较多。每座房址面积多为10～20平方米，大者超过30平方米。整个聚落有比较严整的布局，同时期的房址相互之间排列有序。房屋结构合理，柱洞的设置、墙的位置、四周土台的存在，以及灶的结构等，设计均比较科学，这一切展现了当时居民比较高的建筑设计和技术水准。

中期阶段：房址以半地穴式建筑为主，出现地面式建筑。平面形状亦有圆形和方形（或长方形）之分。呈子F1那种四周挖有深基槽、槽内密布柱洞的房基，应是一种相当进步的地面式建筑，在当时尚为数不多。大墩子遗址属中期阶段的墓葬，其曾出土了3件阁房模型。形式为前面开门，其他三面设窗，出短檐，攒尖式屋顶，圆形陶房还有戗脊。这几件模型为复原这一时期的房屋建筑，提供了弥足珍贵的资料。

晚期阶段：这一时期的房址仍以半地穴式建筑为主，地面式建筑较少。房址平面以方形或长方形者居多，某些地区出现多间相连的排房，圆形房屋仍然存在。野店遗址发现的方形房基，四角都有大而深的角柱，每边各有若干柱洞，这种结构的房址与龙山文化时期的同类房址十分接近，相互之间当有渊源关系②。尉迟寺的连间排房建筑保存甚佳，亦为浅穴式，墙在穴外。房址由主墙、隔墙、门、居住面、室内柱洞、灶和室内土台等组成。主墙、隔墙内均有木柱，属木骨墙结构。圆形房址均为半地穴式建筑。穴较浅，周围有墙，墙内立柱，门道为阶状或斜坡状。这一时期房址的面积较小，每座（间）一般10平方米左右。

在黄河下游地区，大汶口文化发现的遗址较多，张江凯、魏峻等对其进行总结概括，对当时的聚落概况作了以下描述。

在大汶口中期文化以前，房屋建筑普遍盛行单开间的半穴居。之后便既有半地穴的，也有平地起建的，有的地区甚至还出现了分间的长方形房屋。储藏粮食类物品普遍使用窖穴。公共墓地的墓葬通常也都能分成若干片，每片墓地一般都由若干排墓葬构成。墓葬形制流行长方形竖穴土坑。未成年的小孩墓有的还使用瓮、罐或盆等陶器作葬具，这种瓮棺葬墓的土坑一般呈圆形。葬制和葬式始终以单人仰卧伸直一次葬为主，屈肢葬和俯身葬少见。中期以前另有部分墓是两个人以上的合葬，晚期合葬墓极少。合葬墓里的人骨既有一次葬也有二次葬。随葬品以陶器、石器和骨器为主，并流行手持獐牙

① 山东省博物馆等．1985．邹县野店．北京：文物出版社．13～16

② 山东省博物馆等．1985．邹县野店．北京：文物出版社．13～16

或獐牙钩形器的丧葬习俗。在经济文化比较发达的地区，伴随着社会群体贫富分化现象的出现，有些中心聚落的墓葬远在早期阶段就产生了明显差别，其中的大型、中型墓不仅墓室规模较大，出现了二层台结构，而且随葬品均较丰富，像彩陶一类精品皆出自这两类墓。与此相反，那些小型墓要么一无所有，要么就是只有几件或十几件普通的陶器、石器和骨器。中期以后，大中型墓开始有了木质棺、椁葬具，随葬品的种类和数量亦都进一步增加。其中，中期阶段，这两类墓不仅有一般性的陶器和石器，彩陶增多，而且往往还把一些精美的玉器以及象征财富的猪下颌骨或整猪作为随葬品。到了晚期阶段，大中型墓多随葬玉器及白陶鬶、薄胎黑陶高柄杯等高档陶器。在有的地区，这两类墓往往还随葬带有刻划符号的大陶尊，以猪骨作随葬品的现象反倒显著减少了，表明人们的财富观念又产生了一些新的变化。此外，在有的中心聚落，同一墓地里大、小型富墓和小型贫墓分开葬埋的趋势，亦自中期开始显现出来。这说明，随着氏族社会贫富分化现象的出现，这时的人们已滋生了等级观念，以往那种氏族成员不分贵贱的平等原则已开始被打破；及至晚期阶段，这种变化更加明显。大型富墓和小型贫墓在有的中心聚落已被分别葬埋于不同的墓地里，丧葬制度上的等级制似乎已得到了社会的认可①。

总之，大汶口文化是黄河下游地区一支别具特点的新石器时代文化；从这一文化不同时期各个墓地反映的情况来看，不同地区以及同一地区的不同聚落之间，经济文化发展水平并不都是均衡的，中心聚落与一般性聚落的分化实际自其早期阶段就发生了。我们依此把该文化文明化的过程划分成如下三个阶段应该是可以成立的：早期阶段的中心聚落，社群成员之间无疑已产生了富者和贫者；到了中期阶段，随着贫富两极分化的普遍发展，在一些中心聚落的公共墓地里富人和平民的墓区出现了分离现象，表明人们已有了比较明确的等级观念，氏族公共墓地制度开始被打破，往日以血缘关系维系社会生活的氏族制度逐渐趋向解体。在这类聚落中首先显现出来；及至晚期阶段，各聚落群内部的分化更趋激烈，富者与贫者此后较普遍地实行分区埋葬，中心聚落的上层权贵和富人已经有了独立的墓地，实行单独埋葬，昭示埋葬制度上的等级制已初步形成②。

三、晚期的聚落

我们可以从几个不同的侧面来分析这一时期该地区的聚落发展模式。

---

① 张江凯，魏峻．2004．新石器时代考古．北京：文物出版社．130～131

② 张江凯，魏峻．2004．新石器时代考古．北京：文物出版社．139

1. 房址墓葬的时代差异

表 3-2　山东龙山文化典型遗址分期关系对应表

分期·阶段	分期·期别	尹家城遗址	丁公遗址	三里河遗址
早期阶段	第一期	一	一	一
	第二期	二	二	二
	第三期	三	三	三
晚期阶段	第四期	四		四
	第五期	五	四	
	第六期	六	五	

资料来源：栾丰实．1996．东夷考古．山东大学出版社

依表3-2，我们依据栾丰实的分法，把以山东为主的龙山文化分为两段六期。

第一期：本期遗存见于大范庄、尹家城、西吴寺、丁公等遗址。房址主要为半地穴式建筑，面积一般较小。部分地区在地面式建筑的基础上，已经出现台基式房屋。墓葬均为中小型墓，长方形土坑竖穴是其基本形制，木质葬具的使用逐渐增多。葬制以单人一次葬占绝大多数，葬式则以仰身直肢葬居主导地位，头向不完全一致，以头东脚西者居多。死者仍有头骨枕部人工变形、拔牙和手握獐牙等习俗，但较之大汶口文化已明显衰退。埋葬制度和基本的习俗，在整个龙山文化时期没有发生根本转变。

第二期：此期遗存主要发现于尹家城、丁公、城子崖、姚官庄等遗址。房址中半地穴式、地面式和台基式建筑并存，半地穴式建筑逐渐减少，并且多为浅穴。房址的形状以方形和长方形居多，也有圆形或椭圆形。在建筑材料的运用方面，出现了土坯，并采用了错缝叠压垒砌技术。在丁公、城子崖等遗址中，发现属于本期的龙山城垣遗迹。同时，水井也开始出现。墓葬方面和第一期相比，没有产生大的变化。

第三期：本期遗存主要见于尹家城、西吴寺、栾台、尚庄、城子崖、丁公、田旺、西朱封、姚官庄等遗址。房址中半地穴式建筑较少，地面式建筑较多，以四周挖槽、槽内立柱的方形、长方形房基为多。土坯墙结构的房屋在部分地区流行，石灰作为一种新建筑材料开始出现。许多遗址发现水井，表明凿井技术已开始普及，水井成为聚落的重要组成部分。墓葬方面的主要变化是发现少量特大型墓，像西朱封那种长6米多，宽接近5米的重椁一棺

墓，大约相当于这一期的偏晚阶段①。这类大型墓葬的出现，是与当时社会结构、社会性质的变化相适应的，与城的普遍出现也是一致的。

第四期：本期遗存主要有尹家城、王油坊、尚庄、城子崖和田旺等遗址。房址以方形和长方形的单间地面式建筑为主，某些地区还有双间或多间相连的建筑。墙体主要有两种：一种是四周挖槽的木骨泥墙；另一种是平地起建的土坯墙或草拌泥墙。前者墙内柱洞十分密集，后者则稀疏。用白灰涂地抹墙的现象在部分地区开始流行。这一时期的半地穴式建筑已很少见。墓葬方面是大、中、小型墓均有发现，差距进一步拉大。在同一基地内，大、中、小型墓并存。

第五期：此期遗存主要见于尹家城、造律台、王油坊、栾台、青堌堆、尚庄、南陈庄、城子崖、丁公和田旺等遗址。本期遗存在分布上有一个引人注目的特点，即在鲁西豫东一带发现较多，而鲁东沿海地区则发现较少。房址、墓葬和第四期相比没有产生大的变化。房址仍有单间和连间两种形式，白灰面房子比较多见。墓葬发现不多，并且多为中小型墓。

第六期：本期遗存发现不多，主要见于尹家城、济宁程子崖②、王油坊、青堌堆、丁公等遗址。房址多为方形和长方形地面式建筑，墙体结构亦有挖槽立柱的木骨泥墙、平地垒砌的土坯墙和筑打的夯土墙等几种。室内地面则主要为红烧土面和白灰面等。墓葬均为小型墓，狭小者仅有0.6平方米，多有葬具，手握獐牙的现象仍然存在③。

2. 聚落的地区差异

龙山文化时期，由于社会生产力的发展，社会经济发展水平的提高，黄河下游地区的居民住屋建筑有很大的改进。据不完全统计，现已发现的龙山文化的房基建筑，已达60座左右。根据这些房基建筑资料，这个时期，黄河下游居民的住屋建筑主要有3种形式：半地穴建筑（较大汶口文化时期的浅）、地面式建筑和土台式建筑。建筑方式，普遍采用挖槽起基的建筑技术，台基、居住面及墙体一般都经过夯打。这是建筑史上的一大进步，为后来的大型宫殿建筑、城墙建筑打下了基础。

龙山文化时期同大汶口文化时期一样，由于地域的不同，各个氏族部落

---

① 山东省文物考古研究所．1989．临朐县西朱封龙山文化重椁墓的清理．见海岱考古（第1辑）．济南：山东大学出版社．219～224；中国社会科学院考古研究所山东工作队．1990．山东临朐朱封龙山文化墓葬．考古，(7)：587～594

② 李季，何德亮．1991．山东济宁程子崖遗址发掘简报．文物，(7)：28～47；李德渠．1999．山东济宁市程子崖遗址第二次发掘．考古，(7)：557～583

③ 栾丰实．1996．东夷考古．济南：山东大学出版社．246～254

的不同，各地住屋建筑并不完全一样，大体说来，可分鲁西南地区和鲁东地区两种类型。

鲁西南地区已发现的房屋基址有邹县野店1座、泗水尹家城20座、茌平尚庄1座、陈庄3座、南陈庄1座、梁山青堌堆1座，以及邹平丁公1座，其虽与鲁东地区有联系，但与尹家城房基有不少相似处，故也放在这一地区叙述。这样，鲁西南地区共发现房基28座。这28座房屋基址的建筑特点是：它们分属于半地穴式建筑和地面式建筑两种形式。而地面式建筑又分单间地面式建筑和双间地面式建筑两种。房基平面多呈方形和长方形，也有圆形的，面积一般在10平方米左右。墙基采用挖槽立柱起墙的构筑方法，四角柱洞大且深，主要是角部承受重力较大。地面和墙壁多用白灰面。这在其他地区是不多见的。例如，邹县野店遗址房基F4，是一座略呈方形的浅穴式建筑。房基深0.30米，平面呈一抹角方形，内侧南北长3.10米、东西宽2.84米，面积为8.8平方米。房四墙有柱，四角有角柱，均半陷入墙壁中，呈壁柱式建筑。房基内有灶、居住面、门道为浅穴式方形壁柱式结构。四角又各有较粗的角柱，根据其面积不足9平方米、房内又无支撑柱子的特点，推测房顶结构形式可能是一种四角攒尖或两面坡式的草顶①。

茌平南陈庄遗址房基3座，均为地上建筑，有白灰墙皮和白灰地面。房基F3，地面分两层：上层是厚2~3厘米的灰白草拌泥，其下为厚8厘米的黄土垫层；下层是厚0.2厘米左右的白灰面，其下垫一层5厘米的灰色土，再下是地基②。

泗水尹家城遗址龙山文化房基共20座。半地穴式建筑8座，有方形和长方形两种，面积一般为10平方米左右，最大者为15.6平方米，最小者为7.6平方米。地面式建筑12座，形状有方形和长方形两种，形式则有单间和双间。面积最大的为41.7平方米，最小的为10平方米，地面式建筑四面均挖槽立柱起墙。

单间地面式建筑共5座。房基的形状大多为长方形。例如，房基F128，方形，边长为3.2米，面积为10.2平方米，共发现柱洞36个，密集于其四周基槽之内。房基的建筑程序是，“在设计好的地段先挖基槽，将基槽底部按柱位要求挖得深浅不一，并将柱洞底部加以筑打，然后立柱，并粗加拍打，最后架顶。整治木骨泥墙和室内地面”③。

双间地面式建筑1座。例如，F110，形状为一西小东大的“吕”字形房

---

① 山东省博物馆等．1985．邹县野店．北京：文物出版社．16，17

② 山东大学历史系考古专业．1985．山东茌平县南陈庄遗址发掘简报．考古，(4)：303~321

③ 山东大学历史系考古教研室．1990．泗水尹家城．北京：文物出版社．27~29

基，东西通长7.8～8米，东间南北宽5.75～6米，西间南北宽4.25米，面积约为41.7平方米，是该遗址内发现规模最大的一座，在目前已公开发表的有关龙山文化房基的研究成果中，这是房基面积最大的一座。基槽内共发现大小柱洞79个，柱洞底部大多比较坚硬，系经过夯打加工而成。需要特别指出的是，基槽拐角处的柱洞大多比较深，这显然与承重、房体的稳定有关。“从清理F110的过程可以看出，这类房基的建筑过程是，首先挖基槽，同时留出两间的通道，在基槽内挖柱坑，再立柱，同时填实柱坑和基槽，最后起墙”①。

鲁西南地区房屋建筑的显著特点是，受中原文化影响比较明显。例如，房屋的墙和居住面，不少采用白灰面（石灰），就是其中的一个特点②。

鲁东地区的遗址大多已经不在黄河流域的范围之内，这里不再详述。

3. 聚落的建筑技术

龙山文化时期的建筑技术成就比较突出。首先是出现了城防设施。龙山文化的城址目前共发现4座，即城子崖③、边线王④、丁公⑤和田旺⑥。其中最大的城子崖面积约20万平方米，最小的边线王也有近6万平方米，丁公和田旺均在10万平方米以上。城址的形状均为圆角方形，城墙宽度为10米左右，边线王还发现深6～7米的基槽。城墙系分层夯筑而成，多经过数次修整加宽。有的城外还挖有较宽较深的壕沟。这些古城址的出现，撇开其政治意义不谈，在中国建筑史上也是一个重要的里程碑。

其次是房屋建筑。完整的龙山文化聚落至今尚未揭露出来。不过，从现已发现的情况分析，如鲁家口揭露的11座房基门道均开设于南侧⑦、尹家城遗址的10余座房基亦皆为南向⑧，说明这一时期的聚落建设有一定的布局。

---

① 山东大学历史系考古教研室.1990. 泗水尹家城. 北京：文物出版社.29，164～165

② 逄振镐.1995. 东夷史前住屋建筑及其演变. 考古与文物，(3)：81～84

③ 山东省文物考古研究所.1990-07-26. 城子崖遗址有重大发现——龙山岳石周代城址重见天日. 中国文物报.1；佟佩华.2001. 中国考古学史上的里程碑——城子崖龙山与岳石文化城址. 见：中国十年百大考古新发现（1990～1999）. 北京：文物出版社

④ 杜在忠.1988-07-15. 边线王龙山文化城堡的发现及其意义. 中国文物报.1

⑤ 山东大学历史系考古教研室.1992-01-12. 邹平丁公发现龙山文化城址. 中国文物报.1；栾丰实.1994. 丁公龙山城址和龙山文字的发现及其意义. 文史哲，(3)：85～89

⑥ 魏成敏.1995. 临淄市田旺龙山文化城址. 中国考古学年鉴（1993）. 北京：文物出版社.163，164

⑦ 中国社会科学院考古研究所山东队.1985. 潍县鲁家口新石器时代遗址. 考古学报，(3)：313～351

⑧ 山东大学历史系考古教研室.1990. 泗水尹家城. 北京：文物出版社.164～165

龙山文化时期的房屋以单间为主，双间和连间排房主要见于西部地区。房基的结构有台基式、地面式和半地穴式三大类别。台基式建筑主要发现于东海峪和尧王城等遗址。这一类房屋的建筑程序是，先分层筑起高出地面的台基座，并将四周修成漫坡状以利散水，然后在台基座上挖槽起墙建屋。这种采用了夯筑技术，由台基、护坡、土墙和室内地基构成的房屋建筑，在技术上已开后来中国大型建筑普遍采用的台基式建筑的先河。地面式建筑系指平地起建的房屋，是龙山文化房屋建筑的主流。其建造程序是，先平整地面，然后在其上按设计要求挖槽立柱，或在经过夯打的地面上直接起墙。墙的结构有两大类，一是挖槽立柱的木骨墙，基槽深浅宽窄不一，视柱子的负荷量而定，一般拐角处较宽较深，此类墙体内柱洞分布均十分密集。二是荷重墙，即屋顶重量直接落在墙体之上。就墙体的结构而言又有两种，即用土坯砌成和用黄土（或草拌泥）筑成。前者见于王油坊①等处，土坯个体较大，用草泥或黏土做成，采用平铺横砌、错峰叠压、土坯与土坯之间涂泥粘连的方法；后者见于鲁家口②和尹家城③等遗址，用草泥或黄土垛筑、夯打而成。半地穴式房屋数量较少，主要见于龙山文化早期阶段，一般为浅穴，形状有方形、长方形、圆形等。

许多龙山文化遗址发现有石灰，如在尚庄、王油坊、尹家城、南陈庄等遗址，均发现地面和墙壁涂抹白灰的房屋建筑，王油坊还发现3座石灰窑。表明龙山文化时期的人们已经掌握了烧制和使用石灰的技术，这在建筑史上也是一项具有重大意义的发明④。

4. 城址的出现

进入龙山时代，黄河下游地区农业，手工业迅速发展，社会发生巨大变化，相应地，聚落结构方面也出现了一系列变化：聚落中间进一步剧烈分化，具有中心地位的大型聚落（往往表现为有墙或无墙的城址）与其周围或多或少的中小型聚落，形成所谓“众小拱一大”或“众星拱月”式的聚落群体架构。许多中心聚落往往是大规模的城址。到目前为止，黄河下游以山东为中心的古城址群已经形成，有滕州西康留、阳谷王家庄、五莲丹士、章丘城子崖、临淄田旺、邹平丁公、寿光边线王、滕州尤楼。茌平教场铺古城

① 中国社会科学院考古研究所河南二队等 . 1987. 河南永城王油坊遗址发掘报告 . 见：考古学集刊（第5辑）. 北京：中国社会科学出版社 . 79～119

② 中国社会科学院考古研究所山东队 . 1985. 潍县鲁家口新石器时代遗址 . 考古学报，（3）：313～351

③ 山东大学历史系考古教研室 . 1990. 泗水尹家城 . 北京：文物出版社 . 164，165

④ 栾丰实 . 1996. 东夷考古 . 济南：山东大学出版社 . 272，273

群和阳谷景阳冈古城群等。这些城址及其附属聚落的出现，表明“在新石器时代末期社会分化趋向尖锐，最突出的社会现象是大型的高层次的城址聚落与普通二三级聚落并存，形成对立格局和主从关系，其中出现了具有地区性政治统治中心地位的聚落”①。按照常理推断，黄河下游以城址为代表的中心聚落和聚落群数量众多，为什么最后并没有形成如中原那样统一的文明中心呢？这可能是由于环境的作用。黄河上游和下游都因为地理环境的关系，未能在大的中心聚落出现以后形成更大、更高一级的中心聚落，这也就解释了为什么虽然中华文明起源“满天星斗”，而最终只在中原地区形成了统一的夏王朝的现象。当进入夏代以后，黄河下游当初的“古城”中心聚落纷纷解体，黄河流域的社会结构便向更高一级的方向发展。

① 任式楠．2000．我国新石器时代聚落的形成与发展．考古，(7)：633

第四章

黄河流域史前聚落的形成与演变轨迹

第一节　黄河流域史前聚落的规模和数量

一、早期聚落规模与数量

黄河流域的史前聚落发端于史前旧石器时代中晚期，经过整个新石器时代。其发展轨迹受到自然和人文两大因素的制约和影响，不同区域发展轨迹不尽相同。但在整个历史进程中，大致的轨迹是近似的。

1. 黄河上游地区

黄河上游地区的早期聚落主要是大地湾一期文化聚落和师赵村一期文化聚落。大地湾一期文化聚落主要分布在渭河中上游地区，在泾水、西汉水上游和丹江上游也发现少数遗址。聚落数为20余处，规模为1万~20万平方米。师赵村一期文化聚落主要分布在甘青地区和陕西的北部地区，聚落数量在15处左右，聚落规模为1万~20万平方米。

2. 黄河中游地区

黄河中游早期聚落各区域数量不一，面积大小各异。根据《中国文物地图集·陕西分册》、《中国文物地图集·河南分册》和近年的考古发掘资料，以含房址的遗址为基本的聚落单元，如果一个遗址含裴李岗、仰韶、龙山等不同时期不同性质的文化层，则分别计算。据此初步统计出以裴李岗文化、磁山文化及老官台文化为代表的聚落遗址360处，根据面积大小可分为大、中、小三级，大型聚落面积为10万~20万平方米，中型聚落面积为1万~10万平方米，小型聚落面积在1万平方米以下。黄河中游史前早期聚落主要分布在豫中地区、豫北冀南地区，豫西晋南地区与关中地区次之，豫南地区聚落最少。大型聚落极少，而中小型聚落占绝大多数。聚落具体规模、数量和分布情况如表4-1所示。

表4-1 黄河中游地区史前早期聚落分布情况统计表 (单位：处)

区域名称	聚落等级		
	大	中	小
关中地区	2	15	7
豫西晋南地区	—	9	23
豫中地区	2	39	33
豫北冀南地区	1	16	19
豫南地区	—	3	13
豫东地区	—	1	13

3. 黄河下游地区

根据张学海研究①，黄河下游地区早期聚落主要是西河文化、后李文化与北辛文化。根据已经发表的资料，统计出此三种文化聚落数量约为西河文化6处，后李文化10处，北辛文化75处。根据面积大小可分为大、中、小三级，大型聚落面积为10万～20万平方米，中型聚落面积为1万～10万平方米，小型聚落面积在1万平方米以下。黄河下游史前早期聚落主要分布在鲁中南地区，胶莱平原区次之，胶东半岛区少有发现。与黄河中游地区相似，大型聚落极少，而中小型聚落占绝大多数。聚落具体规模、数量和分布情况如表4-2所示。

表4-2 黄河下游地区史前早期聚落分布情况统计表 (单位：处)

区域名称	聚落等级		
	大	中	小
鲁中南地区	2	34	22
胶莱平原区	—	8	10
胶东半岛区	—	—	—
鲁西南—鲁西北平原区	—	5	10

① 张学海. 1999. 黄河下游史前聚落再议. 见：张学海考古论集. 北京：学苑出版社. 73～89

二、中期聚落规模与数量

1. 黄河上游地区

黄河上游中期聚落主要有大地湾二期文化聚落、仰韶文化庙底沟类型聚落和马家窑文化聚落。目前在甘青宁地区发现的仰韶文化聚落大约500处，陕西北部发现仰韶文化聚落700多处，聚落规模为1万~30万平方米。甘青宁地区共发现马家窑文化早、中期聚落800余处，马家窑半山、马厂类型聚落约500余处。

2. 黄河中游地区

黄河中游中期聚落依面积规模大小可分为6个不同的等级。特级聚落面积在40万平方米以上，一级聚落面积为30万~40万平方米，二级聚落面积为20万~30万平方米，三级聚落面积为10万~20万平方米，四级聚落面积为1万~10万平方米，五级聚落面积在1万平方米以下。黄河中游地区史前中期聚落主要分布在关中地区、豫西晋南地区，豫中地区、豫北冀南地区次之，豫东地区、豫南地区最少。与早期相比，聚落数量猛增。特级聚落与一级聚落数量明显增加，占7%；二级和三级中型聚落占23%；四级和五级小型聚落占70%。聚落具体规模、数量和分布情况如表4-3所示。

表4-3　黄河中游地区史前中期聚落分布情况统计表　(单位：处)

区域名称	聚落等级					
	特级	一	二	三	四	五
关中地区	32	39	174	110	940	245
豫西晋南地区	7	7	14	199	127	159
豫中地区	4	3	6	27	186	102
豫北冀南地区	3	4	8	23	108	118
豫南地区	1	2	4	15	121	66
豫东地区	—	—	—	7	73	57

豫中地区的聚落主要分布在伊河、洛河、涧河、颍水以及其支流贾鲁河、北汝河等地域。典型聚落，如特级聚落郑州大河村、偃师苗湾、寨湾南、孟津菠萝窑、宜阳水兑，一级聚落荥阳楚家湾、巩义市关小滩、新安高平寨、宜阳苏羊、伊川土门等，二级、三级聚落郑州陈庄、西山、禹州谷水河、中牟八岗、后魏、新郑唐户、新密杨庄、汝州毛寨、中山寨等。豫北冀南地区的聚落主要分布在卫河、漳河流域。典型聚落如特级聚落后岗遗址，一级聚落下潘

汪、界段营等，二级、三级聚落正定南杨庄、大赉店、高井台子等。豫东地区的聚落主要分布在黄河冲积平原上。典型聚落，如三级聚落睢县的周龙岗遗址、民权县的李岗遗址、吴岗遗址，四级聚落永城市的黑堌堆遗址、王油坊遗址，虞城县营廓遗址，夏邑县蔡楼遗址、马头遗址等。豫西晋南地区的聚落主要分布在黄河两岸和汾河流域。典型聚落，如特大型聚落灵宝三圣、川口、南村、南石村、东双桥、三门峡杨家沟等，一级聚落灵宝五帝村、渑池仰韶村等，二级、三级聚落灵宝北坡头、乔营、五坡寨、涧东、陕县窑头、原店、西崖、三门峡南交口及会兴等，豫南地区聚落主要分布在淮河流域及其支流唐河、白河地区。典型聚落，如一级聚落淅川下王岗、黄澜树，二级、三级聚落方城平高台、叶县赵庄遗址等。关中地区聚落主要分布在渭水流域、泾河流域以及千河、雍河、灞河、赤水河、沣河等分支水系上。典型聚落，如特大型聚落宝鸡的全家沟、宁王、贺家湾、龙家湾、凤翔的瓦岗寨、千阳西沟、扶风案板及眉县西柿林等，大型聚落宝鸡市旭光、宝鸡县伐鱼村、岐山岐阳及丁童家等，中型聚落咸阳吕村、永寿南顺什、彬县街背后、长武肖湾里、孔头、官家嘴、旬邑木嘴、淳化灰嘴原、刘家沟、韩家村、桃渠河、乾县北郑、龚家窑、董家村、武功土家沟、徐家崖、上官等。

3. 黄河下游地区

据目前掌握的资料，黄河下游中期聚落大约有500处。依面积规模大小可分为5个不同的等级。一级聚落面积为30万~40万平方米，二级聚落面积为20万~30万平方米，三级聚落面积为10万~20万平方米，四级聚落面积为1万~10万平方米，五级聚落面积为1万平方米以下。黄河下游地区史前中期聚落主要分布在鲁中南地区、胶莱平原区，鲁西南—鲁西北平原区次之，胶东半岛区最少。与早期聚落相比，聚落数量大量增加，尤其是中小型聚落增加显著。与黄河中游同时期聚落相比，聚落总数不及黄河中游地区，大型聚落规模与数量相差甚远。聚落具体规模、数量和分布情况如表4-4所示。

表4-4　黄河下游地区史前中期聚落分布情况统计表（单位：处）

区域名称	聚落等级				
	一	二	三	四	五
鲁中南地区	3	17	53	75	65
胶莱平原区	—	9	25	47	49
胶东半岛区	—	—	13	37	21
鲁西南—鲁西北平原区	—	2	20	56	11

鲁中南地区聚落主要分布在泰山、沂山山麓两侧以及以汶河、泗河、沂河、沭河为中心，呈辐射状分别向四方分流的河谷地带。胶莱平原地区聚落主要分布在潍河、大沽河、胶莱河两岸河谷阶地上和沂山、蒙山向北辐射的低山丘陵区。胶东半岛地区聚落主要分布在龙口、胶州、即墨、莱西等沿海地区及各河道下游的小块平原上以及中北部的丘陵地带。鲁西南—鲁西北平原区聚落主要分布在黄河沿岸、沂沭河下游等组成的冲积平原上。

三、晚期聚落规模与数量

1. 黄河上游地区

黄河上游史前晚期聚落主要是齐家文化聚落，根据目前发表的资料，齐家文化聚落约有800处，聚落规模为800～30万平方米，主要分布在甘青地区，如甘肃的天水、武山、陇西、秦安、静宁、临洮、和政、东乡、兰州、榆中、平凉、泾川、庆阳、镇原、宁县、武威等地。其中天水、武山、陇西、秦安、武威等地聚落分布较为密集，占到聚落总数的56%。

2. 黄河中游地区

黄河中游史前晚期聚落依面积规模大小可分为6个不同的等级。特级聚落面积为40万平方米以上，一级聚落面积为30万～40万平方米，二级聚落面积为20万～30万平方米，三级聚落面积为10万～20万平方米，四级聚落面积为1万～10万平方米，五级聚落面积为1万平方米以下。黄河中游地区史前晚期聚落主要分布在关中地区、豫西晋南地区，豫中地区、豫北冀南地区次之，豫东地区最少。与中期相比，特级聚落与一级聚落数量略有下降，二级和三级聚落数量基本持平，四级和五级聚落数量略有增加。另外，豫东地区聚落数量有较大增加。聚落具体规模、数量和分布情况如表4-5所示。

表4-5　黄河中游地区史前晚期聚落分布情况统计表（单位：处）

区域名称	聚落等级					
	特级	一	二	三	四	五
关中地区	6	10	8	472	136	115
豫西晋南地区	—	7	14	208	227	159
豫中地区	3	3	6	27	186	202
豫北冀南地区	2	4	8	23	108	118
豫南地区	1	2	4	15	121	66
豫东地区	—	—	—	7	73	57

3. 黄河下游地区

张学海研究认为，黄河下游晚期聚落即山东龙山文化聚落大约有1300处[①]。依面积规模大小可分为6个不同的等级。特级聚落面积为40万平方米以上，一级聚落面积为30万~40万平方米，二级聚落面积为20万~30万平方米，三级聚落面积为10万~20万平方米，四级聚落面积为1万~10万平方米，五级聚落面积为1万平方米以下。黄河下游地区史前晚期聚落主要分布在鲁中南地区、胶莱平原区，鲁西南—鲁西北平原区次之，胶东半岛区最少。需要指出的是，整个黄河下游地区聚落分布较早中期明显均衡，尤其是胶东半岛区聚落数量有明显增加。与中期相比，聚落数量增加明显，但特级和一级大型聚落依旧不如中游地区，主要是中小型聚落。聚落具体规模、数量和分布情况如表4-6所示。

表4-6　黄河下游地区史前晚期聚落分布情况统计表　（单位：处）

区域名称	聚落等级					
	特级	一	二	三	四	五
鲁中南地区	1	19	32	103	175	168
胶莱平原区	—	11	27	81	113	100
胶东半岛区	—	—	9	47	67	89
鲁西南—鲁西北平原区	—	7	15	53	90	105

四、聚落数量与规模的变迁

黄河流域史前聚落数量与规模变迁趋势：聚落在中、晚期呈现快速增长的势态，聚落规模迅速扩大，到史前聚落中期阶段达到巅峰，晚期聚落规模有所回落。黄河上游史前早期聚落约50处，中期约2500处，晚期约800处。黄河中游地区史前早期聚落约360处，中期约2600处，晚期约1000处。黄河下游地区早期聚落约90处，中期约500处，晚期约1300处。早期阶段，黄河上游与下游聚落较少，中游聚落相对较多。中期阶段，黄河上游与中游聚落数量较多，黄河下游较少；但在平均分布密度上，黄河上游由于地域大，密度最小，黄河中游分布密度最大。黄河上游在天水、武山、陇西、秦安、武威地区形成了聚落分布的相对核心区域。黄河中游在关中地区、豫西

① 张学海.1999.黄河下游史前聚落再议.见：张学海考古论集.北京：学苑出版社.73~89

晋南地区、豫中地区形成了聚落分布的核心区域。黄河下游在鲁中南地区、胶莱平原区形成了聚落分布的核心区域。黄河上游聚落规模较小，规模最大的聚落一般不超过 30 万平方米，黄河中游地区出现了大批规模上百万平方米的特大型聚落，而黄河下游地区聚落规模一般不超过 50 万平方米。整个黄河流域，“形成了豫、晋、陕一个较大的金三角。在这个金三角中庙底沟类型的仰韶文化遗址数量最多，而且以庙底沟类型为主体的大聚落群占了主导地位”①。黄河流域史前中期出现特大规模聚落的一个重要原因在于，黄河中游部落（或部落联盟）强大的实力具有超强的向心力和凝聚力，而晚期阶段，超大部落（或部落联盟）瓦解成中小型部落，出现了所谓的万国时代，私有制与战争制约了聚落规模的扩大。黄河上、中、下游地区史前早期聚落数量差别不大，中期自甘肃天水到关中平原、豫西晋南到豫中地区聚落分布密度最大，是人口最密集的地区，而天水以上和黄河下游聚落分布密度相对较小，晚期黄河上游聚落分布密度最小，关中平原、豫西晋南依旧是聚落分布密度最大的区域，而黄河下游聚落分布密度也大幅度增加，反映出晚期聚落繁衍和人口迁移的一些基本情况。

第二节　黄河流域史前聚落的地理变迁

一、早期聚落的地理类型

1. 黄河上游地区

黄河上游史前早期聚落分布在黄土高原地带与山前坡地，如陇中黄土高原、甘南高原，主要为黄土丘陵沟壑区和黄土高原沟壑区，是以峁为主的峁梁沟壑丘陵区和以梁为主的梁峁沟壑丘陵区，形成了典型的高原山地型聚落②。陇南山地两侧，祁连山、乌鞘岭、六盘山、岷山、罗山、贺兰山山麓、山前坡地也有部分聚落分布，形成丘岗台地型聚落。而最多的是位于河谷地带较低的河边阶地上，如包括陕西和内蒙古交界处的萨拉乌苏河流域和宁夏灵武一带，甘肃东部的三大水系，渭河、泾河、西汉水流域。大地湾一期文化主要分布在渭河中上游地区，在泾水、西汉水上游和丹江上游也发现少数遗址。除柳林遗址地处陇南山地外，其他均属高原河谷阶地型聚落。师赵村

① 许顺湛 . 2005. 五帝时代研究 . 郑州：中州古籍出版社 . 7

② 牛健 . 1983. 聚落地理类型研究 . 北京：学苑出版社 . 43

一期文化的分布范围与大地湾一期文化大体相同，主要分布在渭河中上游地区，在汉水上游也有分布，均属高原河谷阶地型聚落。

2. 黄河中游地区

黄河中游早期聚落多分布在一些低矮的山丘上，也包括黄土高原地带的一些峁、梁上、山前坡地以及山谷阶地上形成山地型聚落或者丘岗台地型聚落。老官台文化聚落多分布在渭河、泾水流域，尤其是陇山东、西两侧的山前地带上，零散分布区域包括晋南的汾河、沁河流域以及豫西的部分地方，故关中、豫西、晋南多山地型聚落，次之为丘岗台地型聚落，再次之为河谷阶地型聚落。磁山文化聚落主要分布在太行山东麓的山前坡地以及漳水以北和易水以南一带的台地，故豫北冀南多丘岗台地型聚落，次之为山地型聚落。裴李岗文化聚落以嵩山周围较为密集，分布于西起豫西山地的东麓，东达豫东平原，北自冀南地区，南至大别山的北麓的山前坡地与丘陵区，豫中等地的山地型聚落与丘岗台地型聚落数量相当，河谷阶地型聚落次之，平原台地型聚落最少。黄河中游地区史前早期聚落的地理类型见表4-7。从表4-7中可以看出，丘岗台地型聚落与山地型聚落数量最多，河谷阶地型聚落次之，平原台地型聚落最少。丘岗台地型聚落与山地型聚落的出现，说明当时的人类已经离开大山地区，向黄土丘陵区的河谷地带乃至山前平原迁移。山地型聚落与丘岗台地型聚落的居住面坡地、台地、阶地多数孤立而互不连接，面积较小，在客观上制约了早期聚落面积的扩展。早期的聚落面积普遍较小，多数为2万平方米以下，除了时代早，生产力水平低，人口少，实际需要的生活面积小等因素外，居住面的地形制约也是很重要的因素。

表4-7　黄河中游地区史前早期聚落的地理类型统计表（单位：处）

区域名称	聚落地理类型			
	山地型	丘岗台地型	河谷阶地型	平原台地型
关中地区	9	7	5	3
豫西晋南	13	11	7	1
豫中地区	16	30	24	4
豫北冀南	10	15	7	4
豫南地区	7	6	—	—

3. 黄河下游地区

黄河下游史前早期聚落主要分布在山前坡地、山谷阶地上，多为丘岗台地型聚落，少量分布在黄河两侧的黄土山丘上，因峁、梁下面的沟壑相对黄河上游切割较浅，故称为非典型山地型聚落。西河文化主要分布在泰山北麓，后李文化主要分布在泰沂山系北侧的山前地带，为典型的丘岗台地型聚落，少量山地型聚落。北辛文化主要分布在泰沂山系南、北两侧一带，鲁南的汶河、泗河流域地区，除胶东半岛外都有分布，部分为丘岗台地型聚落，部分为河谷阶地型，在胶莱平原区、鲁西南—鲁西北平原区甚至出现了部分平原台地型聚落（平原堌堆型聚落）。黄河下游史前早期聚落的地理类型详情见表4-8。从表4-8中可看出，在鲁中南地区，以河谷阶地型聚落为主，丘岗台地型次之；鲁西南—鲁西北平原区以平原台地型聚落为主，河谷阶地型聚落次之；胶莱平原区以河谷阶地型聚落为主，丘岗台地型聚落次之；胶东半岛区目前尚未发现明显的聚落痕迹。

表4-8　黄河下游地区史前早期聚落的地理类型统计表（单位：处）

区域名称	聚落地理类型			
	山地型	丘岗台地型	河谷阶地型	平原台地型
鲁中南地区	8	23	27	—
胶莱平原区	—	4	11	3
胶东半岛区	—	—	—	—
鲁西南—鲁西北平原区	—	—	4	11

二、中期聚落的地理类型

1. 黄河上游地区

黄河上游史前中期仰韶文化聚落除部分分布在陇中黄土高原、甘南高原外，大部分分布在甘肃的渭河、泾河、西汉水流域，青海的布哈河，宁夏的青水河的河谷阶地上，其次分布在银川平原、青海湖平原，另外，在河西走廊也有部分仰韶文化聚落。马家窑文化，主要分布在甘肃中南部地区，以陇西黄土高原为中心，东起渭河上游，西到河西走廊和青海省东北部，北达宁夏回族自治区南部，南抵四川省北部。分布区内主要河流为黄河及其支流洮河、大夏河、湟水等。马家窑类型主要分布在甘肃中南部，青海东北部，宁夏南部地区的泾水、渭水上游，以及白龙江、湟水、洮河、庄浪河和清水河流域。马家窑文化的聚落遗址一般位于黄河及其支流两岸的台地上。其接近水源，土壤发育良好。半山类型分布范围基本与马家窑类型相同，但已逐渐西移。马厂类型的分布则更为向西，发展到了河西走廊的西端玉门一带。因此黄河上游史前中期聚落类型呈现多样化。据徐亚华研究，黄河上游河谷阶地型聚落占60%，山地型聚落占13%，丘陵台地型聚落占20%，平原台地型聚落占7%①。

2. 黄河中游地区

黄河中游地区出现了大量的河谷阶地型、平原台地型聚落。所谓河谷阶地型聚落指主要分布在河流两岸比较平缓的阶地上，距现代河床一般较低，地势较平坦而面积大小不一，规模不同的聚落。最典型的区域是关中的渭河流域，豫西晋南的涧河流域、汾河流域，豫中的伊洛河上游，豫北的沁河等。平原台地型聚落指主要分布在冲积平原上的高丘台地上的聚落遗址，距现代河床一般较低，由于地势比较平坦，容易形成较大的聚落，主要分布在关中的渭河冲积平原，豫东、豫北的黄河冲积平原，其次分布在豫中、豫南的黄淮冲积平原。黄河中游地区中期聚落的地理类型详情见表4-9。从表4-9中可以看出关中地区主要是河谷阶地型聚落，丘岗台地型聚落和山地型聚落次之，平原台地型聚落最少。豫西晋南地区主要是河谷阶地型聚落，平原台地型聚落与丘岗台地型聚落次之，山地型聚落最少。豫中地区、豫北冀南、豫南地区的聚落类型数量都有类似的变化。唯独豫东地区的聚落大多为平原台地型聚落。总的来说，河谷阶地型聚落占绝大多数，说明人类进一步向河谷平原和河流二级阶地后缘推进，聚落数量增加，规模扩大。

表4-9　黄河中游地区史前中期聚落的地理类型统计表　（单位：处）

区域名称	聚落地理类型			
	山地型	丘岗台地型	河谷阶地型	平原台地型
关中地区	93	534	887	29
豫西晋南	63	67	319	64
豫中地区	31	50	175	72
豫北冀南	34	44	140	46
豫南地区	15	72	103	19
豫东地区	—	—	37	100

3. 黄河下游地区

黄河下游地区跟黄河中游地区一样，在史前聚落中期大汶口文化出现了

① 徐亚华．2000．黄河上游史前聚落的地理类型．考古与文物，（1）：45～49

大量的河谷阶地型、平原台地型聚落。河谷阶地型聚落最典型的是鲁中南的汶河、泗河流域，泰沂山系北侧的小清河、淄河流域，胶莱平原的胶河流域、沂山、蒙山向北辐射的低山丘陵区的河谷，以弥河、白浪河古河道、潍河两岸最密集。平原台地型聚落（堌堆型聚落）最典型的是鲁中南平原和鲁西南平原。鲁中南平原和鲁西南平原间有一条西北至东南方向的低洼地带，汇成北五湖和南四湖，成为山东境内主要湖群聚集区。黄河北侧的鲁北平原略呈西南至东北向的宽条带状，徒骇、马颊、运河平行流贯。由于黄河多次决口、泛滥、改道和沉积，地表形成一系列高差不大的河道和碟形或条状洼地，彼此重叠，纵横交错，因而成为季节性积水区。该区域的古人类，多选择地势较高的台地生活，故形成大量平原台地型聚落（堌堆型聚落）。胶东半岛中部呈屋脊形隆起，河流多由此发源，向南北分流，构成南北水系的分水岭。龙口、胶州、即墨、莱西等沿海地区及各河道下游有小块平原。中北部自西向东分布着火成岩组成的大泽山、艾山、牙山、昆箭山、伟德山等，少数山峰海拔在900米以上，大部分是海拔为200～300米的波状丘陵，丘陵之间为地堑断陷平原带，丘陵外缘散布着沿海平原。因此，胶东半岛的聚落形态多样，有山地型、丘岗台地型、河谷阶地型。黄河下游地区中期聚落的地理类型详情见表4-10。从表4-10中可知，大汶口文化聚落在山东鲁中南地区主要是河谷阶地型，其次是平原台地型；胶莱平原区主要是河谷阶地型，不见山地型聚落；胶东半岛区聚落数量较少，但类型较多，不见平原台地型；鲁西南—鲁西北平原区主要是平原台地型聚落，次之为河谷阶地型聚落，不见山地型聚落。

表4-10　黄河下游地区史前中期聚落的地理类型统计表（单位：处）

区域名称	聚落地理类型			
	山地型	丘岗台地型	河谷阶地型	平原台地型
鲁中南地区	10	24	129	60
胶莱平原区	—	20	80	31
胶东半岛区	11	15	45	—
鲁西南—鲁西北平原区	—	19	25	45

三、晚期聚落的地理类型

1. 黄河上游地区

黄河上游地区史前晚期齐家文化聚落主要分布在东起甘肃东部的渭水流

域，西至湟水流域，南至西汉水、白龙江流域，北至黄河上游宁夏和阿拉善左旗附近的区域，聚落遗址主要分布在黄河及其支流沿岸二级阶地上，部分聚落向一级阶地扩展。基本不见山地型聚落和平原台地型聚落，据徐亚华研究，齐家文化河谷阶地型聚落占85%，其次为丘岗台地型聚落，占15%[①]。

2. 黄河中游地区

黄河中游史前晚期聚落的地理形态依旧为山地型、丘岗台地型、河谷阶地型、平原台地型，但各类的数量又发生了一定的变化。黄河中游地区晚期聚落的地理类型详情见表4-11。从表4-11中可以看出，黄河中游史前晚期聚落地理类型的基本概况。关中地区聚落较仰韶文化时代大幅度减少，主要以河谷阶地型聚落为主，山地型聚落、丘岗台地型聚落有微量的增加，豫西晋南地区以河谷阶地型聚落为主，丘岗台地型聚落次之，豫中地区、豫北冀南地区都存在类似的情况，似乎说明在人类向河谷平原和河流二级阶地后缘推进的同时，生存能力逐渐增强，又发散式的返回到山地、丘岗台地上居住。关中地区聚落减少的同时，豫西晋南、豫中地区依然是聚落分布最为密集的区域，是整个黄河中游地区聚落分布的核心区域。豫北冀南与豫东地区的聚落有很大数量的增加。这反映出史前相当规模的移民运动。

表4-11　黄河中游地区史前晚期聚落的地理类型统计表（单位：处）

区域名称	聚落地理类型			
	山地型	丘岗台地型	河谷阶地型	平原台地型
关中地区	118	220	380	11
豫西晋南	105	118	370	22
豫中地区	41	80	276	20
豫北冀南	13	50	187	13
豫南地区	33	29	140	7
豫东地区	—	—	52	85

3. 黄河下游地区

黄河下游地区史前晚期聚落主要分布在山东的中部和东部。地理形态依旧为山地型、丘岗台地型、河谷阶地型、平原台地型，但各类的数量又发生了一定的变化。黄河下游地区晚期聚落的地理类型详情见表4-12。从表4-12

① 徐亚华．2000．黄河上游史前聚落的地理类型．考古与文物，（1）：45～49

中可以看出，黄河下游地区山地型聚落与丘岗台地型聚落数量进一步减少，而河谷阶地型、平原台地型聚落数量增加较多。鲁中南地区以河谷阶地型聚落为主，平原台地型聚落次之；胶莱平原区的情况跟鲁中南地区大致相似；胶东半岛区以河谷阶地型聚落为主；鲁西南—鲁西北平原区以平原台地型（堌堆型）为主。

表 4-12　黄河下游地区史前晚期聚落的地理类型统计表（单位：处）

区域名称	聚落地理类型			
	山地型	丘岗台地型	河谷阶地型	平原台地型（堌堆型）
鲁中南地区	48	50	320	80
胶莱平原区	32	50	170	80
胶东半岛区	22	48	120	22
鲁西南—鲁西北平原区	—	10	65	195

四、聚落的地理迁移

黄河流域史前聚落的地理变迁轨迹：早期聚落多山地型、丘岗台地型，约占黄河流域聚落的 70%；中期聚落多河谷阶地型，约占黄河流域聚落的 80%，河谷阶地型多位于河谷的二级、三级阶地上，利于用水，但又能免于水难。晚期聚落多河谷阶地型与平原台地型，河谷阶地型占黄河流域聚落的 60%，平原台地型占 20%，其他类型占 10%，河谷阶地聚落由二级、三级阶地向一级阶地发展，更加靠近水源，同时随着人口增加，生产力提高，聚落向平原发展。河谷阶地型聚落在史前聚落社会的绝大部分时间内处于绝对优势。此趋势揭示了人类从山林逐步向山前坡地、山前丘陵、山前平原、河流两岸、大平原地区发展的轨迹。在此大致相同的趋势下，黄河上、中、下游不同地区聚落地理变迁也有一定的地域特色。黄河上游河谷阶地型聚落始终占绝对优势，说明黄河上游早期人类一开始就选择最适合生存的环境繁衍，而聚落规模和影响力自始至终不及黄河中下游，反映出黄河上游史前地理、自然环境相对恶劣。河谷台地海拔高，河流冲击力大，黄土冲刷情况严重，台地面积小，制约了聚落规模的发展。另外，干旱的气候条件也不利于农耕聚落的发展，迫使农耕聚落转为游牧聚落或者向黄河中下游迁移。黄河中下游史前聚落早期山地型、丘岗台地型相对较多，中、晚期以河谷阶梯地型为主，聚落的发展具有趋同性，逐步从山冈到山前再到平原，聚落规模较大。黄河中下游水流平稳，黄土经过长时间的淤积，具有抗冲刷能力，故黄河中下游河道两岸的河谷台地面积较大，为聚落的发展提供了广阔而肥沃的土地。黄河下游由于黄河多次决口、泛滥、改道和沉积，地表形成一系列高差不大的河道和碟形或条状洼地，彼此重叠，纵横交错，因而成为季节性积水区，形成了很多平原台地型（堌堆型）聚落。

第三节　黄河流域史前聚落的结构体系演变

一、早期由聚落到聚落群的演变

黄河流域早期聚落规模小，分布相对分散，相互影响力很小，尚未形成有组织分层的聚落群。只是在关中渭水中上游地区与豫中嵩山地区分别形成了两个聚落相对密集区域，关中地区的早期聚落沿渭水两岸的峁、梁分布，故称为河谷山地型聚落群。豫中地区的早期聚落主要分布在嵩山周围的山前坡地处，故称为丘岗台地型聚落群。早期聚落群的聚落相互影响力有限，容易形成原生态文化聚落，即不受外围文化因素影响的聚落，如豫中的裴李岗聚落遗址与莪沟北岗聚落遗址的文化面貌有着惊人的相似，都没有受到同时期其他文化的影响。在豫北冀南地区和豫西地区，裴李岗文化聚落、磁山文化聚落以及老官台文化聚落有过相互接触和影响，在文化内涵上有一定的影响，但在聚落面貌上表现不明显，如裴李岗文化聚落、磁山文化聚落、老官台文化聚落多圆形半地穴居址，我们姑且称为复合态聚落的初级阶段。而这一阶段聚落群的居住面积和规模偏小，相反聚落外围的生产与活动空间普遍很大，远远超过以后的各个历史时期。用一种简单的计算方法作为参考，即用特定地区的面积除以各个时期的遗址总数，所得结果大体可视为当时各聚落拥有的最小活动空间，所得半径可视为聚落的最小活动半径。经过如此推算，豫中以嵩山为中心，方圆 100 公里的裴李岗文化聚落群的每个聚落大致可拥有的活动空间为 70 平方公里，活动半径 6 公里。关中地区以渭水流域为中轴线的左、右两岸 100 公里的聚落群中的每个聚落大致可拥有的活动空间为 65 平方公里，活动半径为 14 公里。

二、中期聚落群的大量出现

黄河流域中期聚落在地理分布上形成了大量丘岗台地型、河谷阶地型聚落群。在组织结构上，数量大大增加，面积规模差别大，开始出现等级分化，形成了“一”字形（或称为线形）聚落群、圆形聚落群、双中心聚落群。所谓“一”字形（线形）聚落群，指在一定时期内，特定区域聚落沿河流两岸成线状分布，聚落间规模分化明显，有比较明显的中心聚落。所谓圆形聚落群结构，就是指在同一时期聚落相对集中分布的特定区域内，能够得到确认的中心聚落大致分布在聚落群的中心部位，而中小型聚落则分布在中心聚落的周围。所谓双中心聚落群结构指在同一时期聚落相对集中分布的特定区域内，能够得到确认的中心聚落为分布较近的两个大型聚落，而中小型聚落则不规则分布在中心聚落的周围。

黄河上游中期聚落主要形成了渭河上游聚落群、泾河上游聚落群。其中渭河上游聚落群包括天水、甘谷、武山、陇西、秦安、张家川、通渭、庄浪、静宁及清水等市（县）的聚落，其中大部分都是“一”字形（线形）聚落群。“一”字形（线形）聚落群大致有8个，圆形聚落群有秦安大地湾聚落群和秦安焦家湾聚落群2个。秦安大地湾聚落群中，在20多平方公里的范围内出现了卤上、签篮、莓陆等二级聚落和十几个三级、四级聚落，活动空间在100平方公里内，每个聚落大致有60平方公里的活动范围，活动半径约为15公里。秦安焦家湾聚落群中，在20多平方公里的范围内出现了罗家沟、卢门等7个二级聚落和18个三级及以下的聚落。泾河上游聚落群，主要指由泾河上游及其大小支流流域的仰韶文化晚期遗址所形成的聚落群，该区域内的大小河流多流经峡谷，河谷阶梯面积狭小，多沿河流两岸分布，所以只有“一”字形（线形）聚落群。

黄河中游地区聚落群数量很多。据许顺湛研究①，关中地区有44个聚落群，分别为雁塔区仰韶聚落群、灞桥仰韶聚落群、临潼仰韶聚落群、长安仰韶聚落群、蓝田仰韶聚落群、高陵仰韶聚落群、户县仰韶聚落群、渭滨仰韶聚落群、渭滨仰韶早期聚落群、渭滨仰韶中期聚落群、渭滨仰韶晚期聚落群、宝鸡仰韶聚落群、凤翔仰韶聚落群、千阳仰韶聚落群、陇县仰韶聚落群、麟游仰韶聚落群、岐山仰韶聚落群、扶风仰韶聚落群、眉县仰韶聚落群、凤县仰韶聚落群、秦都区仰韶聚落群、礼泉仰韶早期聚落群、永寿仰韶聚落群、彬县仰韶聚落群、长武仰韶聚落群、旬邑仰韶早中期聚落群、淳化仰韶早中期聚落群、三原仰韶中期聚落群、兴平仰韶聚落群、乾县仰韶聚落群、武功仰韶聚落群、临渭区仰韶中期聚落群、韩城仰韶中期聚落群、蒲城仰韶聚落群、白水仰韶早中期聚落群、澄城仰韶早中期聚落群、合阳仰韶早中期聚落群、大荔仰韶早中期聚落群、华阴仰韶聚落群、富平仰韶聚落群、铜川仰韶中期聚落群、耀县仰韶聚落群、宜君仰韶聚落群等。河南地区与山西南部有聚落群50处，分别为豫西晋南卢氏洛河聚落群、渑池仰韶村聚落群、灵宝五亩仰韶聚落群、灵宝豫灵镇仰韶聚落群、灵宝铸鼎原仰韶聚落群、灵宝川口仰韶聚落群、陕县仰韶聚落

① 许顺湛．2005．五帝时代研究．郑州：中州古籍出版社．225

群、汝阳汝河仰韶聚落群、伊河中上游聚落群、洛宁仰韶聚落群、偃师伊洛河仰韶聚落群、孟津仰韶聚落群、新安西沃仰韶聚落群、新安涧河仰韶聚落群，豫中登封禹州颍河上游仰韶聚落群、巩义伊洛河仰韶聚落群、荥阳仰韶聚落群、舞阳沙澧河仰韶聚落群、长葛仰韶聚落群、遂平县仰韶聚落群、上蔡仰韶聚落群，豫北新乡县聚落群、濮阳县仰韶聚落群、安阳县仰韶聚落群、鹤壁仰韶聚落群、沁水下游仰韶聚落群、焦作市郊仰韶聚落群，豫东汾河仰韶聚落群，豫南浉河仰韶聚落群、南召白河仰韶聚落群、新野白河仰韶聚落群、淅川丹江聚落群、镇平、内乡仰韶聚落群等。如此众多的聚落群，大致可分为“一”字形（线形）聚落群、圆形聚落群、双中心聚落群和辐射形聚落群。聚落群的类型与数量分布如表4-13所示。

表4-13　黄河中游地区史前中期聚落群类型表　　（单位：处）

区域名称	聚落群类型			
	圆形聚落群	“一”字形(线形)聚落群	双中心聚落群	辐射形聚落群
关中地区	20	24	—	—
豫西晋南	4	16	—	—
豫中地区	3	8	1	—
豫北地区	3	6	—	—
豫东地区	—	1	—	—
豫南地区	—	8	—	—

从表4-13中可以看出，关中地区聚落群数量最多，包括圆形聚落群20个和“一”字形（线形）聚落群24个。豫西晋南聚落群20个，包括圆形聚落群4个和“一”字形（线形）聚落群16个。豫中地区聚落群12个，“一”字形聚落群8个，圆形聚落群3个，双中心聚落群1个。豫北地区聚落群9个，“一”字形（线形）聚落群6个，圆形聚落群3个。豫东“一”字形（线形）聚落群1个。豫南“一”字形（线形）聚落群8个。关中地区的圆形聚落群结构规模大，例如，关中的渭水中下游地区以华阴瓦渣为中心，在10多平方公里的范围内，形成了一级聚落户县里贤庄、羊村、长安马狮坡、嘴头、高山庙等，二级聚落户县坳子、长安杨家湾、赵家湾等30多处聚落组成的圆形聚落群。又如，扶风仰韶聚落群，以城关镇案板遗址为中心，有32个聚落，其中，二级聚落有益家堡、唐西原2处。三级以下聚落29处。“一”字形（线形）聚落群规模较大，但分布较分散，中心聚落不太明显。如临潼仰韶聚落群，无一级聚落，三级聚落铁炉乡邓家庄等2处，四级以下聚落10处，活动面积平均为100平方公里，每个聚落活动半

径为30公里。豫西晋南地区圆形聚落群规模大，分布紧凑。以灵宝市铸鼎原聚落群为例，在方圆10多平方公里的范围内，以铸鼎原遗址为中心，出现了30多个聚落遗址，其中特级聚落1个，一级聚落2个，二级聚落1个，三级及其以下聚落23个。豫中地区双中心聚落群以大河村聚落群为例，大河村聚落群在郑州市周围，北依黄河，至少存在着18处仰韶文化晚期的聚落遗址，似乎是以大河村和西山城址为中心分布，大河村聚落遗址面积大，有30多万平方米，聚落内部的居住区、墓葬区、生产区布局完善，人口多，似乎为两个氏族部落居住，可能是偏重生产的中心聚落，而西山城址相对较小，但它是我国迄今为止发现最早的史前城址，有城垣和环壕双重防御设施，显然也是一处处于中心位置的聚落，其可能偏重于军事防御。

黄河下游大汶口聚落共有500处，张学海将其归纳为若干聚落群①。每个聚落群中的聚落按面积大小分为5个等级，一级聚落面积为30万平方米，相当于黄河中游地区的二级聚落，二级聚落为20万～29万平方米，三级聚落为10万～19万平方米，四级聚落为3万～9万平方米，五级聚落不足3万平方米。各聚落群中的聚落都有3～5个等级。大汶口文化聚落群约24个。小聚落群5～9处，中等聚落群10～20处，大聚落群30～41处。小聚落群分布面积为100～200平方公里，大、中型聚落群分布面积为200～600平方公里。聚落分布以比较集中的沂沭河流域最多，达100多处，弥河、白浪河流域次之，有60余处。大汶口文化的中心区在滕州、泗水、青州、寿光、昌乐、平邑、临沂、苍山等地，此区域集中了山东境内五分之三以上的大汶口聚落。24个聚落群中，小聚落群9个，主要分布在鲁西南、鲁西北平原区、胶莱平原区、鲁中南地区。中等聚落群11个，主要分布在鲁中南地区，鲁西南—鲁西北平原区。大聚落群4个，主要分布在鲁中南地区。聚落群类型主要为“一”字形（线形）聚落群、圆形聚落群、双中心聚落群，具体内容如表4-14所示。

表4-14　黄河下游地区史前中期聚落群类型表　（单位：处）

区域名称	聚落群类型			
	圆形聚落群	“一”字形(线形)聚落群	双中心聚落群	辐射形聚落群
鲁中南地区	3	9	1	—
胶莱平原区	—	3	—	—
胶东半岛区	—	—	—	—
鲁西南—鲁西北平原区	1	7	—	—

① 张学海．1999．黄河下游史前聚落再议．见：张学海考古论集．北京：学苑出版社．73～89

从表4-14中可以看出，圆形聚落群4个，以莒县南部聚落群最典型。莒县南部聚落群以凌阳河聚落为中心，在方圆200平方公里内，形成了41个聚落，其中二级聚落17个，三级以及以下聚落23个。双中心聚落群1个，即滕州南部聚落群。滕州南部聚落群以西康留与尹洼构成双中心聚落群，两者规模相当，应该是两个部落组成的部落联盟体。聚落群中有二级聚落10处，三级以下聚落24处，分布范围为400平方公里。中小型聚落群都是沿河分布的“一”字形（线形）聚落群，部分无一级聚落，但有中心聚落，有等级分化。如滕州中部东北部聚落群，共有聚落20处；邹城西部聚落群，共有聚落12处，其中野店遗址属于一级聚落；章丘聚落群，有聚落12处，其中焦家遗址属于一级聚落；前城子、小城后遗址均为一级聚落；苍山南部聚落群，聚落19处，其中大城子遗址、青草堰遗迹均属于一级聚落。其余6个聚落群中，均没有一级聚落。小聚落群共9个。宁阳东北部聚落群，有聚落9处，其中大汶口遗址属于一级聚落。临淄广饶聚落群，有聚落9处，其中傅家遗址为一级聚落。

三、晚期聚落群的演变

黄河上游地区，在齐家文化时期，共发现文化遗址800多处。它们分布在青海、甘肃、宁夏、内蒙古等地，主要以河谷阶地型聚落群为主。青海民和喇家聚落群由11处聚落组成，喇家为二级聚落，楠庂、格子雅为三级聚落，四级以下聚落8处，聚落间平均间距为11公里，活动空间为80平方公里。齐家聚落群由15个聚落组成，齐家为二级聚落，哈赤河、狼黄答、格德为三级聚落，聚落间平均间距为13公里，活动范围约为78平方公里。

黄河中游的龙山文化聚落，许顺湛将其归纳为106个聚落群①。其中关中地区31个聚落群，河南地区75个聚落群。关中地区西安市有灞桥龙山聚落群、临潼龙山聚落群、长安龙山聚落群、蓝田龙山聚落群、周至龙山聚落群，铜川市辖区有铜川市区龙山聚落群、耀山龙山聚落群，宝鸡市辖区有凤翔龙山聚落群、千阳县龙山聚落群、麟游龙山聚落群、岐山龙山聚落群、扶风龙山聚落群、眉山龙山聚落群、凤县龙山聚落群，咸阳市辖区有永寿龙山聚落群、彬县龙山聚落群、长武龙山聚落群、旬邑龙山聚落群、淳化泾阳龙山聚落群、三原龙山聚落群、兴平龙山聚落群、乾县龙山聚落群、武功龙山聚落群，渭南市辖区有临渭龙山聚落群、韩城龙山聚落群、白水龙山聚落群、澄城龙山聚落群、合阳龙山聚落群、华县龙山聚落群。河南豫西地区有

① 许顺湛．2005．五帝时代研究．郑州：中州古籍出版社．232

卢氏洛河龙山聚落群、渑池龙山聚落群、灵宝沿黄聚落群、灵宝朱阳龙山群、陕县龙山聚落群、伊川龙山聚落群、伊河龙山聚落群、洛宁宜阳龙山聚落群、偃师龙山聚落群、孟津龙山聚落群、新安龙山聚落群、洛阳市郊龙山聚落群，豫中有巩义龙山聚落群、登封龙山聚落群、新密龙山聚落群、新郑龙山聚落群、荥阳龙山聚落群、临颍龙山聚落群、舞阳龙山聚落群、郾城龙山聚落群、禹州龙山聚落群、长葛龙山聚落群、鄢陵龙山聚落群，豫南有淅川龙山聚落群、西峡龙山聚落群、内乡龙山聚落群、镇平龙山聚落群、邓州龙山聚落群、方城龙山聚落群、南召龙山聚落群、固始龙山聚落群、潢川龙山聚落群、光山龙山聚落群、淮滨龙山聚落群、息县龙山聚落群、罗山龙山聚落群、信阳龙山聚落群、遂平龙山聚落群、汝南龙山聚落群、新蔡龙山聚落群、正阳龙山聚落群、上蔡洪河龙山聚落群、确山龙山聚落群、扶沟龙山聚落群，豫东有项城龙山聚落群、沈丘龙山聚落群、太康龙山聚落群、柘城龙山聚落群、淮阳龙山聚落群、商水龙山聚落群、西华龙山聚落群、民权龙山聚落群、永城龙山聚落群、虞城龙山聚落群、通许龙山聚落群，豫北地区有新乡市郊龙山聚落群、长垣龙山聚落群、濮阳龙山聚落群、安阳县龙山聚落群、滑县龙山聚落群、浚县龙山聚落群、淇县龙山聚落群、焦作市郊龙山聚落群、济源龙山聚落群、沁阳龙山聚落群、孟县龙山聚落群、武陟龙山聚落群。

黄河中游地区史前晚期聚落群的类型依旧可分为圆形聚落群、“一”字形（线形）聚落群、双中心聚落群、辐射形聚落群，具体内容如表4-15所示。

表4-15　黄河中游地区史前晚期聚落群类型表　　（单位：处）

区域名称	聚落群类型			
	圆形聚落群	“一”字形(线形)聚落群	双中心聚落群	辐射形聚落群
关中地区	9	11	2（类似）	9
豫西晋南	8	10	—	2
豫中地区	3	4	—	5
豫北地区	2	8	2	2
豫东地区	3	6	—	2
豫南地区	2	11	—	5

从表4-15中可以看出，“一”字形（线形）聚落群数量最多，圆形聚落群与辐射形聚落群次之，双中心聚落群最少。其中辐射形聚落群数量增加最多，特征最明显。

“一”字形（线形）聚落群在关中的渭河流域及其支流分布较多，多由河谷阶地型聚落组成，沿河流两岸分布，组织结构松散，但聚落分布较密集，多由中小型聚落组成，有比较明显的中心聚落。以西安至宝鸡间的区域为例，聚落多分布在河流两岸的二级台阶上，其中三级聚落5处，四级聚落11处，五级聚落9处。豫西晋南的黄河两岸、汾河流域，豫中的伊洛河流域及其支流分布也较多，以伊洛河流域的王湾聚落群为例，以王湾聚落遗址为中心，聚落多分布在河流两岸的二级阶地上，其中三级聚落5处，四级聚落11处，五级聚落9处。新乡到鹤壁间的“一”字形（线形）聚落多分布在河流两岸的二级阶地上，其中三级聚落5处，四级聚落11处，五级聚落9处。又如，豫东的王油坊聚落群，周围50平方公里分布有造律台、栾台、乳香台等大小几十个聚落。此时“一”字形（线形）聚落群的外围活动空间更小，经计算，每个聚落平均活动空间仅有3.8平方公里，平均活动半径1公里，均为史前各时期的最小值。

圆形聚落群是以龙山城址或中心聚落为中心，中小型聚落分布在中心聚落周围，呈向心式结构。最典型的是晋南地区以陶寺为中心的聚落群。在方圆50公里的范围内，特级聚落1个，一级聚落3个，二级聚落22个，三级及以下聚落50余个，构成一个规模等级分化明显的圆形聚落群，具有典型的“都、邑、聚”结构，城乡分化明显，特级聚落陶寺是晋南地区唯一的早期城市，而兴光等一级聚落可能是当时的邑，二级、三级聚落则构成了乡村的聚落。豫西地区虽然迄今没有发现龙山文化城址，但依旧有圆形聚落群，聚落群规模与聚落规模大幅减小。例如，三圣聚落群，以三圣遗址为中心，在方圆20平方公里的范围内，特级聚落1个，三级聚落2个，四级以下聚落5个，构成一个圆形聚落群。其中特级聚落三圣遗址面积达到70万平方米，三级聚落潭子沟面积为13万平方米，郸庄为11万平方米，四级聚落稠桑为3万平方米，李曲遗址为2.5万平方米等。郾城一带的郝家台聚落群具有类似的圆形聚落群结构，但等级分化没有陶寺聚落群明显。以郝家台龙山城址为中心，在周围20平方公里的范围内，环绕着13个聚落，其中西华县小白庄遗址为一级聚落，漯河市马夫张遗址为二级聚落、郾城曹楼、城高遗址、上蔡田庄、西平县和张等遗址为三级聚落，四级以下聚落10处。聚落平均间距约9公里。豫西南的蒲城店龙山聚落群也是一个规模较大的圆形聚落群，也是该区域迄今所发现的唯一含城址的聚落群。以蒲城店聚落遗址为中心，在方圆30公里的范围内，有三级聚落2个，四级聚落4个，五级聚落8个。其中蒲城店遗址面积为18万平方米，为三级聚落，聚落中含龙山文化城址。另外蔡河、卢里庄遗址为三级聚落，寺岗、韦庄、祈营遗址为四级聚落。

黄河中游地区史前晚期的双中心聚落群与中期类似，在聚落群中有一个军事中心和一个生活聚落中心或者政治聚落中心。例如，豫北的后岗聚落群具有类似的双聚落中心聚落群特征，以后岗龙山城址为中心，在周围20平方公里范围内环绕18个大小不同的聚落。其中八里庄为一级聚落，白营、大寒为二级聚落，三级以及以下聚落15处，大型聚落多分布在后岗城址的东部，小型聚落多分布在后岗城址的西部。聚落平均间距约3公里。值得注意的是，后岗城址面积并不大，仅7万平方米，属于四级聚落，城址的性质更多的是聚落群的军事中心；而八里庄聚落遗址面积达到20余万平方米，属于二级聚落，与后岗遗址相隔不远，是该聚落群的一个生活聚落中心。又如，孟庄聚落群具有相似的结构特点：以孟庄龙山城址为中心，西南和南部分布有苗固、王官营、李大召、鲁堡、大召营等大小20多处聚落，在40平方公里的范围内，凝聚了20个大小不一的聚落。聚落间相互距离大部分仅3公里，活动半径1公里。聚落分布密度大。其中鲁堡遗址为特级聚落，孟庄遗址为一级聚落，李固遗址为二级聚落，李大召、何屯等遗址为三级以下聚落，聚落等级明显。孟庄龙山城址是聚落群中唯一的城址，面积达36万平方米，城乡差别明显。孟庄遗址显然是该聚落群的一个政治、经济、军事中心，但该遗址的西南部的鲁堡遗址聚落，面积达到48万平方米，显然是该聚落群的另外一个居住中心。

辐射形聚落群是黄河中游地区史前晚期最有特色的聚落群结构。其特色是在同一时期聚落相对集中分布的特定区域内，能够得到确认的中心聚落与其他中小型聚落大致呈辐射线分布，中心聚落并非分布在聚落群的中心部位，而是偏于聚落群的一侧，基本居于聚落群辐射线顶端的有利地势上，中心聚落多属于丘岗台地形或者河谷阶梯形。中心聚落与周围的中、小型聚落的规模分化十分明显，显然这种聚落群不是一种向心式结构，而是发散式结构，整个聚落群是较分散的布局，防御力量较差。中小型聚落很可能是在中心聚落的武力威胁下而暂时凝聚起来的。这种聚落群结构可能是圆形聚落群发展壮大和分化，征服“一”字形（线形）聚落群的结果。这种聚落群发展速度最快，势力最为强大，最终影响、合并其他聚落群而率先进入文明社会。辐射形聚落群在黄河中游地区比较常见，以王城岗辐射形聚落群、古城寨辐射形聚落群、新寨辐射形聚落群、平粮台辐射聚落群最为典型。王城岗辐射形聚落群的结构特点：王城岗龙山城址周围，南北向6公里、东西向9公里，总面积40平方公里的范围内，有16处聚落成群分布，形成了一个规模较大的聚落群，并具有以下4个明显特征。首先，聚落群体规模较大，聚落数量多，并在空间分布上具有明显的成群态势。其次，在40平方公里的范围内，凝聚了16个大小不一的聚落。聚落间相互距离大部分仅3公里，活动半径为0.8公里，比黄河中游地区同时期聚落的平均间距小了很多，可见聚落分布密度较大。再次，在这些聚落之间，等级区分明显，根据面积大小可分为：特级聚落1个，二级聚落3个，三级聚落2个，四级聚落2个，五级聚落8个，构成了完整的金字塔式结构。最后，整个聚落群呈现明显的城乡分化。王城岗城址是该族团的“中心聚落”，面积最大，而且是唯一的城址。古城寨辐射形聚落群的结构特点：古城寨龙山城址周围20平方公里的区域内，以古城寨为顶端中心，向西辐射有10个聚落成群分布，聚落分布密度大。其中五虎庙为一级聚落，人和为二级聚落，白寨、卢沟等为三级聚落，等级区别明显，古城寨龙山城址为聚落群中唯一城址，城乡二元结构出现。新寨辐射形聚落群的结构特点：新寨龙山城址周围20平方公里区域内，以新寨城址为顶端，向东辐射有8个聚落构成聚落群，其中部分区域可能与古城寨辐射形聚落群区域有重叠之处。聚落等级区别明显，其中新寨遗址为一级聚落，金中寨、人和等为二级聚落，三级以及以下聚落6处，新寨龙山城址是该聚落群中唯一的城址。平粮台辐射聚落群的结构特点为：以平粮台城址为端点，东北、东南辐射分布有黄集、临寨、巴集、大连等大小11个聚落，聚落间相互距离2公里，活动半径为1.5公里。聚落分布密度较大。该聚落群中聚落规模较小，有四级聚落1个，五级聚落10个。除平粮台城址南侧的双家遗址面积稍大，达5.28万平方米外，附近遗存的面积均较小，大多在数千至2万平方米。徐堡辐射形聚落群位于东沁河南岸，周围10平方公里区域内，以徐堡龙山城址为顶端，向北辐射有10个聚落构成聚落群，其中部分区域可能与西金城辐射形聚落群区域有重叠之处。聚落等级区别明显，其中徐堡遗址为特级聚落，东韩村遗址为三级聚落，西梁所遗址、上苑遗址为四级聚落，五级聚落有6处，徐堡龙山城址是该聚落群中唯一的城址。西金城辐射形聚落群位于沁河北岸，周围8平方公里区域内，以西金城为发轫点，向南辐射有8个聚落构成聚落群，聚落等级区别明显，其中西金城遗址为一级聚落，南朱营遗址为三级聚落，酒奉遗址、白坡遗址为四级聚落，五级聚落有5处，西金城龙山城址为聚落群中唯一城址。徐堡聚落群与西金城聚落群之间可能存在类似于新密古城寨聚落群与新寨聚落群之间的对抗关系。

黄河下游地区山东龙山文化遗址共1300处，张学海根据地域分布情况将其组合为23个聚落群①。其中8个聚落群中的聚落在30处以下，最小的

① 张学海.1999.黄河下游史前聚落再议.见：张学海考古论集.北京：学苑出版社.73~89

是禹城齐河群，只有12处聚落，多为堌堆遗址。其他15个聚落群的聚落都在30处以上。黄河下游地区晚期聚落群结构主要以圆形聚落群、辐射形聚落群、“一”字形聚落群为主。各类型聚落群数量如表4-16所示。

表4-16　黄河下游地区史前晚期聚落群类型表　　（单位：处）

区域名称	聚落群类型			
	圆形聚落群	“一”字形(线形)聚落群	双中心聚落群	辐射形聚落群
鲁中南地区	6	2	2	2
胶莱平原区	2	2	—	—
胶东半岛区	1	3	—	—
鲁西南—鲁西北平原区	2	3	1	1

由表4-16可知，鲁中南地区聚落群类型最全、数量最多，胶莱平原区次之，胶东半岛区最少。其中圆形聚落群最多，而黄河中游地区则是辐射形聚落群最多，形成了不同的地域特色。圆形聚落群规模大，分布较黄河中游地区分散。例如，临沂西部费县东北部平邑东北部群，以费县方城古城遗址发现的龙山城址为中心，有91处聚落，其中费县北石沟、临沂东孝友、后盛庄遗址为一级聚落。滕州聚落群以滕州尤楼龙山城为中心，有90处聚落，其中滕州鲍沟、吕坡、邹城野店遗址为一级聚落。章丘聚落群有43处聚落，其中周村萌水乡水磨遗址为一级聚落，并在城子崖发现城址，邹平东南淄博广饶聚落群有30处聚落，其中路山田旺遗址为一级聚落，并有龙山城。双中心聚落群甚至三中心聚落群在黄河下游地区比较突出，如青州寿光昌乐聚落群，以青州何官臧台遗址与边线王龙山城为中心，有170处聚落，是黄河中下游地区最大的聚落群，这个聚落群主要分布在沂山北侧弥河中下游、尧河上游和北阳河流域。辐射形聚落群如阳谷梁山群，有19处聚落，发现了景阳冈3座龙山城。又如，东阿聚落群有33个聚落，教场铺龙山城共6座。“一”字形（线形）聚落群，如诸城、胶南、五莲、日照、鲁东南沿海聚落群，有41处聚落，其中两城遗址为一级聚落，并有五莲丹土龙山城。日照聚落群有13处聚落，其中尧王城遗址为一级聚落，同时该遗址发现龙山城。又如，兖州西北济宁北部聚落群，有20处聚落，其中西吴寺遗址为一级聚落。曹县聚落群有15处聚落，其中春墓岗遗址为一级聚落。

四、聚落、聚落群、城址轨迹的演变

黄河流域史前早期，聚落数量少，聚落呈稀疏散布，聚落周围有宽广的土地，生活资源充足，人们不愁无处耕种、采集与捕猎，因此，聚落相当稳定，有的聚落还修建了环壕和土围。有的聚落有时不免原地扩张，或者迁于附近，但不会频繁迁徙，或动辄迁离故地数百里。由于聚落稀疏散布，相互距离较远，规模大都较小，从中看不出哪些聚落之间有着内在联系而构成一个实体。距今7000～6000年，仰韶文化早期或前仰韶文化晚期，在关中地区和豫中地区逐步出现了小规模的聚落群。此时期的聚落是各自独立的经济体和血缘性的社会组织，一般是母系氏族，有些可能还是母系家族。当时各聚落都有自身的共同文化、习俗，有公共墓地，没有或者只有少量随葬品，私有观念尚未产生。

进入新石器时代中期，聚落快速增长，黄河流域先后出现由三四个比较邻近的聚落构成的聚落组。聚落组的聚落无疑是由其中的一个老聚落（氏族或胞族）逐渐衍生出来的。聚落组的出现，表明血缘纽带已经加强。组内的聚落有较近的血缘关系，因而有明确的共祖，这些聚落组逐渐发展为聚落群，并继续向前发展，说明聚落组实际上是聚落群的雏形阶段，组内的氏族或胞族已不是各自独立的，它们已联合成更大的组织，这种大于氏族或胞族的社会组织自然应该是部落。关中地区、豫西晋南的仰韶半坡文化的聚落组、鲁中南的大汶口文化聚落组都由三四个规模相似的聚落组成，应该是几个氏族组成的部落。刚诞生的部落都是小部落，成员有限，聚落不多。随着部落人口不断繁衍，聚落相应增多，聚落组发展成聚落群。聚落群的数量和规模都得到快速发展，逐渐成为新石器时代中期聚落存在的主要形态。群体规模亦形成大、中、小多种类型。一部分地理位置比较优越的聚落群首先发展为大、中型聚落群，它们的中心聚落同时得到迅速发展，其规模显著大于群内的其他聚落，文化内涵丰富，文化总体水平较高，在仰韶时代，豫中地区仰韶文化聚落群发展出西山城址，率先在黄河中游地区出现城乡分化。黄河下游鲁东南沂河、沭河流域大汶口聚落发展迅速，滕州西康留、五莲丹土遗址出现大汶口文化城址，鲁西北出现阳谷王家庄大汶口文化城址。聚落群分化成多个层级，直至形成金字塔形层级结构。在群内聚落形成这种层级结构以前的过程，是一个由低向高的发展过程，只有量变，而没有发生质的根本改变。所以成组的聚落和成群的聚落都是部落个体，聚落群意味部落发展到一个新阶段，而早期的大型聚落群和中型偏大聚落群，例如，大汶口文化中期和仰韶文化晚期的这类聚落群，是率先发展到高级阶段的部落。

龙山时代聚落群等级分化更加明显，规模普遍扩大，尤其大、中型聚落群的中心聚落发展神速，面积近百万平方米或一二百万平方米者屡见不鲜，且有200万平方米以上甚至超过300万平方米者。在这些中心聚落中，城已十分普遍，其中许多城面积达 30 万平方米以上，山西陶寺城甚至接近 200 万平方米。而且在某些龙山文化聚落群中还发现了二级城，即群体内的中级聚落也有城。另外，这阶段的大、中型群体，群内聚落已形成四五个层级，聚落金字塔形层级结构更加典型。大部分小群的聚落，也形成了小金字塔形结构。黄河流域特别是中下游地区聚落群的发展，尤其是大型和中大型聚落群，其中心聚落和聚落分化的迅速发展，说明它们正经历着质变，正在快速向国家过渡，这些部落正处于消亡阶段。这是个相对短暂的阶段，黄河流域中下游经历了六七百年到近千年不等的时间。当聚落群内聚落形成金字塔形的层级结构时，就基本完成了向国家的转变，特别是当聚落的这种金字塔形层级结构已具有明显的“都、邑、聚”性质时，无疑已经是国家①。

黄河流域所谓聚落群内的“都、邑、聚”金字塔形层级结构，说明处于塔尖的中心聚落已是都城，相当于塔身的是为数不多的中级聚落（一般面积都远远小于中心聚落而又显著大于小聚落），具有邑的性质。占群内聚落绝大多数的小聚落构成塔基，是村落。从而形成都、邑、聚三级垂直管理体系。这一标志的关键是“都”，即部落中心转变为国家都城。文献记载都与邑的区别是有无宗庙。《左传·庄公二十八年》：“凡邑，有宗庙先君之主曰都，无者曰邑。”没有说到规模大小有别，可能是商周时期的情形，当时的都与邑大概都是城。古国的都与邑与此不完全相同，都不仅有宫殿、宗庙，其规模也远远大于邑，大、中等国家的都大多是城，邑中虽然也有城，毕竟很少，这从大、中型聚落群都有一个面积大大超过中级聚落的中心聚落，并已在其中发现不少城，可以得到实证。

黄河流域史前聚落发展历程中，聚落群等级的分化，往往受制于聚落群形态的变化。大中型聚落群，在仰韶文化时期为圆形聚落群，到龙山文化时期是圆形聚落群与辐射形聚落群并存，中小型聚落群多为“一”字形（线形）聚落群，当然中小型聚落群中也有圆形聚落群。仰韶时代的渭河流域，豫西晋南地区，出现了数量较多的圆形大聚落群，这种大型聚落密集出现，在其他地方是很少见的，说明部落间交往日益频繁，关系密切的部落以圆形布局的形式，结成了联盟，这种联盟不是征服者与被征服者的联盟，而是平等部落之间的联盟。因为圆形中心聚落凸显了当时防御意识的增强，聚落群每个成员受到外来威胁的概率是均等的，而这种聚落布局最容易抵御外界入侵。聚落群内部中心聚落则大致分布在聚落群的中心部位，从而形成以中心聚落为核心的环形网络式分布格局，有利于内部的组织管理，秩序化倾向比

① 张学海．2006．聚落群再研究——兼说中国有无酋邦时期．华夏考古，（2）：102

较明显。在内部关系相对稳定的基础上，更主要的是聚落群所处的外部环境通常也比较稳定。这虽不是说与周围聚落群所代表的社会集团就没有亲善往来或暴力冲突，但却不存在大起大落、跌宕起伏的对外关系。这种相对稳定的内外部关系，使得中心聚落位置及聚落群分布格局也相对比较稳定。这里所谓聚落群结构的稳定性，实际也主要是针对中心聚落及聚落群分布格局而言的，非指其他。所谓均衡防御特点，又与聚落群的稳定性密切相关，即由于聚落群内外部环境相对稳定，使得聚落群中心部位成为最安全、最便于应付各种局势变化的理想空间，所以常常也是中心聚落的所在地①。这种圆形聚落群结构，很大程度上稳定了整个黄河流域，特别是黄河中下游地区聚落数量和分布格局，使黄河中下游地区中期聚落分布密度加大，外围生产活动空间较早期减小。例如，仰韶文化时期的聚落平均拥有的活动空间下降为13平方公里，每个聚落的活动半径约为2公里。这比裴李岗文化时期减少了一半。在豫西地区，聚落活动空间最小，而豫东地区活动空间最大。聚落群中，关中地区、豫西晋南地区、豫中地区组织最为严紧，处于仰韶文化的中心区域，原生态的聚落与聚落群居多，而豫北冀南地区、豫东地区、豫南地区的聚落群，分别受到大汶口、屈家岭聚落文化的影响，复合态聚落与聚落群较多。以下王岗仰韶文化晚期聚落为例，在下王岗聚落遗址的西北临近处的黄澜树聚落遗址中，发现了仰韶聚落与屈家岭聚落相互影响的证据。在发现的25座房基中，布局略呈庭院式，庭院每边三、五座房址成组成排，显然是由仰韶聚落的排房发展而来，这种庭院式的布局结构，开了后世庭院式聚落建筑的先河。

龙山文化时期，黄河流域大中型聚落群出现圆形聚落群与辐射形聚落群并存的局面。黄河中游辐射形聚落多于下游，而圆形聚落少于下游。王城岗聚落群、新寨聚落群、古城寨聚落群等都是辐射形聚落群。比较而言，辐射形聚落群结构除不利于内部的组织管理外，还具有不稳定性和对抗性极强的特点。辐射形聚落群结构虽也是以中心聚落为核心，但中心聚落并不在聚落群的中心部位，而是偏于一侧，处于辐射形聚落群的发轫端位置。就中心聚落位置和以中心聚落为核心的聚落群结构来说，明显具有不稳定性。中心聚落所在，既可以说是聚落群最安全的地带，也可以说是聚落群最危险的地点之一。安全或危险与否，完全取决于受攻击的方向。一旦攻击来自于发轫端方向，则中心聚落所在地就成为最危险的地点。由此来看，在这些辐射形聚落群中往往存在与城址相若或规模较大的聚落遗址，很可能就是由辐射形聚

① 钱耀鹏．2001．中原龙山城址的聚落考古学研究．中原文物，（1）：29

落群结构的不稳定性所决定的，即辐射形聚落群的不稳定性主要体现在中心聚落位置及其所构成的聚落群整体布局结构方面。这种不稳定性导致了黄河中游龙山聚落数量发展速度的减缓和分布格局的变化，尤其是豫中、豫北地区，聚落数量甚至相比仰韶时代有所下降，而豫东地区由于受到下游圆形聚落群的影响，出现较多的中小型圆形聚落群，而使得聚落数量增加较为迅速。辐射形聚落的优势在于重点区域的对抗性强，辐射线所指的方向可能就是危险的主要来源所在，而中心聚落一侧的危险性相对较小或居次要地位。在这种情况下，聚落群的全部或绝大部分力量就可能被规划于中心聚落的一侧，集中对抗来自同一方向的侵犯。在这种情况下，辐射形聚落群中心聚落的安全保证在很大程度上可能还是来自于周围聚落群的社会关系，即聚落群同盟组织的存在。在若干聚落群构成的同盟组织的保障下，各聚落群都可获得局部的安全保证，辐射形聚落群因此得以成立，并成为同盟防御体系的有机构成部分，并逐渐形成了更大的政治同盟①。从而以同盟政治的形式征服整个黄河中下游地区，而黄河下游多圆形聚落群，在众多的圆形聚落群中，每个圆形聚落群都势均力敌，危险系数较小，按照自然的规律发展，形成“万国”局面而没有形成大的同盟政治势力。故而黄河中游的同盟政治势力最终吞并黄河下游的“万国”文化②。

① 钱耀鹏 . 2001. 中原龙山城址的聚落考古学研究 . 中原文物，(1)：29

② 张学海 . 2006. 聚落群再研究——兼说中国有无酋邦时期 . 华夏考古，(2)：102

第五章
黄河流域史前聚落的生态环境

生态环境是人类赖以生存和发展的基础，自从人类诞生起，人类就与自然环境有着密切的联系。我国古代文学家刘禹锡说，天与人“交相胜，还相用”，说明了人与自然共生共存、互相制约的关系。聚落的发展，同样与环境密切相关。目前因为资料所限，关于旧石器时代的聚落信息，我们知之甚少，所以我们这里所涉及的黄河流域史前聚落的环境是始于晚更新世，终于全新世。

第一节　黄河流域晚更新世生态环境

晚更新世，人类开始参与到与大自然的互动中，应该说，在当时，环境对人类的生产生活起着绝对的制约作用，人类只能在探寻自然规律和顺从自然规律的道路上摸索前行。所以，我们认为弄清楚当时的生态环境并且探讨其对人类群体走向的积极影响和消极影响，对探索人类早期聚落的形成和发展不无裨益。从一定意义上说，生态环境在很大程度上影响或者说决定了黄河流域史前聚落的发展演变轨迹。

1. 黄河上游

从考古发掘和古地质、古人类调查所提供的环境资料来看，远古时期黄河上游的气候、生态环境与现今的环境有着很大的差异。1982 年春，中国科学院青藏高原综合考察队在青海北部海拔 4200 米的坡地上，发现了距今约 2.25 亿年的哺乳类动物化石。1977 年，中国科学院古脊椎动物与古人类研究所和青海省考古队共同组成的考察队在贵德县黄河以南的河西乡发掘出土了五棱乳齿象门牙一对（长 1.83 米），以及下颌骨、肩胛骨、股骨和脊椎骨。与这具乳齿象化石同时出土的还有多种犀牛、三趾马、羚羊和鼠类化石等。1985 年在贵德以西黄河北岸的共和盆地，再一次发现了乳齿象等动物化石。上述长鼻类热带和亚热带动物化石的出土，说明在距今两三百万年前的青藏高原森林沼泽遍布，气候温暖湿润，为上述动物的生息繁衍提供了良好的环境。

距今6亿~4亿年的早古生代之前，青海北部原来是古老的前寒武系变质岩基底陆地，南部是古地中海的一部分，随着地质历史的发展，自北而南，逐渐脱离了海侵而成陆地。大约在早古生代，青海北部陆块开始解体，形成了祁连裂谷系和柴达木地块。到了晚古生代，秦昆古海板块与欧亚板块碰撞合并，形成了昆仑海西构造带，青海省境内全部褶皱成陆地。晚白垩世至渐新世，印度板块加速向北漂移，与北部欧亚板块撞合，古地中海海沟在雅鲁藏布江一线缝合，冈底斯山和喜马拉雅山相继隆起，两个古陆合二为一。距今400万~300万年前的上新世末到第四纪初，喜马拉雅山和青藏高原大幅度抬升，早古生代褶皱的昆仑山、祁连山发生强烈地断隆起，两侧陷落沉降，柴达木盆地凹陷面积扩大，青海湖断陷盆地开始形成。在这一时期，气温显著下降，高原冰川发育。经过了第四纪大冰期，高原转为温暖的间冰期，冰碛丘陵表面发育成红色古土壤并有暖带针叶和阔叶混交林。中更新世晚期，强烈的构造运动和大间冰期强烈的流水侵蚀，造成了高原地形的大分割，黄河、长江以及三江水系都在这一期基本形成。

晚更新世期间，急剧隆起的喜马拉雅山挡住了印度洋季风，青藏高原及柴达木盆地开始迅速出现干旱性气候，沙漠也开始出现，高原冰川规模缩小，多年冻土广泛发育，西伯利亚高压强风把蒙古荒原的沙土吹向东南，青海东部的河湟地区开始了马兰黄土沉积，从而成为青藏高原与黄土高原的结合带①。自距今1.5万年的全新世以来，新构造运动仍然非常强烈，高原继续上升，冰川规模变小，冻土消融退缩，河流侵蚀作用加强，发育了多级河流阶地，气候日益干燥，湖泊面积逐步缩小，从而形成青海现在的高原地貌。

1956年秋天，中国科学院地质研究所在长江源头的可可西里和托托河沿，发现了一批打制石器，虽未发现古人类的遗址，但已引起了世人的注意。1982年秋，中国和澳大利亚组成的盐湖与风成沉积考察队在柴达木盆地小柴旦8~13米深的古湖滨沙砾层中，发现了旧石器时代的原生层位，出土的石质刮削器、砍斫器、刻具和钻具，经现代技术测定，距今已有23 000年。这些石器的组合和制作方法，与周口店“北京人”的石器制作方法有相似之处。这些制作石器的先民被称作“小柴旦人”。1980年在贵南县拉乙亥

---

① 方小敏. 1994. 青藏高原东部边缘及邻区马兰黄土成因与来源的初步研究. 中国科学（B辑），(5) 539~546

乡发掘出土了有琢磨痕迹的中石器遗址石器，经检测距今已有6700年①。

20世纪以来，特别是新中国成立以来，在甘肃省东部先后发掘出土过秦安、华池嵌齿象，庆阳、平凉五棱齿象和秦安铲齿象等。1973年，中国科学院古脊椎动物与古人类研究所和甘肃省考古工作者，在甘肃省合水县板桥乡马莲河畔进行挖掘，出土的古生物化石有鸵鸟、骆驼、野马、三趾马、原脊象、鼢鼠和羚羊等。出乎人们预料的是，同时发现了一具长8米、高4米多的剑齿象化石，它是目前世界上发现的个体最大，保存最完整的剑齿象遗骸。这具大象化石作为黄河上游地区远古生物的“代表”，已经整理架设完毕，在兰州市甘肃省博物馆专室展出。这具象遗骸因其出现在黄河流域，经我国古生物学家们提议，被正式定名为“黄河象”②。

黄河象化石的出土，说明在距今250万年前的第三纪，黄河上游的甘肃东、中部地区森林、沼泽和湖泊分布广泛，气候温暖湿润，与现在干旱、荒秃而且比较寒冷的黄土高原完全是两种情景。

西北地区出土的藻类植物化石说明，早在6亿年以前的元古代，今甘肃省的大部分地区还是原始海洋。在距今4.4亿~4亿年的早古生代志留纪，由于地壳运动的结果，甘肃省所在的海底开始上升，早泥盆纪时，陆地开始出现。古生物学家在静宁县水安堡和景泰县小营盘水一带发现的镰蕨、鳞木蕨等蕨类植物化石，证明了这一事实。当地球进入距今3.5亿年以前的石炭纪，今甘肃省境内出现了大面积沼泽、森林；到了距今2.7亿年前的二叠纪，陆地继续上升；到中生代侏罗纪，今甘肃省所辖地区，便已经全部成为陆地，海洋环境已不复存在。那时的甘肃省所辖地区气候温暖，植被茂盛，已经成了爬行类动物——恐龙的世界。新生代第四纪后，今甘肃省发生了又一次重大变化，在这一地质时期，由于青藏高原上升加剧，喜马拉雅山和昆仑山等大山主峰上升到7000米和5000米以上，阻隔了印度洋温湿气候的北流，再加上第四纪冰川期的影响，西伯利亚和蒙古高原的强冷气流，给今甘肃省所辖地区带来了干旱和寒冷。生活在这里的热带动物和亚热带动物，如剑齿虎、三趾马、乳齿象、披毛犀、古长颈鹿、鸵鸟以及鬣狗等先后绝灭。强大的北风，还将蒙古荒漠大量黄土物质吹送到了今甘肃省及其以东地区，黄土掩覆了以甘肃古老的三趾马红土为主组成的丘陵、盆地、阶地和河谷。经过长时期的堆积，黄土平均厚达100米以上，陇东的董志塬地区甚至达到150米。因此，便形成了我国，也是世界上最大的黄土高原③。黄土高原主

① 盖培，王国道.1983.黄河上游拉乙亥中石器时代遗址发掘报告.人类学学报，(1)：49~59

② 万波，风涛.1974.黄河象.化石，(2)：14~16

③ 闵隆瑞，范蕙.1988.中国黄土高原的形成及其黄土成因的探讨.科学通报，(9)：690~692

要分布在陇中和陇东。陇南地区主要为山地，海拔为2000～4000米；甘南地区位于青藏高原边沿，海拔在3000米；而长达1000公里，宽数公里至数百公里的河西走廊，又属于祁连山和龙首山之间的山间宽谷地，海拔只有1000～1500米。它们与黄土高原的地貌不尽一致，但其成因也是与黄河上游远古时期的地质演变史分不开的。

甘肃省境内古人类化石首先是从庆阳开始引起注意的。长期以来，当地农民把出土的化石当作“龙骨”买卖从而引起了古生物学家的注意。1963年对赵家川二级阶地下部灰绿色河湖相堆积物进行发掘，获得了较多的哺乳动物化石和石器、骨器等。1974年又进行了一次发掘，同层发现的动物化石有纳玛象、蒙古野马、野驴、披毛犀、青鹿、河套大角鹿、原始牛、水牛、普氏羚羊等。这些出土动物化石与1962年在环县楼房子旧石器时代晚期文化遗址出土的动物相似，时代相同。但这两个遗址都未发现古人类化石。近年来，距今4万～3万年的晚更新世“平凉人”头盖骨化石的出土，引起了人们的注意。在泾川县白家塬出土的这个头盖骨属于女性，具有蒙古人种的特征，属晚期智人。同时出土的石片和石球，说明“平凉人”以狩猎为生。距今约2万年的环县刘家岔旧石器时代遗址出土的1100余件石制品，及同时出土的披毛犀、原始牛、野马、大角鹿和鬣狗化石与遗址中的烧骨和灰烬，再次向我们展示了原始人类在甘肃大地上的生活情景。

甘肃省境内较早的古人类遗址还有镇原县的姜家湾和寺沟口两处。这两处旧石器时代和中石器时代文化遗址，相距仅10余公里，挖掘结果表明，剖面相似，时代相同。出土的动物都有披毛犀、似蒙古野马、扁角鹿等。姜家湾剖面下部含化石及石器，它们的灰白—灰绿的黏土层上是一层不太厚的微红色土状堆积物，与华北地区常见的红色土性质相同；剖面形制与山西襄汾丁村文化类似①。

黄河河套由两部分组成，南部称作银川平原，在宁夏回族自治区境内；北部称作河套平原，在内蒙古自治区境内。这两个平原的形成，都与鄂尔多斯高原的形成和贺兰山（蒙古语意为骏马）、桌子山的隆起有密切的关系。

鄂尔多斯高原南以长城为界，黄河以“Π”字形从西、北、东三面环绕高原。它平均海拔为1100～1300米，其北为库布齐沙漠，南有毛乌素沙漠，海拔2149米的桌子山耸立于它的西部。鄂尔多斯高原属干燥剥蚀高原，河流稀少，但地下水却很丰富。高原西部为草原，东部为黄土丘陵地带，已大部开垦为农田。贺兰山海拔为2000～3000米，主峰高3544米。它耸立在银

① 杜德民，郑毅. 1985. 鄂尔多斯西缘姜家湾的临湘期地层. 西北地质，（5）：63～65

川平原西边，西坡平缓，分割较浅，东坡陡峻，沟谷深切。

银川平原位于贺兰山与鄂尔多斯高原之间，上起中卫县沙坡头，北至石嘴山，长350公里，宽约40公里，面积约为1.7万平方公里，海拔为1000～1200米。银川平原地势平坦，气温较高，日照充足，无霜期较长，宜于耕作稻米，享有“塞外江南”之誉称。河套平原位于阴山和鄂尔多斯高原之间，东西长500公里，南北宽20～90公里，面积为2.8万平方公里，海拔为900～1200米。除山前洪积平原地带坡度较大外，大部分地区都较平坦。这个平原又分为东、西两部分：西部为后套平原，由黄河及其支流乌加河冲积而成；东部为前套即土默川平原，由黄河及其支流大黑河冲积而成。尽管银川平原和河套平原的地质情况与青海省的青藏高原、甘肃省的黄土高原不尽一致，但它也同样经历了一个漫长的地质演变过程①。

早在古生代时，包括鄂尔多斯在内的整个河套及其邻近地区，属于中朝准地台的一部分。后经中生代的燕山运动，贺兰山和桌子山发生剧烈断裂，成为高大山脉。在燕山运动之后的相对稳定阶段，地表趋于准平原化，构成了古老的“前白垩纪准平原面”。第三纪中、晚期的喜马拉雅山运动，使这一地区上升为高原，贺兰山和桌子山急剧上升，河套平原相对下沉。第四纪的侵蚀作用，削平了盆地中沉积的白垩纪和第三纪的地层，形成了现在的“戈壁准平原面”。后来气候变干，河流大多消失成为干谷，湖泊萎缩成为盐碱湖或洼地。强大的风力使戈壁准平原面又蚀成许多碟形洼地。全新世至今，新构造运动使部分地方下沉，广大地区缓慢上升，构成了现在地貌的轮廓。由于气候更趋于干燥，风成作用强烈，这一地区便出现了沙漠，如毛乌素沙漠等。由于流水侵蚀作用强烈，贺兰山与鄂尔多斯高原和黄土高原间的断层陷落带，经过黄河及其支流的冲积与洪积，便形成了今天的银川平原和河套平原②。

20世纪20年代初，曾在宁夏灵武县水洞沟古人类遗址附近，发现过一具披毛犀的头骨化石和一件经过人工打制的石英岩石片。这个发现揭示出银川平原有古人类活动的事实。1923年法国古生物学家德日进等，又发现了水洞沟北部崖壁上露出的灰烬、化石和石器。后来法国人步日耶对出土化石和石器进行了研究，认为是旧石器时代中期古人类遗址。其后，经过裴文中和贾兰坡等著名古人类学家研究测定，证实为旧石器时代晚期古人类遗址。20世纪60年代初期，中苏两国的古生物工作者对水洞沟遗址又进行了大规模

① 汪一鸣.1984.历史时期黄河银川平原段河道变迁初探.宁夏大学学报（自然科学版），(2)：52～60

② 杨国顺.1989.宁夏银川平原、内蒙古河套地区黄河演变与地理环境变迁.人民黄河，(3)：61～64

的挖掘，出土石器多达2000件，其中部分尖状器对称明显，定型程度较高，在我国其他旧石器时代遗址出土的石制品中少见①。刮削器种类繁多，而且大部分经过第二步修理加工。一枚鸵鸟蛋皮制作的穿孔圆形饰器，有旧石器时代晚期的特征。然而在这个遗址中，仅有破碎的哺乳动物肢骨和零星牙齿，动物化石始终很少发现。这与萨拉乌苏河一带动物化石丰富的情况形成了鲜明对比。我们推测，这可能与当时自然条件的差别有关。

1922年在内蒙古自治区乌审旗萨拉乌苏河岸大沟湾出土的动物和人类化石中，有一颗八九岁儿童的上外侧门齿，后来被古人类学家命名为“河套人”。1956～1960年，内蒙古文物工作队与内蒙古博物馆又在河南区嘀哨沟发掘出土了人顶骨和股骨等，在大沟湾村又发现数百件石器，但都偏小偏细，缺乏较大器物，显示出其与宁夏水洞沟石器的不同风格。出土的哺乳动物化石30余种，有披毛犀、诺氏驼、马氏水牛、原始牛、蒙古野马、普氏羚羊等。经过科学测定，这批人类化石和旧石器所在层位的生代，距今已有5万～3.7万年②。

2. 黄河中游

（1）中游地区晚更新世环境的认识

通过对孢粉、冰岩心、古湖泊、古土壤、考古资料、海岸带变化等资料的综合分析对比，我们对中国北方以黄河中游地区为代表的晚更新世环境可以获得以下认识。

中国北方，除了大片沙漠之外，晚更新世以来的堆积主要有两类。一类是黄土及在其间发育的古土壤；另一类则是河湖相砂原石和黏土或亚黏土堆积。

大量年代学数据表明，这两类堆积是发育于不同地貌部位上的同期异相沉积。黄土大面积分布于黄河中游沙漠区的外围，堆积过程基本连续，但有堆积速率的交替变化。当粉尘物质匀速或加速堆积时便发育黄土，减速堆积时便发育古土壤。土壤的发育过程自东南向西北推进，在黄土塬区或黄土堆积盆地区则自边缘向中心推进。河谷区以河流与湖泊相堆积交替出现为主，一些地方在河湖相堆积地层中存在风成沙夹层，在沉积间断面上发育古土壤。湖泊相地层主要是在距今13万～7万年发育的，汾河谷地和红柳河谷地

① 贾兰坡等.1964.水洞沟旧石器时代遗址的新材料.古脊椎动物与古人类，8（1）：75～80；宁夏博物馆等.1988.1980年水洞沟遗址发掘报告.考古学报，（4）：439～449

② 姚丛喆.1995.黄河上游地区古地貌与古人类.见：黄河上游地区历史与文物.重庆：重庆出版社.10～17

有关地层的观察和研究都得到了一致的年代学结果，湖泊相地层的发育与黄土堆积区的第一古土壤层（S_1）的发育相对应。在构造上这一时期处于相对宁静的阶段。其余地质历史阶段均以河流相堆积为主，间或夹有牛轭湖相或沼泽相沉积①。

自马兰黄土堆积以来，随着气候的冷暖干湿波动，先后出现过多期土壤发育。马兰黄土中部有的地方表现为土壤发育，另一些地方则表现为细粒粉尘堆积。这一时期土壤见于北京斋堂、陕西五丈原和一些黄土塬边沿的斜坡，年龄为距今33 600～32 700年或距今56 000～47 000年不等。青海共和盆地以及甘肃景秦在与马兰黄土顶部相当的层位都有土壤发育，但成土作用较弱，因而这时期土壤在黄土高原广大地区往往不易辨认，其年龄分别为11 700年和13 000年，这些土壤的发育也许可以和阿尔露德（距今12 000～10 800年）以及博林（距今12 400年）颤动相对比。关于全新世土壤，近年已有一些文献报道，根据年代学数据及孢粉组合特征可以分成三期，分别称为洛川土壤、陇西土壤和西峰土壤，相对应的发育年龄为距今9100～8800年、距今7900～4700年和距今3700～2500年。目前鉴于全新世中期发育的“陇西土壤”在黄土高原区普遍可见，是黄土高原最发育的一期黑垆土，因而拟称之为“高原土壤”②。

河湖相堆积地层自晚更新世以来各地质阶段均有发育，在黄河中游地区主要发育于黄河二级和三级支流的谷地，如无定河谷以及汾河谷地等。因在这些堆积层中发现有大量化石，它们都已先后被建立地层组和定名，如丁村组、萨拉乌苏组等。在所有发现的这类堆积地层中，以内蒙古乌审旗的萨拉马苏剖面最完整、最典型，它是自距今18万～17万年前开始发育的，堆积过程延续到全新世。该地层剖面的大量化石产自剖面的靠下部层位，年龄距今18万～13万年，其发育年龄与欧洲的沃斯冰期相当，萨拉乌苏动物群便是在这一时期开始出现并延续到晚更新世中晚期的，整个动物群经历了寒暖不同的地质阶段，因而其间的动物化石也相应出现寒暖属种的混杂现象③。丁村剖面的堆积年龄与萨拉乌苏剖面堆积年龄相比，丁村处于萨拉乌苏剖面中下部的相当层位，因而丁村动物群是与萨拉乌苏动物群同期或比萨拉乌苏动物群主要发育期稍晚（距今13万～7万年）。水洞沟的堆积年龄较新，可分上、下两部，下部是晚更新世晚期的堆积（距今24 000～11 000年），上

① 刘东生等. 1985. 黄土与环境. 北京：科学出版社；王永焱等. 1982. 黄土与第四纪地质. 西安：陕西人民出版社. 72～80

② 郑洪汉. 1984. 黄河中游全新世黄土. 地球化学，(3)：238～245

③ 袁宝印. 1978. 萨拉乌苏组的沉积环境及地层划分问题. 地质科学，(3)：220～234

部则属于全新世堆积[①]。其他化石地点的晚更新世堆积年龄，如西峰巨家塬、乾县大北沟等均与水洞沟遗址的年龄相近，是晚更新世晚期堆积。

萨拉乌苏剖面的古植被记录最完整。孢粉的分析结果表明，自晚更新世以来，植被由以松为主的森林草原过渡为处于较温暖气候条件下的稀树草原环境，距今7万年前再过渡到荒漠草原。进入全新世，植被曾一度出现繁茂景象，此后植被再度减少从而过渡到稀树草原环境[②]。

近20万年以来，中国北方的构造活动十分活跃，曾出现过5个构造活动期，年龄分别为20万年、10万年、0.7万年、0.07万年和0.03万年，形成了北西方向的隆起、坳陷、褶曲和左旋的北西向压剪性断裂以及右旋的北东向张剪性断裂。发生了二期火山活动。运动幅度与速率呈波动性递增。

气候、生物和构造环境随时间的变化相互交织，同时控制着无机元素的淋滤积累或富集扩散过程。通过具有完整堆积系列地层剖面的常量元素、微量元素、稀土元素和氧—碳同位素分析所获结果，揭示了近20万年来元素迁移富集的周期性变化历史。它们在地层中反映出的变化规律与沉积环境相当一致。对元素丰度在地层和区域分布上的变化，以及这些变化的物理、化学和生物过程和它们之间的相互作用的深入研究，无疑是认识陆地生态系统全球变化的重要组成部分[③]。

（2）河南地区晚更新世环境的分析

河南地区是黄河中游的典型区域，我们对该区的晚更新世环境作重点分析。

一是地理环境。

豫西地区：该区这一时期的堆积，主要是深厚的马兰黄土。现在的黄土丘陵区，在晚更新世早期，均为不断下降的低凹区，因此沉积了深厚的马兰黄土[④]。到了晚更新世的晚期，接受黄土沉积的低凹区，不断抬升，形成了黄土丘陵，而未抬升区，则成为盆地。晚更新世，豫西地区的地质活动比较频繁，如现在洛阳龙门东、西二山就是从晚更新世才开始抬升，到全新世才形成。地块的升降和山脉的隆起，形成了许多小盆地，同时也造成了许多河流的改道或消亡，因而形成了许多小的河流和沼泽。从哺乳动物化石来看，豫西地区的地理环境是复杂的，如普氏野马的存在，表明当时的豫西地区尚

---

① 贾兰坡等.1964. 水洞沟旧石器时代遗址的新材料. 古脊椎动物与古人类，8（1）：75～80；宁夏博物馆等.1988. 1980年水洞沟遗址发掘报告. 考古学报，（4）：439～449

② 邵亚军.1987. 萨拉乌苏河地区晚更新世以来的孢粉组合及其反映的古植被和古气候. 中国沙漠，（2）：22～27

③ 郑洪汉等.1991. 中国北方晚更新世环境. 重庆：重庆出版社.137～141

④ 郑洪汉.1984. 黄河中游全新世黄土. 地球化学，（3）：238～245

存在着大面积的草原；象、犀牛、水牛、水龟化石的发现，表明洛阳盆地和其他小盆地存在着较大的水域；野牛化石的发现，表明在水域旁有草地和丛林。在黄土丘陵内发现的大量鸵鸟蛋化石，说明这些地区已形成了一定规模和一定厚度的风成黄土。

郑州及豫东地区：在这一地区内均发现有大面积河流相堆积，说明这里当时河网纵横，水域广大。象化石的发现，表明稀疏草地和丛林的存在。郑州西部发现的马化石表明那一带原有草原。

豫北地区：从小南海遗址发现的动物化石来看，这里有生活在草原中的动物，如水牛、野驴、羚羊等，同时这些动物和河流小溪也有密切关系。豺狼、棕熊的存在，说明当时的小南海山高林密①。

二是气候环境。

豫西地区：该区接受了大面积干旱气候的产物——马兰黄土的堆积，表明气候已变得比前期干旱一些。这一点也可以从喜干旱的动物，如普氏野马及鸵鸟的存在得以证明。不过在总的干旱气候中，也交替有一定时间的湿热环境。这一点可以从马兰黄土中发现的主要在其底部的多层古土壤以及存在于晚更新世初期的象、犀牛、水牛等南方动物的化石得以证明。郑州及豫东地区这一时期的气候变化特点同豫西地区。

豫北地区：总的气候特点不很清楚，但从旧石器时代晚期的安阳小南海遗址的地层堆积和动物化石，我们可以得到一些启示。小南海遗址的堆积分五层。第一层的上部为洞顶崩落的大石块堆积。中部为黄褐土，内有较多的石灰岩块和方氏鼢鼠、最后鬣狗、野驴、披毛犀等喜干旱动物化石。下部堆积同中部，出土有喜干旱动物刺蝟和斑鹿化石。从第一层的堆积来看，这里属干旱气候。第二层的土呈黄褐色，风化形成的洞顶塌落物减少，动物化石有狗獾、最后鬣狗、狼等，未见喜暖动物，说明这一时期这里仍为干旱气候。第二层和第四层的堆积差不多。动物化石有猩猩、水牛、苏门羚等南方动物，说明这一时期的气候是比较温暖湿润的。第五层化石少，只有洞熊和野马，并有鬣狗类化石，说明这一时期可能为干旱气候。通过对小南海遗址堆积和动物化石的分析，我们可以大致断定，豫北地区晚更新世偏晚阶段（距今18 000年左右）时的气候变化为较温—温暖湿润—寒温②。

---

① 陈显泗，戴可来．1978．我省最早的人类文化遗存——小南海洞穴遗址．郑州大学学报（哲学社会科学版），(1)：71～74

② 朱亮．2007．河南更新世环境与文化的考古学观察．河南科技大学学报（社会科学版），(5)：8～9

3. 黄河下游

远古时代的自然气候较之现代有相当大的差别，并且温度处在一个不断升降的变化过程之中。据第四纪地质学的研究，末次冰期最盛时期，海平面比现在要低 140 米，那时，广阔的渤海和黄海，大部分都是一望无际的陆地。随着冰期的结束，地球表面的温度开始上升，到距今 6000 ~ 5000 年，达到了最暖期，平均温度比现代要高出 3 ~ 5℃，海平面较现在要高出 4 米左右。这一时期，鲁北地区大片的沿海滩涂沉入海底。此后，温度又开始逐渐回落，到距今 4000 年前后，又进入一个相对凉爽的时期。许多人认为距今 4000 年前后的文化巨变与环境的变化密切相关。此后，山东地区的气温处在一个小幅波动变化的过程之中。从总体上分析，山东地区新石器时代的气温、湿度和降水量，均要高于现代。其变化的趋势是，气温逐渐降低，降水量不断减少，气候趋于干燥，植被也越来越差①。

在更新世中期，鲁中南地区就已经有人类在此定居生活。1965 年，沂源县石灰岩中发现一处旧石器时代洞穴遗址，从堆积的地层里采集到一些打制的刮削器、石片、石粒及哺乳动物化石，时代属于更新世晚期②。1960 年，新泰县乌珠台发现一枚更新世晚期的人类左下臼齿和哺乳动物化石，可能属于少年女性个体。其较北京猿人下臼齿进步，属于智人，处于旧石器时代晚期阶段，距今 5 万 ~ 2 万年③。进入 80 年代，旧石器时代考古有了新的进展，沂源县土门乡骑子鞍山东南麓一个裂隙中发现 1 个猿人头盖骨化石。后又陆续发现一些猿人化石，共有头盖骨 1 块，眉骨 2 块，肱、肋、肢骨各 1 块及牙齿 6 枚，可能是 2 个成年猿人个体，年代为更新世中期，距今约 40 万年。从而填补了我国猿人分布上的空白④。继沂源猿人之后又在泰沂山脉中段和鲁山南侧发现众多的旧石器时代遗址和石器地点。其中有沂水南洼洞、湖埠西村、日照秦家官庄、沂源上崖洞等，这些遗址和石器地点多集中分布于沂沭河上中游的山前平原和低山丘陵，海拔高度为 100 ~ 300 米。

鲁西南—鲁西北平原是华北大平原的一部分，由黄河泛滥冲积而成。主要分布在鲁中南山丘区的西北侧，位于运河湖带以西，胶济铁路以北，东与胶莱平原，西南和西北与江苏、安徽、河南、河北四省接壤，呈半圆形环绕

---

① 邵文臣. 2004. 齐鲁文明初曙：从沂源猿人到北辛文化. 济南：山东文艺出版社. 2 ~ 3

② 戴尔俭，白云哲. 1966. 山东——旧石器时代洞穴遗址. 古脊椎动物与古人类，10（1）：82 ~ 84

③ 吴新智，宗冠福. 1973. 山东新太乌珠台更新世晚期人类牙齿与哺乳动物化石. 古脊椎动物与古人类，11（1）：105，106

④ 徐淑彬. 1986. 山东沂源县骑子鞍山发现人类化石. 人类学学报，5（4）：398，399

鲁中山地丘陵。境内地势平坦、海拔大多在50米以下，自西南向东北微倾，地势最高处在菏泽曹县一带。海拔约为70米，由此向东北黄河下游和鲁东南沂沭河下游缓缓低下，济南以东海拔降至25米以下，利津县已不足10米。另外，在鲁中南和鲁西南平原间有一条自西北至东南方向的低洼地带，汇成北五湖和南四湖，成为山东境内主要湖群聚集区。黄河北侧的鲁北平原略呈西南至东北向的宽条带状，徒骇、马颊、运河平行流贯。由于黄河多次决口、泛滥、改道和沉积，地表形成一系列高差不大的河道和碟形或条状洼地，彼此重叠，纵横交错，因而成为季节性积水区。利津以下为黄河三角洲，东南至小清河河口，前缘突出伸入渤海与莱州湾之中。距今约7000年，黄河造成巨大的冲积扇，顶端在东明、兰考一带，由此缓缓向东倾斜。黄河的摆动、沉积，造成了鲁西南—鲁西北冲积大平原①。

从以上的分析来看，在晚更新世时期，黄河下游的气候和自然资源已经比较适合人类生存了，不断发现的人类化石地点和化石数量的增多就是明证。一方面，水资源的丰富为聚落的起源和发展奠定了坚实的基础；另一方面，河道变迁和水域的变化也使得当时黄河下游的人类聚居点呈现游移不定的特点，这也直接影响了后来全新世新石器时代黄河下游聚落的发展状况。从单个聚落遗址来看，数量非常丰富，但却始终没有形成像黄河中上游那样具有典型意义的大规模、统一规划的聚落群。这既是黄河下游聚落发展的一个显著特点，同时也是影响生态环境，决定聚落发展的一个生动例证。

第二节　黄河流域全新世生态环境

全新世基本上起自人类的新石器时代，我们这里以黄河流域为核心，适当延及周边地区。在论述的过程中，可能会适当延至晚更新世末期和青铜时代早期。对于环境变迁和人类文化发展的互动关系，在论述过程中有所提及，未单列篇章。

一、黄河上游地区全新世的生态环境

1. 黄湟地区

共和盆地是本研究区黄河干流上的一个大型盆地，对盆地中塔迈台地黄

① 何德亮. 1996. 山东史前时期自然环境的考古学观察. 华夏考古，（3）：84

土状亚砂土的^{14}C测年，为距今（17 300±250）年，其上的一层古土壤^{14}C测年为距今（6180±80）年，由此证实这层黄土状砂土形成于距今26 180～17 300年，代表了晚更新世至中全新世早期的干燥环境。古土壤生成期间，气候较为湿润。此后不久，共和盆地出现了属于中石器时代晚期的原始文化，体现为盆地内贵德拉乙亥文化遗址的遗存，^{14}C测年为距今（6745±85）年①。此外，还有另外一些重要数据证实这一文化现象生成前后盆地内的湿润环境：达连海边缘淤泥^{14}C测年为距今（8185±65）年和距今（7090±185）年，沙珠玉河古冰楔中泥炭^{14}C测年为距今（7750±65）年。古土壤层之上，普遍存在一层新沙层，说明中全新世以后本区又转为干旱环境。

湟水流域和黄河干流谷地全新世期间一直缓缓抬升，内部有许多宽谷、盆地、台地和缓丘陵，黄土物质土壤肥沃，并且由于本研究区受到东部季风较多影响，降水较多（400～500毫米），因而一直成为人类活动的理想场所。这里原始文化以新石器时代的人类文化遗存最丰富，铜器时代和历史时期的文化也十分兴盛。其中新石器时代文化在本流域的代表类型是马家窑文化②，分布广泛，在民和、乐都、湟中、平安、湟源、化隆、循化、大通、西宁等地都有发现。据^{14}C测年可知其距今5800～4000年。马家窑文化属于彩陶文化，造型多变，纹饰繁缛，构图精美。文化遗址中还发现大量石质、陶质、骨质生产工具和生活用品，反映出这一时期农业生产已有一定地位。在许多遗址中发掘出的圆形半穴居住屋，说明当时人类已经定居生活。此后是齐家文化③，^{14}C测年为距今4000年左右。分布范围也很广泛，与马家窑文化分布的范围大致相同。所用器物除了石质、骨质器物以外，还出现了铜器。地面的方形房屋，说明原始聚落更稳固。此后演化到辛店文化和卡约文化，已是青铜器时代。分布范围仍很广泛，但更加集中在湟水中下游和本段黄河的下游。文化形态更加进步，表明其已进入到原始社会晚期。存在时间根据某些文化遗存的^{14}C测年，卡约文化距今3555～2600年，辛店文化距今3185～2640年④。

2. 青海湖地区

青海湖地区位于祁连山区，属于一个大型向斜构造盆地。其中青海湖在整

① 盖培，王国道．1983．黄河上游拉乙亥中石器时代遗址发掘报告．人类学学报，(1)：49～59

② 中国社会科学院考古研究所．1984．新中国的考古发现与研究．北京：文物出版社．105～118

③ 谢端琚．1981．试论齐家文化．考古，(3)：76～83

④ 尹泽生等．1992．西北干旱地区全新世人地关系的空间表现与时序特征．见：西北干旱地区全新世环境变迁与人类文明兴衰．北京：地质出版社．3～6

个全新世期间经历了较大的变化，对湖区人类活动产生了直接和间接的影响。

全新世初期，青海湖保持其最大规模。据方永研究①，根据湖滨地区分布的沙砾堤、湖蚀、湖积阶地与浪蚀壁龛的情况来看，高出1957年湖面（3196.5米）100米、65米、45米和25米左右的湖成阶地分布普遍，因而推测出这四次湖泊面积分别为7379平方公里、6776平方公里、6086平方公里、5387平方公里，湖水容量分别为6767.96亿立方米、3328.41亿立方米、3241.87亿立方米、1118.3亿立方米，而1957年湖泊面积和湖水容量减少到4635平方公里和753.13亿立方米。此后湖泊又逐渐萎缩，1981年湖面高度降到3193.95米，湖泊面积为4340平方公里。20世纪以来，青海湖湖水年亏损量很大，其中1908～1957年为8.21×10^6立方米，1957～1981年为3.81×10^6立方米，反映了20世纪上半期湖水平衡的负值大于下半期，证明20世纪上半期干旱化程度比下半期严重②。这些阶地形成的时代和当时的环境，据对最高一线湖相阶地（100米）黄土^{14}C测年为距今11 000年，孢粉组合显示为疏林草原。距今10 000～8000年时为森林草原。距今8000～2500年时，孢粉中乔木花粉占绝对优势，反映出整个中全新世期间湖滨森林环境③。自距今3500年至今，孢粉分析显示乔木花粉作波动式减少，草木和灌木花粉增加，转为疏林草原，到目前已呈现为草原景观。氧同位素与S_r/C_a比值分析显示④，湖水含盐量也一直在增加⑤。这一干旱化趋势的后果反映到人文环境中，在青海湖北岸观察，已发现了属于齐家和卡约文化的遗址，说明至少在中全新世中期和晚期的气候适宜时期这里已有人类活动。

3. 河西走廊

河西走廊东西绵长1000多公里，分为东、中、西三段，分别属于石羊河、黑河、疏勒河流域。其中东段和中段，目前为温带荒漠区；西段为暖温带荒漠区。全新世期间自然环境和人文环境变化都很强烈。

地质时期河西走廊的自然环境大体比目前优越，特别是中全新世中期（距今四五千年）以来的气候适宜期，走廊的大部分区域自然环境较好，人类活动趋向活跃，是一个值得注意的历史文明期。中段地区的民乐东灰山文

---

① 方永. 1963. 青海湖湖盆地貌的基本特征、成因及其演变. 见：地理集刊（第5辑）. 北京：科学出版社

② 施雅风. 1992. 气候变化对青海湖水情的影响. 中国科学，(5)：537～542

③ 杜乃秋. 1989. 青海湖QH85—14C钻孔孢粉分析及其古气候、古环境的初步探讨. 植物学报，(10)：496～505

④ 张彭熹等. 1988. 青海湖冰后期水体环境的演化. 沉积学报，(2)：1～26

⑤ 张彭熹等. 1994. 青海湖全新世以来古环境参数的研究. 第四纪研究，(3)：225～238

化遗址[①]［距今（4740±155）年］文化层孢粉显示这片地区以蒿属为主要建群种的草原植被，另有大量文化花粉（豆科占52%）、炭化粮食籽粒（小麦、粟稷），说明至少在距今5000年左右的时期内，河西地区已有人类生存，生产力达到了一定水平。在此期间和随后广泛区域内出现了引人注目的原始文化，更证实了人类文明的发展趋向：河西走廊已发现的马家窑文化[②]主要分布到东段。按时间先后分为三期，即马家窑期（距今5240～4830年），武成以东；半山期（距今4660～4285年），永昌以东；马厂期（距今4280～4000年），永昌西。彩陶文化和农牧业生产已达到一定水平。此后还发展了齐家文化（距今4000～3850年），武威以东；四坝文化（距今3900～3450年），山丹至安西，范围大大扩展。另外还存在过其他一些局部文化；火烧沟文化（玉门）、沙井文化（古浪、民勤、张掖）。这些文化存在时期相当于中原地区的夏商时代，即铜石并用和铜器时代。随着原始文化的发展，与生产力相适应出现了一大批聚落，如古浪的营盘梁（马家窑文化遗址）、武威的皇娘娘台（齐家文化遗址）、民乐的东灰山（四坝文化遗址）、酒泉的下河清（火烧沟文化遗址）、民勤的沙井子（沙井文化遗址）等。

以上列举的黄湟地区、青海湖地区和河西走廊大体可以代表黄河上游地区全新世环境演变与人类活动相互关系的一般情况，也可以认为它们都属于体现这一关系的敏感地区。它们所提供的资料和数据为我们继续讨论本区人地关系演变序列和类型特征提供了依据。随着近年来考古发掘资料中环境资料的诸多发现，本区的环境信息将会得到更大的充实和丰富，但全新世时期的大环境框架则如上文所述，其对人类生存的影响也随着年代的推进而逐渐加大。环境的变迁不仅影响到单体房屋的建造形式，也会对聚落的整体栖居方式，聚落的组合形式产生巨大的影响。西北干旱地区除了大地湾遗址之外，其余遗址所提供的聚落信息（特别是聚落与聚落之间的组合方式的信息）较少，故而讨论其与环境之间的互动还有些困难，有待将来更丰富的考古信息的出现[③]。

二、黄河中游地区全新世的生态环境

1. 中原新石器时代古文化和古气候的演变

由于古文化和古气候的变迁息息相关，在分期上有很大的关联性。按照

---

① 许永杰，张珑．1995．甘肃民乐县东灰山遗址发掘纪要．考古，(12)：1057～1063

② 中国社会科学院考古研究所．1984．新中国的考古发现和研究．北京：文物出版社．105～118

③ 尹泽生等．1992．西北干旱地区全新世人地关系的空间表现和时序特征．见：西北干旱地区全新世环境变迁与人类文明兴衰．北京：地质出版社．3～6

惯例，中原新石器时代文化可分三期：前仰韶文化期（距今 8300 ~ 6900 年），仰韶文化期（距今 6900 ~ 5000 年），龙山文化期（距今 5000 ~ 4000 年）。以冰进为代表的寒冷气候成为各期文化的分界线，大致如下所述。

一是距今 8300 年的冰进气候（以昆仑山古里雅冰进为代表）之后，进入大暖期气候段，年均气温距今差（古年均气温与现代年均气温之差）2℃，关中地区的老官台文化①、河南裴李岗文化②、河北南部的磁山文化③，成为该期文化的代表。它们是中原古文明的前身，出现农业、纺织业、磨制的石器、手制的陶器和原始文字。这时期大暖气候和繁荣文化一直持续到距今 6900 年。

二是前仰韶文化期在距今 7400 年有过中断，这也是一次冰进气候所造成的。其中前期老官台文化中断东移（由关中平原西端移到其中东部）。

三是大约在距今 6900 年出现一次寒冷气候。这次气候的变化使得中原地区年均气温下降了 2 ~ 3℃（相比大暖盛期），终止了前仰韶文化。中原古人类大迁移，特别是关中古人向东和向东南迁移，使得原裴李岗文化区的西部、北部尽被关中部民所占有。迁移造成异质文化的交流，进而创造了新文化，即仰韶文化④。

四是仰韶文化期存在了 2000 年左右（距今 7000 ~ 5000 年）。这时大暖期气候达到极盛，暖湿气候形成森林或森林草原景观。仰韶文化在生产工具、制陶业方面都有长足进步。特别是出现了灿烂的彩陶文化，同时也出现了陶符（在陶器上刻有类文字的符号）和原始文字。仰韶文化期分前、后两个阶段。

五是大约距今 5700 年发生天山乌鲁木齐河源冰进。这次寒冷气候中断仰韶前期半坡村文化，开始了庙底沟、西王村文化——仰韶后期文化。文化重心再次东移。但整个仰韶期文化是相当繁荣的，所发现的遗址数达到峰值（3.4 个遗址/1000 平方公里）。

六是大约发生在距今 5000 年前后的一次寒冷气候（以内蒙古南部萨拉乌苏河滴哨沟湾冰缘事件为代表），终止了仰韶文化期。中原新石器时代文化进入最后阶段——龙山文化期⑤。

七是龙山文化期（距今 5000 ~ 4000 年）的气候是大暖期的最后一个暖

---

① 赵宾福 . 1992. 老官台文化再研究 . 江汉考古，(2)：39 ~ 48

② 李友谋 . 1978. 略论裴李岗文化 . 郑州大学学报（哲学社会科学版），(4)：64 ~ 70

③ 河北省文物考古学会等 . 1989. 磁山文化论集 . 石家庄：河北人民出版社

④ 严文明 . 1989. 仰韶文化研究 . 北京：文物出版社 . 122 ~ 130

⑤ 郑杰祥 . 1979. 河南龙山文化分析 . 河南大学学报（社会科学版），(4)：35 ~ 45

湿气候段，年均气温距今差 2～3℃，龙山文化期连续存在了 1000 多年，其最主要成就是陶器已轮制，焙烧火候高，器壁薄（特别是所谓蛋壳黑陶），末期出现铜器。原始文字也有发展，已有象意文字。此外，农业生产工具有较大的进步。这一切为古人进入文明史阶段打下稳定的基础。在距今 4000 年前后，乌鲁木齐河源冰川又一次冰进，结束了大暖期气候，也结束了新石器时代文化，中国历史进入文明史阶段①。

2. 黄河中游典型文化遗址的环境信息

如果把新石器时代从距今约 10 000 年算起，可把其到距今约 7000 年这 3000 年左右的时间作为新石器时代的早期，若从生态环境史上划分，这一时期中的后 1500 年也可作为“仰韶温暖期”的早期。这一时期黄河中游的考古学文化及重要遗址有河南境内的裴李岗文化、河北境内的磁山文化、陕西境内的老官台文化等。

陕西扶风案板遗址位于关中平原西部，西北距岐山不远，面临渭河，东傍美阳河，处在两河交汇处的黄土台塬上，高出渭河河床约 50～60 米，这是一处面积较大、文化层堆积较厚、延续时间较长的古文化遗址。王世和等对案板遗址的傍龙寺、张家壕两个地点的断崖剖面进行采样和孢粉分析，发现傍龙寺第三层和第四层的年代可与中石器时代和新石器时代早期（距今 12 000～8000 年）相对应，在傍龙寺剖面的第四层所见孢粉以草本植物花粉为主，占 78.5%～91.3%；木本植物花粉占 7.2%～21.5%；蕨类孢子较少，仅占 3.7%。木本植物花粉中以松属含量最多，占 50%～79.2%，其次为阔叶植物，栎届为 3%～33.3%，榛属为 16%～22.2%，桦属为 11.7%。草本植物花粉中，以蒿届、紫菀属、菊科、黎科为主，占 62.5%～75.5%，其他草本植物孢粉有蓼属、禾本科、蔷薇科、白刺属、毛茛科、茜草科、车前属、十字花科、玄参科等，占 24.5%～37.5%，蕨类孢子仅见少量水龙骨科。在傍龙寺剖面的第三层，草本植物孢粉略有增加，占 90.4%～91.7%，木本植物孢粉减少，占 3.6%～9.6%，蕨类孢子为 4.7%，木本植物花粉中，以栎属为主，占 35%～39.4%，阔叶树种桦占 6%～10%，鹅耳枥属、胡桃属、栗属、槭同等占 15%～39%；松属减少为 15.2%～30%，柏属占 10%。草本植物花粉中，蒿属、紫菀属、菊科及藜科等仍为主要成分，占 65.7%～70.9%，其他草本植物花粉，如蔷薇科、禾本科、苦木料、蓼属、十字花科、葎草科、豆科、毛茛科、唇形科、茜草科、茄科、车前属、报春

① 陆巍，吴宝鲁．1999．中原新石器文化与古气候的关系．地理科学，(1)：70

科等占29.1%~34.3%。蕨类孢子中水龙骨科占60%，卷柏属占40%。根据各层的花粉组合特征和花粉图式，可将傍龙寺第四层作为“松属、桦属花粉优势带”，这一花粉组合中已不见晚更新世末次冰期耐寒的冷杉、云杉等植物，代表干凉气候的松达到65%左右，而且还有一定数量的桦，其他喜温的阔叶树只有少量的栎、榛。草本植物花粉大大超过木本植物花粉，以旱生的蒿、藜等为主。说明本带植物是以松、桦为主的针叶、阔叶混交林及广阔的草原，气候较干凉，但已不像末次冰期那样寒冷，气温开始回升转暖。傍龙寺第三层可谓“栎屑、松属花粉优势带”，这一花粉带中木本植物花粉比例降低，草本植物花粉增加，说明森林面积缩小而草原面积相对扩大，在木本植物中，松、桦下降，尤以松下降幅度大，喜温的栎则上升至近40%，其他阔叶树有鹅耳枥、槭、胡桃等，说明气温继续上升。在草本植物中，旱生的荔、黎等仍占较大比重，又反映了气候还较干燥。本带植被带植被为栎、松混交疏林及草原，气候较暖，但仍较干凉①。

河北武安县磁山文化遗址地处太行山与华北平原的交界处，在南焰河河旁黄土阶地上，高出河床25米，遗址面积达8万平方米，已清理出120多个灰坑，发现大量的手制且烧制温度较低的陶器和琢制的磨盘、磨棒、石铲、石斧、石锛、石镰、石凿等石器，并有骨质的渔猎工具镞、倒刺鱼镖等骨制品。

该遗址的年代为公元前5405~前5285年。无论其文化特征还是^{14}C测定的年代，均早于仰韶文化。磁山文化的分布主要在冀中南地区，北达燕山南麓，南到豫北安阳地区。磁山遗址出土的动植物标本，透漏出一些环境信息。据周本雄鉴定，磁山遗址的动物标本可分为兽类、鸟类、龟鳖类、鱼类、蚌类五大类，至少有23种代表动物，即东北鼢鼠、蒙古兔、猕猴、狗獾、花面狸、金钱豹、犬科未定种、家犬、梅花鹿、马鹿、麋鹿、狍、獐、赤麂、鹿科未定种、短角牛、野猪、家猪、家鸡、豆雁、鳖（种属未定）、草鱼、丽蚌。以上动物中狗、猪、鸡为家畜，牛不能肯定是家畜，其余皆为野生动物②。鹿类中的獐俗称獐子，一般生活在河岸边的芦苇丛、湖边或山边丛林，现今主要分布在长江流域各省。野猪、猕猴、花面狸等都可以说明当时有较多的水草地带，不远的地方有茂密的森林。大量朴树籽、炭化的山胡桃的发现，也证明了这一点。尤其是猕猴的发现，说明华北平原靠近山麓的地方，在新石器时代森林的覆盖面积还相当大，猕猴的分布区也较现代更靠北

① 王世和等.1991. 案板遗址孢粉分析. 见：周昆叔. 环境考古研究（第1辑），北京：科学出版社.56~65

② 周本雄.1981. 河北武安磁山遗址的动物骨骼. 考古学报，（3）：339~346

些。花面狸则更是热带和亚热带地区的种类。个体相当大的草鱼、龟鳖类和丽蚌等水生动物遗骸的发现，表明南洛河当时水域较宽，流量大，水产丰富。这些都表明，距今8000年左右可能已进入全新世以后冰后期的最温暖时期，即仰韶温暖期，有着水域宽阔、气候湿润的生态环境。人们常常把居住点选择在依山傍水、离森林不远的环境里，进行采集狩猎和农业生产活动。

裴李岗文化是与磁山文化相当的新石器时代早期文化，裴李岗文化集中分布在河南省中部地区，大别山北麓和太行山东麓的山前地带也有同类型的遗迹。裴李岗文化遗址多发现在山间盆地、谷地的边缘或冲积河谷带状平原，一般距现代河床较远，所处地势较高，如新郑裴李岗遗址，距现双洎河床300米，高出现河床25米。裴李岗类文化遗址中发现的野生动物有麋、麂、獐、貉、獾、野猪、野猫、野兔等哺乳动物；鸟类有鹤；爬行类、鱼类和腹虫类有龟、鳖、鳄；家畜类或可能家养的动物有猪、狗、黄牛、羊、鸡等；植物遗存有栎、榛、白榆、胡桃、梅、酸枣等；另有鱼骨、蚌壳、螺壳等。据对裴李岗文化贾湖遗址的孢粉分析，可将贾湖遗址的裴李岗文化层及其以前的地层划分为三个孢粉带。带Ⅰ（距地表1.6米）的木本植物花粉占6.3%，其中松属占3.6%，其他还有柳属、赤杨属、栎属等。草本和灌木植物花粉占76%，其中蒿属占64%，另有柽柳属、菊科、藜科、麻黄属、大戟科、茜草科等。蕨类孢子占8.3%，其中卷柏属、铁线蕨科各占3%。另有水龙骨科、石松属。环纹藻类孢子占9.4%。带Ⅱ（距地表1.5米）木本植物花粉比例升至18.3%，其中柳属占5%，榆属占4.5%，松属占4%，还有栎属、胡桃属、栗属、铁杉属、枫香属、山毛榉属。草本和灌木植物花粉比例下降至43.7%，其中蒿属占33%，另有藜科、乔木科、莎草科、莲属、茜草科、水鳖等。蕨类孢子占11.6%，其中中华卷柏占60%，还有铁线蕨科、石松属、水龙骨科、水蕨属。环纹藻类孢子占26.5%。带Ⅲ（距地表0.8～1.4米）木本植物花粉占6.3%，其中有栎属、栗属、榆属、松属等；草本和灌木植物花粉占28.5%，其中蒿属占15.5%，另有藜科、唇形科、柽柳科、菊科等。蕨类孢子占2.4%，环纹藻类占2.6%。进一步分析可知，贾湖裴李岗文化层下的下伏黄土层的孢粉组合中，虽有少量喜暖植物，如杨属、茜革科、大戟科、水龙骨科等，但未见榆，少见栎，耐旱的蒿属、菊科、藜科占绝对优势，表明末次冰期之后的气温回升许多，但仍不很高，降水量也不大，属于温和半干旱气候。在下伏地层表面，即裴李岗人初来此活动时地面上的孢粉组合中，喜暖的因素进一步增加。新出现榆属、枫香属、山毛榉属、水蕨属等，柳属和栎属比例也有所增加，环纹藻类比例增大，而耐旱的蒿属等植物比例递减50%以上，呈现出蒿属草原面积缩小而湖沼面积扩大的趋势。反映的气候条件可能与现在相似或略暖湿些，属温和半湿润气候。到了裴李岗文化时期，出现了大量现今分布于长江流域及其以南地区的动物，如鳄、闭壳龟、獐、麂等，环纹藻类比例增大，蒿属等植物比例减少，呈现出草原面积进一步缩小而湖沼面积进一步扩大的趋势，表明当时的气温和降水量都比现今这一地区高，呈现温暖湿润的气候特征，与现在的长江流域气候相似①。

扶风案板遗址、磁山文化遗址以及裴李岗文化遗址的地层学、孢粉学及古生物学所提供的资料，揭示了全新世早期黄河中下游地区生态环境的演变过程。在属全新世初期的扶风案板（第三、四地层）及裴李岗文化形成前期，气候状况出现了冰期后由干冷向温暖湿润发生转化的迹象，尽管气候还显干凉，但气温和降水量呈现出逐渐上升的趋势，到了裴李岗文化时期和磁山文化时期，气候已转为温暖湿润，生态环境明显好转，已进入“仰韶温暖期”的早期阶段②。

三、黄河下游地区全新世的生态环境

从近年环境考古的研究成果来看，“山东地区在新石器时代曾是气候温暖、水网密布的亚热带景观，当时的人类正是在这样的自然环境下从事生产活动、繁衍生息，并创造出了灿烂的古代文化”③。这说明，黄河下游地区在史前时期，特别是新石器时代的生态环境仍然以温暖湿润为主，这也正契合了当时“仰韶温暖期”的环境大背景。

关于这一时期的具体环境信息，在一些新石器时代的典型遗址中透露的比较充分。

滕县北辛遗址中孢粉分析结果提示了此遗址所包含的一些环境信息：湿生植物孢粉含量较高，提示这一时段气候比现在湿润，沼泽湖泊的面积比现在要大，只是气温和现在相差不大。从另一些孢粉资料来看，木本科植物花粉的含量较高，喜暖的植物花粉含量相对较高，气温可能比现在微高 2 ~ 3℃④。兖州西桑园遗址⑤和汶上县贾柏遗址⑥中均出土有扬子鳄的皮下骨板

① 张居中. 1991. 环境与裴李岗文化. 见：周昆叔主编. 环境考古研究（第1辑），北京：科学出版社. 122 ~ 129

② 王星光. 2004. 生态环境变迁与夏代的兴起探索. 北京：科学出版社. 43 ~ 46

③ 何德亮. 2004. 山东新石器时代考古学研究. 东方博物，(2)：24

④ 中国社会科学院考古研究所山东队等. 1984. 山东滕县北辛遗址发掘报告. 考古学报，(2)：159 ~ 191

⑤ 胡秉华. 1990. 兖州县西桑园北辛文化遗址，见：中国考古学年鉴（1989）. 北京：文物出版社. 169 ~ 170

⑥ 中国社会科学院考古研究所山东队. 1993. 山东汶上县东贾柏村新石器时代遗址发掘简报. 考古，(6)：481 ~ 487

及残骸，提示了其暖湿的海洋性气候特征。兖州王因遗址①出土了大量的动物骨骼，其中有至少20个扬子鳄的骨骼残骸，并且这些残骸被加工过，与食物垃圾丢弃在一起，提示当时的生态环境适于扬子鳄生存。此外，在该遗址还出土了数百公斤的淡水软体动物的壳，也是被加工过。可以推知，这里当时水域宽广，气候湿润，类似于现在淮河中下游以南到长江中下游的气候特点。王因遗址的孢粉分析显示，既有属于禾本科植物的水稻花粉，也有亚热带的蕨类植物孢子，而王因遗址红烧土中分析出的植物硅酸体，反映出温暖湿润的种类占绝对优势，还发现有炭化的米粒②。综合以上因素，"在北辛文化晚期至大汶口文化早期，即距今6300～5500年，王因遗址有高亢平坦的地势，附近有大片水域，有丰富的水生资源，当时的气候较今日温暖、湿润，与现在的长江流域的气候条件相似"③。兖州六里井遗址④出土的动物骨骼有"猪、牛、獐、麋鹿、鹿、犬、豹猫和淡水贝类的河蚌、蚬及铜锈黄棱螺"⑤。植物硅酸体及孢粉分析显示，六里井遗址的环境已有向干凉化方向发展的趋势，与此同时，鲁中南地区的原始森林已经遭到破坏。枣庄建新遗址动物骨骼分析和孢粉分析显示，"当时的先民既可采摘胡桃、栎、榆的果实，又可捕取鱼类和狩猎，特别是随着聚落的扩大，单纯的自然索取已不能满足人口日益增长的需要，因此在特定的丘陵环境下种植适应性强的较耐干旱的粟。总体看来，当时仍较今略显温暖潮湿。因此仍残存有亚热带蕨类成分，但其森林已遭到不同程度的破坏"⑥。泗水尹家城遗址经动物骨骼鉴定出来的动物有猪、狗、牛、羊、鸡等家畜和鹿、虎、狐等野生动物；软体动物有中国圆田螺等螺类和蚌类；水生动物有龟和扬子鳄等。此外，在该遗址中还发现有水生植物莲，以上种种迹象表明，龙山时代这里植被茂密，气候比现在温暖湿润⑦。兖州西吴寺遗址的孢粉分析显示，"剖面底部孢粉种类较丰富，且伴生有在静水或流速小的湖沼与溪流中生长的喜暖湿环境的环纹藻，这说

---

① 中国社会科学院考古研究所．1999．山东王因——新石器时代遗址发掘报告．北京：科学出版社．414～423

② 孔昭宸，杜乃秋．1999．山东兖州王因遗址77SYWT4016探方孢粉分析报告．见：山东王因（附录六）．北京：科学出版社．452，453

③ 高广仁，胡秉华．2000．山东新石器时代环境考古信息及其与文化的关系．中原文物，(2)：6

④ 国家文物局考古领队培训班．1999．兖州六里井．北京：科学出版社．214～216

⑤ 范雪春．1999．六里井遗址动物遗骸鉴定．见：兖州六里井（附录二）．北京：科学出版社．214～216

⑥ 孔昭衰，杜乃秋．1996．建新遗址生物遗存鉴定和孢粉分析．见枣庄建新——新石器时代遗址发掘报告（附录五）．北京：科学出版社．231～234

⑦ 卢浩泉，周才武．1990．山东泗水县尹家城遗址出土动、植物标本鉴定报告．见：泗水尹家城（附录一）．北京：文物出版社．350～352

明龙山文化层堆积早期气候还比较暖湿，到后来变得干凉了”，“每个样品中都发现有丰富的禾本科花粉，就其形态看，绝大多数与小麦花粉相似，目前定作小麦相似种”①。该遗址龙山文化层的动物骨骼组合为：家养动物有家猪（数量最多，占43%）、家犬和黄牛；野生动物有梅花鹿、麋鹿、豹猫、獐和龟等。所以鉴定者认为：“当时的主要动物群落以有蹄类与小型食肉类组成。从野生兽类的种类组成看，龙山文化时代当地森林覆盖度好，因此鹿类较多，但也有沼泽与草地。②”滕州庄里西遗址用浮选法从灰坑中选出了大量的植物种子和果实，还有炭化稻米（粳米），黍、类似于高粱穗的颖片、野生大豆、野葡萄种子、野酸枣核等③。这就说明，在龙山文化中晚期，庄里西遗址林木丰茂，水域广大，适于农业耕作和家畜饲养。但种种迹象表明，此后，该地气候还是逐渐向干燥凉爽化发展④。

综上所述，新石器时代的黄河中下游地区，以“仰韶温暖期”为主基调，气候生态呈现出一种温暖湿润的大背景，比较适合人类生存，这也为该地区聚落的从无到有，以及新石器时代之末、青铜文化之初的城址遍地开花奠定了坚实的环境基础。至于大暖期时期的干冷事件，对人类的栖居方式似乎并没有太大的影响。从地穴、半地穴到地面建筑，再到台基式建筑，一脉相承，始终向功能化和复杂化方向发展。而人类的聚落组合方式和聚落群的分布模式以及它们之间的相互关系，则在一定程度上与新石器时代温暖湿润和干冷交替的环境发展模式不无关系。

---

① 周昆叔，赵芸芸．1990．西吴寺遗址孢粉分析报告．见：兖州西吴寺（附录三）．北京：科学出版社．250，251

② 卢浩泉．1990．西吴寺遗址兽骨鉴定报告．见：兖州西吴寺附录二．北京：科学出版社．248，249

③ 孔昭宸，刘长江，何德亮．1999．山东滕州市庄里西遗址植物遗存及其在环境考古学上的意义．考古，(7)：59～64

④ 高广仁，胡秉华．2000．山东新石器时代环境考古信息及其与文化的关系．中原文物，(2)：8

第六章

黄河流域史前聚落的社会形态

第一节　黄河流域史前早期聚落的社会形态

一、社会结构

黄河流域众多早期聚落遗址的发现，说明当时已经有大量的小型氏族和部落在此区域活动。农业生产、家畜饲养和渔猎采集，是早期聚落居民谋取生活资料的主要生产方式。当时的生产力水平相当低下，人们只能依靠双手操作笨重的石器和骨器等生产工具，以世代累积起来的经验，通过共同劳动生产物质财富。劳动所得，除维持其基本的生活需要外，没有剩余。因此，每个有劳动能力的人都必须参加劳动，所有的收获，也必须平均分配，否则，就有人会饿死。个人劳动和集体劳动融合在一起，个人离开集体就无法生存，人们必须团结一致，相互依存，从而形成一个牢固的集体，这种集体的形态就是氏族。在氏族内部，可能已经进一步分化成若干小的亲族集团。这种小的亲族集团又称为女儿氏族或母系大家族，它们和氏族的性质基本相同，是以血缘亲属关系为纽带结合起来的小单元，随着原始经济的发展和人口的不断增殖，氏族内部的事务逐渐复杂起来，为组织生产和安排生活的方便，氏族从而进一步分化为小的集体。小的氏族依旧保留在大的母系氏族中，但已经成为一个独立的生产单位和生活单位。成员们生前生活在一起，死后也葬于小集体的墓地中。这种情况在黄河中游的早期聚落中演化的比较突出。裴李岗下层墓地以 M30 为分界，分为东、西两个小的墓葬群，这两个墓葬群应当就是在氏族之内形成的两个家族群体①。莪沟聚落也有同样的发现，聚落遗址以北的墓地大致以 H3 为界，分为东、西两个墓葬群，遗址以西可能是个独立的墓葬群，推测为三个大家族的墓地。各个墓葬群中许多墓

① 开封地区文管会，新郑县文管会．1978．河南新郑裴李岗新石器时代遗址．考古，(2)：73～79

葬排列都有一定的次序，可能是在家族内部按辈分排列组成的。莪沟聚落遗址还发现了6座房址。房址分布相近，可能是一个家族部分住房的遗迹①。水泉聚落墓地是裴李岗文化晚期的一处墓地，现已公布的110座分为18排，各排墓葬数目不等地排列在一起，应当是一处部落的公共墓地。墓地中间以一个大的烧土坑为界，分为两个氏族墓葬群，西边的墓葬群有7排49座，东边的墓葬群共11排61座，该墓葬群又以H25为界，分为东、西两个小的墓葬群，其中西墓葬群共5排29座，东墓葬群共6排32座，这两个小的墓葬群应当属于两个家族的墓地。各排墓葬次序排列比较整齐，可能显示明确的辈分关系②。贾湖等遗址的墓葬群也同样存在明显的分排和分组排列埋葬的情况。黄河上游的北首岭发现的7座墓，也分成两排，排距明确。同排的M12~14、M18~19的诸墓间距基本相同③，显然是人们有意规划的结果。黄河下游的北辛文化聚落，尚未发现类似的墓葬区。

二、婚姻家庭

黄河流域分布着的大量的家族、氏族和部落聚落遗迹，为早期聚落居民的婚姻关系研究提供了客观条件。根据裴李岗、老官台、磁山、大地湾早期以及北辛文化聚落遗址中出土的一些房基和墓葬人口判断。黄河流域史前初期的人口男性超过女性，如表6-1所示。从表6-1中可以看出，当时男女性别比例明显失调，很可能社会文明的落后与这种不协调的性比比例，决定了婚姻关系的原始落后。

表6-1　黄河流域史前聚落早期人口性别构成统计表

序号	墓地名称	鉴定人骨架数量/个	男性/人	女性/人	性别比
1	贾 湖	336	190	120	158.33
2	石 固	69	35	22	159.09
3	白家村	35	16	10	160.00
小计		440	241	152	158.55

资料来源：张之恒.2008.黄河流域史前人口性别研究.考古学报，(4)

① 河南省博物馆等.1981.河南密县莪沟北岗新石器时代遗址.见：考古学集刊（第1辑）.北京：中国社会科学出版社.8~12

② 中国社会科学院考古研究所河南一队.1995.河南郏县水泉裴李岗文化遗址.考古学报，(1)：67

③ 中国社会科学院考古研究所宝鸡工作队等.1979.1977年宝鸡北首岭遗址发掘简报.考古，(2)：97~106

黄河流域大部分地区的早期聚落的婚姻生活大约已经走完了群婚时代，进入对偶婚的初级阶段。“对偶婚”又被称为“走访婚”，在我国云南少数民族中曾经非常盛行。云南纳西族①将“走访婚”称为“阿注婚”，“阿注”即朋友的意思，或可称为“友情婚”。通常是指一个姑娘长大成人以后，母家就给她建造供单人住的宿舍，她在与别的男性接触过程中，假若彼此建立了感情，该男子就可到她的宿舍中过夜来晨去的婚姻生活。这种婚姻生活的时间长短，完全依双方的自愿而定，任何一方不愿继续下去即可终止这种关系，但这种终止不是野蛮的终止，而是“好合好散”。合则两情相悦，散也不伤害彼此情谊。这种婚姻关系中的男女双方，依旧在自己本氏族或者本家族中生产和生活，尚未组成对偶家庭，因而既不构成一个生产单位，也不构成一个生活单位。裴李岗、老官台、磁山、大地湾早期以及北辛文化中普遍发现有面积为5~7平方米的小型房址，这种房子的形态虽然有所差异，但基本特征十分相似。一般只能容纳两个人住宿。房址内发现有灶址，应该是夜晚取暖的火塘遗迹，火塘周围发现较多的陶片，可见房屋的主人有时也可能在这里用炊。这种小型房屋中没有发现储藏粮食的痕迹，很少见到生产工具，说明这种住房既不是一个生产单元，也不是一个生活单元。房址中没有发现床铺建筑的痕迹，或仅仅发现简陋的类似的痕迹，说明这种居室还很原始，尚未形成修建床铺的习俗。这种小型房屋与现代云南永宁纳西族过“阿注婚”生活的妇女所住的“客房”相类似，有些纳西族家族把自己居住的楼上“分隔”成2~4个小房间，每间大小约10平方米。这是青壮年妇女接待男阿注住宿的场所。一些妇女比较多的家庭，这类房屋的数目，同该家庭能过性生活的妇女的数目基本相当，青壮年男子因为晚上去女方家过夜，自己家中没有他们的卧室②。我们可以推论，裴李岗、老官台、磁山、大地湾早期以及北辛文化中普遍发现的小房址，应当是黄河流域史前早期对偶婚形式下卧室的遗迹。

黄河流域史前早期的对偶婚，是在新石器早期群婚制的末期产生和发展起来的，在群婚制形式下，“多少有了一男一女”结成配偶过同居生活的事实，而这是社会状况的诸条件引起的，每个男子在自己的多个妻子中，有一个主妻，反过来说女子也是如此，因而有了向对偶婚家族过渡的趋势③。而“这种习惯上的成对配偶制，随着氏族日趋发达，随着不许通婚的兄弟和姐

① 郭大烈．1992．纳西族渊源与习俗探析．见：纳西族研究论文集．北京：民族出版社．147

② 詹承绪．1980．永宁纳西族的阿注婚和母系家庭．上海：上海人民出版社．160

③ 马克思．1978．摩尔根古代社会一书摘要．北京：人民出版社．33，51

妹类别的日益增多，必然要日益巩固起来”①。同时对偶婚的形成，也是人类经过长期观察和实践而自然选择的结果，具有重大的进步意义。由于氏族外婚制的发展，在这种越来越排除血缘亲属结婚的事情上，自然选择的效果也继续表现出来，没有血缘亲属关系的氏族之间的婚姻，创造出在体质上和智力上都更加强健的人种。促成群婚制向对偶婚转变的直接原因，还应该是当时社会生产的发展。因为人类自身素质的提高，推动了生产和原始经济的发展，人口密度迅速增大，加强了氏族之间的往来，从而使群婚制失去了原始的素朴性，许多男子的来访，对妇女来说是个沉重的负担。因此，妇女也迫切需要取得保持贞操、暂时地或永久地只同一个男子结婚的权利，在这种情况下，产生了对偶婚②。对偶婚的形成和发展推动了氏族制的发展，进一步巩固了氏族外婚制，从而促进了人类自身素质的不断提高，并为一夫一妻制的产生奠定了基础。

三、社会性质

黄河流域早期聚落社会处于对偶婚初级阶段。对偶婚初级阶段的显著特点是妇女处于社会的中心地位。两性往来以妇女的意志为转移，男子到女方过夜来晨去的生活，这种偶居生活是不固定的，因此，所生子女只知道母亲而不知道父亲，子女都在母亲的关照下成长。这样，在以血缘为纽带的氏族组织中，世系必然以女系计算，从而形成以女系为中心的母系氏族社会。许慎《五经异义》云：“圣人皆无父，感天而生。”《白虎通号》又云：“古之时，未有三纲六纪，民人但知其母，不知其父。”我国古代的一些姓氏，皆从女，如姬、姜、姚等，反映我国确实经历了人们“但知其母，不知其父”的母系氏族阶段。裴李岗、老官台、磁山、大地湾早期以及北辛文化时代，正处于这样的社会阶段。以裴李岗文化为例，可见一斑。裴李岗遗址下层43座墓葬中，以M15、M27、M38形制最大，大致处于墓葬区域的中心。M15出土有石磨盘、石磨棒和陶器24件，M27出土有石磨盘、石磨棒和陶器19件，从其随葬的石磨盘、石磨棒来看，显然都是女性的随葬品，这些墓葬也都是下层墓葬中随葬遗物最多的两座墓葬。M38为母子合葬墓，母为主，子居于次要位置。裴李岗遗址上层墓葬中以M54最大，出土有石磨盘、石磨棒

① 恩格斯．1972．家庭、私有制和国家的起源．见：马克思恩格斯选集（第4卷）．北京：人民出版社．41

② 恩格斯．1972．家庭、私有制和国家的起源．见：马克思恩格斯选集（第4卷）．北京：人民出版社．48

和陶器6件，墓主为女性①。贾湖遗址早期5座墓葬中M16最大，晚期12座墓葬中M6最大，经鉴定墓主人都是女性②。沙窝李遗址下层17座墓葬中以M21最大，沙窝李遗址下层15座墓葬中以M1最大，墓主人同样为成年女性③。在裴李岗文化的各个墓地中，普遍现象是女性墓葬形制都是最大的，反映出墓主人在生前的现实生活中，社会地位十分突出。

裴李岗、老官台、磁山、大地湾早期以及北辛文化时代，男女分工已经十分明确。从男女墓葬中随葬品的不同可以清楚地看出，男性墓葬中的石器，几乎全部是石斧、石铲、石镰以及细石器等生产工具，而女性墓葬中的石器，大多是石磨盘、石磨棒等粮食加工工具。这说明当时的男子主要从事农业生产与渔猎活动，而女性则从事一些料理生活的劳动。男性在整个农业生产乃至整个生产领域起着主要作用。繁重的劳动使得男性特别是青壮年男性的死亡比例高于女性，在裴李岗、老官台、磁山、大地湾早期以及北辛文化的典型遗址的墓葬材料中，经鉴定，年轻男性死亡比例远远高于女性。女性特别是女性族长的工作主要是料理氏族或家族的事务，安排管理氏族或家族成员的生活。例如，在新石器时代，陶器是人们主要的生活用具，而根据朱延平的统计，在裴李岗文化墓地中，“女性墓葬中出土的陶器一般种类较齐全，且陶器的数量一般也多于男性墓葬。尤其是一些属于女性的大墓，在墓葬结构和占有陶器方面均享受到优厚的待遇”④。同样的情况在老官台、磁山、大地湾早期以及北辛文化的典型墓地中也存在。女性墓葬中随葬较多的陶器，说明女性在安排人们的生活方面起着主要作用。而女性从事的此类工作都属于公共性的社会劳动，是当时维护氏族生存和稳定的根本保证。因此女性的劳动受到全社会的尊重和崇敬。在云南纳西族社会中，保留着崇敬女性的习俗，“在永宁纳西族社会中，女性不仅是母系家庭血缘纽带的核心，也是母系家庭的生产和生活的组织者和管理者，在家庭中和社会上享有崇高的地位”⑤。台湾高山族阿美人中也保留一些母系氏族的残余，“女子处于家长位置，又是土地和房屋的主人，因此，在家庭中自然地形成了女子的权威，全家人都听命于女家长”⑥。恩格斯说：“母亲作为自己子女的唯一确实可靠的亲长的这种最初的地位，便为她们、从而也为所有妇女保证了一种自

---

① 戴向明.1996.裴李岗墓地新探.华夏考古，(3)：122

② 河南省文物考古研究所.1999.舞阳贾湖（上卷）.北京：科学出版社.73

③ 河南省博物馆等.1981.河南密县莪沟北岗新石器时代遗址.见：考古学集刊（第1辑）.北京：中国社会科学出版社.8～12

④ 朱延平.1987.裴李岗文化墓地初探.华夏考古，(2)：34

⑤ 詹承绪等.1980.永宁纳西族的阿注婚姻和母系家庭.上海：上海人民出版社.160

⑥ 林耀华.1984.原始社会史.北京：中华书局.289

那时以来她们再也没有占据过的崇高的社会地位。①” 在裴李岗、老官台、磁山、大地湾早期以及北辛文化时期，黄河流域地域文化虽然各有特色，但一个共同之处是，女性正处于“崇高社会地位”。

在裴李岗、老官台、磁山、大地湾早期以及北辛文化墓地中，各个墓葬出土的随葬品多少有所不同。一般在早期文化的早段墓葬中，以女性墓葬中出土的随葬品最多，尤其是出土的陶器，如裴李岗遗址和莪沟遗址墓地等都是如此，但个别男性墓葬中出土的随葬品也较多，主要体现在生产工具上，如沙窝李上层 M19 男性墓葬，共出土随葬品 24 件，其中生产工具 23 件，是该墓地出土随葬品最多的墓葬②。在早期文化晚段，男性墓葬中出土的随葬品较多的情况尤为显著，也表现在生产工具上，如贾湖遗址 M17，共出土随葬品 15 件，其中生产工具 9 件③。又如，石固遗址 M54，共出土随葬品 13 件，其中生产工具 9 件④。关于随葬品的性质，当前学术界有两种不同的意见：一种意见认为它属于个人所有的私有财产；另一种意见认为它还不是私有财产，而“只不过是劳动和生活自然需要”⑤ 的物品。我们认为裴李岗、老官台、磁山、大地湾早期以及北辛文化墓地中出土的随葬品，虽然属于个人占有，但不是现代意义上的私有财产，而只是恩格斯所称的“特殊财产”⑥。即像旧石器时代晚期，我国在山顶洞遗址中老年女性骨骼周围，发现有石、骨、兽牙等制作的装饰品。显然，这些装饰品是个人占有的物品即个人财产，但这些物品的本质，既不是财富、也不是剩余产品，更不具有交换价值，不具有与公有制对立的性质。这个时期拥有较多的个人物品，可能是墓主在当时享有较高的社会地位，如女性可能生前是族长，擅长安排人们的生活，受到人们的尊敬，而男性则可能是当时的生产能手，被拥戴为首领，死后也随葬较多的生产工具。这种社会地位的不同，并不含有贵贱的区别，而是由其对社会贡献的大小所决定。

四、宗教形态

恩格斯指出，“宗教是在最原始的时代从人们关于自己本身的自然和周

① 恩格斯 . 1972. 家庭、私有制和国家的起源 . 见：马克思恩格斯选集（第 4 卷）. 北京：人民出版社 . 8

② 河南省博物馆等 . 1981. 河南密县莪沟北岗新石器时代遗址 . 见：考古学集刊（第 1 辑）. 北京：中国社会科学出版社 . 8 ~ 12

③ 河南省文物考古研究所 . 1999. 舞阳贾湖（上卷）. 北京：科学出版社 . 77

④ 河南省文物研究所 . 1987. 长葛石固遗址发掘简报 . 华夏考古，(1)：41

⑤ 马洪路 . 1982. 裴李岗文化墓地并未产生私有财产——与李友谊同志商榷 . 中原文物 . (2)：39

⑥ 恩格斯 . 1972. 家庭、私有制和国家的起源 . 见：马克思恩格斯选集（第 4 卷）. 北京：人民出版社 . 156

围的外部自然的错误的、最原始的观念中产生的"[①]。黄河流域史前早期聚落的人类在和大自然的斗争中初步掌握了一些科学知识，但是对于绝大多数自然现象还是感到神秘莫测，不可能有正确的认识。在武安磁山遗址可见到两种不同的祭仪形式[②]：一是"坑祭"，可能是祭天地、祈丰年的一种宗教活动。这里的居民挖出一定形式的坑、坎，然后放入粮食、树籽、猪狗和含炊器在内的成组陶器，再经燔烧和瘗埋，完成虔诚神圣的祭仪；二是"供奉"，是将成组的陶器、石斧、磨盘及磨棒这类生产及加工粮食的工具放在一起，通过某种仪式，以希冀扩充这些器物的实用功能，表达祈求丰年的情感。他们对人的生老病死不能正确认识。他们大概认为人死之后，灵魂不灭，死者还要到另外的世界中去生活，因此，在居住区的附近，大多要开出一片公共墓地。裴李岗、老官台、磁山、大地湾早期以及北辛文化的人们死后都要葬于公共的氏族墓地，像生活在母系氏族制度之下的美洲印第安人一样，"认为把一个亲属的尸骨和一个外人的尸骨混在一起是违反宗教规矩的，因为凡是亲骨肉就应当永远不分离"[③]。我国纳西族也有这样的习俗，即认为"同一氏族的人，都是一个根子生出来的，有共同的祖先，有着骨肉关系，活着在一起，死了也要在一起。因此，每个氏族的成员，死后必须葬到本氏族的公共墓地"[④]。基于死后如生的观念，母系氏族的人们会尽可能在绝大多数墓葬里，都要随葬一些生产工具和生活用具，以供死者在另外一个世界使用。甚至埋葬一些特殊的物品，来昭示宗教意义的特殊含义，如在老官台文化、磁山文化中，偶尔在墓葬中发现的赤铁粉，具有昭示死者灵魂升天的意味。又如裴李岗文化贾湖类型下层发现3座随葬有龟壳、石子和雕刻骨器的墓葬M15、M16、M17。其中M15被M16打破，情况不明。M16、M17两座墓葬的墓主，一为老年女性（经鉴定为50岁左右），一为壮年男性（经鉴定为45岁左右），都随葬有数量不等的龟壳，有些龟壳的背甲和腹甲边缘钻有小孔，可能原来是悬挂起来的；龟壳内装有石子、兽牙和雕刻骨器等，而置于死者的胫骨之侧[⑤]。这是裴李岗文化乃至黄河流域早期文化聚落中所见到的3座随葬龟甲等物品的墓葬。这些龟壳、石子等物品的具体用途不详，很可能是举行某种宗教仪式的用具。在我国古代社会，很早就将乌龟、石头视为神灵，看做辟邪的圣物。《太平御览》卷九三一引《大戴礼记》云："甲之

---

① 恩格斯. 1972. 家庭、私有制和国家的起源. 见：马克思恩格斯选集（第4卷）. 北京：人民出版社. 250

② 卜工. 1987. 磁山祭祀遗址及相关问题. 文物，(1)：47

③ 摩尔根. 1965. 古代社会. 北京：人民出版社. 85

④ 宋兆麟. 1964. 云南永宁纳西族葬俗——兼谈仰韶文化葬俗的看法. 考古，(4)：200～204

⑤ 河南省文物考古研究所. 1999. 舞阳贾湖（上卷）. 北京：科学出版社. 93

虫三百六十，而神龟为长。”《太平御览》卷五一引《毕万术》曰：“埋石四隅家无鬼。”龟还被视为护身神物，《史记·龟策列传》云：“取龟置室西北隅悬之，以入深山大林中，不惑。”上述墓葬中随葬的龟壳边缘穿有小孔，可能是悬挂起来用以保护人们在山林中顺利狩猎之意。龟甲用作宗教占卜的工具，在我国的古代沿用了很长的时间，《周礼·春官龟人》云：“若有祭祀，则奉龟以往，旅亦如之，丧亦如之。”郑玄注：“奉，犹送也。”贾公彦疏：“旅，谓祈祷天地及山川，丧，谓卜葬宅，及日皆亦奉龟往卜处也。”把龟石看作神灵，并用来占卜吉凶祸福，这种习俗，最早可追溯到黄河流域史前聚落社会的早期。可以认为，裴李岗文化贾湖类型墓葬中随葬龟甲、石子的墓主应当是当时的巫师，巫师生前操作这些龟甲、石子等进行宗教活动，进行占卜，死后在幽冥世界中继续从事这些活动，因此，随葬这些龟甲、石子之类的物品。不过，当时的巫师并不脱离生产，壮年巫师还随葬有石斧、石锛和打制石器等生产工具，他生前应该以生产为主，巫师工作可能仅仅是兼职。

第二节　黄河流域史前中期聚落的社会形态

一、社会结构

黄河流域史前中期聚落与早期聚落相比数量激增，分布广泛，形成了黄河上游的大地湾聚落文化中心，中游的仰韶聚落文化中心，下游的大汶口文化中心。聚落形态的变化，也使得社会结构板块由量变到质变。黄河流域中期聚落早段，社会结构延续了早期聚落社会的特征，依旧是母系氏族社会，但氏族的规模发展迅速，相互结合形成了经济独立的部落，如仰韶半坡聚落遗址、宝鸡北首岭聚落遗址，都由居住区、墓葬区、家畜饲养区、手工业作坊区组成，功能完备，可能是颇具规模的部落聚落遗址。每个部落由若干个血缘氏族组成，氏族内部又由几个血缘关系更紧密的大家族（胞族）组成。社会结构至少可分为三级，即部落、氏族、大家族（胞族），如居住区中，半坡遗址中已被揭示的房屋被小沟分割成两群，每群又分为由几座房屋结成的房屋组①。姜寨半坡类型聚落居住区的房屋可以分为五群②，并指出每群均有20间左右，包括大型房屋一座、中型房屋一二座及小型房屋近20座。

① 中国科学院考古研究所，陕西省西安半坡博物馆. 1963. 西安半坡. 北京：文物出版社. 63

② 西安半坡博物馆等. 1988. 姜寨——新石器时代遗址发掘报告（上册）. 北京：文物出版社. 58

每座中型房子的周围，都有一些小房子。看来房屋群又可细分为由一座中型房子和若干小房子组成的单元。居住区被分割成若干房屋群、房屋组的现象与生活于居住区内的居民彼此的亲疏关系有关。即住在同一房屋组的居民的关系，要较住在其所属房屋群的另外房屋组的居民的关系密切，住在同一房屋群的居民的关系，要亲于居住区内另外房屋群的居民的关系。如果把整个居住区的居民视为一级群体的话，那么，就可把分别住在房屋群、房屋组的居民，定为二级、三级群体，正好与部落、氏族、胞族的结构吻合。聚落的墓葬区也十分清晰的反映出同样的社会结构，如半坡墓地由若干墓块组成，王家阴洼墓地明显地分为两区，横阵墓地由甲、乙两个大区域组成，甲区域有长条形大坑，乙区域中墓葬呈行列分布，墓葬之间则又被合葬墓分割①。元君庙墓地布局，不仅反映墓地被分割为两个墓区的现象，从中也可以看出墓区被同时期的合葬墓所分割的情况。这样就形成了墓区、次墓区与大家族合葬墓的组合②。黄河流域史前中期聚落中段社会是从母系氏族社会向父系氏族社会的过渡阶段，社会性质开始发生质变，但由于父系社会还未完全确立，社会结构依旧延续了母系社会的结构，但大汶口文化刘林遗址的 M102、M144③，大墩子遗址 M67④ 和野店遗址 M88⑤ 均为成年男女合葬墓，出现了作为父系氏族制特征的一夫一妻制的婚姻和家庭，即大家庭逐渐分化为个体小家庭，社会结构由三级分化为四级。目前的考古资料，我们还无法确认部落组织是否联合成为了部落联盟。黄河流域史前中期聚落晚段社会，父系氏族社会完全确立，社会结构相应发生了很大的变动。部落规模两极分化，小型部落为大型部落所并，大型部落发展成为部落联盟。例如，豫西灵宝市在方圆几十公里的范围内，以铸鼎原、西坡⑥为中心，分布有几十个聚落遗址，规模大的几十万平方米，小的十几万平方米，应该是典型的大小部落的联合体。部落内部家族分化普遍，家族使用的中型房子演化为由功能独立的小型房屋组成的连排房或者由中型房子演化而成的两间或三间套房，每个小型房屋供一个一夫一妻制的小家庭使用。社会结构由部落联盟、部落、氏族、大家族、个体家庭组成。

---

① 黄河水库考古工作队陕西分队．1960．陕西华阴横阵发掘简报．考古，(9)：5～9

② 北京大学历史系考古教研室．1983．元君庙仰韶墓地．北京：文物出版社．104

③ 南京博物院．1965．江苏邳县刘林新石器时代遗址第二次发掘．考古学报，(2)：47

④ 南京博物院．1981．江苏邳县大墩子第二次发掘．见：考古学集刊（第 1 辑）．北京：中国社会科学出版社．27

⑤ 山东省博物馆等．1985．邹县野店．北京：文物出版社．151

⑥ 河南省文物考古研究所，中国社会科学院考古研究所河南一队等．2002．河南灵宝西坡遗址 2001 年春发掘简报．华夏考古，(2)：34

二、婚姻家庭

黄河流域史前中期聚落急剧膨胀，数量成倍增加，规模扩大，无疑此时的人口也出现了成倍的增加，据目前出土的墓葬和聚落居址材料，可看出当时社会男女人口比例的相关情况，如表6-2所示。从表6-2中可以看出，与早期社会相比，黄河流域史前中期聚落居民中，男性居民似乎更多，男女性别比例更加失调。男人多，女人少，可能是当时母系氏族社会中女尊男卑的一个重要因素，也是其子女知其母而不知其父的一个重要因素。

表6-2　黄河流域史前中期聚落人口性别构成统计表

序号	墓地名称	鉴定人骨架数量/个	男性/人	女性/人	性别比/%
1	半坡	75	52	10	520.00
2	元君庙	201	91	64	142.19
3	北首岭	68	50	16	312.50
4	姜寨一期	150	71	54	131.48
5	姜寨二期	1915	1167	697	167.43
6	龙岗寺	388	149	170	87.65
7	横阵	102	37	53	69.81
8	史家	717	441	224	196.88
9	福临堡	31	11	10	110.00
10	何家湾	132	66	45	146.67
11	下王岗一期	123	63	35	180.00
12	下王岗二期	587	355	93	381.72
13	吕家崖	37	26	10	260.00
14	王湾一期	29	13	16	81.25
15	大河村四期	108	56	39	143.59
16	洪山庙	57	31	24	129.17
小计		4720	2679	1560	171.73

资料来源：张之恒.2008.黄河流域史前人口性别研究.考古学报，(4)

黄河流域史前中期早段聚落的婚姻家庭形态延续了早期聚落的形态，依旧是对偶婚制度下母系氏族大家族生活，只是对偶婚制度更加普遍、固定，家族成员更加庞大而已。《楚辞·天问》曾问："女岐无合夫，焉取九子"？对女岐无夫而有众多的后代表示难以理解，反映出以女岐为始祖的母系氏族，因盛行族外婚，男女关系不稳定，女岐无法确定亲夫的事实。又如华胥履大迹于雷泽生伏羲，这种“古之神圣母感天而生子”的神话，实际上是母系氏族“只知其母，不知其父”情况的反映。在《穆天子传》、《山海经》等书中常见的西王母，可能是西戎部落传说的母系氏族中比较著名的首领人物，《淮南子》中所谓采五色石以补苍天，积芦灰以止淫水的女娲氏，也是母系氏族全盛时期带领人们开辟荒原，与自然搏击的一位女性首领。从出土的考古材料，可以清晰地看到当时母系氏族的婚姻家庭形态。仰韶文化半坡聚落、姜寨聚落出土的房址资料，每座中型房址的周围，都有若干小型房址，从而组成一套房址群。对于这种住房群体的功用，正如严文明所说：“一座中型房子和若干小型房子应该是一个家族的住地，这种家族的性质，可以从云南永宁纳西族的房屋布局上得到启发。纳西族的每个母系家族住在一所单独的院落，其中有一间较大的房子（主室）和若干小房子（客房）。主室住着女家长、老年人和未婚的青少年，客房则分配给正在过婚姻生活的妇女，让她们在晚上接待自己的男朋友（阿注）。特别有趣的是，在主室中以火塘为界树立了两根大柱子，右边的称女柱，是少女举行穿裙子礼的地方；左边的称为男柱，是少男举行穿裤子礼的地方。全家商议事情或者举行宗教仪式时，也是女子坐右边，男子坐左边。①”表现出以右为尊的习俗。半坡的房址资料，基本与纳西族的现实生活吻合。进门有一大间“大房子”，后部分隔为三小间，是家族议事与女家长休息的场所。中型房子大多带土床或有类似的结构，是老年人和未婚的青少年的住所，小型房子带土床，则是正在过婚姻生活的妇女的住所。类似的情况在姜寨遗址、大地湾遗址中都有发现。在中原地区，虽然至今没有发现大中小搭配的成组房屋群，但推测也应该存在这种结构的搭配。例如，洛阳王湾一期 F15 的居住面上发现了土床、生活用具、生产工具以及两个小孩的骨架，应与纳西族的主室性质相似，可能是“全家议事或举行宗教仪式”的场所，房子中间有火塘和土床②，推测是女家长休息和未婚青少年生活的场所。淅川下王岗③仰韶文化一期遗存中，有两组房址，一组由 F28、F52、F53 组成有机整体，可能是一个家族住地，F28 面积较大，是家族的主室，住着家族的主要成员，也是该家族的主要活动场所。F52、F53 与 F28 结构相似，只是规模小，是 F28 的附属建筑，应当是对偶婚者晚上居住的地方。另一组房址在 F28 西南 30 米处，由 F6 和 F4 组成，为另一个家族住所。其中 F6 面积较大，为主室，F4 应是对偶婚者临时的住室。这两组房址，可能是两个母系家族的住地，两地相距甚近，因

① 严文明．1989．仰韶文化研究．北京：文物出版社．201

② 北京大学考古实习队．1961．洛阳王湾遗址发掘简报，考古（4）：175～178

③ 河南省文物研究所等．1989．淅川下王岗．北京：文物出版社．47

此，属于同一个母系氏族的可能性很大。该氏族以位于聚落遗址中部的 F28 为中心，遗址西部的 F6 所居家族附属于这个中心，这个家族可能是这个氏族的一个分支。此阶段，黄河流域聚落中尚未发现个体家庭。对偶婚姻制度下的氏族大家族在墓葬材料中也有明显的体现。秦安大地湾、王家阴洼、宝鸡北首岭、西安半坡、临潼姜寨、邠县下孟村、铜川李家沟、渭南史家村、华县元君庙、华阴横阵、芮城东庄村、西乡何家湾和商县紫荆等遗址墓地中的共性是墓葬区分组明显，显示为几个家族组成的氏族墓地。墓葬中，单人葬居多，如西安半坡、临潼姜寨、邠县下孟村、铜川李家沟的墓葬 87% 都是男女单身葬。而合葬墓中多为多人合葬墓，有男女多人合葬，年老、年少合葬。例如，元君庙墓地内的多人合葬墓，占墓葬总数的 63.63%，相当于单人墓葬的两倍。以死者人数而论，在 12 位死者中，就有 11 人被葬于合葬墓内。合葬墓内的死者的葬式，既有都是二次葬者，也有少数为一次葬而多数为二次葬者①。可能是一个大家族的合葬墓，而非夫妻合葬墓。而关于原始社会时期，是否有过一妻多夫制这个问题。对此，民族学基本上是持否定态度的。需指出，这本来是由于早期民族学者对对偶婚的误解，而引入的客观上并不存在的问题。“在印度的纳伊尔人中间，虽然每三四个或更多的男子共有一个妻子，但是他们每人同时还可以和别的三个或更多的男子共有第二个、第三个甚至第四个妻子，这种婚姻俱乐部的风俗绝不是真正的多夫制”。其实，乃是“男子过着多妻制的生活，而妇女则过着多夫制的生活”的对偶婚制②。同时，这种婚姻俱乐部是游离不定的，当然，也就不可能存在这种俱乐部的墓葬。

黄河流域史前中期中段是母系氏族社会向父系氏族社会过渡的重要时期，晚段是父系氏族社会完全确立时期，黄河流域的社会制度此时发生了很大的变化，聚落的婚姻家庭结构形态也在逐步发生改变。关中地区庙底沟类型聚落中房屋极少，尚难看出婚姻家庭结构与早段的明显区别。而黄河流域伊洛地区、郑州地区的房屋有单间和双间两种形式，所谓双间房屋，即是在正间的后侧附建一小间，形成里外套间的结构。里外间用薄墙隔开并通过门道沟通。这类房屋一般大于单间建筑。淅川下集早期遗存则出土了双间排房建筑，如 F1 和 F2、F5 和 F6 原是两座方形房子，后分化为两座双间房。F5 和 F6 西侧还有 1 座大小结构不清的房址，共同构成 5 个相对独立的小的生

---

① 北京大学历史系考古教研室 . 1983. 元君庙仰韶墓地 . 北京：文物出版社 . 87

② 恩格斯 . 1972. 家庭、私有制和国家的起源 . 见：马克思恩格斯选集（第 4 卷）. 北京：人民出版社 . 154

活单元①。从出土的灶、陶器等生活用具以及石斧等生产工具来看，与早段的小型房屋中出土灶、土床而少生产工具有很大不同，应该对应的是5个相对独立的小家庭。F1和F2、F5和F6，原来应是两个大家庭，后分为4个小家庭，虽然分居，但仅仅一墙之隔，因此，这种双间连排房建筑，从居住上已经充分显示出居室之间存在的密切血缘或者亲缘关系。从房址的间距来看，5个小家庭依旧属于一个大家族。相似的情况在淅川下王岗仰韶文化二期也曾发现，以F7为中心，F26、F27、F29呈环形分布，可能是4个小的家庭住室，而以F7为主，组成一个小的家族集体。淅川下王岗仰韶文化三期发现的长房建筑在二期的基础上有很大的发展。该房由21套单元房组成，其主体建筑从东北向西南呈“一”字排开，分成内间和外间，从功能上属于一个整体②。如果说连排分间房只是为个体小家庭的出现提供了线索的话，夫妻合葬墓的出现则为个体小家庭提供了有力的证据。淅川下王岗仰韶文化二期墓葬中出现了两座年龄相近的异性合葬墓M60和M539③，这两座异性合葬墓不大可能是兄妹或者姐弟合葬，显然应该是夫妻合葬墓。夫妻合葬墓的出现，意味着以往氏族墓地所埋葬的必须是同一“血缘亲族”的原则被打破，丈夫的氏族墓地，开始容纳另一个血缘亲族妻子的遗体，突破了古老血缘亲族关系的限制，从另一个侧面反映了当时的社会正在发生着深刻的变革，一夫一妻制也逐步建立起来。

黄河流域史前中期晚段聚落是父系氏族社会完全确立的时期。随着农业经济不断发展，个体家庭的地位日益突出，家族势力日益壮大。长房建筑日益普遍，如大河村仰韶文化三期、四期，发现了5组这样的建筑④。其中三期第一组建筑群体F1～F4是一座由4间房组成的连排房结构。三期第二组建筑群体由F17～F20组成，其中F19、F20是在F17、F18废弃的基础上建造起来的双间住房建筑。四期第一组长房建筑群体由F6～F9组成，其中F8、F9为主体，后续建立F6、F7。四期第二组长房建筑群体由F38～F41组成，破坏较多。四期第三组长房建筑群体由F11、F12、F13、F14、F15、F21共6座房址组成。在民族学资料中，长排房在父系氏族社会很流行。北美洲“温哥华岛上奴卡特—印第安人的大型住宅用粗大的梁柱以及厚木板组成，其中可住20～30个家庭。每个家庭有自己的房间，独立生活”⑤。在东

① 长江流域规划办公室考古队河南分队．1989．淅川下集新石器时代遗址发掘报告．中原文物，(1)：47

② 河南省文物研究所等．1989．淅川下王岗．北京：文物出版社．45

③ 河南省文物研究所等．1989．淅川下王岗．北京：文物出版社．83

④ 郑州市文物考古研究所．郑州大河村（上卷）．北京：科学出版社．77

⑤ 摩尔根．1992．印第安人的房屋建筑与家室生活．北京：文物出版社．88

南亚，北苏门答腊的卡约人与亚拉士人所住的长房为干栏式建筑，实行父系制度。“长房前廊专为男子活动场所，供宴会和行割礼，割出一部分地方供青年男子作休息场所。后廊供妇女集体使用，为她们纺纱、补衣、织补之处以及孩子嬉戏的场所。已婚夫妻及子女卧室位于房屋中部，各户私有财产储存在此。每个个体家庭称为同灶或同米（同锅吃饭的意思）。虽然各户卧室都有一灶，但仅供暖，煮饭依旧要利用设在另外房间中的灶。凡长房内有人娶妻，则再隔一间卧室，或将原房加长”①。我国云南省的基诺族也曾住过干栏式长房居室，实行父系制度。每座长房内部包括若干户，房屋上层是各户居住的地方，长房中排列有灶，有几户就有几个火塘。凡是某户有儿子或弟弟结婚，分炊吃饭，或者嫁出去的女儿因夫死或离婚回来，就增加一个火塘。居住在一个长房中的人们不能通婚，实行从夫居。大多数的火塘是一对夫妇以及子女组成的小家庭使用。未结婚的兄弟只能挤在一个卧室中。长房的门廊是供大家招待客人的地方。长房以外还有供青年男女娱乐、集会的“公房”。

根据民族学资料，可看出黄河流域史前中期中、晚段的聚落家庭婚姻与民族学记载有相似之处。淅川下王岗仰韶文化三期的长房建筑②与云南省基诺族曾住过的干栏式长房居室类似。应当就像基诺族一样，是一个家族或氏族的统一住地。长房西侧的10余平方米的圆形建筑，像基诺族长房中的“公共储存室”，是族人放置杂物的地方；东侧的3座单间住房，应当是“公房”，可能是族人招待客人的场所，也可能是青年男女娱乐、集会和谈情说爱的地方。长房中间为17座内外双间的排房建筑，内间可能是个体家庭成员饮食起居和集体活动场所，外间应是个体家庭放置物品的地方。17座住房中有10个室内有灶，标志着长房内曾住有10个个体家庭。其中位于长房西端的F38，一间一室一个灶，是一座独立的住房，可能是从父母住房分出来的已婚夫妇，重新组建的相对独立的个体家庭，因而是增建起来的一座单独的住房。F35、F14、F16、F19虽然都是独立的居室，但没有灶，不能称为一个独立的家庭，可能是虽然分居但依旧生活在一起的大家庭的成员。F49、F48，F44、F12和F40、F41三座住房内间可分为双室，其中一间有灶，一间无灶，前者可能是全家炊事和集体活动的场所，为主室；后者则可能是全家的卧室。F51、F50，F46、F45和F13、F22，三座住房所分双室以内都有灶，正如基诺族人一样，兄弟或儿子结婚最终要分灶吃饭，另立一个灶，在这样的情况下，原来的一间房子分隔成两间，自成一个独立的家庭。至于这种家庭的性质，显然是父系大家族或氏族的一个基本单元。大河村三期、四

① 汪宁生.1989. 民族考古学论集. 北京：文物出版社.211～232

② 河南省文物研究所等.1989. 淅川下王岗. 北京：文物出版社.47

期的连排长房与淅川下王岗的连排长房比，不仅规模小得多，而且布局相对凌乱。这种住房形式的变化，反映了当时家族制的一些变化。前期人口众多的大家族，正逐步分解成为小的家族；家族内部个体家庭的独立性逐步增强，有些可以自成为一个生产和生活单元，家族长对个体家庭的控制当然相对减弱。一些规模较小的家族普遍形成。这种小的家族也称为父系大家庭。由一位男性家族长管理下的自己的子孙组成几个小家庭的集合体，从这个意义上来说，与父系大家族并没有本质区别，且小家族之间依旧会构成松散的大家族联合体。

三、社会性质

黄河流域史前中期早段聚落社会依旧处于对偶婚初期，女性依旧处于社会的中心地位。如前文所述，在宝鸡北首岭、西安半坡、临潼姜寨、铜川李家沟、渭南史家村、华县元君庙、华阴横阵的墓葬中，女性的墓葬处于中心位置，一般大于男性墓葬，随葬品多于男性墓葬，女性墓葬中多随葬生活用品、骨器和牙雕等装饰品；男性墓葬多随葬生产工具。例如，西安半坡墓葬区中，有随葬品的墓葬占63%，而女性墓葬占68%，男性墓葬占32%；随葬品中，男性墓葬生产工具占95%，而女性墓葬仅占22%①。姜寨聚落墓葬中，有随葬品的墓葬中，女性墓葬占63%，男性墓葬占37%；随葬品中，男性墓葬生产工具占88%，女性墓葬占12%②。元君庙墓地中，有随葬品的墓葬中，女性墓葬占59%，男性墓葬占41%；随葬品中，男性墓葬生产工具占95%，女性墓葬占5%③。当时不仅成年女性比男性厚葬，少女同样厚葬。如姜寨墓地中，M22的墓主人年仅7岁，随葬陶器4件，另有刮削器1个、石凿1个、骨笄2个、骨匕3个、骨珠14颗和兽骨1块；M29的墓主人，年仅5或6岁，随葬陶器5件、石珠3个、骨锥2枚及骨珠72颗；M27的墓主人，也只6岁左右，随葬陶器2件，另有刮削器1个、骨箭头1个、锥1个及匕1个随葬④。同样的情况在半坡、元君庙、横阵等地都能见到。少数女孩获得厚葬或以成人葬习埋葬，也与女性的重要社会地位分不开，与当时的继承制度有关。恩格斯认为在母系氏族社会先后出现过两种不同的财产继承制，即最初子女“是同母亲的其他血缘亲属共同继承母亲的，后来，

---

① 中国科学院考古研究所，陕西省西安半坡博物馆．1963．西安半坡．北京：文物出版社．65

② 西安半坡博物馆等．1988．姜寨——新石器时代遗址发掘报告（上册）．北京：文物出版社．111

③ 北京大学历史系考古教研室．1983．元君庙仰韶墓地．北京：文物出版社．87

④ 西安半坡博物馆等．1988．姜寨——新石器时代遗址发掘报告（上册）．北京：文物出版社．118

可能就首先由他们来继承了”。前者是指个人财产由氏族集体继承，后者则存在于家族已在氏族中出现并演化为社会基层单位的时期。子女继承母亲财产的继承制，是在被民族学家确定为母权制社会时代的民族中，广泛流行的制度。“崴安多特部落的子女不能从其父亲继承什么，但可以继承母亲的所有品”；拿共纳村落印第安人的“财产权属于家族的女方，在女系中由母亲传于女儿”；苏门答腊的密浓克保人的“妻子的遗产传给孩子们。若她没有孩子，就分给兄弟姐妹。男子的遗产不传给孩子们，而是传给母系最近的亲属。财货、姓氏与地位都是通过母亲传袭”①。中期早段聚落墓区中，只见成年女性单独与儿童的合葬墓，不见男性单独与儿童的合葬墓，也是母系社会体制的重要特征，如商县紫荆 M19，是一位中年女性及儿童的合葬墓②。王家阴洼有二座墓葬③，皆为一成年女性与一小孩合葬墓。其中 M45 内的成年女性，仰身直肢，位于墓穴当中，左侧置一小孩。小孩的头骨，贴在成年女性左臂骨上。姜寨的一座瓮棺中，埋着一成年女性和小孩。元君庙也有好几座成年女性和小孩的合葬墓。在男女多人合葬墓中，女性一般也处于主导地位，而男性则处于从属地位，如元君庙墓地 M423、M438、M460 等。以 M460 为例，M460 为二次合葬墓，共 16 人，其中 11 人为女性，5 人为男性。骨架排列有序，显然按一定的规则排列，其中中年女性处于中心地位，其骨架左右放置较多的随葬品，其他 10 位女性都排列在 5 位男性的前面④，反映出这种葬俗以女性为尊。我国至今保留母系氏族残余的云南永宁纳西族的墓葬区，也有类似的特色。纳西族实行火葬，家族合葬坑在一般的情况下，“排列六至七个骨灰袋。骨灰袋的排列有一定的规律：凡是同一家族的死者，男女分为两列，女子居右（纳西族以右为尊），男子在左。不同辈分也加以区分，老辈在上边，中辈在中间，小辈在下边”⑤。这种排列显然反映的是母系氏族制度的葬俗。

黄河流域史前中期早段聚落社会所处的母系氏族阶段，虽然女性墓葬的随葬品多于男性墓葬，但可能出现了所谓的个人物品，如半坡聚落女性所使用的饰品。但从墓葬资料和民族学的研究来看，没有出现贫富分化，整个社会阶段依旧是公有制。半坡聚落中，在遗址的东北角和西南处，发现了大量

---

① 恩格斯.1972. 家庭、私有制和国家的起源. 见：马克思恩格斯选集（第 4 卷）. 北京：人民出版社.154

② 西安半坡博物馆，商县图书馆.1981. 陕西商县紫荆遗址发掘简报. 考古与文物，(3)：64

③ 甘肃省博物馆大地湾发掘小组.1984. 甘肃秦安王家阴洼仰韶文化遗址的发掘. 考古与文物，(2)：51

④ 北京大学历史系考古教研室.1983. 元君庙仰韶墓地. 北京：文物出版社.71

⑤ 汪宁生.1989. 民族考古学论集. 北京：文物出版社.211

的灰坑窖穴，显然是聚落居民的公共仓储所在①。下王岗仰韶文化一期中，F28周围分布较多的灰坑窖穴，F6周围分布较少，其他房子附近很少见到灰坑窖穴，而在聚落遗址的东北角，发现了大量的灰坑窖穴②。这可能反映了整个聚落经济为公有，财产统一放置或者由氏族长统一管理。

黄河流域史前中期中、晚段聚落社会，随着农业经济的发展和社会分工的日益细化，女性主要从事家庭副业、料理家务以及繁育后代，以农业生产为主的经济活动主要依靠男性完成，男性的社会地位日益提高。在母系氏族的晚期，这种趋势已经有了明显的反映，如元君庙墓地，出现了唯一的类似父系氏族社会才出现的男女和小孩的合葬墓，下王岗一期墓葬中，男性墓葬中出土的随葬品多，西水坡墓地的M45的墓主人也为男性，墓葬用龙、虎形象陪葬，且用龙、虎等形象为先导，显示其为地位非凡，甚至可能是部落首领之类的人物③。上述现象说明，当男性成为经济活动中的主角时，随着剩余财富的不断增多，必然使男性产生对所生产的物质财富拥有支配权的欲望，要求确立自己在家庭中的核心地位。而人口的增加，聚落密度的加大，加剧了聚落之间的矛盾。为保护人身和财产安全，需要勇武有力、智勇兼备的人，不言而喻，男性能在这些方面作出更大的贡献，从而容易受到全族人的尊敬而确立应有的社会地位。黄河流域史前中期中、晚段聚落社会，以男性为中心的父系社会制度完全确立。在下王岗仰韶文化二期有随葬品的墓葬中，男性墓葬占了78%；三期有随葬品的墓葬中，男性墓葬占了86%④；大河村仰韶文化三期有随葬品的墓葬中，男性墓葬占了83%；四期有随葬品的墓葬中，男性墓葬占79%⑤。黄河下游的野店遗址墓葬区中，在有随葬品的墓葬中，男性占70%，女性占30%⑥。这些数据，似乎显示了男性对社会财富的支配权。但值得注意的是，与野店等遗址几乎同时的刘林、大墩子遗址中，女性墓葬中的随葬陶器数量，和男子相等，甚至高于男子，如男性（一）类墓葬随葬的陶器，分别为7.7件和7.5件，而两地同类墓中的女性墓的随葬陶器，平均每墓分别为10.8件和7.3件。同样，刘林和大墩子男性（二）类墓葬的陶器，平均每墓分别达3件或3.2件，女性则是3.7件和3.6件。显然，妇女在家族中对财产依旧拥有较大的支配权，其家族和社会

① 中国科学院考古研究所，陕西省西安半坡博物馆．1963．西安半坡．北京：文物出版社．101

② 河南省文物研究所等．1989．淅川下王岗．北京：文物出版社．113

③ 濮阳市文物管理委员会，濮阳市博物馆，文物队．1988．濮阳西水坡遗址发掘简报．华夏考古，(1)：1~4

④ 河南省文物研究所等．1989．淅川下王岗．北京：文物出版社．83

⑤ 郑州市文物考古研究所．郑州大河村（上卷）．北京：科学出版社．81

⑥ 山东省博物馆等．1985．邹县野店．北京：文物出版社．167

地位，并未因母权制被颠覆而变得今昔两重天。无疑，这同渐进地、和平地实现这一变革有关，这也是父系氏族制早期的特征。而合葬墓中，男性也逐渐处于突出地位。在异性合葬墓中，改变了早段女性处于墓葬中央，男性居于一侧的状况，男性居于墓葬中的主导地位。以下王岗二期文化为证：M198是16个男女合葬墓，中年男性居首，并拥有较多的随葬品，其他15人则屈居其下，随葬品极少；M300是20个男女合葬的二次葬墓，其中11个男性均排列在女性的前面①。在大汶口、刘林、野店三个父系氏族墓地，共发现16座年龄相当的男女合葬墓，且都是按男左女右的顺序排列。乐都柳湾墓地三座男女合葬墓，其中一例女性被捆绑而葬，两例是生殉②。在其他地方，还发现男子直卧于棺中，一青年女子侧身面向男子卧于棺外，一条肢骨被压于棺下的情形。这些墓葬的随葬品大都偏于男子一侧，如大汶口晚期一号墓，男子随葬品40多件，女子偏居从正穴扩出的小坑内，仅在颈部佩一玉管，腰间放一龟甲。并且这些墓葬的墓主都不是一次下葬的，很可能是以男性为主体，而把女子作为殉墓者而下葬的③。由此可看出当时的葬俗是男性居首要地位，女性居于次要地位。与子女的合葬墓中，由女性与子女合葬的情况转化为男性与子女合葬，如下王岗二期东北墓葬区中有80余座合葬墓，没有发现一座女性与儿童的合葬墓，却发现6座男性与儿童的合葬墓以及70余座成年男女与儿童的合葬墓④。其中M263、M308为成年男性与儿童的合葬墓，同样应该是父辈与子女辈的合葬。M249是一对中年夫妇与父辈、子女的合葬，M605可能是一对青年夫妇与父辈和子女的合葬，即祖孙三代合葬。M324可能是一对中老年夫妇与儿子的合葬。M325可能是一对中年夫妇与子女的合葬。这些墓葬进一步表明，当时的子女不仅确认出自己的母亲，而且确认出自己的生身父亲，父亲也同样确认出自己的亲生子女。以男性占主导地位的个体家庭作为新的社会细胞，已经最终确立起来。如果说，在黄河流域史前中期早段聚落社会，男性“要求确立自己在家庭中的核心地位”还只是一种欲望的话，那么到了中晚段可以说是已经成为现实。

黄河流域史前中期中、晚段聚落社会，随着农业经济的发展，父系个体家庭增加，私有财产和等级阶层也逐渐形成。例如，灵宝西坡仰韶中晚期聚落的公共墓地的墓葬形制可分为大、中、小三类，大墓随葬有玉器和较多的

① 河南省文物研究所等.1989. 淅川下王岗. 北京：文物出版社.89

② 青海省文物管理处考古队，中国社会科学院考古研究所.1984. 青海柳湾——乐都柳湾原始社会墓地（上册）. 北京：文物出版.67

③ 侯外庐等.1991. 中国古代史（上册）. 福州：福建人民出版社.117

④ 河南省文物研究所等.1989. 淅川下王岗. 北京：文物出版社.90

陶器等随葬品，而中、小型墓葬中随葬品相对较少。又如，孟津妯娌遗址墓地依据面积大小和葬具状况，大体可分为大、中、小三类，随葬品同样存在多寡之别。这样财产拥有的多寡与身份地位的差别在西山遗址、大河村遗址中多少也有反映，说明财产私有、贫富分化和社会阶层的形成已经比较普遍。贫富分化相应催生了社会矛盾，在大河村四期的窖穴内就时常发现零星的人骨和屈肢葬、坐式葬以及捆绑式葬等特殊的人骨架[①]。在该期 H35 中，发现一侧身屈肢的年轻男性骨架。在 H218 中，在坑底发现一完整侧身屈肢人骨架，无随葬品[②]。在西山遗址晚期的灰坑中发现的人骨架，"有的则是随便抛进灰坑中，形态各异；有的尸骨不全，身首异处"[③]。在青台遗址晚期的部分灰坑内，埋葬有完整的人骨架[④]。在点军台三期遗址的 H57，是一个人骨架乱葬坑，经初步清理，可辨认为 10 个人被非常态的埋葬，其中有 2 个儿童骨架。登封颍阳遗址的一个圆形灰坑中，埋有 10 个身首异处的人骨架[⑤]。大汶口遗址早期墓葬 M18、M16、M20 有几十具散乱人骨架[⑥]。同样的情况在洛阳王湾二期、长葛石固第七期、临汝北刘庄二期等聚落遗址中，都有发现。这些非正常的墓葬，不少死亡者是因为成为战俘或被奴役而死亡的。恩格斯在论述古代奴隶制产生过程时说过："一切部门——畜牧业、农业、家庭手工业——中生产的增加，使人的劳动力能够生产出超过维持劳动力所必需的产品。同时，这也增加了氏族、家庭公社或个体家庭的每个成员所负担的每日的劳动量。吸收新的劳动力成为人们向往的事情了。战争提供了新的劳动力，俘虏变成了奴隶。[⑦]"奴隶制起源于战俘，但逐步扩展到对同部落人甚至同氏族的范畴，古代部落战争，主要目的是对财富的攫取。《国语·周语下》："黎、苗之王……上不像天……是以人夷其宗庙，而火焚其宗器，子孙为隶，下夷于民。""子孙为隶"，就是把俘虏的苗族成员变为奴隶。我国"云南西盟中心地区的佤族，有 3% 或更多的户占有奴隶。他们多为部落首领，富有者，每户占有一至数人。奴隶人口占总人口的 1% ~6%，以女奴和青年奴隶居多。奴隶可以自由交易，奴隶没有人身自由"。"云南德宏景颇族有些山官、头人和富户，每家占有三四个奴隶，多者达到数十人。

① 李昌韬．1996．试论大河村文化．见：河南文物考古论集．郑州：河南人民出版社．112

② 郑州市博物馆．1979．郑州大河村遗址发掘报告．考古学报，(3)：301 ~375

③ 杨肇清．1997．试论郑州西山仰韶文化晚期古城址的性质．华夏考古，(1)：56

④ 郑州市文物工作队．1987．青台仰韶文化遗址 1981 年上半年发掘简报．中原文物，(1)：1 ~7

⑤ 郑州市文物工作队．1995．河南登封县几处新石器时代遗址的调查．考古，(6)：481 ~496

⑥ 黄展岳．1996．中国古代的人牲人殉新资料概述．考古，(12)：53 ~61

⑦ 恩格斯．1972．家庭、私有制和国家的起源．见：马克思恩格斯选集（第 4 卷）．北京：人民出版社．53

主要来自战俘、买卖和债务。包括家内奴隶和家外奴隶两种，家内奴隶随主人姓……生活上与主人同，但从事沉重的生产劳动，挨打受骂。主人可以将他们出卖、陪嫁、处死和殉葬"①。大河村等聚落遗址所发现的非正常死亡者，生前身份应该就是早期社会中的家庭内奴隶，可以推断，黄河流域史前中期中、晚段聚落社会，已经进入原始的奴隶制，即家长奴隶制阶段。

与此同时，部落战争的频仍，促使聚落居民为保护私有财产和人身安全而创造出各种防御手段。这种防御手段表现在当时的聚落形态中就产生了全新的因素，其中主要的因素就是城址的出现。黄河流域史前最早的城址是郑州附近的仰韶文化晚期的西山城址。西山城址的出现，是我国古代聚落形态的一次革命，使我国聚落形态从村落居址发展到城堡居址，是当时居民为保卫自身的财产和人身安全而建造出来的一种新型防御体系。这种防御体系的形成，有其自身发生、发展的过程。摩尔根曾指出："在回顾人类进步过程中，可以注意一点，那就是，在低级野蛮社会中，各个部落常住的家，是用栅栏围起来的村落。在中级野蛮社会中，开始出现了用土坯和石头盖造的群居宅院，似一个碉堡。但到了高级野蛮社会，在人类经验中，首次出现以环形城郭围绕的城堡。人们想到要用整齐叠砌的筑成城郭来围绕一块足以容纳人口相当多的地面，在城郭上造起谯楼、女墙并开辟城门，使它既便于保卫公众、又便于公众合力防守，而且把这种想法付诸实现，这是人类的一大进步。②" 在黄河流域史前早、中期聚落社会中，贾湖、半坡、姜寨、西坡、西水坡等遗址中，已经出现围绕村落的壕沟，这可能是最早的一种集体防御设施，主要用来防御凶猛的野生动物的侵扰。到了史前中期聚落社会的晚段，在围沟以内的地面上，建造巨大的城墙，这种突起的障碍，是防御体系的质变。既能有效防止野生动物的袭击，又能有效防止敌对部落的进攻，还能抵御水害，从而大大增强这种防御体系的功能。建造西山城堡这种大型的防御体系，需要巨大的人力、物力，不是一个家族、一个氏族甚至一个部落的力量所能完成的，需要若干个部落联合起来。显而易见，西山城址是部落联盟的力量完成的，西山城址是这个部落联盟的中心聚落居址，城址中部大型的房址是部落联盟的会议大厅和首领居室。恩格斯指出："财富在迅速增加，但这是个人的财富。③" "邻人的财富刺激了各民族的贪欲，在这些民族中，获取财富已成为最重要的生活目的之一。他们是野蛮人，进行侵占在他们看

---

① 宋兆麟 . 1983. 中国原始社会史 . 北京：文物出版社 . 315

② 摩尔根 . 1971. 古代社会 . 北京：商务印书馆 . 125

③ 恩格斯 . 1972. 家庭、私有制和国家的起源 . 见：马克思恩格斯选集（第 4 卷）. 北京：人民出版社 . 160

来是比进行创造的劳动更容易甚至更加荣誉的事情。以前进行战争，只是为了对侵犯进行报复，或者是为了扩大固有的领地与势力范围；现在进行战争，则纯粹是为了侵占，战争成为经常的职业了"①。正是在这种社会背景下，作为新型防御体系的城址首先在部落联盟集团的中心区域产生出来。因此，城址的出现，是当时聚落形态的分化，反映了当时社会成员之间的贫富分化，社会地位分化、侵夺和战争加剧了这种分化，从而导致当时整个社会出现了阶级的萌芽。

四、宗教形态

黄河流域史前中期聚落社会的宗教形态较早期有了很大的发展。半坡发现的埋在地下的两个盛有粟米的小罐以及在第二号窖穴中见到的有盖的小陶罐，可能就是与祭祀活动有关的产物，大概是奉献"粟米之神"以求更多的收获。半坡陶盆上配置有鱼纹的图案，可能具有某种魔术征验的意义，是借以表达获取更大量的生产物的宗教画。这里特意埋藏在大型一号房子居住面下的带盖粗陶罐，和南壁下白灰层中的人头骨及其旁边破碎的粗陶罐②，很可能是同奠基仪式有关的包括人牲在内的祭祀遗存。此时普遍存在灵魂升天的观念，从半坡遗址、姜寨遗址、大地湾遗址到中原的王湾遗址、大河村遗址的瓮棺葬，以尖底瓶或缸为棺具的情况下，棺盖上大多留有小孔，以便让死者的灵魂通过小孔升天。尤其是在儿童墓葬中，这种观念更加盛行。成年人的墓葬中则延续了早期聚落的一些宗教观念，如在半坡文化的墓葬中，女性墓葬依旧保留了放置赤铁粉的习俗，有的墓葬中则有涂朱的现象，即在随葬品上涂上猪血或者其他红色的涂料，有学者认为，这种葬俗也是灵魂永存的具体表现③。

此时的祖先崇拜也有了相当的发展。但用来祭祀祖先的祭品各地则因时因族而有所不同，而猪则是古代人们用来祭祀祖先的主要祭品之一。《说文·犬部》云："豕……宗庙之田也。"是可知古人曾经有为专门祭祀祖先而去猎猪的习俗。《礼记·王制》云："士无故不杀犬、豕。"郑玄注："故谓祭飨。"就是说犬、豕是祭祀祖先的珍贵物品，不为祭祖是不得随意乱杀的。在黄河流域史前中期聚落遗址中，以猪作为祭品的现象非常多。大地湾遗址 H143 中，发现了 8 具猪的骨架，其中完整的猪架 5 具。其他的灰坑中，

① 恩格斯 . 1972. 家庭、私有制和国家的起源 . 见：马克思恩格斯选集（第 4 卷）. 北京：人民出版社 . 159

② 中国科学院考古研究所，陕西省西安半坡博物馆 . 1963. 西安半坡 . 北京：文物出版社 . 34

③ 石兴邦 . 1979. 半坡氏族公社 . 西安：陕西人民出版社 . 124

也能见到猪的散乱骨架①。大河村以西的后庄王中层文化中，也发现16具猪骨架，“其中大猪骨架6具，中等猪骨架9具，小猪骨架1具，除少数猪骨架较为零散外，大部分较为完整，这些猪都埋在灰坑或者灰土层中”②。青台遗址、汝州中山寨遗址、安阳鲍家堂遗址都发现了大量的猪骨架。而黄河下游的大汶口文化刘林遗址采集的652件兽骨中，猪牙床有171具，占26%多③。在大汶口墓地，用猪随葬的墓占三分之一以上，胶县三里河一座墓中随葬猪下颌骨多达32个。所有遗址中发现的猪骨架，相当部分都不是随意放置的，应该是作为祭祀用品而埋入灰坑中的。除猪外，狗是仅次于猪的祭祀祖先的祭品，庙底沟文化墓葬中，狗占所有祭祀动物的23%，其放置状态同于猪，在大汶口文化的大墩子遗址中，以陶狗作为祭祀用品。以猪、狗尤其是猪作为祭祀祖先的主要祭品，这是黄河流域史前中期聚落普遍流行的祭祀祖先神灵的习俗。即使到了近代，我国民间依旧流行以“猪头三牲”祭祀祖先的习俗。在我国的少数民族中间也是这样，如生活在我国东北的满族，认为鸟是其始祖，因此在跳神时即将猪肉置于杆上让空中飞来的鸟食用④。生活在云南永宁地区的纳西族，习惯于每年的“十月杀年猪祭祖，在正式祭祀前，先杀猪，用猪血染红白杨树枝……据说用猪血染红的树枝、石头，是表示对祖先的崇敬”⑤。生活在广西盘村的瑶族在祭祀盘王时，“还盘王愿的人家要宰杀一两头猪，祭祀始祖盘王”。生活在台湾的高山族祭祀祖先时，用猪骨祭祀先祖。所有这些都表明，古往今来我国广大地区的少数民族，都曾经流行用猪祭祀祖先的习俗⑥。

黄河流域史前中期聚落社会聚落众多，部落林立。部落图腾文化得到充分的发展。图腾一词来源于印第安语“totem”，意思为“它的亲属”，“它的标记”。在原始人信仰中，认为本氏族人都源于某种特定的物种，大多数情况下，被认为与某种动物具有亲缘关系，于是，图腾信仰便与祖先崇拜发生了关系，在许多图腾神话中，认为自己的祖先就来源于某种动物或植物，或是与某种动物或植物发生过亲缘关系，于是某种动物、植物便成了这个民族最古老的祖先。例如，《史记》云：“天命玄鸟，降而生商。”玄鸟便成为商族的图腾。因此，图腾崇拜与其说是对动、植物的崇拜，还不如说是对祖

① 甘肃文物考古研究所.2006. 秦安大地湾——新石器遗址发掘报告（上册）. 北京：文物出版社.237

② 郑杰祥.2005. 新石器文化与夏代文明. 南京：江苏教育出版社.74

③ 南京博物院.1965. 江苏邳县刘林新石器时代遗址第二次发掘. 考古学报，(2)：47

④ 周信.1935. 清初东北人的生活. 禹贡，3 (5)：37

⑤ 詹承绪.1980. 永宁纳西族的阿注婚姻和家庭. 上海：上海人民出版社.279

⑥ 胡起望，范宏贵.1983. 盘村瑶族. 北京：民族出版社.45

先的崇拜，这样更准确些。图腾与氏族的亲缘关系常常通过氏族起源神话和称呼体现出来，如鄂伦春族称公熊为“雅亚”，意为祖父，称母熊为“太帖”，意为祖母。鄂温克族人称公熊为“和克”（祖父），母熊为“恶我”(祖母)。苗族、瑶族、畲族有盘瓠传说。匈奴族有狼图腾的传说，《魏书·高车传》记载：“匈奴单于生二女，姿容甚美，国人皆以为神，单于曰：‘吾有此女安可配人，将以与天。’乃筑高台，置二女其上，曰：‘请天自迎之’。经三年，复一年，乃有一老狼，昼夜守台嗥呼。其小女曰：‘吾父使我处此，欲以与天，而今狼来，或神物天使之然’。下为狼妻，而产子。后遂繁衍成国，故其人好引声长歌，又似狼嗥。”侗族传说其始祖母与一条大花蛇交配，生下一男一女，滋生繁衍成为侗族祖先。黄河中游的汝州阎村遗址出土的彩绘陶缸上的“鹳鸟石斧图”，就是典型的图腾崇拜图。画面鹳鸟形象生动威猛，为画面的主体；而口中的鱼则显得有气无力，鹳鸟对面树立一石斧。鹳鸟应该是死者氏族所崇拜的图腾，一侧的石斧可能是权力的象征。民族志资料表明，原始人类往往把本族崇拜的图腾形象，刻画在显著的地方或工具上，以便经常对之顶礼膜拜并作为本族的标志和名称。如在南美洲阿兹克部落首领梦提组玛就把本族图腾鹫的图形放在自己的住宅上[①]。加拿大的不列颠、哥伦比亚的海达—印第安人，就常将图腾刻绘在自己的工具或器物上[②]。我国商周时代的青铜礼器上，铸有族徽图形，这些族徽中有许多是古代或当时的氏族图腾。“鹳鸟石斧图”的氏族，可能是古代文献记载的鹳兜族，又称鹳头族。《山海经·海外南经》云：“鹳头国在其（毕方）南，其为人，人面有翼，方捕鱼。”《山海经·大荒南经》云：“鹳头人面，有翼，食海中鱼。”这种半人半鸟的形象，正是鹳兜族把自己崇拜的鹳鸟图腾加以人格化的反映。鹳兜族本是生活在中原地区的原始部族，《山海经·大荒北经》云：“颛顼生鹳头，鹳头生苗民。”《山海经·大荒南经》又云：“大荒之中，有人名曰鹳头。”由此可知，鹳兜族与生活在嵩山地区的夏族同源，是颛顼族的一个旁系支族。不仅如此，鹳兜族还与中原地区的其他原始部族结成联盟。《史记·五帝本纪》云：“尧曰，谁可顺此事？……鹳兜曰：‘共工旁聚布功，可用’。”张华《博物志》卷二又说：“鹳兜国……帝尧司徒。”鹳兜族的首领能参与选举尧的继任人选，无疑是中原地区以尧为首的部落联盟的重要成员之一。西水坡遗址出土的蚌砌龙虎图案所显示的图腾崇拜、宗教意义更加浓厚。图案出土于遗址中部，大约可分为三组。一组是蚌砌龙虎图案；二组是蚌砌龙、虎、鹿、蜘蛛图案；三组是人骑龙和虎等。这三组蚌

① 马克思．1978．摩尔根《古代社会》一书摘要．北京：人民出版社．161

② 汪宁生．1981．从原始记事到文字发明．考古学报，(1)：43

砌图案，是我国最早的龙、虎、鹿等图像的组合体，虎、鹿是现实中常见的动物，而对于龙，则可能是鳄鱼的变体。鳄鱼之所以称为龙，可能与其鸣声大有关。《赤雅》：“鳄鱼一名忽雷。”可知古人认为鳄鱼的鸣叫声如雷的声音。雷的声音为“隆”。《诗经·大雅·云汉》：“旱既太甚，蕴隆虫虫。”《毛传》曰：“隆隆而雷。”隆与龙古音同，相通用。《左传·成公二年》：“齐侯伐我北鄙，围龙。”《史记·十二诸侯年表》写作：“取我隆。”《史记·鲁周公世家》：“齐伐取我隆。”《集解》云：“《左传》作龙。”又《晋世家》云：“齐伐鲁，取隆。”由此推测，古人最早对鳄鱼或不称鳄，而以其鸣叫的声音称为隆或“龙”，以后龙被神化，形象上被加工美化，与现实生活的鳄鱼分隔开，人们才以鳄取代原先的龙。恰如前所述，中原地区古代气候温暖潮湿，水泽众多，是鳄鱼合适的生存场所。黄河流域曾经出土过扬子鳄的遗骨①。证明此区域确实生存了不少的鳄鱼。鳄鱼是水族中凶猛的动物，人们为了生存，曾经与之斗争，加以征服，为自己所用，成为自己所崇拜的图腾。

第三节　黄河流域史前晚期聚落的社会形态

一、社会结构

黄河流域史前晚期社会承袭了中期中晚段祖先的习俗，聚落居民适应农业生产的需要，继续过着定居的聚落生活，具有共同的血缘关系和地缘统一性，社会结构进一步发展。个体家庭功能更加完善。在中原龙山文化发现的1000多个遗址中，房址大多依旧有规律排列，特别是龙山文化晚期王城岗、孟庄、平粮台、后岗等城址内的居民区都分割成块，排列有序。而齐家文化等居民死后均被埋入一定的公共墓地。这些墓地或如皇娘娘台那样，被分割成若干区块，或如秦魏家南、北两墓地一样②，被分成若干排列和墓组。《周礼·春官》：“墓大夫掌凡邦墓之地域，为之图，令国民族葬，而掌其禁令，正其位，掌其度数，使皆有私地域。”这类制度应当起源很早，在黄河流域史前早期聚落的社会中就已经成为一定的墓地规划制度。这说明当时的居民依旧聚族而居，氏族部落依旧是社会中重要的组织单元。氏族内部进一步分化发展，个体家庭成为主轴。河南西部的三里桥类型，河南东部的造律台类

---

① 王沌．1992．中原地区历史旱涝气候研究与预测．北京：气象出版社．61

② 黄河水库考古队甘肃分队．1960．临夏大何庄、秦魏家两处齐家文化遗址发掘简报．考古，(3)：9～12

型，山西南部的陶寺类型，胶东区的杨家圈类型，胶莱区的两城镇类型，鲁西北的城子崖类型，鲁中南的尹家城类型以及陕西关中地区的客省庄二期文化等聚落，虽然区域特色明显，但存在一个共性，中期聚落社会中大型房址逐渐减少，而适应个体家庭居住的小型房址大量出现，河南永城王油坊、汤阴白营、安阳后岗和淮阳平粮台等地发现的史前房址，面积都在 12 平方米左右，室内带灶。在中原地区，还发现早、中期聚落社会中很常见的氏族部落公共墓地逐渐减少了，代替以零星的墓葬群。这说明在中原地区个体家庭的独立性增强，能够更多地从事个体劳动，削弱了父系家族的控制力。但在黄河流域上游的齐家文化中，这种现象很少出现，可能是齐家文化的经济发展不如中原地区，也有可能是区域文化特色所致。

氏族内部结构出现变化的同时，氏族部落之间的关系也进一步分化成敌对与联盟的关系。由此，在黄河中下游地区，形成了比中期聚落社会更多、规模更大的中心聚落群体，尤其是龙山文化晚期以城址为中心的聚落的形成，成为黄河流域史前晚期聚落社会结构的最终形态，为夏、商等未来的国家政权的形成奠定了基础。因此，正如恩格斯所说："在新的设防城市周围屹立着高峻的城墙并非无故：它们的壕沟深陷为氏族制度的墓穴，而它们的城楼已经耸入文明时代了。"这意味着在黄河流域的绝大多数区域，原始的氏族制度行将完结，以国家政权为标志的文明时代的阶级社会即将到来，这是古代社会发展史上一个重要的历史阶段。对于这个历史阶段的社会结构如何称呼和划分，学术界历来意见不一。最早注意和指出存在这个历史阶段的摩尔根在《古代社会》一书中论述美洲印第安人社会组织时，指出印第安人的氏族制度由氏族、胞族、部落和部落联盟组成。人类学家埃尔曼·塞维斯提出这个阶段的社会组织应当称为酋邦①。苏秉琦将这种社会组织称为"古国"②。张学海将之称为"都、邑、聚"的金字塔形等级社会结构③。从血缘关系来说，此时的社会结构应该是由个体家庭、家族、氏族、部落、部落联盟、部族构成。社会的最高组织机构就是部族。部族是原始社会末期因部落战争频仍迫使住地附近的本族和非本族的部落和部落联盟进一步合并起来，组成一个规模更大、联系更加紧密的、以血缘和地缘关系为基础的新的人们共同体，其以部落联盟或部族议事会认可的形式推举军事首领，摩尔根称之为"军事民主集团"。这种权力机构代表的是少数贵族集团的利益，具有未

---

① 马克思 . 1978. 摩尔根《古代社会》一书摘要 . 北京：人民出版社 . 76

② 苏秉琦 . 1999. 中国文明起源新探 . 北京：生活 · 读书 · 新知三联书店 . 23

③ 张学海 . 1996. 浅说中国早期城的发现 . 见：长江中游史前文化暨第二届文明学术讨论会论文集 . 长沙：岳麓书社 . 111

来国家的雏形，有人称为“前国家”或“类国家”组织①。龙山时代的城址，应该是每个部族的中心聚落，部族的首领和议事机构都集中在城址中，城址周围的聚落和城址共同构成部族的城乡居民。每个部族都是一个独立或者相对独立的政治、经济实体，都在努力巩固和扩大自己的势力范围，因此，当时在黄河流域，尤其是黄河中下游地区形成了部族林立的局面。

二、婚姻家庭

黄河流域史前晚期聚落数量与中期不相上下，但规模相对较小，氏族人口性别比例也出现了新的变化，如表6-3所示。从表6-3中可以看出，在晚期聚落居民中，男性依旧多于女性，但男女性别比差距有所缩小。婚姻家庭关系则逐渐变得成熟。

表6-3　黄河流域史前晚期聚落人口性别构成统计表

序号	墓葬名称	人骨架鉴定数量/个	男性/人	女性/人	性别比/%
1	庙底沟二期	38	27	11	245.45
2	王湾二期	29	18	10	180.00
3	陈郭村	62	16	36	44.00
4	大河村	52	33	12	275.00
5	三里河	86	47	36	130.56
6	尹家城	58	37	6	616.67
7	呈子	30	19	7	271.43
小计		355	197	118	166.95

资料来源：张之恒.2008. 黄河流域史前人口性别研究. 考古学报，(4)

黄河流域史前晚期聚落社会的父权制对偶婚个体家庭进一步减少，而稳定的一夫一妻制个体家庭成为主体。但是由于受当时生产力水平的制约，个体家庭依旧没有能力从事较大型的生产活动。基本的生产资料，如土地，还属于父系大家族所有，实行集体耕作，按劳分配，这些个体家庭依旧不同程度的因血缘关系和地缘关系组成一个父系家族。例如，在汤阴白营龙山聚落中，发现的房址众多，但其分布疏密不同，构成10余个多少不等的房址组群，组群以内房址大小相间②。安阳大寒龙山文化聚落中也有同样的现象。这里出土“房址6座。其中圆形房址2座，长方形房址4座。6座房址分布

① （德）罗曼赫尔佐克.1998. 古代的国家——起源和统治形式. 北京：北京大学出版社.43

② 安阳地区文物管理委员会.1980. 河南汤阴白营龙山文化遗址. 考古，(3)：193～202

在大约400平方米的范围内，可分为2组，每组3座，都是1个圆形与2个长方形房址搭配。房址之间有很厚的土路相连，证明是同时期的建筑”①。房主人之间应有着密切的关系。这些房址组群应该是一对夫妻家长连同已婚子女组成的父系大家庭的住地。

三、社会性质

黄河流域史前晚期聚落社会，男女的社会分工更加明显，如齐家文化、龙山文化男子的墓葬中多随葬有农业生产工具锛、凿、刀，以及镞和弓箭等，而女子的墓葬中多随葬纺轮等，男耕女织的分工比较明显。这时的男子成为主要的生产者，在生产和经济上处于主导地位。男性随葬品的数量更加多于女性，从一个侧面反映出男性比女性占有了更多的财富。但在中原龙山文化和山东龙山文化区域，此时夫妻合葬墓极少，大多是单人葬，可能是龙山文化的一个独特的文化现象。而齐家文化的墓葬中，则清晰地反映出男尊女卑的夫权极致。例如，皇娘娘台M52、M38、M76三墓②，夫左妻右成为定制，丈夫的葬式均为仰身直肢葬，妻子则侧身屈肢葬，面向丈夫。皇娘娘台还存在三座成年男性带着两位成年女性的合葬墓。这些墓葬中的成年男子均仰身直肢位于墓穴中部。两侧的女子，侧身屈肢，面向男子，双手屈于面前，显示侍奉、屈辱的状貌。仔细观察，可知二女子的情况还略有区别。M24右侧女性腰间随葬残铜锥一件，右臂肘佩戴一件石壁，颈项佩饰钻孔绿松石小珠数枚，而左侧女性仅颈项佩饰数枚钻孔绿松石珠；M66左侧女性身上有石壁二件，蹲在右侧的女性一无所有；M48两位女性骨架上均有红色颜料，但右侧女性较年轻。据此可推定墓中的一位女性当是男子的妻子，另一女性则是男子的妾。皇娘娘台的M76墓中女性似经捆绑后仍作过挣扎，以致下葬时，悖于同类墓惯例，背向左侧的男子，双手并拢举于前方，这类合葬墓中的女性，当是妻妾殉葬制下的牺牲品。

随着社会财富的增加，私有制得到很大的发展，个体家庭开始拥有多少不等的私有财产。在汤阴白营龙山文化晚期遗存中，发现50余个灰坑，大多可能是储存物品的窖穴，全都分布在房址的周围。这些窖穴所储存的物资显然是房屋主人的私有财产③。类似现象在安阳后岗龙山文化聚落遗存中更为典型。所发现的16个窖穴，大部分分布在房子的附近，个别的在室内，12座抹有白灰面的灰坑具有防潮、防腐作用，这类灰坑大部分在房址内，少

① 中国社会科学院考古研究所安阳工作队．1990．安阳大寒村南岗遗址．考古学报，(1)：21

② 甘肃省博物馆．1960．武威皇娘娘台遗址发掘简报．考古学报，(2)：47

③ 安阳地区文物管理委员会．1980．河南汤阴白营龙山文化遗址．考古，(3)：193～202

数在房址周围，如F29内有3个白灰面窖穴，推测可能是用来储存食物或谷物①。客省庄二期文化的房址中也有类似的窖穴。住房内既然分布有储存物资的窖穴，可证明这些个体家庭已经普遍有了自己的私有财产。这个时期的窖穴以小型、呈袋状且制作规整为其突出特点，且部分窖穴位于房址内部，反映出当时的人已经有意识注意保护自己的私有财产。此时个体家庭的私有财产，开始应该是来源于氏族的共同劳动所实行的按劳分配方式。例如，生活在云南的独龙族，父系家族昌盛时期的土地公有制形态称为“夺木古”，土地由家族全体成员共同耕种，产品实行共同消费。以后由于个别家庭不愿参加集体劳动，就发展为要求个体家庭平均出劳动力参加劳动，播种“夺木古”所需的种子也要由各个家庭平均负担，收获的农产品以前实行共同消费，这时则多劳多得，少劳少得，把农产品“直接分配到各家或各个火塘，于是储存私有粮食的私有谷仓，代替了原来的公共谷仓”②。汤阴白营、安阳后岗龙山文化房址内出土的大小不等的窖穴，应当就是储存个体家庭私有粮食的私有仓库。由平均分配转变为一定程度的按劳分配，是当时生产关系的一个进步，调动了家族成员的劳动积极性，促进了生产力的发展。

私有制的加深与发展，导致阶级分化和等级制度与前期相比更加明显。中原龙山文化陶寺墓地墓葬③可分大、中、小三种，分别占1.3%、11.4%和87.3%。大墓有木棺，随葬品多达一二百件，其中往往有龙纹盘、石磬、木鼓、大量漆木器、陶器和玉石器等。中型墓一般有木棺，随葬品有陶器、少量彩绘木器、玉石器及猪下颌骨等，保存较好的有麻布殓衾。与上述大中型墓形成鲜明对比的是87%以上的小型墓绝大多数无任何葬具和随葬品，仅个别的有木棺，或两三件骨笄、陶罐之类的随葬品。大中型墓与小型墓主人的区别，不仅是贫富的差别，还应有身份和社会地位的差别。因为大中型墓中往往出玉钠和石钺，应是军事权力的象征；有些大型墓中有石磬、木鼓等，更应是特殊地位的标志。由此可见，陶寺墓地所代表的社会集团已有初步的阶级分化。山东龙山文化的朱封大墓④规格更高，墓葬中都有棺、有椁，随葬品十分丰富。例如，M1、M203是一座重椁一棺墓，M202虽只有一椁一棺，但墓葬规模和随葬器物并不比重椁墓稍差。龙山文化墓地至今已经发现不少，其中主要有日照两城镇、临沂大范庄、诸城呈子、胶县三里河、潍

① 中国社会科学院考古研究所安阳工作队．1985. 1979年安阳后岗遗址发掘报告．考古学报，(1)：34

② 宋恩常．1975. 云南少数民族社会与家庭形态调查研究．昆明：云南大学出版社．10

③ 解希恭．2007. 襄汾陶寺遗址研究．北京：科学出版社．98

④ 中国社会科学院考古研究所山东工作队．1990. 山东临朐朱封龙山文化墓葬．考古，(7)：587～594

县鲁家口、潍坊柿子行、泗水尹家城等处，其中没有一个地方发现大墓。尹家城一墓稍大，也不如朱封大墓的规模。这种情况应该是与龙山时代已出现城市和乡村的差别相一致的。这就是说，朱封大墓应该属于某个城市的贵族阶层，而其他许多地方的中小墓葬则应是一般乡村中居民的埋葬。朱封大墓中还有一点也是特别值得注意的，就是重椁的出现。中国古代的棺椁制度是表示等级礼制的重要组成部分，什么人用几重椁是有规定的。朱封大墓的重椁与单椁相比，在放置随葬品的功能上并不稍胜，其所以要用单椁或重椁，最大的可能是表示地位等级的不同。如果这个推测不至大错，则龙山时代不但已出现不同等级身份的人，且有一套反映这种等级差别的制度。齐家文化的墓葬中，存在着同样的等级差别，如皇娘娘台墓葬的随葬器物，陶器少者一两件，多达 37 件，玉石璧少的只有 1 件，多者 83 件。此时的贵族，不仅拥有更多的财富，而且控制了大量的奴隶。贵族可以随意处置奴隶。在庙底沟二期文化的灰坑中，可见很多散乱的人骨架，王城岗、后岗遗址奠基坑内的人骨架，都是被随意处死的奴隶。

四、宗教形态

黄河流域史前晚期聚落社会的宗教信仰较早、中期形式更加丰富多样。其中一个普遍性是重视祭祀。以祭祀为核心的宗教活动就成为观念中的头等大事。《礼记·祭统》云：“凡治人之道，莫急于礼，礼有五经，莫重于祭。”《左传》亦称：“国之大事，在祀与戎。”祭祀本身是沟通人神的活动，它的意图在于让神灵享用人们的供品而赐人以福佑。祭祀对象应包括天、地、山川、日月星辰等自然神以及祖先、农神、谷神等人神。黄河流域的祭祀方式有 4 种：一是地上祭祀（“坛”祭）；二是地下祭祀（“坑”祭）；三是奠基祭；四是房屋祭祀（“庙”祭）。

黄河流域史前晚期聚落的祭坛遗址发现很多，其中最典型的是河南杞县鹿台岗发现的两处龙山文化宗教礼仪性遗迹①。1 号遗迹高出当时地面约 1 米，是一内墙呈圆形外墙呈方形的特殊建筑，内墙直径 4.7 米，西、南各设一门道，室内有一巨大“十”字形通道，贯穿内室，与房内地面土质迥然不同。2 号遗迹位于 1 号遗迹东北约 33 米处，由 11 个圆形土墩组成，中央为一大圆墩，直径 1.48 米，深 0.4 米，其余 10 个圆墩均匀分布，环绕其周，直径各 0.6 米左右，深约 0.4 米。其营建方法是先挖圆坑，在坑壁涂抹一层草拌泥，然后在坑内填纯黄土，经过层层夯打高出地面遗迹，位于整个遗址

① 郑州大学历史系考古专业等．1994．河南杞县鹿台岗遗址发掘简报．考古，（8）：673～682

最高处，两处建筑一为封闭式，一为露天式，有学者认为分别与祭日、祭地母有关①。然而这种独立于野外的祭坛在黄河中下游地区并不多见，更多的是在城址中兴建高台祭坛，如王城岗、孟庄后岗均有高台夯筑祭坛建筑，有方形或圆形，反映出龙山时代崇尚巫蓋、祭祀的社会习俗。

黄河流域史前晚期聚落的“坑祭”很普遍，分为兽祭坑与人祭坑。兽祭坑中有大量的兽骨，坑祭多设在墓地附近，祭祀坑中以猪居多，例如，尹家城遗址龙山文化的规整灰坑中高柄杯、盘、盒等器物与兽骨共出，可能是坑祭后所遗留的②。类似的祭祀坑在河南龙山文化、陕西龙山文化中都有发现。又如，邹县野店③遗址中，祭祀坑也有埋猪下颌骨或头骨的，此外少数坑中埋有牛、羊、鹿等动物，猪是农业居民饲养最普通的一种家畜，也是居民重要的肉食来源，在墓内殉猪或在墓地旁边设坑掩埋猪，实际上都是在为死者提供肉食，体现了“事死如事生”的原始宗教思想。“坑祭”中，在山东龙山文化、河南龙山文化和齐家文化等遗存中，常常可以发现卜骨。这种卜骨均由个体较大的动物，如牛、鹿、猪、羊等的肩胛骨做成，一般不加修治。占卜时在背面用火烧灼，烧成直径约半厘米的焦黑疤痕或灼号，正面也出现颜色较浅的灼号。在所发现的标本中，较少的有五六个灼号，多的可达50多个灼号。有的灼号烧得较老而出现裂痕，但多数的灼号没有裂纹。黄河流域人祭坑是在兽祭坑基础上的发展。此时的人祭逐渐流行，如河南渑池班村遗址庙底沟二期文化的人祭遗存。在遗址窖藏区的西端发现了一座大坑，其周围环绕的7座小坑，排列规律，当与原始祭仪有关。大坑呈椭圆形，最大径约2米，内有4具非正常死亡的人骨架，人骨架旁发现有兽骨。坑中的人骨应为祭祀时的牺牲④。陕西客省庄村北发现有客省庄二期文化的袋状灰坑43个，其中有6个袋状灰坑中发现了填埋在灰层中的人骨架和兽骨架，即H164和H173内各发现1具兽骨架，H45和H156内各发现1具人骨架，H96内发现5具人骨架和3具兽骨架⑤。这些人骨架没有葬具，没有固定的葬式，骨架散乱，肢体不全。这6个人畜埋葬坑大多位于居住区的附近，应为当时人们祭祀神灵的遗存。在山东龙山文化诸城呈子遗址发掘的87座墓葬中，也有十几个人祭坑（有人认为是小型墓葬），其中散乱放置一具或两具骨架，有的骨架呈卷曲状，无随葬品，显然属于非正常死亡⑥。“根据世界

① 张德水．1997．祭坛与文明．中原文物，(1)：39
② 山东大学历史系考古教研室．1990．泗水尹家城．北京：文物出版社．123
③ 山东省博物馆等．1985．邹县野店．北京：文物出版社．216
④ 蒋迎春．1993－02－21．班村遗址发掘获重大成果．中国文物报，1
⑤ 中国科学院考古研究所．1962．沣西发掘报告．北京：文物出版社．47～49
⑥ 昌潍地区文物管理组等．1980．山东诸城呈子遗址发掘报告．考古学报，(3)：329～385

民族志资料，在许多原始民族中都有用血祭奠土地，祈求恢复地力，获得丰收的信仰”①。

奠基祭就是在奠基的时候通过埋葬动物或杀人来祭祀神灵。黄河流域史前晚期聚落社会奠基祭十分流行。它有多种表现形式，如用于修建房屋的奠基祭，定期祭祀自然神或祖先神等。杀人祭祀所体现的是先民对祖先和自然神进行奉献、祈求丰收、消灾弭祸的一种原始宗教，企图以超自然力量来支配自然，以期达到取得生活资料的目的，充当牺牲的人自然就是当时的奴隶，在龙山文化的城墙基址下或房址下，经常发现人祭祀现象。例如，王城岗、后岗城址中心建筑基内，都有杀死成人和儿童殉葬奠基的现象，王城岗城内奠基坑一坑内多达 7 人，从地层关系看是在建房过程中埋入的，显然不是正常死亡，而是举行奠基仪式时的牺牲②。后岗城址有 15 座房子的下面或近旁埋有共计 27 个儿童，最多的一座房基下埋有 4 个儿童。山东寿光边线王城址等聚落中也有类似的情况。

庙祭在黄河流域史前晚期聚落社会中才出现。《说文解字》：“庙，尊先祖貌也。”《释名·释宫室》云：“宗庙。宗，尊也；庙，貌也。先祖形貌所在也。”宗庙也可以称宫室，《尔雅·释宫》郝赘行疏曰：“《楚辞·招魂篇》注，宫犹室也。古者宗庙亦称宫室。”又说：“古者贵贱同称宫，秦汉以来，惟王者所居称宫焉。”大体而论，中国古代王者所居称宫室，祭祀祖先的地方称宗庙。《左传·庄公二十八年》云：“凡邑，有宗庙先君之主曰都，无曰邑。”根据中国古代礼制，“凡立宫室，宗庙为先”。设有宗庙的城邑规格较高，可以称“都”，而未设宗庙的城邑规格较低，只能叫“邑”。段玉裁《说文解字注》云：“古者庙以祀祖先，凡神不为庙也，为神立庙者始三代以后。”可见黄河流域的史前宗庙建筑主要是祭祀先祖的。自父权制确立和个体家庭兴起后，为祈求平安和财富，在聚落的大房间中定期祭祀祖先。主室不是一般人们居住的地方，首先是家长居住的地方，其次是全家成员聚会的中心和公共活动场所。史前宗庙建筑在每个聚落中有特殊的地位，到龙山文化晚期发展成为城址或聚落遗址中带台基的夯土建筑。在龙山文化的城址中，如王城岗城址、孟庄城址、丁公城址等，都有类似宗庙的宫殿建筑。

① 黄展岳.1990. 中国古代的人牲人殉. 北京：文物出版社.14

② 河南省文物研究所等.1992. 登封王城岗与阳城. 北京：文物出版社.137

第七章

黄河流域史前聚落的经济发展

第一节　黄河流域史前早期聚落的经济发展

一、农业生产

黄河流域史前早期聚落的生态环境如前面所述，整体温暖湿润。在公元前6000～前5000年，随着地球上末次冰期的完结，气温逐渐上升转暖。气温转暖的过程，贯穿于黄河流域史前早期的大部分时间。这一阶段的气候特点是温暖湿润。气候变暖，雨量增加，原始人类逐渐走出原始山林，移居于开阔的山区与平原接壤地带。温暖湿润的自然环境，更加适宜人类的生存，人口显著增多，从而需要更多的食物来维持人们的基本生活。但是也正是由于气候变暖，喜欢干旱的草原消失，大型食草动物向北迁徙，原始居民的狩猎对象显著减少，以往以渔猎为主的经济活动已经不能满足人类生活需要。这个尖锐的矛盾，促使人类寻找新的食物来源，促进了原始农业的出现。首先是从事采集的部分人，发现有些可食的野生植物的籽粒，能在一定的土壤与气候条件下，生根成长，于是人类有意识地培植这些野生植物，原始农业在经历千年的不断实践中诞生了。

1. 农作物

黄河流域史前聚落早期，农作物种类相对较少，主要以粟、黍、稻为主。黄河上游甘肃秦安大地湾①一期灰坑内发现了属于禾本科的稷。黄河中游裴李岗文化时期，旱、水作物皆已种植。裴李岗遗址第二次发掘曾出土少量炭化的谷物，据初步观察可能是粟，河南新郑沙窝李遗址的地层中也发现

① 甘肃文物考古研究所. 2006. 秦安大地湾——新石器遗址发掘报告（下册）. 北京：文物出版社. 312

炭化的粟粒，另外许昌丁庄、郑县水泉也出土了粟。以丁庄出土的脱壳炭化小米为代表，经专家鉴定研究，将丁庄古炭化小米与现代人为炭化小米、现代新鲜小米之间的颗粒大小、千粒重进行对比分析，认为丁庄古小米已经达到质量好、产量高的现代春谷（粟）标准，且较优于现代夏谷。总之，丁庄粟的品种和产量都较高，并且种的很可能就是春谷①。在相当于裴李岗文化晚期的河北武安磁山遗址中发掘出粮窖88座，绝大多数为规整的长方形坑，这些窖穴当时分批存在，历时长久，其近底部均存留淡绿灰色朽粮堆积，一般厚0.3～2米，有10座的朽粮堆积厚达2米以上②。从见到的粮食完整形态和“灰像法”分析结果都确认为粟。如此集中发现的丰富粟类遗存，为我国史前考古迄今为止仅有的一例。新郑裴李岗遗址还出土有黍。裴李岗文化的稻作遗存，目前主要见于舞阳贾湖遗址，中国农业大学王象坤教授等认为，贾湖遗址稻谷是已被驯化的栽培稻③。在陕西南部汉水流域的李家村、何家湾李家村文化（或称老官台文化李家村类型）遗址发现有新石器时代中期的稻谷遗存④。黄河下游临淄后李遗址进行的孢粉分析中发现有禾本科植物的花粉，其形态酷似现在的谷子⑤，对章丘西河和小荆山后李文化遗址土壤样品进行的植物硅酸体分析，也得出同样的结论。泰州北辛遗址的陶碗、钵及小口壶的底部发现有粟糠痕迹⑥。济宁张山遗址一些碗底上有似粟糠一类物质的印痕⑦。

2. 生产工具

黄河流域史前聚落的农业生产工具质料以石、木（竹）、陶、骨、蚌为主。木制工具容易腐朽，至今没有发现。陶、骨、蚌占次要地位，而主要是石制工具。石制工具包括耕作工具石斧、石锛、石铲、石凿，收割工具石刀、石镰，作物加工工具石磨盘、石磨棒等。各类工具在黄河流域不同区域形制不同。黄河上游的石制工具以打制为主而磨制为辅，器型粗大。黄河中下游则以磨制为主而打制为辅，器型较细小，石器基本上都是磨制的，但通

---

① 丁清贤．1990．河南新石器时代农业考古的发现与研究．农业考古，（1）：79

② 河北省文物管理处等．1981．河北武安磁山遗址．考古学报，（3）：303～338

③ 王象坤．1996．中国稻作研究中几个问题研究新进展．见：中国栽培稻起源与演化研究专集．北京：中国农业大学出版社．76～80

④ 魏京武等．1986．从考古资料看陕西古代农业的发展．农业考古，（1）：41

⑤ 严富华等．1990．淄博临淄后李庄遗址的环境考古学研究．中国第一届环境考古学术讨论会论文（未刊）

⑥ 中国社会科学院考古研究所山东队等．1984．山东滕县北辛遗址发掘报告．考古学报，（2）：159～191

⑦ 济宁市文物考古研究室．1996．山东济宁市张山遗址的发掘．考古，（4）：11

体磨制精细的还不很多，大部分石器是在表面略加打磨。生产工具中，耕作工具比重最大，其次是收割工具，再次是作物加工工具。以黄河中游的裴李岗文化为例，裴李岗遗址出土的130件石器中，石铲80件，占61%①；沙窝李遗址中，石铲29件，占57%②。石铲是复合式工具，只有装上木柄才能更方便使用。石铲加柄的复合式工具，有人认为是“耜”或“梠”。石铲是当时人们主要的翻挖土地的工具。人们要从事农业生产，首先要在荒地上拔除野草，放火烧光，接着翻挖土地，疏松土壤，还需要对翻挖的土地进行平整，这些工作都用石铲来完成。石斧出土数量仅次于石铲。黄河上游的大地湾一期出土的石斧形制粗大，类似于砍砸器，适宜砍伐粗大的乔木，说明黄河上游当时从事农耕要砍伐大的森林；黄河中下游的石斧双面刃磨制精细，形制较小，适宜砍伐矮小的灌木，说明中下游的耕作环境好于上游的耕作环境。但裴李岗文化晚期，出土的石斧形制在加大，数量在增多。在有些遗址中（如中山寨）石斧逐步取代石铲成为农业生产中最主要的生产工具。石斧数量增加，说明当时随着人口增加，人们需要进一步砍伐森林，开垦荒地以扩大耕地面积。收割工具石镰仅次于石斧，数量居第三位，在黄河流域普遍出现，而以裴李岗文化的石镰最典型，刃部有细密的锯齿。石镰既可用来切割肉食，也可安装木柄，收割野草和庄稼，主要是收割粟、黍。粟、黍是粮草兼用作物，除收获种子外，还能收获数量较多、质量较高的谷草和谷糠，作为北方大家畜和家禽的重要饲料。作物加工工具石磨盘、石磨棒仅在黄河中游发现，以裴李岗文化的鞋底形石磨盘、石磨棒最典型，是加工粟、黍的成套工具，考古工作者在许昌“丁庄遗址（发掘）出土的小米，加工非常精细，出土实物异常清洁，没有糠秕”③。

3. 粮食储存设施

黄河流域史前早期聚落社会的农业虽然处于初步发展阶段，但开始讲究春耕、夏耘、秋收、冬藏。“冬藏”就是储存一年的劳动果实，关系到人们的定居生活能否长久。为此史前早期聚落社会的居民挖出窖穴储存粮食，磁山聚落遗址的窖穴中发现了上万斤的粟。这种窖穴灰坑大多分布在居住区附近。莪沟聚落中发现有44个灰坑，灰坑呈圆形和不规则圆形，直径在1米左右，深1米左右，较深的灰坑，在坑壁的一侧留有台阶，以方便人们上下灰坑。例如，莪沟H12为圆形袋状灰坑，圆底，口径1.26米、底径1.76

① 开封地区文管会和新郑县文管会．1978．河南新郑裴李岗新石器时代遗址．考古，(2)：73～79

② 薛文灿等．1982．沙窝李新石器时代遗址调查．中原文物，(2)：14

③ 山西省农业科学院．1987．中国谷子栽培学．北京：科学出版社．212

米，深1.28米。在东南面，距坑壁0.38米处有一直径0.55米的半圆形生土台阶。这种灰坑整修规整，上下有台阶，显然是当时人们储存粮食或其他物品的窖穴①。灰坑大多由石铲挖掘而成，在临汝中山寨一期H36的坑壁上，发现了石铲加工的痕迹。灰坑易于加工，也易于废弃②。黄河流域史前早期聚落遗址中，大多有大量的灰坑。废弃的灰坑大多成为当时的畜圈、禽圈和垃圾坑。人们将污染环境的生活垃圾放入此类废弃坑中，故我们现在将遗址附近是否有灰坑作为判断是否为聚落的一个重要的考量指标。

二、渔猎与畜牧业生产

黄河流域史前早期聚落居民在从事农业生产的同时，传统的渔猎活动仍占据重要的地位，如黄河中游的磁山遗址发现了很多人们食用后废弃的动物骨骸。经鉴定，包括兽类、鸟类、龟鳖类、鱼类和蚌类五大类23种动物。除家犬、家猪及鸡外，其余都是野生动物。野生动物的种类，包括了一年四季出没于当地的各种飞禽走兽③。据此可知，当时的狩猎还是一种全年进行的生产活动。兽骨遗存中发现的家育动物数量并不很多，猪主要是未成年的幼小个体，狗骨大多比较破碎，那时狗除用于助猎外，也供人们食用。这里发现的鸡的标本，据鉴定证明已脱离原鸡的形态，是目前发现最早的人工饲养的家鸡。裴李岗文化除贾湖遗址外，渔猎经济不发达，已经饲养的家畜除常见的狗、猪外，还发现牛（新郑裴李岗、长葛石固、舞阳贾湖等地出土）、羊（长葛石固、舞阳贾湖和淇县花窝出土）。贾湖遗址渔猎经济与农业种植基本持平④。发现了大量水牛骨、鳖腹甲、鱼骨、蚌壳等，尤其是水生动物较多。老官台文化中人工饲养的猪已成为人们的主要肉食来源。临潼白家遗址出土猪、水牛、狗和鸡4种家养动物骨骼。白家遗址地层中散见有一些家犬粪便，粪便中含较多碎骨渣，说明人们普遍饲养的狗在村落里到处走动。将白家遗址出土的可确定种属的动物遗骸统计，4种家养动物约占60%，12种野生动物约占40%⑤。这是至今发现的华北地区较早出现以饲养畜禽为主、狩猎动物为副的获取肉食资源方式的遗址代表。黄河下游的北辛文化主要养家猪及鸡，同时发现骨镞、鱼镖、骨匕、骨凿、骨梭等大量渔猎工具。

---

① 河南省博物馆等．1981．河南密县莪沟北岗新石器时代遗址．见：考古学集刊（第1辑）．北京：中国社会科学出版社．8～12

② 中国社会科学院考古研究所河南一队．1991．河南临汝中山寨遗址．考古学报，（1）：32

③ 河北省文物管理处等．1981．河北武安磁山遗址．考古学报，（3）：303～338

④ 庞小霞，高江涛．2006．中原地区文明化进程中农业经济考察．农业考古，（4）：27

⑤ 西安半坡博物馆．1983．陕西临潼白家遗址调查试掘简报．史前研究，（2）：41

三、手工业生产

1. 陶器制作

黄河流域上游史前早期聚落的制陶业相对落后，大地湾早期的陶器主要是手制，采用泥条盘制法。器物粗糙，夹砂陶器较多，陶器有三足钵、筒状深腹罐、球腹壶和圈足碗等，这些生活用品的造型与裴李岗文化、磁山文化的同类器物都很相似，特别是陶器表面普遍带有绳纹，与磁山文化更为接近。大地湾文化遗存的自身特点是，交叉绳纹钵的口沿磨光并绘有紫红色的宽带纹；罐和碗的口沿常做成锯齿状；在钵的内壁发现有10多种彩绘符号。黄河中游地区的陶器制作已经相当发达。老官台文化聚落、裴李岗文化聚落以及磁山文化聚落的陶器都是手制的，除少量手捏直接成型外，其余大多都是采用泥片贴筑法制作的①。泥片贴筑法制作陶器，一般是先从器底开始，逐渐向上贴筑。泥片少的有两层，多则有三四层或更多。陶器颜色以褐色为主，且表皮斑驳不一。这可能是由于露天或在无封闭设置的窑室内烧陶，致使陶器各部氧化不均而产生的现象。陶器种类少，造型简单，以圆底器、三足器居多，主要器形有三足钵、鼎、小口壶、深腹罐、盂等。陶支座也是这时期的典型器物之一，这种器物出现，是与此时流行圆底器相适应的，它主要是为了增加圆底器的稳定性。对炊器来说，支座还有扩大其与火的接触面的作用。在缺乏支座的炊器中，是通过在炊器底部加三足的形式来达到上述目的。部分陶器表面施篦纹、绳纹、附加堆纹、刻划纹等纹饰。此外，在陶器底部经常可以见到编织物的印痕。后者与前几种纹饰不同，前者是有意识地加固或修饰陶器，后者则可能是将陶坯搁置于席、麻编织物晾干时，无意中形成的印痕。彩陶在这时也已经出现，但数量很少，通常是在钵、碗类器物的口沿部涂一周红色彩带。黄河下游地区的北辛文化聚落的陶器工艺已经进入初步发展的阶段。陶器按质地可分泥质、夹砂（蚌）两种，以夹砂（蚌）陶为主。作为炊器、盛储器的鼎、釜、罐等都属夹砂（蚌）陶。泥质陶主要为碗、钵等。从器形看，最能代表北辛文化面貌的陶器是深腹、圆底或尖底的鼎及釜。陶器表面基本呈黄褐色，相当多的夹砂陶器表面都有纹饰，以堆纹和压印纹数量最多，尤以堆纹最富特色。所说堆纹，是指由宽为1毫米左右的极窄的泥条在器表堆塑的各种直线几何形图案。早期以单线条组成的图案为主，中晚期出现了复线窄堆纹构成的图案。压印纹

① 俞伟超. 1986. 中国早期的“模制法”制陶术. 见：文物与考古论集. 北京：文物出版社. 39

的印痕很深，通常是由几组压印的直线、曲折线构成回形、棋盘格形、正(倒)三角形和鱼鳞形等图案。只有少数泥质陶的钵、碗的口沿涂红色彩带。

黄河流域史前早期聚落的陶器制作与当时的陶窑是分不开的，史前早期聚落的陶窑目前发现比较少。在黄河中游地区裴李岗聚落遗址与舞阳贾湖遗址中有发现。这种陶窑是中原地区最早的窑址，为横穴式结构，窑室比较小，密封程度不好。如裴李岗遗址的陶窑，呈横穴式结构，由火道、火膛、窑箅和窑室 4 个部分组成。窑室底部为圆形，比较规整；窑膛呈圆形，直径为 0.96 米，深约 0.52 米，窑室南壁残留有 5 个半圆形箅孔，直径为 6 ~ 8 厘米。窑的火道向东，长约 0.8 米、宽 0.5 米，深 0.6 米。窑顶被破坏，未发现烟囱①。

2. 石器制作

黄河流域上游史前早期聚落的石器主要是打制或略加磨制的，还有些细石器，表现出一定的原始性，尚没有发现穿孔制造石器的技术。黄河流域中游史前早期聚落在石器制作上虽然已出现了磨制石器，但从数量上看，打制石器仍占相当数量。打制石器的器形相当规范，表面也都比较平整②。磨制石器制作得还比较粗糙，表面常保留制坯时的打琢痕迹，很多器物还只是在刃部略加磨光，通体磨光的数量较少。一般是利用蘸水研磨的方法，进行石器磨光。经磨制的石器，表面较光整，器类依功能而有确定的形制。这阶段的石器一般不见穿孔者。将器物刃部磨光或将器身修治平整，都可以减少使用时的阻力，提高工作效率，是工具制作中的一大进步。黄河下游史前早期聚落的石器制作主要是以打制石器为主，磨制石器只占全部石器的五分之一。磨制石器多是石镞、石凿等小型器物。

3. 纺织、编制生产

黄河流域中下游史前早期聚落中开始出现缝制技术。在裴李岗文化、老官台文化、磁山文化、北辛文化诸遗址中发现了大量骨针，足以证明缝制技术在该区域十分流行。在舞阳贾湖等裴李岗文化遗址的陶器上，发现有细绳纹饰，可知当时已经掌握提取植物纤维并制成细绳的技术。这对原始人类来说是一种巨大的技术进步。人们最初用双手或以手在腿上搓合成绳，其后发

---

① 开封地区文管会，新郑县文管会. 1978. 河南新郑裴李岗新石器时代遗址试掘简报. 考古，(2)：73 ~ 79

② 王建等. 1978. 下川文化——山西下川遗址调查报告. 考古学报，(3)：259 ~ 288

明了纺轮。纺轮在裴里岗文化聚落遗址中都能见到，如新密莪沟、长葛石固遗址中发现的陶纺轮，是我国至今发现的最早的纺线工具。纺轮俗称纺坠，有大小、功用的区分。大纺轮适宜纺织粗纤维，成纱粗；小纺轮适宜纺织细纤维，成纱细。运用纺轮不仅省力，而且比单纯的手工操作制作的纱细致坚固，为织布提供更好的原料。长葛石固遗址、北辛遗址中发现的骨刀，可能是用来切割纤维的纺织工具。纺织技术是由编织技术发展而来的，《易系辞》云："包牺氏做结绳而为网罟，以佃以渔。"可见我国很早就有了编结技术。黄河流域史前早期聚落纺织技术的发展就很自然了。

四、早期聚落的经济特点

1. 农业生产很原始，采集、狩猎和捕捞活动在经济生活中占有特别重要的地位

黄河流域史前早期聚落经济从出土遗物来看，原始农业已有一定程度的发展。但是，从出土的生产工具比重和野生动物骨骼与家养动物骨骼比重来看，黄河流域各地氏族部落的经济类型承袭了中石器时代的传统生产方式，如表7-1、表7-2所示。大地湾一期聚落遗址中，出土生产工具，农耕工具占39%，渔猎工具占61%；出土动物骨骼，野生动物占87%，蓄养动物占13%。老官台聚落遗址中，出土生产工具，农耕工具占58%，渔猎工具占42%；出土动物骨骼中，野生动物占85%，蓄养动物占15%。磁山聚落遗址中，出土生产工具，农耕工具占63%，渔猎工具占37%；出土动物骨骼中，野生动物占88%，蓄养动物占12%。北辛聚落遗址中，出土生产工具，农耕工具占41%，渔猎工具占59%；出土动物骨骼中，野生动物占88%，蓄养动物占12%。这说明在黄河流域史前早期，狩猎和采集经济占整个聚落经济的比重相当大。

表7-1　黄河流域史前早期聚落遗址生产工具抽样统计表

遗址名称	农耕工具		渔猎工具	
	数量/件	比率/%	数量/件	比率/%
大地湾一期遗址	56	39	88	61
老官台遗址	44	58	32	42
长葛石固遗址	65	65	37	35
磁山遗址	78	63	45	37
北辛遗址	80	41	115	59

表 7-2　黄河流域史前早期聚落遗址出土动物抽样统计表

遗址名称	动物种类以及占动物总数的比率	比率/%
大地湾遗址	梅花鹿、小型鹿科动物、野猪、貉、獾、鱼类（野生）	87
	鸡、狗、猪（饲养）	13
老官台遗址	小型鹿科动物、雉、兔、旱獭（野生）	85
	猪、狗（饲养）	15
贾湖遗址	梅花鹿、小型鹿科动物、野猪、貉、獾、鱼类、龟、鳄、麋（野生）	81
	猪、鸡、狗、山羊、黄牛（饲养）	19
磁山遗址	梅花鹿、小型鹿科动物、雉、兔、旱獭、鳖、鱼（野生）	88
	猪、鸡、狗（饲养）	12
北辛遗址	鹿、獐、麋鹿、貉、獾及龟、鳖、鱼（野生）	88
	猪、鸡、狗、牛（饲养）	12

2. 经济生产活动受到自然条件的强大制约，人们还缺乏改造自然的能力

在最近十几万年的时间里，人类最初只是使用打制石器和木棍等简陋的工具去获取食物，随时随地都可能遇到各种危险。人们完全不懂得自然界的规律，几乎无力对付自然界强大的力量。到旧石器时代晚期，选择适合生存和繁衍的环境已成为各氏族最关心的大事。离开了群体，离开了适合生存的环境，就意味着死亡。后来，在自然界的威胁下，人们不断地迁徙，在选择生活环境的迁徙中度过了中石器时代、新石器时代。从早期农业经济出现开始，黄河流域就到处有比较稳定的氏族部落活动的踪迹。从渭水流域的大地湾—老官台文化、华北的磁山文化、中原的裴李岗文化到山东的北辛文化，各地的文化面貌表现出早期农业经济极大的一致性。这种一致性，是由黄河流域大体相同的地理环境、气候条件和动植物群落所决定的。

3. 不同地区、不同文化的氏族部落彼此交流，是促进经济发展的极其重要的因素

新石器时代早期农业经济的出现，使人们从季节性的定居生活转变为较长时间的定居，这种定居生活加强了文化的地域性，形成了各具特色的区域文化，而逐渐形成的生活习俗的差异和图腾崇拜式的原始宗教，更加强了这种特色。考古发现表明，在一种文化的中心区域，这种文化的特点特别明显而强烈，而两种或三种文化的交界、接触地带，其文化遗存中必兼有几种文化的因素；同时，在交通不便的深山丛林中或聚落极其稀少的地方，文化遗

存不仅特点不突出、遗物很少，而且大都表现出落后于同一时期其他文化的面貌。黄河流域的裴李岗文化的中心在嵩山周围，磁山文化的中心在华北平原西部边缘、太行山东麓的冀南豫北地带，这两种文化呈犬牙交错的分布，交流与融合使这一带的经济发展较快，因此，产生了仰韶文化的后岗类型、大司空类型和物质遗存丰富的龙山文化，原始社会经济得到迅猛的发展。

第二节　黄河流域史前中期聚落的经济发展

一、农业生产

黄河流域史前中期聚落中人类所处的环境，是史前人类所遇到的最佳生态环境。气候更加温暖湿润。以黄河中游为例，科学工作者曾经对位于北纬35°40′的濮阳西水坡遗址的出土遗物进行鉴定，发现了“獐、斑鹿、狸等的残骨和鱼、鳖、蚌以及扬子鳄的遗骨”，当时的气候温暖湿润①。对大河村一期、二期文化遗存所采孢粉样品进行鉴定，发现“乔木植物花粉占优势，阔叶树花粉多于针叶树花粉”，大河村早期的气候特点与现今长江中下游的中亚热带气候相近②。对大河村三期、四期遗存所采孢粉样品的鉴定，测知“当时木本植物孢粉占绝对优势，为孢粉总数的80%，草本植物仅占20%”，说明当时的气候依旧属于亚热带半湿润气候③。温暖湿润的气候条件，适宜于农业作物的生长，这在客观上保证了黄河流域史前中期聚落农业生产的发展。

1. 农作物

黄河流域史前中期聚落农业生产在早期的基础上有很大的发展，农作物种植种类增加，地域扩大，主要种植粟、黍、稻、大麻和蔬菜等。黄河上游甘肃东乡林家马家窑文化遗址出土了黍、粟和大麻3种农作物，遗存十分丰富。黍出土于H19、H24等6座窖穴及F4、F8等房屋中。以H19内的黍数量最多，保存最好，炭化黍粒、黍穗及其朽灰堆积厚0.4米，体积约2立方米。清楚可见有些黍穗连带一段细枝，用黍的细秆分别捆扎成小把整齐地堆放于坑底。出土于F8、F20两座房屋里的粟，保存较差。大麻籽是在F8房

---

① 王沛．1992．中原地区历史旱涝气候研究与预测．北京：气候出版社．61

② 石钦周．1994．郑州市全新世地层划分及古气候古环境演变．见：中国第四纪地质与地球表层系统科学讨论会论文．北京：中国地质出版社．173

③ 严富华．1986．根据花粉分析试论郑州大河村遗址的地质时代和形成环境．地震地质，（8）：1

子的3件陶罐中发现的，与现代栽培的大麻籽实表面的构造相类似。大麻籽为油料原料，直接供食用或用以制油，其纤维是纺织的主要原料①。马家窑文化半山、马厂类型中也屡有农作物粟、黍发现。兰州青岗岔一座半山类型房子内出土了黍②。青海乐部柳湾、甘肃永昌鸳鸯池两地马厂类型墓葬群，常见随葬有大陶瓮，瓮内普遍发现炭化粟。柳湾M339内4件大陶瓮都装满了粟③。鸳鸯池M134一件大陶瓮装有粟，瓮口上专用一石片盖住④。甘肃庆阳仰韶文化晚期遗址发现了大量栽培稻遗存，可能是粳米⑤。黄河中游地区，河南洛阳王湾一期文化的生活用具器壁上有粟的痕迹⑥，河南临汝大张遗址仰韶文化晚期的地层中出土有粟。西安半坡仰韶文化遗址中，窖穴的粟遗存厚达18厘米。粟在临潼姜寨、华县泉护村、荥阳青台、郑州大河村等遗址也均有出土，姜寨还发现有黍。20世纪20年代，安特生在河南渑池县仰韶村出土的红烧土中发现了稻谷印痕⑦。近几十年的考古工作，也发现了大量水稻的痕迹，如洛阳高崖遗址中发现稻粒印痕，洛阳王湾遗址发现稻粒的印痕，淅川下王岗仰韶文化遗址中发现稻叶、稻秆和稻粒的印痕。郑州大河村以及陕西华县泉护村等仰韶文化遗址中也都发现有稻谷遗存⑧。陕西扶风案板遗址庙底沟二期文化遗存中发现了稻谷灰土。另外半坡房子F38的一件小陶罐内甚至盛有芥菜和白菜籽，临汝大张仰韶文化遗址也发现有芥菜籽。这显然是为了种植这种蔬菜准备的种子。荥阳青台4座儿童瓮棺葬墓（M142、164、217、486）内发现了平纹麻布残片或残存，窖穴H163出土了麻绳残段，属仰韶文化中、晚期。经鉴定研究确定为大麻品种，据此可推断大麻可能已被人工栽种。这意味着增添了一种重要农作物，也一改以往仅是发现布纹印痕的局限。黄河下游地区大汶口文化早期的农作物也应以粟为主。特别是大汶口文化的中、晚期阶段，粟类农作物的数量大量增加，例如，在广饶傅家大汶口文化遗址的一件鼎内曾发现过粟粒⑨，胶县三里河遗址窖穴内发

① 甘肃省文物工作队等．1984．甘肃东乡林家遗址发掘报告．见：考古学集刊（第4辑）．北京：中国社会科学出版社．37

② 甘肃博物馆．1972．甘肃兰州青岗岔遗址试掘简报．考古，（3）：41

③ 青海省文物管理处考古队，中国社会科学院考古研究所．1984．青海柳湾——乐都柳湾原始社会墓地（上册）．北京：文物出版社．1

④ 甘肃省博物馆文物工作队等．1982．甘肃永昌鸳鸯池新石器时代墓地．考古学报，（2）：199～227

⑤ 张文绪，王辉．2000．甘肃庆阳遗址古栽培稻的研究．农业考古，（3）：40

⑥ 北京大学考古实习队．1961．洛阳王湾遗址发掘简报，考古（4）：175～178

⑦ 黄其煦．1986．关于仰韶遗址出土的稻谷．史前研究，（1）：34；（2）：56

⑧ 严文明．1982．中国稻作农业的起源．农业考古，（1）：3；（2）：6

⑨ 山东省文物考古研究所等．1985．山东广饶新石器时代遗址调查．考古，（9）：769～781

现了大量炭化粟粒①，莱阳于家店遗址在一个大汶口文化红烧土坑中也发现了不少粟壳痕迹，与杨家圈的粟粒相同，可以断定为粟。在杨家圈遗址 H6 一块红烧土中掺杂了粟皮壳和茎叶，外墙皮中则有大量粟粒及颖壳，脉纹印痕清晰。在日照两城镇大汶口文化遗址中发现了许多粟和黍，其中粟的数量远远超过了黍。长岛县北庄遗址也发现了距今 5500 年左右的黍壳。

2. 生产工具

黄河流域史前中期聚落的生产工具基本继承了前期的种类，但在制作方法和器物形制上有新的变化。生产工具以磨制为主，但磨制精细程度不一，如石斧、铲、刀、大型锛凿均仅磨光刃部。而且在大多数情况下，只是略加粗磨。据统计北首岭出土的石斧，经细磨的仅占 5%，粗磨的占了 80%，打制及琢制的占了 15%。当时的石器，体型厚重，棱角弧曲，基本缺乏体型扁薄而棱角呈直角形的石器。例如，半坡类型的石斧的横截面均呈椭圆形，至庙底沟中期，虽变得扁薄一些，但仍基本上没有横截面呈矩形的石斧；石铲因自身功能要求，体型比较扁薄，然而其转角仍呈曲线。所有石器的孔，都是双面对钻成的，且均使用琢制方法开孔，甚至有些石器的孔还是琢透的。这些情况，说明当时还未掌握锯切石材及管钻的技能。从对石器及其半成品观察可知，基本上还是使用打击方法制成石器的粗坯，再用琢磨方法使之成形。生产工具以斧、锛、铲、刀、镰为主。史前中期聚落前段石斧取代石铲成为使用最多的生产工具。

黄河上游马家窑文化聚落遗址的房址和公共墓地的随葬品中，发现了大量农业生产工具，用于翻地的石铲通体扁薄，略呈长方形，效率很高；收割用的农具很多，主要是石片磨制的和用陶片改制的爪镰，形状有长方形穿孔和两侧打成缺口的两种。镰刀中有一种形制很特殊，也是长方形，但在一端刻成锯齿，为马家窑文化居民所独创。谷物加工工具有石磨盘、石磨棒、石杵和石臼等。黄河中游地区农业生产工具早期阶段可能有尖木棒等木质工具及石铲、石锄等挖掘工具。这时的石斧大多形体厚重，横断面呈椭圆形，适于砍伐林木以开垦荒地。收割农作物则用两侧有缺口的长方形石刀和陶刀。加工粮食使用石磨盘、石磨棒、木杵和石杵等。中晚期的庙底沟、大河村类型，出现了大量舌形或心形的石铲，磨制得比较平整光滑。在临汝大张村、郑州大河村等遗址，还出土了一种大型、通体磨光的长条形石铲或有肩石铲。这一时期收割谷穗改用磨光的长方形石刀，有的还带穿孔。这些工具都

① 中国社会科学院考古研究所 . 1988. 胶县三里河 . 北京：科学出版社 . 67

比早期的半坡类型有所进步，生产效率也因此得到提高。黄河中游生产工具有几个特点。第一，普遍存在带缺口的石刀和长方形石刀，这类石刀在北方和长江流域则少见或没有发现；第二，石斧多、石锛少，这一点和长江流域相反，说明长江流域的木工作业更为发达，可能与干栏式建筑和造船业有一定关系；第三，横剖面呈椭圆形的棒状石斧较多，长江流域则以扁平石斧为多。这些特点与各地的经济生产有密切联系。黄河下游地区农业生产工具主要是磨制石器。早期除使用一些磨制粗糙并且保留打制痕迹的石铲、石斧外，已大量使用磨砺精良的穿孔石斧、石刀、石铲等，收割工具还有骨镰和蚌镰，加工谷物的工具则是石杵、石磨盘和石磨棒。在这一文化的中晚期，出现了有肩石铲、石镐和一些鹿角锄。

3. 粮食储存设施

黄河流域史前中期聚落社会中，粮食储存更加普遍，聚落居住区的灰坑数量更多。早段灰坑的形制大小与早期聚落社会相似，分布集中，多位于聚落居住区周围，显然多数是用来储存粮食的。例如，中山寨三期的 H8，是锅底形灰坑，出土 2 个陶罐，内有蚌壳，是当时储存渔猎成果的窖穴①。此时的灰坑，采取了防潮措施。又如，下王岗三期 H178，为袋状灰坑，坑底垫有一层石头。H179 为直筒灰坑，坑壁陡直，平底，坑壁抹一层 2 厘米厚的黄黏土，显然是为了防潮。H367 为锅底状灰坑，坑底有 3 个南北向排列的柱洞，柱洞中树起柱子，以支撑坑顶部防雨的棚顶②。中段的灰坑数量增加迅速，容积扩大。庙底沟一期聚落居住区附近出土灰坑 168 个，在 F301 周围 100 平方米的范围内即发现 20 个灰坑③，说明当时的粮食和生活用品储存量大增。灰坑口径一般为 2～3 米，个别大者可达 6 米，坑壁都采取了草拌泥等防潮措施。晚段灰坑制作技术进一步提高，圆形袋状灰坑增加，袋状灰坑口小底大，制作规整，更加适宜储存食品等。石固七期发现的 23 个灰坑中，11 个为圆形袋状灰坑，点军台三期发现的 31 个灰坑中，圆形袋状灰坑占 25%④。

二、渔猎与畜牧业生产

在黄河流域史前中期的聚落经济的构成中，采集和渔猎经济依旧占有比

① 中国社会科学院考古研究所河南一队．1991．河南临汝中山寨遗址．考古学报，(1)：32
② 河南省文物研究所等．1989．淅川下王岗．北京：文物出版社．85
③ 中国科学院考古研究所．1959．庙底沟与三里桥．北京：科学出版社．57
④ 河南省文物研究所．1987．长葛石固遗址发掘简报．华夏考古，(1)：41

较重要的地位。黄河上游的马家窑文化中，先民在日常生活中捕捞活动不普遍，很少见到鱼骨遗物。但狩猎活动相当活跃，各遗址中大多发现了石镞、骨镞、石球等。发现的野生动物骨骼较多的是鹿、野猪等。渔猎经济在半坡类型时期相当发达，从对半坡类型遗址出土的兽类骨骼鉴定得知，当时渔猎对象是斑鹿、麞、竹鼠、野兔、短尾兔、狸、羚羊、貉、獾、狐狸、雕及鱼类。在半坡类型居民食用的肉类中，鹿是仅次于猪的食物。狩猎所用的工具多种多样，最常见的是用骨、石、角磨制的箭头，有三角形、柳叶形、带翼和圆锥状等10多种不同的形式，都磨制得很锋利。还发现了较多石、角制的矛头和投掷用的石球。从这些遗物可知，当时的狩猎方法包括射击、投掷和集体围打等，鹿是狩猎的主要对象。鱼纹、鹿纹、蛙纹、鸟纹、网纹及嘴衔鱼的人头形彩绘图案，是半坡类型彩陶中流行的纹饰。同时，这些从创作彩绘图案所显示出来的重视渔猎活动的情形，也从当时人们对安葬死者中表现出来。在元君庙及北首岭见到的以骨镞、骨渔叉或鱼骨作为随葬品的墓葬，便是人们重视渔猎的例证。这些情况，说明渔猎业在半坡类型生产经济中的地位，以及它和人们生活的密切关系。黄河下游的大汶口文化遗址的渔猎工具有尾部带孔的双倒刺或三倒刺的骨、角质鱼鳔、鱼钩，有扁平三角式、短梃圆柱式、长梃双翼起脊式的石矛、骨矛等大型投刺猎具及较多的网坠。遗址中发现有獐、斑鹿、狸、麋鹿的残骨，这些野生动物是狩猎的对象。在兖州王因遗址出土了20多个扬子鳄的残骸，与鱼、龟、鳖、蚌等同弃于垃圾坑中①，这一现象表明当时的氏族成员已经能集体捕获大的、凶猛的水生动物。可见渔猎业在经济生活中，还占有重要地位。

畜牧业生产已相当发达。黄河上游的马家窑文化中，先民在日常生活中饲养猪、狗、羊等家畜，有些氏族墓地的墓葬中用整只的猪、狗或羊随葬。这一现象是家畜饲养业比较发达的证明，当时饲养的家禽仅见鸡一种，数量尚不多。黄河中游养殖业对象是猪、鸡、狗和羊，马的骨头也有少量发现。养殖最多的是猪和鸡。半坡、姜寨聚落居住区内发现圈栏遗迹，姜寨还有两处面积较大的牲畜夜宿场，反映出圈养动物较有规模且照看较好②。仰韶文化前期多发现猪的残骨。庙底沟文化遗址中出现埋葬整猪的现象。另外，在姜寨出土了大量梅花鹿的骨骼，个体数仅次于猪。梅花鹿一般寿命为15～20年，姜寨的梅花鹿77%为3岁以下（含3岁）个体，群体年龄偏小，鉴定者认为姜寨的梅花鹿可能已被畜养或者至少已被人类所控制。黄河下游家畜饲

① 中国社会科学院考古研究所山东工作队，济宁地区文化局. 1979. 山东兖州王因新石器时代遗址发掘简报. 考古，(1)：5～14

② 西安半坡博物馆等. 1988. 姜寨——新石器时代遗址发掘报告（上册）. 北京：文物出版社. 52

养发达，各遗址出土有猪、狗、牛、鸡等家畜家禽的骨骼，墓地中常发现用狗和猪随葬的。刘林遗址采集的650件兽骨中，猪牙床有171具，占26%多①。此外，还有牛、羊及狗兽骨。刘林和大墩子都有用狗殉葬，或如大墩子M213那样，以陶狗作为随葬品，这说明狗已是当时人们的重要伴侣。刘林M100中，发现一件用猪牙雕刻的猪头形饰物，嘴、眼、鼻俱备，惟妙惟肖，如果人们生活中还没有将猪作为重要食物和对猪的习性缺乏深刻了解，是很难出现以猪为题材的艺术作品的②。这件猪头形饰物，生动地表现了当时养猪业已有一定的发展。大汶口文化中期以后，以猪随葬的风气渐盛，墓葬中不断发现整猪、半只猪、猪头或猪下颌骨，在大汶口墓地，用猪随葬的墓占三分之一以上，胶县三里河一座墓中随葬猪下颌骨多达32个③，表明各氏族部落的养猪业在史前中期聚落社会中已十分兴旺。

三、手工业生产

黄河流域史前中期聚落的手工业经济与农业、畜牧业经济一样，主要从事自给自足的自然经济活动，以物易物的交换形式已普遍存在，商品经济的萌芽开始产生。在各个聚落里，成员从事的生产劳动主要是以性别和年龄为分工的。手工业生产中的一些专业性技术，开始由氏族内部长期从事该职业、积累了一定经验的成员掌握，这些专业分工尚不十分明确和规范。当时的手工业生产，主要是制陶业、制石、制骨、纺织和编织等。

1. 陶器制作

黄河上游马家窑文化聚落的制陶业最为突出。制陶工匠可能已有更多细致的技术分工。已经发现了一些规模很大的制陶窑场，如该文化较晚阶段的兰州东郊白道沟坪遗址④的一座窑场，紧临黄河北岸，高出河面约60米，共发现5组12座陶窑，还有一些已被后代破坏的陶窑残迹。每组陶窑共用一个烧火坑，各窑的窑门都朝向这个烧火坑。窑场中有一个备料坑，里面装有制造陶器的熟料和余料，其中的红胶泥条正与马家窑文化诸遗址出土的大量泥条盘筑而成的陶器相印证。窑物中还出土了用于研磨颜料的石板和调色、配色用的陶碟，这种陶碟是分格式的，上面还清楚存留着紫红色的调料，这

① 南京博物院．1965．江苏邳县刘林新石器时代遗址第二次发掘．考古学报，(2)：47
② 南京博物院．1965．江苏邳县刘林新石器时代遗址第二次发掘．考古学报，(2)：47
③ 昌潍地区艺术馆等．1977．山东胶县三里河遗址发掘简报．考古，(4)：262～267
④ 甘肃省文物管理委员会．1955．甘肃兰州白道沟坪发掘出古代遗址及墓葬．文物参考资料，(5)：110

些都是描绘陶器花纹的实用工具。白道沟坪窑场发现的遗迹、遗物表明，当时的制陶工业中包括陶土备料、制作熟料、制坯、彩绘、火工、成品包装运输等一系列工序，掌握多种工序技术的制陶工匠应该是有相应分工的。窑场的各窑室都呈方形，窑箅上有9个火眼，三三排列，非常整齐。与这个窑场同时期的兰州青岗岔陶窑，以及更早一些时候的陶窑，窑室也都是方形的，这是马家窑文化陶窑的一大特点，与黄河中游普遍流行的圆形窑室判然有别。陶器大多以泥条盘筑法成型，陶质呈橙黄色，器表打磨得非常细腻。马家窑文化的彩陶，早期以纯黑彩绘花纹为主；中期使用纯黑彩和黑、红二彩相间绘制花纹；晚期多以黑、红二彩并用绘制花纹。马家窑文化的制陶工艺已开始使用慢轮修坯，并利用转轮绘制同心圆纹、弦纹和平行线等纹饰，表现出了娴熟的绘画技巧。马家窑文化的彩陶艺术继承了仰韶文化庙底沟类型的风格，但表现更为精细，形成了绚丽而又典雅的艺术风格，比仰韶文化有进一步的发展，艺术成就达到了登峰造极的高度。彩陶比例在中国所有的彩陶文化中最高。彩陶的主要纹饰有三角纹、草叶纹、花瓣纹、平行条纹、漩涡纹、水波纹、锯齿纹、葫芦形纹、圆圈纹、菱形纹、网格纹、棋盘纹、变形蛙纹和波折纹等。彩陶纹饰繁缛细腻，结构严谨均衡，线条流畅生动，给人以强烈的艺术感染力。关于彩陶的绘制部位方面，马家窑类型的彩陶纹饰以通体绘彩为主，个别敞口器内壁绘彩比较常见，彩陶图案有圆点纹、水波纹、漩涡纹等。半山类型的彩陶纹饰主要绘制于陶器的腹部等，马厂类型的图案主要绘制于罐的腹部以上，并在罐的留白与彩绘部位的交界处绘以垂幛纹。彩陶纹饰以四大圆圈纹和变形蛙纹最为常见。

黄河中游仰韶文化聚落的制陶业相当发达。从考古发现看，各部落都掌握了相当成熟的经验，包括选用陶土、塑坯造型、烧制火候等一系列技术和绘画、贴塑装饰的工艺。不过，制坯还停留在手制阶段，不少小件器物仍采用直接捏塑的简易方法。仰韶文化中期以前，一般都采用泥条盘筑法制坯造型，后来出现了用慢轮修整口沿部分的技术。制陶的工匠能够在器物表面施加各种纹饰，有的用特制的模具拍打，有的用工具刻划，有的装饰主要是为了加固器体，有的则仅仅是为了美观。其中装饰作用最明显的是彩陶花纹。仰韶文化各种类型遗址发现的彩陶花纹形式与风格互有区别，但也有它们的共同特点。早期以红地黑彩或紫彩为多，中期流行先涂绘白色或红色陶衣为地，再加绘黑色、棕色或红色的纹饰，有的黑彩还镶加白边，十分美丽。绘画所用的颜料、磨砚、研磨锤等工具，在西安半坡、临潼姜寨、宝鸡北首岭等遗址的居址、墓葬中都有发现。从彩陶图案纹饰的痕迹分析，当时绘画已经使用毛笔一类较软的工具。仰韶文化聚落中，有专门烧制陶器的窑场和作坊。目前已发现仰韶文化各时期的陶窑上百座，构造分为横穴窑和竖穴窑两种，圆形为主，以横穴窑最为常见。横穴窑是较原始的一种陶窑，由火膛、火道、窑箅和窑室四部分组成。其特点是火膛、火道与窑室作横向排列，窑室在火膛后方并略倾斜向上，二者通过两条或更多的火道相连。窑室底部为窑箅，上有箅孔（火眼），火苗经过火道和火眼进入窑室。横穴窑还可依其火道和箅孔的长短、形状而细分为4种形式，这种窑在西安半坡、临潼姜寨、宝鸡北首岭等遗址中都有见到。至于竖穴窑，主要特点是火膛位于窑室的下部，二者基本垂直，如在偃师汤泉沟①所见的一座典型的竖穴窑，火膛中还立木柱以支撑上部有7个火眼的窑箅。仰韶文化的陶器，主要有泥质红陶、夹砂红陶、泥质灰陶，也有一些泥质黑陶和夹砂灰陶器。半坡类型的陶器主要是夹砂陶罐、小口尖底瓶、钵和卷沿彩陶盆。器表多饰绳纹、线纹、锥刺纹、指甲纹和弦纹，彩绘图案是在钵的口沿外绘画一周紫色、红色宽带纹，盆的内外绘画人面、鱼、鹿、植物等象生性花纹和三角形、圆点组成的几何形图案。在圆底钵口沿的宽带纹上，发现有20多种不同的刻画符号，可能是中国古代文字的渊源。庙底沟类型的陶器主要有曲腹碗、曲腹盆、小口尖底瓶、小口平底瓶、斜沿罐、釜、灶等，彩陶纹饰除象生性的蛙纹外，最富特点的是大量以圆点、曲线、涡纹、弧线、三角涡纹、方格纹组成的繁杂图案。西王村类型是仰韶文化晚期的遗存，彩陶已很少，出现了一批形制较小的泥质红陶平沿盆。后岗类型的陶器以红顶碗、钵、圆底罐形鼎居多，彩绘纹饰流行成组的平行短线，具有鲜明的地方特征。大河村类型的仰韶文化分为早、晚两个发展阶段，早期阶段的文化特点基本上与庙底沟类型一致，陶器种类与彩陶纹饰也大体相同，不过更多的彩陶施以淡黄或白色陶衣；这种类型的晚期文化堆积很典型，陶器主要有各式鼎、盆、钵、壶、瓮、罐、豆、甑、缸及大口尖底器，彩陶花纹有六角星纹、太阳纹、星月纹、网纹、波纹、“X”纹等。大河村类型发展到最后阶段，有许多因素与相邻的山东大汶口文化、湖北屈家岭文化相同或相似，表现出向龙山文化过渡的同一趋势。大司空村类型是在后岗类型的基础上发展起来的仰韶文化晚期遗存，这时期的陶器以灰陶为主，红陶降于次要地位，代表器型有直口圆唇折腹盆、敞口浅腹盆、斜腹或折腹钵、碗、罐等，其刻画、拍印纹饰与仰韶文化其他类型一致，彩陶风格，如纹样则较为特殊，在暗褐色地上施黑、红二种色彩，花纹为弧线三角、曲线、波浪等，断续构成带状图案，其间并缀以叶纹、“S”纹、同心圆纹、睫毛纹等。下王岗类型是仰韶文化早期阶段

① 河南省文化局文物工作队. 1962. 河南偃师汤泉沟新石器时代遗址的试掘. 考古，(11)：562～565

最南部的一个类型，分布于豫南唐河、白河流域和鄂北汉水中游一带，可能是裴李岗文化移民的后裔创造的一种古老文化。这种类型的陶器以泥质和夹砂红陶为主，种类包括罐形锥足鼎、钵、罐、盆等，有些器物与半坡类型的器物极为近似，鼎、长颈壶与裴李岗文化有一定渊源。这种类型的晚期阶段，陶器种类增加，彩陶也以红地黑花或灰衣红彩居多，纹饰有条带纹、三角纹、斜十字纹、叶纹、涡纹和方格纹。黄河中游地区仰韶文化各种类型的制陶业，在近两千年的发展过程中，生产规模和工艺技术非常稳定。总的趋势是泥质红陶和彩绘陶器逐渐减少，灰陶、黑陶的比重越来越大，最终发展到以黑陶为主的龙山文化时期。

黄河下游的大汶口文化的制陶工艺相对稍微逊色，但在制作技术等方面有独到之处。陶器的生产表现出明显的阶段性。早期的陶器均为手制，砂质陶器火候较低，种类也不多，造型简单，仅见觚形器、盆、钵、罐、杯、鼎、豆、大口尊等。中期开始使用轮制技术，有了少量轮制的小件器物。这时已能烧制出火候较高的灰白色陶器，器物种类也明显增多，出现了颇有地方特色的实足鬶、背壶和篮形器等。到了晚期，已能用快轮生产大件陶器，如大汶口墓地就出土了轮制的大陶盆。制陶原料有了新的来源，出现了用坩子土烧制的一种质地坚硬、胎壁均匀、色泽明丽的白色、黄色、粉红色的细砂陶器，这类陶器有袋足鬶、三足盉、宽肩壶和筒形豆等。晚期烧制的薄胎磨光黑陶高柄杯，代表了这个古老部落制陶工艺的最高水平，为其后山东龙山文化更高水平的制陶技术准备了条件。制陶业的发达，还体现在制造出许多仿动物造型的陶质工艺美术品，中期所生产的兽形提梁器是中国工艺美术史上的精品；晚期这类陶制品越加增多，如三里河出土的猪形、狗形和龟形的容器等①，反映出这一部落制陶业的兴旺发达，也说明当时的工艺技术已相当成熟。黄河下游的大汶口文化聚落遗址中陶窑尚发现不多，大汶口遗址发现了一座晚期的横穴式陶窑，在新石器时代的同类陶窑中属于比较进步的形式。

2. 石器制作

黄河流域史前中期聚落的石器制作工艺比早期有很大的进步，在许多聚落遗址周围，都能发现专门的石器制作区。黄河上游的马家窑文化石器制作技术还显得有些落后。当时的石制工具多属磨制，常有穿孔，少数地方仍保

---

① 昌潍地区艺术馆等 . 1977. 山东胶县三里河遗址发掘简报 . 考古，（4）：262 ~ 267

留着中石器时代盛行的细石器工艺传统。柳湾墓地[①]发现了嵌有石叶的骨柄刀，这是一种有多样用途的复合工具，主要用来切割和刮削兽皮。这种骨柄刀是中国北方原始氏族一种有普遍意义的典型工具，南方未有发现。黄河中游仰韶文化的石器制造业比较发达，早期打制的多，使用直接打击法，制出的砍砸器和刮削器往往不加修整即可使用，比较粗糙。中期以后，磨制石器已明显占据主导地位，器形也有很大改进，数量大批增加。各类型遗址中出土的磨制石器，都是先打出初坯然后细致研磨成器。此时，切锯石材和穿孔的技术普遍使用，穿孔石斧在各遗址都有发现。穿孔主要使用钻穿，但往往先凿出浅窝再施钻，也有的是先磨出凹槽而后施钻。穿孔石器是为了更好地装柄以制成复合工具，进一步提高生产效率。黄河下游石器制作最为精致，在黄河流域新石器时代中期诸文化中处于领先的地位。早期黄河下游地区的人们已善于磨制精致的石器，并且较早使用穿孔技术；中期以后，常选用高硬度的蛋白石、流纹岩等为原料，石器的造型更加规整，器物类型增多，产量也增加，出现了成套的手工工具，一些手工业者的墓中发现了成组的大、中、小型石锛。

3. 纺织、编织生产

黄河流域史前中期聚落的纺织、编织生产制作工艺相当发达。黄河上游马家窑文化聚落的纺织业在手工业生产中占有重要地位。各氏族墓地发现了很多石、陶制纺轮，其中仅柳湾墓地的纺轮就数以百计。这些纺轮大小差不多，制作都很精致，有些纺轮的正面、背面甚至侧面都饰有各种不同的几何形花纹，主要是用刻划或锥刺的技法画出的。这些巧妙的艺术装饰表明，纺轮不仅是妇女们实用的纺织工具，也是她们很喜爱的一种艺术品，反映了氏族妇女在生产活动中的生活情趣。在柳湾的许多墓葬中，人骨附近发现了布纹痕迹，据研究是麻布类衣服的遗迹[②]。马家窑氏族部落的纺织业，是促进经济发展的重要因素。黄河中游的仰韶聚落的先民掌握了精致的纺织技术。在一些遗物上见有布纹、绳纹、蓝纹和席纺，都是纺织和编织业的反映。个别遗址中还曾发现养蚕的遗存，1960 年在山西芮城西王村的仰韶文化晚期遗存中出土了一个陶制蚕蛹[③]；1980 年在河北正定南杨庄遗址也发现了陶制的

---

① 中国社会科学院考古研究所 . 1984. 青海柳湾——乐都柳湾原始社会墓地（上册）. 北京：文物出版社 . 252

② 中国社会科学院考古研究所 . 1984. 青海柳湾——乐都柳湾原始社会墓地（上册）. 北京：文物出版社 . 259

③ 中国科学院考古研究所山西工作队 . 1973. 山西芮城东庄村和西王村遗址的发掘考古学报，(1)：56

蚕蛹①，这件惟妙惟肖的陶制工艺品两端圆钝，颜色灰黄，长2厘米，中部腹径为0.8厘米，身上横刻8周划纹，头部蛹形清晰。这些遗物说明当时人们已经掌握了葛麻纺织技术，而且懂得了利用蚕丝进行纺织生产的经验。各遗址发现大量的陶纺轮、石纺轮，形制多样，大小不等，也证明了当时纺织业的发展具有相当高的水平。

4. 其他手工业

除了陶器、石器制作以及纺织、编织业生产，黄河流域史前中期聚落的其他手工业也有相当的发展，如黄河上游的马家窑文化聚落的居民木器制作技术比较发达，虽然没有出土日常生活使用的木器，但木作工具石斧、石锛、石凿等有普遍发现。柳湾墓地中马家窑文化早期的墓葬共257座，都是长方形竖穴土坑墓，以地形木棺为葬具。木棺经鉴定为松柏类树干所制造，棺的四壁由木板围拼而成，四角采用“穿榫法”接合，即边壁挖槽，端壁作榫，合缝贴接紧密，从一个侧面反映出木工作业的水平②。马家窑文化的人们还制造各种装饰品来美化自己，一些善于制作装饰品的手工工匠表现出较高的技艺，在墓葬中发现很多石臂饰、绿松石雕饰、串珠、蚌饰等。另外，在柳湾墓地还发现一些墓葬中随葬着矢箙，是一种用桦树皮制作的，表面刻有各种几何形花纹，形制很独特的器物。这些手工作品，反映了当时手工业生产的全面发展情况。黄河中游仰韶文化聚落的骨、角制作工艺进步较快，许多遗址都发现了用于农业生产的骨铲、骨刀；用于缝纫的骨锥、骨针；用于狩猎的骨镞、骨矛；用于捕鱼的渔钩、渔叉；用于装饰的骨笄、骨管、骨珠等。骨、角器已成为当时人们日常生产和生活中不可缺少的物品。这一时期的各遗址中，发现的骨镞以千计，如半坡遗址比较先进的骨镞，中间起脊、两侧有翼、圆梃尖锋，杀伤力很强。捕鱼用的带有单倒钩或双倒钩的渔叉、渔钩，也是骨、角手工业的精致产品③，上述工具和武器，说明骨、角制造业在发展生产上起着不可忽视的作用。另外，仰韶文化一些遗址还出土了许多骨、角雕刻制作的工艺品，除了装饰品外，还有与艺术、宗教有关的作品。在陕南的西乡县何家湾仰韶文化遗存的一个早期窖穴中，曾出土一件骨雕人头像，是用兽类的肢骨雕刻的，高2.5厘米，眉、眼、鼻、嘴、耳都

---

① 河北省文物管理处. 1981. 正定南杨庄遗址试掘记. 中原文物，(1)：75

② 中国社会科学院考古研究所. 1984. 青海柳湾——乐都柳湾原始社会墓地（上册）. 北京：文物出版社. 135

③ 中国科学院考古研究所等. 1963. 西安半坡. 北京：文物出版社. 81

刻画得比较细腻准确，比例匀称①。这件6000多年前的骨雕艺术品，生动地说明了仰韶文化时期骨、角器制作工艺发达的程度。黄河下游的大汶口文化聚落的骨、角器制作成就较突出，早期的邳县大墩子遗址中出土了一串10粒的雕花骨珠②；刘林遗址还发现刻有猪头纹样的牙质饰物③。到了中晚期，剔地透雕技术和镶嵌技术趋于成熟，大汶口发现的透雕16齿象牙梳、花瓣纹象牙筒和镶嵌绿松石的骨雕筒等，代表着中国新石器时代骨、角器制造工艺的最高水平。另外玉器加工在黄河下游比较突出，大汶口文化聚落中有的墓葬和居址发现有精美的玉铲和较为丰富的玉石装饰品，其中包括由不同形状的单件组成的串饰。大汶口文化的玉石制造业，虽然比黄河中上游进步，但比起长江下游地区氏族部落的玉石器制作工艺尚有不足，也没有西辽河流域那样发达。

四、中期聚落的经济特点

黄河流域史前中期聚落社会是氏族制经济繁荣发展的阶段，黄河流域的原始农业和手工业发展速度比史前早期更快，具有突出的地方特色。

1. 农业生产初步发展，采集、狩猎和捕捞活动在经济生活中占有重要的地位

新的农业生产工具逐渐增多，农作物的品种和产量都有较大幅度地提高。农业经济的大发展，促进了畜牧业的繁荣；采集和渔猎经济继续作为农业经济的重要补充，仍是氏族成员经常从事的生产活动。从史前中期聚落遗址出土的农业与渔猎生产工具、饲养与野生动物骨骼的比例，可看出当时经济成分的结构变化。如表7-3、表7-4所示：庙底沟一期聚落遗址中，出土生产工具，农耕工具占60%，渔猎工具占40%；出土动物骨骼，野生动物占67%，蓄养动物占33%。大河村一期聚落遗址中，出土生产工具，农耕工具占70%，渔猎工具占30%；出土动物骨骼中，野生动物占69%，蓄养动物占31%。点军台二期聚落遗址中，出土生产工具，农耕工具占71%，渔猎工具占29%；出土动物骨骼中，野生动物占63%，蓄养动物占37%。下王岗二期、三期聚落遗址中，出土生产工具，农耕工具占68%，渔猎工具占32%；出土动物骨骼中，野生动物占68%，蓄养动物占32%。王湾二期

---

① 陕西省考古研究所汉水考古队．1981．陕西西乡何家湾新石器时代遗址首次发掘．考古与文物，(4)：38

② 南京博物院．1981．江苏邳县大墩子第二次发掘．见：考古学集刊（第1辑）．北京：中国社会科学出版社．27

③ 南京博物院．1965．江苏邳县刘林新石器时代遗址第二次发掘．考古学报，(2)：47

聚落遗址中，出土生产工具，农耕工具占62%，渔猎工具占38%；出土动物骨骼中，野生动物占51%，蓄养动物占49%。中山寨四期聚落遗址中，出土生产工具，农耕工具占61%，渔猎工具占39%；出土动物骨骼中，野生动物占58%，蓄养动物占42%。从表7-3中可以看出，农业生产工具的比例明显增加，渔猎生产工具的比例逐渐下降，但总体依旧占到三分之一；从表7-4可以看出，出土的野生动物骨骼在比例上逐步降低，而饲养动物骨骼比例增加。说明黄河流域史前聚落中期，农业经济逐渐发展，已经占相对优势，渔猎经济地位虽然下降，依旧是农业经济不可或缺的补充，畜牧业得到了很大的发展，但与渔猎经济比，依旧处于劣势地位。

表7-3　黄河流域史前中期聚落遗址生产工具抽样统计表

遗址名称	农耕工具		渔猎工具	
	数量/件	比率/%	数量/件	比率/%
庙底沟一期	154	60	88	40
大河村一期	134	70	60	30
点军台二期	69	71	28	29
下王岗二期、三期	187	68	86	32
王湾二期	112	62	58	38
中山寨四期	98	61	68	39

表7-4　黄河流域史前中期聚落遗址出土动物抽样统计表

遗址名称	动物种类	比率/%
庙底沟一期	小型鹿科动物、野猪、貉、獾、鱼类龟、鳄、麋、黑熊（野生）	67
	猪、鸡、狗、(饲养)	33
大河村一期	小型鹿科动物、雉、兔、旱獭野猪、猕猴、麝、貉、獾、鱼类（野生）	69
	猪、狗、牛（饲养）	31
点军台二期	鹿、獐、麋鹿、貉、獾及龟、鳖、鱼、苏门犀（野生）	63
	猪、鸡、狗、猫（饲养）	37
下王岗二期、三期	梅花鹿、孔雀属、雉、貉、獾、兔、旱獭、鳖、鱼类（野生）	68
	猪、鸡、狗（饲养）	32
王湾二期	梅花鹿、小型鹿科动物、野猪、貉、獾、鱼类（野生）	51
	鸡、狗、猪（饲养）	49
中山寨四期	小型鹿科动物、雉、兔、鳖、鱼类（野生）	58
	猪、鸡、狗、羊（饲养）	42

2. 手工业生产得到很大的发展，部门分化明显

制陶工艺更加成熟，各地出现了不同类型的陶窑和制陶方法，薄胎陶等体现先进技术的产品有越来越多的发现，慢轮修整技术应用普遍，黄河下游地区甚至发现了快轮修整法。石器制作工艺在黄河流域成绩非常突出，切割、抛光、钻孔等技术逐渐出现；竹木器、骨角器制造和加工业得到初步发展；随着手工业生产工具的改进，土木建筑也呈现出新局面；丝麻纺织业继续发展，出现了养蚕业和一些纺织新技术。

3. 原始商业萌芽

农业和手工业的发展，促进了远古水陆交通的发展，以物易物的交换范围不断扩大，开始出现专门为交换而制作的商品。

总之，黄河流域史前中期聚落的经济在各个领域都发展较快，并加强了各个地域、不同文化之间的交流与融合，黄河流域的民族社会在经济发展的背景下，呈现出同一性的趋势，黄河流域大部分地区受到仰韶文化的巨大影响，但各地也不同程度地保留了地方特色。这种社会发展的同一性和地方特色为此后民族的融合及多民族的文化结构孕育出雏形。

第三节 黄河流域史前晚期聚落的经济发展

一、农业生产

黄河流域史前晚期气候变化较大，气温逐渐变冷，尤其是黄河流域的上游，气温变冷且干燥。有学者对黄河上游的文化层分析后认为，“文化层中发现的动物骨骼一共只有5种，未见喜暖动物，而且出现狍子，可能气候有变冷的趋势”。龙山文化中期，黄河中下游地区“气候介于暖温带的湿润和半湿润气候类型之间，比前期略为干燥”①。当地的古河道多在此时期发生淤堵，许多河流被支解为湖泊，这必然导致洪水发生的频率加大，龙山文化晚期，此区域又形成“经常发生洪水的湿润多雨的气候期”②。

---

① 北京大学考古学系等．1998．驻马店杨庄——中全新世淮河上游的文化遗存与环境信息．北京：科学出版社．80

② 王沌．1992．中原地区历史旱涝气候研究和预测．北京：气象出版社．83

1. 农作物

黄河流域史前晚期聚落的农业经济有了进一步的发展。黄河上游的齐家文化遗址中发现了大量的粟。甘肃省民乐县东灰山新石器时代遗址中发现了小麦和大麦的碳化籽料①。黄河中游地区农作物主要有粟和稻。在安阳后岗H37内发现“有腐朽谷物痕”的遗迹②，安阳八里庄T2H9的中层填土中发现“有粟的痕迹”③，王城岗四期的一个陶鼎出土有半斤粟④，渑池班村遗址出土了小米⑤。襄汾陶寺遗址出土有炭化粟。通过对骨骼中^{14}C的测定，了解食谱中C_4植物（农作物，如粟、高粱）摄入量，陶寺人的C_4植物摄入量占66.9%，而西安半坡、宝鸡北首岭两遗址仰韶人的C_4植物摄入量平均占48.1%，可见陶寺人食用小米比陕西地区仰韶人显著增多。陶寺出土猪骨中的C_4植物竟占71.5%，这意味着用较多的C_4草类和作物喂猪，其中包括喂食小米或其谷糠。在汝州李楼龙山文化遗址⑥中，发现炭化稻米，其中既有水稻，又有粳稻，也有少量的野生稻。禹州阎寨龙山文化遗址中，发现稻的遗迹和大量的半炭化稻的籽实和稻壳。驻马店杨庄遗址⑦中发现了大量的水稻植硅石。陶寺发现有较多麻制品遗存，在一座墓葬M1650内尤为集中，包括有网状麻类编织物、平纹织物、麻绳等。这些麻制品原料当来自农作物大麻⑧。另外在武功赵家来客省庄文化遗址中发现了小麦遗存，在焦作博爱县西金城龙山城址中也发现了小麦遗存。黄河下游山东栖霞杨家圈遗址中，在“龙山文化层和灰坑”里发现有“稻谷壳及印痕”⑨。兖州王因遗址中采集了土样进行孢粉分析，也发现了“水稻的花粉”⑩。尧王城遗址发现含水稻的

---

① 甘肃文物考古研究所.1988.甘肃省民乐县东灰山新石器时代遗址发掘简报.文物，(2)：72

② 中国社会科学院考古研究所安阳工作队.1985.1979年安阳后岗遗址发掘报告.考古学报，(1)：37

③ 安阳地区文物管理委员会.1980.安阳八里庄龙山遗址发掘简报.河南文博通讯，(2)：65

④ 河南省文物研究所等.1992.登封王城岗与阳城.北京：文物出版社.28～42

⑤ 河南省文物管理局等.1998.渑池县班村遗址.见：黄河小浪底水库文物考古报告集.郑州：黄河水利出版社.24

⑥ 中国社会科学院考古研究所河南一队.1994.河南汝州李楼遗址的发掘.考古学报，(1)：45

⑦ 李亚东，宋豫秦.1998.驻马店杨庄.北京：科学出版社.211

⑧ 解希恭.2007.襄汾陶寺遗址研究.北京：科学出版社.203

⑨ 栾丰实，靳桂云，王富强.2007.山东栖霞县杨家圈遗址稻作遗存的调查和初步研究.考古，(12)：79～84

⑩ 中国社会科学院考古研究所.2000.山东王因——新石器时代遗址发掘报告.北京：科学出版社.203

灰土[①]。田旺遗址 H4、H6、H7 发现水稻硅酸体[②]。庄里西遗址从 H141、H52、H62、H77、H100 中浮选出的大量炭化稻米黍和与稷属于同类的农作物[③]。在胶东半岛的长岛县北庄遗址一期文化红烧土的墙皮中曾发现许多黍的皮壳[④]。滕州庄里西遗址属于龙山文化时期，H41 内发现 2 颗黍粒标本[⑤]。栖霞杨家圈龙山遗址也发现黍粒[⑥]。滕州庄里西遗址 H41 内发现了数十粒黍。山东地区吕县杭头茌平教场铺、日照两城镇等多处新石器时代遗址发现了小麦的遗物[⑦]。兖州西吴寺遗址还发现了一定数量小麦孢粉的存在[⑧]。

2. 生产工具

黄河中游关中地区的生产工具有了改进，磨制的石器增加了，磨制技术比中期聚落更加精细，还出现了挖土用的木耒和收获谷物用的半月形石刀、石镰。河洛地区农业生产工具的种类增加了，数量也增多了，特别是石刀、石镰、蚌刀和蚌镰等收割工具大量出土。河南孟津小潘沟遗址[⑨]中，出土了一种三角形石犁，自犁尖中脊展开为双叶，犁叶为双面刃，犁身分正反面，在反面的柄端有残长 8 厘米、宽 6 厘米的长方形粗糙面，是与之依托的犁床摩擦而留下的遗痕。石犁的出现，具有十分重要的历史意义，标志着犁耕文明的出现，提高了农业生产效率。豫北晋南地区生产工具很有特色。主要工具有穿孔或无孔石铲、骨铲、石镰、蚌镰、有柄石刀、长方形石刀、穿孔蚌刀、刀形刮削器，另外在一些遗址中还发现了少许细石器，如精心打琢的石镞、石锥、刮削器等，这种从中石器时代流传下来的手工业传统制品，以其特殊的制作工艺丰富了工具的种类。豫东地区的农业生产工具相对而言少且制作简单，主要有石铲、石镰、石刀、蚌镰等。

---

① 中国社会科学院考古研究所 . 1994 - 01 - 23. 尧王城遗址第二次发掘有重要发现 . 中国文物报，1

② 靳桂云，吕厚远，魏成敏 . 1999. 山东临淄田旺龙山文化遗址硅酸体研究 . 考古，(2)：82 ~ 87

③ 孔昭宸，刘长江，何德亮 . 1999. 山东滕州市庄里西遗址植物遗存及其在环境考古学上的意义 . 考古，(7)：59 ~ 62

④ 北京大学考古实习队等 . 1987. 山东长岛北庄遗址发掘简报 . 考古，(5)：385 ~ 394

⑤ 孔昭震，刘长江，何德亮 . 1999. 山东滕州市庄里西遗址植物遗存及其在环境考古学上的意义 . 考古，(7)：59 ~ 62

⑥ 栾丰实，靳桂云，王富强 . 2007. 山东栖霞县杨家圈遗址稻作遗存的调查和初步研究 . 考古，(12)：79 ~ 84

⑦ 凯利 · 克劳福德等 . 2004. 山东日照市两城镇遗址龙山文化植物遗存的初步分析 . 考古，(9)：73 ~ 86

⑧ 国家文物局考古领队培训班 . 1990. 兖州西吴寺 . 北京：文物出版社 . 78

⑨ 洛阳博物馆 . 1978. 孟津小潘沟遗址试掘简报 . 考古，(1)：34

3. 粮食储存设施

黄河流域史前晚期聚落社会粮食储存进一步增加，灰坑数量继续增加，主要分布在聚落的居住区周围，以圆形袋状灰坑为主，口小底大，制作加工比中期更加规整。例如，陕县庙底沟聚落遗址，作为两个不同时代的聚落遗址，仰韶时期的窖穴制作粗糙，很少像龙山灰坑那样整齐。同一遗址中，中期仰韶文化聚落与晚期龙山文化聚落，灰坑数量有大的增加。又如，陕县三里桥遗址[①]中，仰韶文化灰坑共发现47个，龙山文化灰坑共发现103个。再如，淅川下王岗遗址[②]，共发现仰韶文化三期灰坑4个，屈家岭文化灰坑35个，龙山文化灰坑118个。在郑州大河村遗址[③]中，发现仰韶文化灰坑62个，龙山文化灰坑64个。在安阳后岗遗址[④]中，发现仰韶文化灰坑15个，龙山文化灰坑65个。灰坑数量增加，是黄河流域史前晚期聚落社会剩余粮食和储藏品增加的证据。为了防潮，灰坑内壁大多采用了草拌泥或涂抹石灰面，并加以火烤烘干。例如，大河村5期T9H50[⑤]，坑底和内壁涂抹一层沙质草拌泥，经过烘烤，呈棕红色，表面平整、坚硬。

二、渔猎与畜牧业生产

黄河流域史前晚期聚落的经济与中期相比更加发达。渔猎经济比重总体趋势是减少了，但依旧占据相当重要的地位。关中地区陕西龙山文化聚落遗址中普遍发现了用石、骨和蚌壳制作的箭镞、网坠等渔猎工具，还有一些捕获的鹿、狐狸乃至老虎的骨头。河洛地区野鹿、野猪、野兔成为主要的狩猎对象。河南龙山文化后岗类型遗址出土大量的刀形刮削器、四棱石镞、叶形有梃石镞、三棱有梃骨镞、带倒钩骨鱼镖等，尤其是出土了一批北方草原地带常见的打制的细石器箭头，可知渔猎经济还在继续发挥作用，成为农业经济的重要补充。黄河中下游交界的河南龙山文化王油坊或造律台类型遗址中，渔猎的工具较为丰富。陶网坠形制复杂，常见骨鱼镖和大量蚌壳、螺壳堆积，一些遗址的鱼骨也很多，而农业生产工具石铲、石镰、石刀、蚌镰虽有普遍发现，但数量反而不多，可见渔猎经济在此区域所占的比重很大。黄河下游地区的山东龙山文化聚落中，渔猎活动依然是氏族成员不可缺少的劳动。各遗址普遍发现了数

---

① 中国科学院考古研究所．1959．庙底沟与三里桥．北京：科学出版社．77

② 河南省文物研究所等．1989．淅川下王岗．北京文物出版社．93

③ 郑州市博物馆．1979．郑州大河村遗址发掘报告．考古学报，(3)：301~375

④ 中国社会科学院考古所安阳队．1985．1979年安阳后岗遗址发掘简报．考古学报，(1)：47

⑤ 郑州市博物馆．1979．郑州大河村遗址发掘报告．考古学报，(3)：301~375

量较多的石镞、骨镞、石网坠、陶网坠、骨鱼镖、骨鱼钩等，说明狩猎经济是继续存在的。主要的狩猎对象是鹿、獐、麋鹿、獾、貉等。在少数地区，如胶东的滨海一带山地，也存在一些以渔猎经济为主的氏族。

畜牧业生产有了很大的发展，饲养的品种增多。黄河中游地区不仅有猪和狗，一些遗址还常发现牛、羊和鸡的骨头。在饲养的家畜中，以猪的饲养最多，同时多种家畜的饲养数量也比过去明显增加。在庙底沟遗址废弃的灰坑中，经清理的26个龙山文化时期灰坑内家畜骨骼的数量，远远超过当地仰韶文化168个灰坑中出土的家畜骨骼的数量①。洛阳王湾、矬李、郑州大河村等遗址中也发现大量的猪骨头。如果说羊（包括山羊和绵羊）、牛在以前饲养与否还不能完全肯定，此时已成为家畜似无太大分歧。晋南的陶寺文化家畜有猪、狗、黄牛。陶寺墓地有中型墓随葬猪下颌骨数十副甚至上百副，有的大型墓随葬经肢解的整头猪，显示出对养猪业的重视和其发达程度②。豫北后岗聚落除了饲养猪、狗、牛、羊之外，还驯化了马并饲养了猫。马、牛的饲养在家畜饲养史上是一个很大的进步。黄河下游地区畜牧业生产空前繁荣起来。马、牛、羊、鸡、狗、猪6种中国古代的主要家畜家禽在龙山文化时期均已具备。从各地发现的动物骨骼数量分析，饲养的家畜以猪的数量最多，其次是狗，再次是牛、羊，马和鸡的数量都很少。猪既是人们食肉的主要来源，也被视为能力和财富的象征，各部落的公共墓地中，都有用猪下颌骨随葬的现象，在家庭饲养业中占有最重要的地位。潍县鲁家口遗址发现可以鉴定种属的动物骨骸标本315件，其中猪骨占64%③。猪的形象作为工艺装饰和造型艺术的题材得到广泛地应用，已渗透到氏族成员生活的各个领域。羊的饲养数量比大汶口文化有显著的增长。养狗是当时各氏族流行的风气。以养猪为主的饲养业，在龙山文化时期有了很快的发展，为长期定居的人们提供了肉食。

三、手工业生产

1. 陶器生产

黄河流域史前晚期聚落的陶器生产工艺达到了巅峰，专门从事陶器制作的工匠们不断总结前人的经验，各遗址出土的大批陶器，表现出先进的技

① 中国科学院考古研究所. 1959. 庙底沟与三里桥. 北京：科学出版社. 79

② 解希恭. 2007. 襄汾陶寺遗址研究. 北京：科学出版社. 188

③ 中国社会科学院考古研究所山东工作队等. 1985. 潍县鲁家口新石器时代遗址. 考古学报，(3)：313～351

术、科学的工艺、优美的造型和明显的实用性。当时已普遍采用了快轮制陶技术，这是制陶史上的一个巨大的飞跃。黄河中游地区的陶器生产呈现区域化特色。关中豫西地区的陶窑由火口、火膛、火道及窑室组成。火口较小，火膛较深，紧靠窑室。由火膛中分出两股火道，每股主火道再分出三股支火道。窑室呈圆形，直径约 1 米，底有窑箅，箅上有 25 个火眼与火道相通。窑壁残高约 80 厘米，微向内弯①。这样的结构利于停火后封窑和饮窑，使陶器中的氧化铁还原成灰色。生产的陶器比较厚重，灰黑的筒形或鼓腹陶罐经常装饰着篮纹，并贴塑着旨在加固和起装饰作用的泥条、泥饼。河洛地区制陶业进步很大，已经普遍使用了轮制技术。大量陶器都是灰色的，可知烧窑工艺已全面处于还原焰烧制的阶段。在煤山龙山文化聚落遗址中，发现 4 座陶窑集中在一起，窑室底部挖筑两条主火道和两条分火道，火道较宽处架有"土坯砖"以便控制火苗和放置陶器②。豫北冀南地区受到山东龙山文化先进的制陶技术影响，一些遗址发现了鬼脸足鼎、白陶鬶等山东风格的产品。在涧沟遗址发现了几座当时的陶窑，有的火膛的一部分直接位于窑膛之下，窑膛底部挖筑近似"北"字形的火道，以便集中火力。这个制陶作坊附近还有两眼水井，与制陶用水有一定关系。黄河下游山东龙山文化聚落制陶工艺最典型。快轮制陶技术，包括在快速运转的陶轮上拉坯成型和修整定型两个方面，不仅极大地提高了劳动效率，而且制作出来的陶器外形规整，厚薄均匀，棱角分明，纹饰简洁流畅，显得十分优美典雅。制作薄如蛋壳的黑陶，必须选用反复淘洗过的细泥，从而使器物光洁明亮。一些陶鬶则选用高岭土为原料，烧成后多是白色或橘黄色。许多圈足器、三足器和较复杂的平底器，采用分体制作然后黏接的方法。全部陶器的火候都比较高，尤其是白陶，一般达到 1000℃以上。从事制陶的工匠们在封窑、渗碳和掌握火候的各个环节都有很高的技巧，可能已脱离了氏族家庭的小规模生产状态，而是以较大的群体方式，经过内部严格分工来完成的。黄河流域下游地区的陶器，种类繁多，形式复杂，堪称中国新石器时代晚期之最。

2. 纺织、编织生产

黄河流域史前晚期聚落社会纺织、编织生产与中期相比更加发达，主要表现是出现了更多的纺织工具。例如，安阳后岗龙山聚落遗址出土骨针 2

---

① 中国科学院考古研究所．1959．庙底沟与三里桥．北京：科学出版社．70

② 中国社会科学院考古研究所河南二队．1982．河南临汝煤山遗址发掘报告．考古学报，(4)：427～476

件、石纺轮2件、骨匕4件、木匕1件[①]。汤阴白营聚落遗址出土骨针18件、骨匕7件、陶纺轮13件，石纺轮4件、角匕1件等。大河村龙山时代聚落遗址出土骨针5件、陶纺轮29件、石纺轮14件等[②]。郑州马庄聚落遗址出土骨针1件、陶纺轮21件、骨匕1件[③]。登封王城岗聚落遗址出土骨针4件、陶纺轮81件、石纺轮1件、骨匕1件[④]。洛阳王湾三期出土的骨针与骨匕比前期更多。纺轮是黄河流域地区自史前早期聚落社会就开始出现的纺织工具，形状大多为圆形或馒头形。针和匕的出土，说明当时黄河流域已经普遍出现了缝纫和原始纺织技术。

3. 冶铜生产

黄河流域史前晚期聚落社会手工业发展最重要的成就，是冶铜业的出现。黄河流域发现了大量的冶铜线索。首先是陶器制作与陶窑制造技术的提高，为冶铜业的发展提供了可能，陶窑由横穴窑发展为竖穴窑，窑室温度达到1000℃以上，达到了熔化铜的要求。而在郑州的牛砦发现的炼铜炉残片，用黏土加砂制成，亦可承受1000℃以上的高温，具有必要的强度与透气性。其次根据古代文献记载和现代的科学调查，黄河流域地区有丰富的铜矿和锡、铅矿藏[⑤]，如汝州产单生铜矿，而登封市产铜铁硫化矿，有黄铜矿与斑铜矿。另外黄河流域分布有大面积的原始森林，为古代冶铜业手工业的产生和发展，提供了客观的物质条件。自然条件的具备与生产技术发展，促使黄河流域史前晚期聚落的居民去寻找新的工具原料，开辟新的生产领域即冶铜业。民族学与考古学资料证明，人类最早使用和冶炼的是纯铜，其后又发现了锡矿石和铅矿石，并将其制成锡铜合金或锡铅铜合金，总称为青铜。黄河流域在此阶段既发现了冶炼红铜的遗物，也发现冶铸青铜的遗物。例如，20世纪70年代，在汝州煤山遗址二期H28、H40内，发现了炼铜的坩埚残块，内壁保留有铜液，经鉴定为红铜[⑥]。1954年郑州牛砦龙山文化遗址C13T1中，曾经发现熔化铅青铜的残破炉壁和铜器残片，经过鉴定为铅青铜[⑦]。

---

① 中国社会科学院考古所安阳队．1985．1979年安阳后岗遗址发掘简报．考古学报，(1)：47

② 郑州市博物馆．1979．郑州大河村遗址发掘报告．考古学报，(3)：301～375

③ 郑州市博物馆．1982．郑州马庄龙山文化遗址发掘简报．中原文物，(4)：37

④ 河南省文物研究所，中国历史博物馆考古部．1992．登封王城岗与阳城．北京：文物出版社．113

⑤ 胡悌云，张文彬．1998．河南通典（上册）．北京：东方出版社．36～39

⑥ 中国社会科学院考古研究所河南二队．1982．河南临汝煤山遗址发掘报告．考古学报，(4)：427～476

⑦ 安金槐．1989．试论河南地区龙山文化的社会性质．中原文物，(1)：43

1980年在登封王城岗龙山文化第四期的窖穴H617中，出土了青铜器残片，其合范缝隙清晰可辨，为含铅较多的锡青铜器①。淮阳平粮台三期H15发现铜渣一块，呈铜绿色，长余1厘米②。杞县鹿台岗龙山文化遗址中发现一疑似青铜小刀③。

冶铜业的出现和初步发展，在黄河流域乃至中国史前社会发展史上具有划时代的意义，标志着黄河流域从石器时代进入铜石并用时代。铜器虽然不能全部取代石器，但铜器具有延展性，熔点较低而且富有可塑性，可以冶炼和铸造各种器物，青铜合金具备相当的硬度，较石器具有很大的优越性，可以推动生产力的进一步发展以及生产部门专业化，从而促使此一阶段的生产关系发生深刻变化。冶铜业在黄河流域出现，表明史前聚落晚期的社会大分工，即农业与手工业之间的分工已经高度深化。

四、晚期聚落的经济特点

黄河流域史前晚期聚落社会是氏族制经济高度发展的阶段，黄河流域的原始农业和手工业发展速度是史前中期聚落社会无法比拟的，原始农业占了绝对优势，手工业分工更细，部门更全。

1. 农业、畜牧业及渔猎业快速发展

农作物的品种和产量都有较大幅度的提高。主要的农作物依旧是粟和稻，但在聚落遗址中发现的频率增大，地域分布更加广泛。木耒、石犁等新的农业生产工具逐渐增多。圈养的动物种类增加，数量增多；采集和渔猎经济继续作为农业经济的重要补充，但所占比例与地位进一步降低。从出土的农作生产工具和采集、渔猎生产工具比例及动物骨骼可以看出，如表7-5、表7-6所示，庙底沟二期聚落遗址中，出土生产工具，农耕工具占75%，渔猎工具占25%；出土动物骨骼，野生动物占43%，蓄养动物占57%。芮城西王村聚落遗址中，出土生产工具，农耕工具占70%，渔猎工具占30%；出土动物骨骼中，野生动物占48%，蓄养动物占52%。汤阴白营聚落遗址中，出土生产工具，农耕工具占73%，渔猎工具占27%；出土动物骨骼中，野生动物占32%，蓄养动物占68%。永城王油坊聚落遗址中，出土生产工具，农耕工具占54%，渔猎工具占46%；出土动物骨骼中，野生动物占38%，蓄养动物占62%。偃师高崖聚落遗址中，出土生产工具，农耕工具占

① 河南省文物研究所等. 1983. 登封王城岗遗址的发掘. 中原文物，(3)：67
② 河南省文物研究所等. 1983. 河南淮阳平粮台龙山文化城址试掘简报. 文物，(3)：84
③ 郑州大学考古专业等. 1994. 河南杞县鹿台岗遗址发掘简报. 考古，(8)：673～678

78%，渔猎工具占22%；出土动物骨骼中，野生动物占42%，蓄养动物占58%。淅川下王岗聚落遗址中，出土生产工具，农耕工具占64%，渔猎工具占36%；出土动物骨骼中，野生动物占45%，蓄养动物占55%。从表7-5可以看出，农业生产工具的比例进一步增加，而渔猎生产工具的比例下降；从表7-6可以看出，出土的野生动物骨骼的比例进一步降低，而饲养动物骨骼比例增加，第一次出现了饲养动物超过野生动物的现象，说明黄河流域史前聚落晚期，农业经济占绝对优势，农业生产的发展，促进了畜牧业的发展。同时，应当看到，黄河流域史前晚期经济发展并不平衡，在豫东、豫南地区，采集、渔猎经济所占比重似乎依旧较大。

表7-5　黄河流域史前晚期聚落遗址生产工具抽样统计表

遗址名称	农耕工具		渔猎工具	
	数量/件	比率/%	数量/件	比率/%
庙底沟二期	356	75	128	25
芮城西王村	144	70	62	30
汤阴白营	78	73	30	27
永城王油坊	102	54	88	46
偃师高崖	136	78	38	22
淅川下王岗	143	64	79	36

表7-6　黄河流域史前晚期聚落遗址出土动物抽样统计表

遗址名称	动物种类	比率/%
庙底沟二期	梅花鹿、小型鹿科动物、野猪、貉、獾、鱼类龟、鳄、麋（野生）	43
	猪、鸡、狗、山羊、黄牛（饲养）	57
芮城西王村	小型鹿科动物、雉、兔、旱獭野猪、貉、獾、鱼类（野生）	48
	猪、狗、猫、牛、山羊、鸡（饲养）	52
汤阴白营	鹿、獐、麋鹿、貉、獾及龟、鳖、鱼类（野生）	32
	猪、狗、猫、牛、山羊、鸡	68
永城王油坊	梅花鹿、小型鹿科动物、野猪、貉、獾、鱼类（野生）	38
	鸡、狗、猪（饲养）	62
偃师高崖	梅花鹿、小型鹿科动物、雉、貉、獾、兔、旱獭、鳖、鱼类（野生）	42
	猪、鸡、狗（饲养）	58
淅川下王岗	小型鹿科动物、雉、兔、鳖、鱼类（野生）	45
	猪、狗（饲养）	55

2. 手工业生产技术进一步提高

制陶工艺臻于完美，黑色蛋壳陶器是此阶段最有特色的陶器精品，快轮制陶技术已经广泛使用，陶窑种类更加丰富。切割、抛光、钻孔等技术得到进一步推广，尤其是冶铜业的出现与发展，在黄河流域乃至全国具有划时代的意义。

总之，黄河流域史前晚期聚落的经济在各个领域都发展迅速，农业、畜牧业的发展为聚落社会的发展、分化奠定了坚实的物质基础。制陶业中快轮的推广及陶窑结构的改进，大大提高了社会生产力，农业、畜牧业、手工业的发达，促进了劳动分工的发展，社会财富增加，私有财产增多，私有制进一步发展，从而推动了黄河流域史前社会文明的诞生。

结　语

关于黄河流域史前聚落与城址，虽然我们作了一定程度的研究与勾勒，仍存在较多的问题。一方面，在某个区域与小流域，聚落考古资料尽管有了一定的积累，但限于发掘水平，有的资料仅仅只是一个线索而已，无法进行更为细致的对比与分析。另一方面，大面积地利用现代化科技手段进行系统揭示的聚落遗址的总体数量毕竟过少，因此还无法从更细致的角度，去寻找遗址内各个时期的聚落之间的内在联系。所以，聚落考古的研究，在今后仍将是史前研究的重点。虽然黄河流域的这类研究较之其他大河大江流域有着更多的积累，但总体而言，黄河流域的史前聚落研究，不但是研究的重点，而且更应该加强。

1. 聚落的发生与发展的基本脉络

从时间的角度来看，黄河流域史前聚落最早的萌芽，以及聚落的发生过程还不清楚。史前洞穴的资料，可以寻觅到史前聚落萌芽的最初痕迹，例如洞穴的选择问题涉及与附近河流的远近，洞穴高度也与居住的便捷和安全有着一定的联系，这似乎又是聚落围护体系的最初形态；洞穴内部的布局，灶址的位置，床铺的地方，这些与房址内部的分工都有着内在的关联，或者说这些经验为真正意义的聚落的出现与发展提供了更多的经验。另外，在类似于洛南地区的大量的石器点的调查，也为寻找早期聚落萌芽阶段的人们居址与工作场所的设定规律，提供了一点线索。总的来说，相关资料较少，尤其是聚落形成之初，即最早的聚落形态，仍然是一个谜。

关于黄河流域新石器时代以来聚落的演变情况，也可以分成若干区域进行考察。一是以甘青区为代表的上游地区。这一地区的考古线索虽然较为清晰，基本呈现为早期资料较少，中期则以大地湾早、中、晚期，师赵 2～4 期为代表。这一时期出现了大地湾这类大型聚落，并出现了较大的建筑和极为讲究的房基，似乎在当时，也形成了一个政治与文化中心。晚期则以马家窑文化为代表，形成了极为发达的彩陶文化，尤其是墓地发现较多，而聚落的资料相对较少，这种情况也可延伸到齐家文化时期。其后进入了文化的荒漠区。也可以说，这一地区的聚落发展的轨迹为：低潮（早期）→高潮（中期）→一般（晚期）→没落（铜石）。二是以河套区为代表的上游地区。这一地区我们没有专门描述，其原因是因为这里的整体文化谱系并不十分清晰。朱开沟、阿善等遗址的发掘表明，在相当于仰韶时期的黄河沿岸兴起了一些聚落，并有类似的半地穴式的房基，到了晚期房基的地面还抹有白灰，反映出这时的聚落也有一定的规模与能力。在龙山时期的凉城老虎山遗址，还发现有用自然石块交错垒砌的石城①。从聚落形态来看，石城的发现将这一地区聚落的发展推向了新的高峰，在某些史前文化较为发达的地区，甚或没有出现。三是以关中区为代表的黄河中游地区。这一地区史前文化极为发达，资料的积累也较多，文化谱系也较为清晰。在仰韶文化时期，涌现了半坡、姜寨这样的大型聚落，但到陕西龙山文化时期，聚落并不发达，直到最后，也没有大量的城址出现，甚或没有出现河套区那样的以城址为代表的聚落发展的高峰。其轨迹为：一般（早期）→高潮（中期）→一般（晚期）→低潮（铜石）。四是以中原区为代表的晋南豫西以及近邻地区。考古发现较多，文化谱系也较为清晰，早期的裴李岗文化，中期的仰韶文化，晚期的龙山文化，除部分个别小的时期发展有波折外，基本呈直线上升的态势，尤其是在龙山文化晚期出现了大量的城址，将这一地区的聚落发展推到了高潮，这种态势，在黄河流域其他地区是没有的。五是以齐鲁区及邻近地区为代表的黄河下游地区。主要是山东半岛以外的地区，也包括了相邻的河南东部平原。这一地区的考古发现较多，文化谱系也已形成，早期的后李文化，聚落并不发达，中期的大汶口文化呈现发展的高峰，晚期的龙山文化聚落也较为成熟，并形成了龙山城址群，将这一地区的聚落发展推向了高潮。其聚落的发展轨迹为：低潮（早期）→高潮（中期）→高潮（晚期）→高潮（铜石）。在黄河流域的五大代表地区中，中原区聚落的高潮与夏商都城有效地对接，将整个中国早期文化的发展，推向了顶峰，成为中国当时的政治、文化与经济中心。可以说，中原区是黄河流域史前聚落发展的最核心地区。

2. 聚落的形态与区域发展

聚落研究，主要涉及两个方面：一方面为聚落内部的布局与形态，即聚落的围护形式，聚落内部各个要素的布局，诸要素中最具重点的房屋的结构等。另一方面为区域内聚落间的关系，聚落群的结构以及聚落的等级划

① 内蒙古考古研究所.1990. 内蒙古文物考古工作的新进展. 见：文物考古工作十年（1979～1989）. 北京：文物出版社.47～51

分等。

关于聚落内部的布局。一是关于聚落的总体模式问题。近年来学术界对黄河流域史前聚落形态研究，有从围护结构角度，如有环壕式聚落，甚或有一重环壕聚落，二重环壕聚落，而与之相对应者应为非环壕聚落。也有从聚落内部布局，如房基均面向一个中心广场，有所谓向心式聚落、凝聚式聚落以及内向式的聚落。从地理环境角度则有台地散点式聚落、台地环壕聚落以及山地中心聚落等。从这些研究中，我们认为史前聚落发展的基本轨迹，为无围聚落→环壕聚落→有垣聚落，在这里我们并不是说，所有的区域聚落的发展都应经历这样三个过程，而是说三者反映了聚落进化的三个阶段，实际上无围聚落，是小型聚落，也是普通聚落，其发展贯穿于各个时期，而且在各期占有较大的比例。环壕聚落在各个地区均有发现，在一定阶段代表了当时聚落发展的最高水平。有垣聚落即城址，是史前聚落发展的最高层次，也是城市出现以及文明形成的基础。从地理环境考察，黄河流域的聚落以台地式聚落、平原式聚落、堌堆式聚落最为典型。尤其是堌堆式聚落，在黄河下游地区最为常见，高台建筑对以后的城市建筑有较大影响。二是关于聚落内房基的研究。房基是聚落内的主要元素，房基可分为地穴式、半地穴式、地面式、台基式、窑洞式，在南方还有干栏式，这些有的与地理环境有关，有的则与社会形态有关。房基资料已有较多的积累，从各个角度进行分类研究，已成为聚落内部研究的突破口。房基的平面形状研究，如圆形、方形，以及排房建筑研究，堌堆聚落内在形式的研究，都应成为聚落内部研究的重点。

关于聚落的外在形态。聚落包括由大、中、小型聚落组成的聚落群，以及由聚落群相组合的聚落群团。聚落群的确是黄河流域史前聚落的主要外在形态，这是因为一方面，受地理条件限制，在一定的区域内，有分布相对集中的聚落。另一方面，以血缘角度而言，这些聚落的主人们，应该有一种以血缘为主的内在联系，无论是氏族、胞族，以及更大的组织，而这种聚落群或聚落群团，应该是这种血缘关系的体现。至于聚落群内在的聚落间的等级差异，应该是客观存在的。聚落群的结构或形式，如中原区的扇形聚落群，以及更多的形式的分布与演进，聚落群的客观分析，尤其应以其文化内涵进行划分，这是聚落研究的重要课题。

关于区域内聚落演变的研究，是以后相当一段时间，聚落考古细化研究中非常重要的内容。中原区已进行的洹河、颍河、伊洛河等流域的聚落考察活动，规模较小，但因方法与国际接轨，因此也在聚落考古的研究上取得了重要收获。河套地区以聚落、环境、生态相结合的综合性研究活动，已持续了若干年，这种研究将调查与发掘相结合，在点与面上均有较多的收获。至于山东大学与国外机构持续 10 余年的日照两城地区的聚落考古活动，是所有这类活动中，最具持续性与创新性的研究。在田野工作的基础上尽快整理出大型的研究报告，尤其是对这一地区聚落的演变，寻找出脉络与轨迹，将对于史前聚落的演化研究有推动作用。

3. 史前聚落的推进及相互作用的因素

黄河流域作为史前文化较为发达的地区，是研究上古时期社会复杂化的首选。这是因为，在早期文明中，最具代表性的夏、商王朝建都在中原区，换句话说，这一区域无疑是社会复杂化的最佳代表。由此上溯，可以理出社会由简单到复杂的基本脉络。

聚落在社会复杂化进程中无疑具有表象意义。在中原区，社会复杂化最具代表性的聚落为河南偃师的二里头遗址和山西襄汾的陶寺遗址，这代表了夏代的两个政治中心。学术界已经关注到这两处聚落形态的意义，并以此探索中心聚落是如何形成的，聚落等级是如何产生的，简单聚落是如何演变成复杂聚落的，聚落内部是如何发生结构变化的，以及哪些内部要素是社会进化的要素等。这些问题的深入探讨，无疑是聚落考古深化的具体体现。

聚落的发展演进，除了聚落内在的推进力外，也与外部环境有较多关联。一是与聚落相关联的社会的巫术化与宗教化程度。在对区域文化进行对比研究时发现，与黄河流域相比，西辽河流域的红山文化、长江下游地区的河姆渡，以及良渚文化，都有较多的宗教氛围，其宗教的建筑、礼仪、器具表现了更多的神秘性。在黄河流域，下游地区的大汶口文化，上游地区的马家窑文化等，亦具有浓烈的神秘氛围，这些区域的社会复杂化程度不能说不高，但从中国上古历史考察，宗教与王权合而为一，无疑是主流性的，或者说是最具中国特色的。世俗的王权是社会结构的顶级，宗教只能依附于王权，或者说王权与宗教合二为一形成了以后的王朝传统。在中原区最重要的聚落中，无论是龙山时期的城址，还是与夏有关的二里头遗址、陶寺遗址等，更多地表现了世俗性。我们不能简单地评论二者的优劣，但从历史的进程分析，中原区的考古发现，更加验证了中国进入阶级社会之后（夏、商、周三代），尤其是封建王朝的这种世俗传统，具有较早的历史渊源。也应该以此为切入点，对史前聚落进行深入的研究，真正理出这种传统的发展线索。二是在聚落以及社会发展进程中，重大的环境变迁事件对当时所谓“万邦社会”的影响。文献记载了上古尧、舜、禹时期的大洪水事件，学术界也对这一事件从环境学、生态学史的角度进行了研究，并以此解释，为什么在史前较为发达的地区的文化突然中断，而最终没能如期的迈入文明的门槛。无论从文献还是从考古发现来看，这一重大环境事件的确是存在的，关键问题在于为什么有的地区或社会，在应付这一挑战时，最终不但实现了大的部族融合，而且将传统的氏族社会推到了国家社会这一新的层面。因此，与其说重大环境变迁事件中止了某个区域文化发展的进程，还不如说这种区域文化内部缺少应对这类挑战的能力，最终还是要从这一文化的内部去寻找原因。因此黄河流域史前聚落到城址的发展过程，应该可以反映当时社会结构变迁的脉络，而找出这样的脉络，是聚落考古研究者必须需要面对与正视的问题。这也是未来时间里黄河流域史前聚落研究的重点。

后　记

2005年秋天，我应李玉洁教授之邀参加了河南大学举办的“黄河文明形成与发展学术研讨会”，期间得知李教授主持了教育部人文社会科学重点研究基地的重大招标课题“黄河文明的历史变迁”，并约请我主持编写《黄河流域史前聚落与城址研究》一书。

黄河文化，或者说以河流为代表的水文化研究，是我多年来最感兴趣的课题。1992年，郑州大学王星光教授主持了以“黄河与传统科学技术的形成和发展”为题目的国家社会科学基金青年项目，我应邀参加，并与王教授共同出版了结项成果——《黄河与科技文明》，这也拉开了我对黄河以及河流文明研究的序幕。1999年，我申报并主持国家社会科学基金一般项目“济水与早期河济关系研究”，并与诸同事出版了《济水与河济文明》一书，这也是我对黄河变迁与黄河文化研究的又一成果。2008年，我又成功申报到将持续至2012年的国家社会科学基金一般项目——“黄淮的历史变迁与两大流域文化的互动”，这样也就完成了我以黄河为主轴的黄河与济水及黄河与淮河中原地区三大河流变迁与文化研究的心愿。

黄河流域的史前聚落，是黄河文化研究一个非常重要的问题。早在大学期间，我便关注史前房基的研究，并以大河村房址为专题写了我个人有关考古的第一篇研究心得。20世纪80年代，我还收集了三大杂志的大量房基材料，决心进行类似于苏星取样的研究，从历史学、民族学、地理学、考古学、建筑学等方面全方位研究史前房基。除此之外，我还研究了史前城址以及早期城市，并发表了《黄土与中国古代城市》（1991）、《黄河与中国古代城市》（1996）、《试论中国古代城市的基本特征》（2007）等论文。与此同时，我也对史前洞穴遗址产生了兴趣，试图从农业、聚落、洞穴文化与洞穴时代等方面进行研究，但仅发表了《洞穴与中国农业的起源》（2000）。当然，“洞穴与早期聚落的起源”仍是我下一步研究的一个内容。而对黄河下游堌堆型聚落的研究，也是我个人的学术兴趣，希望有机会写点东西。正是基于以上原因，我才有信心完成李教授的这一约请。

但进入研究的实施阶段后，有了较多的波折，研究团队人员也有一定的变化，起步时间较晚，而且因为大家工作较忙，这一研究几乎遭到放弃。那段时间，李教授在日本的电话就好像“催命符”。也正是在这一“催逼”之下，才终于有了目前的成果。

本书的编写分工，也几经变化。总体研究思路，大纲的拟定，通审书稿以及引言、结语、后记，由我负责。李龙近年来专门从事史前聚落研究，并主持了相关的省社会科学基金一般项目，他协助进行了书稿的统一规范，并写作第二章、第四章、第六章、第七章。王建华则完成了第一章、第三章、第五章的写作。可以说这次研究是以青年科研人员为主体的。

由于时间匆忙，本书的研究在征引方面还有缺憾，在总的研究上还有许多问题未及触及，对黄河流域史前聚落与城址的研究还仅是初步与粗浅的，不足在所难免，敬请同行指正。

本书的出版，首先要感谢李玉洁教授。科学出版社的编辑宋旭和陈超为本书的最终出版付出了大量的劳动，在此向她们均表我们的感激之情。

张新斌

2009 年 7 月